René Bütler

MYSTIK DER WELT

Quellen und Zeugnisse
aus vier Jahrtausenden

Ein Lesebuch der mystischen Wahrheiten
aus Ost und West

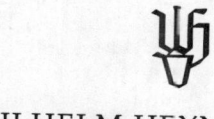

WILHELM HEYNE VERLAG
MÜNCHEN

HEYNE SACHBUCH
Nr. 19/369

Es ist mir ein Bedürfnis, an dieser Stelle meiner Frau Esther
für ihre stete Ermunterung und Unterstützung während der Arbeit
an diesem Buch herzlich zu danken sowie meiner Schwägerin,
Frau Brigitte Brunner, für die sorgfältige Erstellung
der Manuskriptreinschrift.

Ungekürzte Taschenbuchausgabe
im Wilhelm Heyne Verlag GmbH & Co. KG, München
Copyright © 1992 by Scherz Verlag, Bern, München, Wien
für den Otto Wilhelm Barth Verlag
Printed in Germany 1995
Umschlaggestaltung: Atelier Adolf Bachmann, Reischach
Druck und Verarbeitung: Presse-Druck Augsburg

ISBN 3-453-08757-7

Inhalt

TEIL DREI: DAS HEIL FÜR DIE MENSCHEN

Vorbemerkung

Dieses Buch ist das Ergebnis einer jahrelangen Beschäftigung mit der Botschaft der Mystik. Es entstand aus einem Gefühl der Notwendigkeit, einem zwingenden Bedürfnis, gewonnene Einsichten zu ordnen, zu verarbeiten und darzustellen, zugegebenermaßen zunächst vor allem ad usum proprium, in der Folge aber ebenfalls in der Hoffnung, dieses Buch möge auch anderen als Orientierung und Wegleitung dienen und dabei etwas vom nachhaltigen Erlebnis vermitteln, das einem zuteil wird, wenn man für die Stimme der Mystiker ein offenes Ohr hat.

Grundsätzlich kann mystische Wahrheit nur durch Menschen verkündet werden, die diese Wahrheit selbst erfahren haben. Aus diesem Grund stand von vornherein fest, daß der Inhalt zum großen Teil aus Zitaten bestehen muß. Der eigene Text soll dazu dienen, durch einleitende und überleitende Ausführungen die einzelnen Themen der mystischen Botschaft vorzustellen und zu erläutern, Gemeinsamkeiten und Zusammenhänge aufzuzeigen und, wenn nötig, Interpretationen zu formulieren, denen allerdings der unvermeidliche Aspekt des subjektiven Verständnisses anhaftet. Des weiteren wird, wo es sich aufdrängte, Bezug genommen auf wissenschaftliche Erkenntnisse und Standpunkte. Schließlich wird im einführenden Kapitel versucht, einige einfache erkenntnistheoretische Grundlagen zu skizzieren, die mir für die Begründung des Wahrheitsgehalts der mystischen Botschaft erforderlich zu sein scheinen.

Es bedurfte wohl der Unbefangenheit und Unbeschwertheit des religionswissenschaftlichen Laien, um alle Bedenken beiseite zu schieben und sich an eine derartige Aufgabe heranzuwagen. Es bedurfte aber vor allem der unbeirrbaren, durch den langen und intensiven Umgang mit der Materie gewonnenen Überzeugung, daß höchste Wahrheiten relativ einfacher und einigermaßen leicht einsehbarer Natur sind und daß die Worte der Mystiker durch eine akribische analytische Zerpflückung an Aussagewert eher verlieren als gewinnen. Mystische Wahrheiten sind nun einmal anderer Art als naturwissenschaftliche, und der Zugang zu ihnen kann notgedrungen nicht der gleiche sein.

Für die meist nicht originalsprachigen Texte wurden nach Möglichkeit deutsche Versionen von ausgewiesenen und allgemein anerkannten Fachleuten verwendet. Es könnte eingewendet werden, die meist sehr kurzen Zitate seien aus dem Kontext gerissen und damit der Gefahr einer Sinnentstellung ausgesetzt. Diese Möglichkeit kann in einzelnen Fällen nicht ganz ausgeschlossen werden. Auf der anderen Seite kam aber, von wenigen Ausnahmen abgesehen, das Zitieren längerer Passagen schon aus Platzgründen nicht in Frage. Maßgebend ist aber die Tatsache, daß mystische Wahrheiten in der Regel in ganz knappen, prägnanten Formulierungen vollständig und unmißverständlich ausgedrückt sind, oft auch nur in einem einzigen aussagekräftigen Satz, wie die Zitate zeigen werden. Es sei nicht bestritten, daß bestimmte mystische Wahrheiten durch andere Zitate ebensogut belegbar gewesen wären, als durch jene, die hier ausgewählt wurden. Zudem konnten längst nicht alle Mystiker berücksichtigt werden, die ebenfalls Beachtung verdient hätten – sonst wäre das Buch vielleicht nie zu einem Abschluß gekommen.

Zudem darf die Mystik nicht als «System» im philosophischen Sinn verstanden werden, obwohl ihre Inhalte selbstverständlich in Beziehung zueinander stehen. Sie ist eher mit einer kostbaren Schatztruhe vergleichbar, angefüllt mit höchsten und ewigen Wahrheiten, die auf die verschiedenartigsten Weisen verkündet worden sind. Trotzdem wurden zur Erleichterung der Lektüre bestimmte Themenkreise abgegrenzt, deren Wahl nicht ohne eine gewisse Willkür getroffen werden konnte. Nach der Entscheidung für die vorliegende Abfolge wurde versucht, eine bestimmte Kontinuität zu wahren: Inhalte und Begriffe, die in einem Kapitel dargestellt sind, werden in den folgenden als bekannt vorausgesetzt. Es empfiehlt sich, das bei der Lektüre zu berücksichtigen.

Es dürfte dem Leser bald klarwerden, daß in diesem Buch die Begriffe Mystik und Mystiker nicht im landläufigen oder religionshistorischen Sinn verwendet werden. Es ist in der Tat nicht üblich, Menschen wie Platon und Gandhi oder gar die Stifter der Hochreligionen sowie die zum Teil historisch nur dürftig beglaubigten Autoren der heiligen Schriften aller Kulturkreise den Mystikern zuzurechnen. Wenn wir aber darunter Menschen verstehen wollen, die über eine unmittelbare Erfahrung jener Realität verfügen, die wir als «das Göttliche» bezeichnen, dann können wir nicht zögern anzuerkennen, daß auch die Genannten – die Religionsstifter sogar in besonderem – dieser Gemeinschaft angehören. Die Nichtberücksichtigung von heiligen Schriften wie zum Beispiel der Evangelien des Neuen Testaments würde einen erheblich Verlust bedeuten. Auf das Verhältnis der Mystik zur Religion wird übrigens im einführenden Kapitel noch näher eingegangen.

Die Botschaft der Mystik besitzt universellen Charakter, allgemeinste Gültigkeit und immerwährenden Bestand, weil sie dem ewigen Urgrund entspringt. Wenn eingangs gesagt wurde, daß dieses Buch aus einer persönlich empfundenen Notwendigkeit entstanden ist, kann diese Feststellung auch dahingehend erweitert werden, daß es etwas von dem beinhaltet, dessen Kenntnis dem Menschen not tut beziehungsweise geeignet ist, seine Not zu «wenden» – seit Beginn seiner spirituellen Evolution, heute und in alle Zukunft.

Das Wahre war schon längst gefunden,
Hat edle Geisterschaft verbunden,
Das alte Wahre faß' es an!

Johann Wolfgang Goethe: Vermächtnis

Zur Einführung: Was ist Mystik?

Die «letzten Dinge» zu ergründen und eine Beziehung zu ihnen herzustellen ist ein uraltes Bedürfnis des Menschen, das tief in seiner Psyche wurzelt. Selbst in Lebensperioden der Ablenkung durch eher vordergründige Dinge und Tätigkeiten, manifestiert sich dieses Bedürfnis immer wieder und zeigt darin eine bemerkenswerte Beharrlichkeit. Denn nach Ursache, Sinn, Zweck und Ziel des Universums, des Lebens und des eigenen persönlichen Daseins zu fragen ist, wie die Psychologie lehrt, für den Menschen von existentieller Bedeutung. Allerdings ist dieses Bedürfnis bei den einzelnen Individuen in sehr unterschiedlichem Maß entwickelt. Manche Menschen stellen sich diese Fragen höchstens in besonderen Grenzsituationen des Lebens, während sie andere ein Leben lang beschäftigen. Veranlagung, Umwelt und Erziehung spielen dabei wohl eine entscheidende Rolle. Insgesamt betrachtet, zeigt sich, daß die Intensität dieses Fragens im Laufe der geistigen Evolution der Menschheit nicht zugenommen hat.

Was unser Zeitalter, namentlich das 19. und die bisherigen neun Dezennien des 20. Jahrhunderts betrifft, muß man zu dem Schluß kommen, daß von der breiten Bevölkerung des Abendlandes und Nordamerikas der Problemkreis der «Kardinalfragen» mehrheitlich als nicht interessant und nicht aktuell angesehen wurde. Der Hauptgrund hierfür ist die bis in unsere Tage vorherrschende Ansicht, daß eine gültige und definitive Antwort auf diese Fragen nicht möglich ist und dementsprechend eine Erörterung darüber als müßig erscheint. Daß die für die relevanten Antworten in früheren Epochen als zuständig geltende institutionalisierte Religion, allen voran die christlichen Kirchen, ihre Autorität in diesen Belangen weitgehend eingebüßt hat, ist hinlänglich bekannt. In der Tat herrscht in den sogenannten entwickelten Ländern unserer Erde zum Teil immer noch eine Denkweise vor, die durch die Erfolge der Wissenschaften, in erster Linie der Naturwissenschaften, und die dadurch ermöglichten technischen Errungenschaften geprägt ist. Diese Denkweise, die man insbesondere in intellektuellen Kreisen antrifft, ist durch die Überzeugung gekennzeichnet, daß die Wissenschaften sogenannte objektive Wahrheiten zu enthüllen vermögen, die anderen Wahrheiten, sofern solche überhaupt anerkannt werden, an Überzeugungskraft überlegen sind.

Da nun aber die Wissenschaften zu dem Schluß gelangten, daß zwar das Universum und das Leben erforschbar, deren *Sinn* aber *nicht* erforschbar sei und daher nicht Gegenstand der Wissenschaft sein könne, wird daraus gemeinhin abgeleitet, daß auf die zur Diskussion stehenden kardinalen Fragen Antworten im Sinne der objektiven Wahrheit nicht gegeben werden können. Dieser Standpunkt ist nun inzwischen von den Naturwissenschaften, zuerst von der Physik und in der Folge von den anderen Disziplinen, aufgegeben worden. Auf diesen Wandel soll noch näher eingegangen werden.

An dieser Stelle scheint es angebracht, die Möglichkeiten anzuführen, die für den wünschbaren erkenntnishaften Zugang zu den «letzten Dingen» zur Verfügung stehen. Es gibt grundsätzlich vier Quellen, aus denen Wissen in diesem Bereich (wie auch ganz allgemein) geschöpft werden kann: die Einzelwissenschaften (wobei wir vor allem die Naturwissenschaften, aber auch die Psychologie und – bedingt – die Parapsychologie ins Auge fassen müssen), die Philosophie (in ihrer Eigenschaft als Gesamtwissenschaft), die Religion und die Mystik. Die Nennung von vier so verschiedenen Erkenntnisquellen in einem Atemzug mag auf den ersten Blick befremdlich erscheinen. Während in den Wissenschaften die empirische Forschung und die rationale Verarbeitung und Interpretation der Ergebnisse und in der Philosophie das spekulative Denken und Argumentieren maßgebend sind, leitet sich das aus der Religion (womit zunächst die «Offenbarungsreligionen» gemeint sind) gewonnene Wissen aus offenbarten Wahrheiten und die in der Mystik erzielten Erkenntnisse aus der unmittelbaren Erfahrung des Transzendentalen ab.

Trotz der fundamentalen Unterschiede in den Ansätzen stehen diese vier Erkenntnisquellen untereinander in – zum Teil sogar enger – Beziehung. Besonders dicht ist das Beziehungsnetz zwischen Religion und Mystik, wobei die Mystik als Herzstück der Religion zu betrachten ist. Für den Wahrheitsgrad der Wissensinhalte ist es natürlich entscheidend, daß sich aus den verschiedenen Quellen nicht gegensätzliche Erkenntnisse ergeben. Entgegen der nach wie vor weitverbreiteten Meinung bestehen aber keinerlei Anhaltspunkte für grundsätzliche Widersprüche oder unüberbrückbare Gegensätze. Vielmehr wird immer offensichtlicher, daß sich die aus verschiedenen Quellen gewonnenen Erkenntnisse gegenseitig stützen und ergänzen. Wenn es sich tatsächlich um Erkenntnis der *einen* Wahrheit handelt, kann das Ergebnis nicht anders lauten.

In der Naturwissenschaft hat, wie die Fachleute wissen und nachgerade auch immer mehr interessierte Laien zur Kenntnis genommen haben, vor geraumer Zeit eine stille Revolution begonnen, deren Ende vorläufig noch nicht abzusehen ist. Am spektakulärsten dürften die Umwälzungen auf dem Gebiet der Physik sein, die durch die Relativitätstheorie, die Quantentheorie, die Wellenmechanik, die Unschärferelation und die Elementarteilchenphysik, um nur einige Stichworte zu nennen, hervorgerufen worden sind. Der Allgemeinheit ist jedoch noch immer zu wenig bewußt, daß aufgrund dieser neuen physikalischen Erkenntnisse das vorher von der «klassischen» Physik gestützte materialistisch-mechanistische Weltbild nicht mehr haltbar ist. So stellt der Physiker Sir Arthur Eddington, der sich intensiv mit den weltanschaulichen Konsequenzen der Physik beschäftigt hat, fest: «Was beobachten wir tatsächlich? Die Relativitätstheorie hat eine Antwort beigesteuert: Wir beobachten nur Beziehungen. Die Quantentheorie bringt eine andere Antwort bei: Wir beobachten nur Wahrscheinlichkeiten.»[1]

Damit sind bereits die Aussagen über die «wirkliche» Natur des Universums relativiert. An anderer Stelle zieht Eddington den logischen Schluß aus dieser Tatsache: «Nur durch die moderne Entwicklung erkenntnistheoretischer Methoden in der Physik sind wir dazu gekommen, die weitreichende Wirkung dieser subjektiven Auswahl ihres zugehörigen Stoffes einzusehen. Anfangs mögen wir wie der Zuschauer geneigt sein zu denken, daß die Physik ihren Weg verfehlt hat und nicht zur rein objektiven Welt vorzudringen vermochte, welche zu beschreiben sie den guten Willen hatte. Ihre Verallgemeinerungen, falls sie sich auf eine objektive Welt beziehen, sind durch die vorgenommene Auswahl verfälscht worden. Das läuft aber darauf hinaus, auf Beobachtung gegründete Wissenschaft als Fehlschlag zu beurteilen, denn eine rein objektive Welt ist der Beobachtung nicht zugänglich.»[2]

Demnach ist auch die Physik nicht in der Lage, uns einen Zugang zu einer sogenannten objektiven Wahrheit hinsichtlich des physikalischen Weltbildes zu verschaffen. Und der Grund dafür ist die Tatsache, daß die Erkenntnisse der Physik, wie auch die der übrigen Naturwissenschaften, *subjektiv* sind; das erworbene Wissen ist durch den Wissenschaftler, das Subjekt geprägt. Ein anderer bedeutender Physiker unseres Jahrhunderts, Werner Heisenberg, bestätigt diese Unterstellung: «Die Naturwissenschaft beschreibt und erklärt die Natur nicht einfach so, wie sie ‹an sich› ist. Sie ist vielmehr ein Teil des Wechselspiels zwischen der Natur und uns selbst.»[3]

Wenn nun das forschende Subjekt, das die wissenschaftlichen Ergebnisse in maßgebender Weise prägt, eine derart entscheidende Rolle zu spielen scheint, wäre es naheliegend, es selber zum Forschungsgegenstand zu machen, um vielleicht auf diese Weise doch an die objektive Wahrheit über die Natur heranzukommen. Doch soweit wir sehen, tritt dieses Subjekt in unserem naturwissenschaftlichen Weltbild nirgends auf, weil es als solches gar nicht auftreten kann. Es ist wieder einer der großen Physiker, der die Ursache hierfür in die treffendsten Worte gekleidet hat: «Der Grund dafür, daß unser fühlendes, wahrnehmendes und denkendes Ich in unserem naturwissenschaftlichen Weltbild nirgends auftritt, kann leicht in fünf Worten ausgedrückt werden: Es ist selbst dieses Weltbild. Es ist mit dem Ganzen identisch und kann deshalb nicht als ein Teil darin enthalten sein.»[4]

Mit diesen Sätzen ist Erwin Schrödinger bereits mitten in der Metaphysik und mit einem Bein schon in der Mystik. Dies belegt in eindrucksvoller Weise, daß die Naturwissenschaft an Grenzen angelangt ist, die nur noch in Richtung Metaphysik beziehungsweise der transzendentalen Wahrheiten überschritten werden können. Ein Wissenschaftspublizist unserer Tage, René Oth, äußert sich dazu wie folgt: «Immer mehr Astro- und Kernphysiker, Astronomen und Kosmologen wenden sich theologischen und weltanschaulichen Problemen zu – das kommt nicht von ungefähr ... Die Naturwissenschaft ist an Grenzen gestoßen, die nur noch durch die Frage nach dem Sinn hinter den Phänomenen, nach dem Geheimnis hinter den Erkenntnissen, nach dem Schöpfer hinter der Schöpfung überwunden werden können.»[5]

Einsicht in die Subjektivität und damit Relativität der wissenschaftlichen Erkenntnisse haben jedoch nicht nur die Physiker, sondern auch Vertreter anderer Disziplinen gewonnen. So hat A. Coutinho, eine Kapazität auf dem Gebiet der Immunologie, 1984 in einer wissenschaftlichen Publikation geschrieben: «Wissenschaftler suchen die Wahrheit. In Wirklichkeit suchen sie eine besondere Art von Wahrheit, die sie die objektive Wahrheit nennen. Wie alles andere muß jedoch die objektive Wahrheit subjektiv definiert werden und kann daher für jeden einzelnen subjektiven Beobachter verschieden sein».[6] Und als Vertreter der Psychologie weist C. G. Jung darauf hin, daß es krankhaft sei, «zu vergessen, daß das Erkennen ein Subjekt hat und daß es überhaupt kein Erkennen und darum auch für uns keine Welt gibt, wo nicht einer sagt: ‹Ich erkenne›, womit er aber allbereits die subjektive Beschränkung alles Erkennens ausspricht.»[7]

Schließlich sei auch noch ein Philosoph als Zeuge aufgerufen. So schreibt Ludwig Wittgenstein in seinem berühmten *Tractatus logico-philosophicus*: «Der ganzen modernen Weltanschauung liegt die Täuschung zugrunde, daß die sogenannten Naturgesetze die Erklärungen der Naturerscheinungen seien.»[8] Dazu ist zu bemerken, daß die Kritik Wittgensteins mittlerweile überholt ist: Die heutige Weltanschauung, soweit sie sich auf die Wissenschaften stützt, unterliegt dieser Täuschung nicht mehr.

Nachdem die Erkenntnisgrenzen der Wissenschaften und deren Ursachen offenbar geworden sind, stellt sich die Frage, ob von wissenschaftlicher Seite wirklich und endgültig kein Beitrag zur Wahrheitsfindung hinsichtlich der «letzten Dinge» zu erwarten ist. Eine pessimistische Antwort darauf gibt zum Beispiel der Psychiater und Neurologe Hoimar von Ditfurth: «Von der räumlich-materiellen Dimension führt kein Weg zum Verständnis des Seelischen. Selbst utopische Fortschritte naturwissenschaftlicher Forschung werden daran niemals etwas ändern können.»[9] Diese Feststellung ist wenig fruchtbar und führt nicht weiter. Wenn aber die Wissenschaft die Existenz anderer Erkenntnisquellen als der ihr eigenen akzeptiert und den Anschluß an diese sucht, kann eine ersprießliche Weiterentwicklung des Wissens erwartet werden.

Es sind wiederum die großen Physiker, die auf eine Komplementarität von Naturwissenschaft und Religion hingewiesen haben. So sagt Max Planck: «Wohin und wie weit wir also zu blicken vermögen, zwischen Religion und Naturwissenschaft finden wir nirgends einen Widerspruch, wohl aber gerade in den entscheidenden Punkten volle Übereinstimmung. Religion und Naturwissenschaft – sie schließen sich nicht aus, wie manche heutzutage glauben oder fürchten, sondern sie ergänzen und bedingen einander.»[10] Und Sir Arthur Eddington meint: «Wir müssen somit die Überzeugung postulieren, daß gewissen Bewußtseinszuständen des inneren Gewahrwerdens mindestens die gleiche Bedeutung zukommt wie denjenigen Bewußtseinszuständen, die wir Sinnesempfindungen nennen«[11]; und an anderer Stelle: «Das Bewußtsein hat noch andere Funktionen, außer denen einer ziemlich unbrauchbaren Meßmaschine. Und das Wissen kann zu anderen Wahrheiten gelangen außer denen, die Sinneseindrücke untereinander in Beziehung bringen.»[12]

Eddingtons Aussagen bedeuten nichts anderes, als daß die Basis der mystischen und die Basis der wissenschaftlichen Erkenntnis als ebenbürtig betrachtet werden müssen. René Oth faßt die Situation wie folgt zusammen: «Auf dem von den Naturwissenschaften heute eingeschlagenen Weg wird die Einheit von Mensch, Kosmos und Gottheit angestrebt. Die Naturwissenschaftler dringen dabei in die Wahrheit der anderen Wirklichkeit, die des Mythos, ein, vorbei an einem Heer entmythologisierender Theologen, die aus ihrem eigenen Haus flüchten, weil sie zutiefst verunsichert sind und das von ihren geistigen Vorgängern im Laufe der Jahrtausende errichtete Glaubensgebäude für einsturzverdächtig halten.»[13]

Auf der anderen Seite begrüßen die Vertreter der Religion den Brückenschlag über die Kluft zwischen vermeintlich unvereinbaren Standpunkten, durch welche die spirituelle Entwicklung jahrhundertelang stark beeinträchtigt wurde: «Die westliche Wissenschaft, die ein materialistisches Verständnis der Welt hervorgebracht hat, das im Gegensatz zu jeder Art von Religion steht, ist nun dabei zu entdecken, daß die Wissenschaft selbst Grenzen hat und andere Formen der Erkenntnis jenseits der mentalen und rationalen möglich sein könnten. Dies hatte bereits Auswirkungen auf die westliche Psychologie und wird in Zukunft die sozialen und ökonomischen Strukturen der Welt beeinflussen. Außerdem wird diese Erkenntnis nicht nur unser

Verständnis des Verhältnisses von Wissenschaft und Religion, sondern auch der Religionen untereinander grundsätzlich verändern. Wir sind im Begriff, ein Stück jener universalen Vision wiederzuentdecken, die man in der ‹immerwährenden Philosophie› der Alten finden konnte, und wir interpretieren dies im Licht unseres gegenwärtigen Verständnisses von Religion und Wissenschaft.»[14] Im gleichen Sinn steht in der Abschlußerklärung der «Woche des Dialogs der Religionen» (Madras, Indien 1985): «Es ist eine Tatsache, daß die mechanistische Weltanschauung der westlichen modernen Wissenschaft und der Geist der modernen Wissenschaft, der im Westen während der letzten zweihundert Jahre bestimmend war, einer radikalen Wandlung unterliegt, die aus den Reihen der Wissenschaftler selbst kommt, so daß der Konflikt zwischen Wissenschaft und Religion bald überholt sein wird.»[15]

Wenn es eine Wissenschaft gibt, die potentiell die Fähigkeit besitzt, Einsichten in die «letzten Dinge» zu gewinnen, dann ist es die Psychologie, vor allem die Tiefenpsychologie, und unter Umständen auch die Parapsychologie. In der Tat hat die moderne psychologische Forschung ergeben, daß die menschliche Psyche über spezifische Strukturen und eigengesetzliche Funktionen verfügt, die sich nicht aus unseren Kenntnissen der materiellen Welt ableiten lassen; sie hat bei der Analyse des Unbewußten Elemente zutage gefördert, die allen Menschen gemeinsam sind und daher einem kollektiven Unbewußten zugeordnet werden müssen. Diese Elemente, die von C. G. Jung «Archetypen» genannt wurden, sind nun aber Symbole für transzendentale Wahrheiten und verbinden sozusagen den Menschen mit dem geistigen Urgrund, von dem die Religion und die Mystiker sprechen. Diese fundamentale Entdeckung hat Jung den Vorwurf eingebracht, er habe die Psychologie vom «sicheren» Boden der Wissenschaft auf eine irrationale, religiöse Ebene geschoben, was aber seiner Ansicht nach keineswegs zutrifft: «Nicht ich habe der Seele eine religiöse Funktion angedichtet, sondern ich habe die Tatsachen vorgelegt, welche beweisen, daß die Seele ‹naturaliter religiosa› ist, das heißt eine religiöse Funktion besitzt: eine Funktion, die ich nicht hineingelegt oder gedeutet habe, sondern die sie selber von sich aus produziert, ohne durch irgendwelche Meinungen oder Suggestionen dazu veranlaßt zu sein.»[16]

Die Parapsychologie hat sich ihrerseits von einer mit dem Odium der Magie behafteten «Geheimwissenschaft» zu einer echten Wissenschaft entwickelt, welche sich den üblichen strengen Kriterien unterziehen will. Ein seriöser Forscher in dieser Disziplin, Milan Rýzl, kommt aufgrund einer kritischen Analyse der heute überblickbaren Fakten und Forschungsergebnisse zu dem Schluß, daß ausreichend überprüfbare experimentelle Beweise für die Existenz außersinnlicher Wahrnehmungen (z. B. Hellsehen, Telepathie) und die psychische Beeinflussung materieller sowie biologisch-körperlicher Abläufe (Psychokinese) vorliegen: «Allem Anschein nach wird die außersinnliche Wahrnehmung nicht durch physikalische Bedingungen wie Kraftfelder, materielle Abschirmungen und andere Elemente der materiellen Welt beeinflußt. Daraus können wir folgern, daß sie von der materiellen Welt klar getrennt ist . . . Außersinnliche Wahrnehmung ist mit dem Bewußtsein verknüpft – und in der Tat scheint das Bewußtsein ebenfalls eine Komponente der jenseitigen Welt zu sein.»[17] Für Rýzl ist es einleuchtend, daß diese Erkenntnisse die Annahme einer transzendentalen Wirklichkeit stützen: «Höchstwahrscheinlich ist unsere materielle Welt der Physik nicht die einzige Realität, sondern lediglich Bestandteil einer ‹höheren Welt› und nur vom Gesichtspunkt dieser höheren Welt aus voll begreifbar.»[18]

Zusammenfassend kann man feststellen, daß die Wissenschaft heute die Existenz einer transzendentalen Wirklichkeit nicht nur nicht mehr leugnet und als irreal abtut, sondern eine solche ausdrücklich in ihr Weltbild integriert. Dazu noch einmal Hoimar von Ditfurth: «Es ist nicht nur zulässig, sondern darüber hinaus auch plausibel, davon auszugehen, daß unsere Wirklichkeit, deren Realität nur eine von uns in freier Entscheidung akzeptierte Annahme ist und deren Ordnung sich aus unserer Welt nicht verständlich ableiten läßt, von einer umfassenderen Ordnung getragen wird . . .»[19] «Ohne jede Frage also gibt es Realität auch jenseits unserer Vernunft . . . Gewiß ist ‹jenseits› nun nicht ohne weiteres gleichzusetzen mit dem von den Kirchen gemeinten ‹Jenseits›. Aber immerhin können wir jetzt sicher sein, daß die – hypothetisch als real vorausgesetzte – Existenz der von uns erlebten Welt nicht im Widerspruch steht zu der Möglichkeit der Existenz auch des ‹Jenseits›, von dem die Weltreligionen sprechen.»[20]

Wenn wir uns nun kurz der zweiten Erkenntnisquelle, der Philosophie, zuwenden, so dürfen wir davon ausgehen, daß deren Vertreter für ihre Disziplin beanspruchen, die Autorität par excellence für den Entwurf eines adäquaten Weltbildes und für die Beantwortung aller Fragen nach den «letzten Dingen» zu sein, da die Philosophie alle Einzelwissenschaften umfasse und übersteige – einschließlich Psychologie und (natürliche) Religion. Tatsächlich hat die große Mehrheit der Philosophen die Beschäftigung mit Begriffen wie Sein, Geist, Seele, Unsterblichkeit, Kraft, Leben, Freiheit usw. stets als Hauptanliegen ihrer Wissenschaft, und die Teildisziplin, die sich dieser Phänomene annimmt, die Metaphysik, als deren Kernstück betrachtet. Lediglich die materialistischen beziehungsweise positivistischen Schulen haben den Gegenständen der Metaphysik jegliche Wirklichkeit abgesprochen und die metaphysischen Probleme als Scheinprobleme aufgrund falsch gestellter Fragen bezeichnet. Dieser metaphysikfreien Philosophie blieb nicht viel anderes übrig, als sich erkenntnistheoretischen Analysen zuzuwenden und Anlehnung an die Naturwissenschaften zu suchen.

Es gab auch philosophische Richtungen, welche die Möglichkeit der Existenz transzendentaler Dinge nicht von vornherein verneinten, aber zu der Überzeugung gelangten, daß es für den menschlichen Intellekt keinen Zugang dazu geben könne. So hat Kant in seiner *Kritik der reinen Vernunft* dem bloß spekulativen Denken jede Fähigkeit zu einer Wirklichkeitserkenntnis abgesprochen.

Es ist nun bemerkenswert, daß ungefähr parallel zu den großen Umwälzungen in den Naturwissenschaften die Philosophie sich wieder verstärkt der Metaphysik zugewendet hat, die seit dem deutschen Idealismus eher in den Hintergrund getreten war. Nicht nur die eigentlichen Vertreter der modernen Metaphysik und Ontologie, wie zum Beispiel Samuel Alexander, Alfred North Whitehead, Nicolai Hartmann oder die Thomisten, haben ihre wissenschaftlichen Anstrengungen ganz den transzendentalen Fragen gewidmet; auch andere neuere philosophische Schulen haben diese Fragen aufgegriffen oder sie wenigstens wieder gestellt. So rückte zum Beispiel die Existenzphilosophie den Menschen und seine vitalen Anliegen wieder in den Mittelpunkt ihres Denkens, und der Existentialismus zeigte eindeutig ontologische Tendenzen.

Aber auch die Phänomenologen haben den Kantianismus überwunden und zu einer wirklichkeitsnäheren und lebendigeren Auffassung des menschlichen Geistes zurückgefunden. Ein bedeutender Vertreter dieser Richtung, Max Scheler, hat sich mit einem zentralen Thema der Metaphysik, dem Urgrund beschäftigt. Er hat diesen als «höchstes Sein», «Weltgrund», und «obersten Grund» bezeichnet und ihm sowohl Geist als auch «Drang» zugeschrieben. Hier schimmern das göttliche Mysterium und das Schöpfungsmysterium offensichtlich durch. Diese wenigen Hinweise mögen genügen, um den seit der Antike immer wiederkehrenden Willen der Philosophie zum Erkennen transzendentaler Wahrheit zu illustrieren.[21]

Im Rahmen dieser knappen Einführung kann natürlich keine kritische Sichtung der bisherigen Entwicklung der Metaphysik vorgenommen werden. Eine Tatsache ist jedoch nicht zu übersehen: Die Ergebnisse der verschiedenen Philosophien, einschließlich der metaphysischen Richtungen, sind nicht die gleichen, und zwar nicht nur in bezug auf Formulierung, Darstellung und Gewichtung, sondern auch im Grundsätzlichen, mag es sich nun um sogenannte geschlossene oder offene philosophische Systeme handeln. Es sei nur auf die diametral entgegengesetzten Standpunkte von (metaphysischem) Idealismus und Realismus, Monismus und Dualismus beziehungsweise Pluralismus, Theismus und Pantheismus – um nur einige zu nennen – hingewiesen. Auch bei philosophischen Forschern manifestiert sich, wie bei den Vertretern der Einzelwissenschaften, eine gewisse Subjektivität der Erkenntnisse, weil der Erkenntnisvorgang vom Erkennenden beim besten Willen nicht zu trennen ist.

Mit diesen Feststellungen sollen die Errungenschaften und Verdienste der Philosophie in keiner Weise geschmälert werden. Ohne jeden Zweifel hat die Philosophie entscheidend dazu beigetragen, dem Menschen zu helfen, diese rätselhafte Welt und sein ebenso rätselhaftes Dasein in dieser Welt besser zu verstehen oder ihm zumindest Denkanstöße zu einem solchen Verständnis verschafft. Sie hat die unbedingt notwendige Systematisierung der Gedankengänge um diesen Fragenkomplex vorgenommen und damit einem Grundanliegen des menschlichen Intellekts entsprochen. Trotzdem vermag sie die Bedürfnisse des im umfassenden und tiefsten Sinn des Wortes suchenden Menschen nicht vollends zu befriedigen. So sind zum Beispiel die bekannten klassischen Gottesbeweise, die letztlich philosophischer Natur sind, gegen entkräftende Argumente nicht gefeit, und die ausgeklügeltsten Gedankengebäude können zwar faszinieren und Bewunderung hervorrufen, für den wirklich suchenden Menschen geht es aber darum, sein Leben nach *der einen* Wahrheit auszurichten, für die er sich engagieren will und für die er unter Umständen bereit ist, sehr viel aufs Spiel zu setzen, wenn nötig sein Hab und Gut, seine äußere Freiheit, seine Gesundheit und vielleicht sogar sein Leben. Dies ist aber nur möglich, wenn er diese *eine* Wahrheit als unzweifelhaft, unantastbar und unwiderlegbar anerkannt und sich zu eigen gemacht hat. Es ist naheliegend, daß sich in dieser Weise suchende Menschen weniger der Philosophie als vielmehr der Religion zuwenden, die den Anspruch auf Besitz dieser einen Wahrheit erhebt und deren Verkündigung als ihren heiligen Auftrag ansieht.

Wir haben Religion und Mystik als die dritte und vierte Erkenntnisquelle bezeichnet und bereits darauf hingewiesen, daß diese beiden Bereiche eng miteinander verknüpft sind. Religion wird üblicherweise als eine Weltanschauung und eine daraus resultierende Lebensführung definiert, die auf der Bindung des Menschen an das «ganz Andere», an eine «höhere Macht» beruht. Es stellt sich nun die Frage, inwiefern sich aus dieser Bindung eine Erkenntnismöglichkeit des ganz Anderen, das heißt des Transzendenten ergibt. Im Gegensatz zu den Naturreligionen besitzen die sogenannten Hochreligionen heilige Schriften, die als Offenbarungen eines transzendental geistigen Prinzips beziehungsweise einer Gottheit gelten, weshalb diese Religionen auch als Offenbarungsreligionen bezeichnet werden. Dabei bedeutet Offenbarung eine Enthüllung oder Entschleierung von Wahrheit, durch welche sich dieses Prinzip oder dieser Gott selbst manifestiert.

Die Religionsstifter oder die Autoren der heiligen Schriften – soweit sie nicht identisch sind – haben die Offenbarung empfangen durch einen Akt, den man als unmittelbare Gotteserfahrung ansprechen muß. Genau diese Erfahrung ist aber die mystische Erfahrung beziehungsweise die mystische Erkenntnisweise. Am Anfang jeder Religion, insbesondere der Offenbarungsreligionen, steht demnach die Mystik, die als eigentliche geistige Substanz der Religion betrachtet werden darf. So stellt der japanische Zen-Gelehrte Daisetz Taitaro Suzuki fest: «Alle Religion ist auf der Grundlage mystischer Erfahrung erbaut, ohne die ihr ganzer metaphysischer oder theologischer Überbau zusammenstürzte.»[22] Es folgt daraus ferner, daß alle Religionsstifter im weitesten Sinn als Mystiker betrachtet werden müssen, ob sie nun bei den betreffenden Religionsgemeinschaften selber als göttlich, als Abkömmlinge oder Sendboten Gottes, als Propheten oder als Erleuchtete gelten.

Nun haben sich aber alle Hochreligionen zu institutionalisierten Religionen, zu organisierten Gemeinschaften, zu religiösen Schulen oder zu Kirchen entwickelt, die Lehrgebäude, Dogmen, Kulte und Riten hervorgebracht haben. Diese Entwicklung hat die Religion in der Regel immer weiter von ihrem mystischen Grund entfernt, obwohl die relevanten und kanonisierten Schriften unverändert weiter bestanden und verfügbar waren. Die in jeder Religionsgemeinschaft im Laufe der Zeit immer wieder auftauchenden Mystiker sind daher vielfach mit der offiziellen Religion in Konflikt geraten und von dieser als Abtrünnige verurteilt und sogar verfolgt worden. C. G. Jung stellt dazu fest: «Der schöpferische Mystiker war von jeher das Kreuz der Kirche. Aber diesen Leuten verdankt die Menschheit ihr Bestes.»[23]

In der Tat sind die Gegensätze groß: Die (institutionalisierte) Religion ist statisch, autoritär, in ihren eigenen Fesseln gebunden, durch historische Gegebenheiten belastet und dem Gesetz der Zeit unterworfen; die Mystik dagegen ist dynamisch, tolerant, frei und ungebunden, stets durch neue Inspiration beflügelt und ewig gültig. Natürlich ist die institutionalisierte Religion für alle da, und sie erfüllt ihren Auftrag, sich der geistlichen Belange und des Heils der Menschen anzunehmen, während die mystische Erfahrung nur von einzelnen Menschen gemacht wird, obschon diese Fähigkeit – wie wir noch sehen werden – potentiell allen Menschen eigen ist.

Wenn wir die Religion und die Mystik als Erkenntnisquellen akzeptieren, müssen die uns interessierenden transzendentalen Wahrheiten in den heiligen Schriften der verschiedenen Religionsgemeinschaften sowie im schriftlichen Nachlaß aller Mystiker zu suchen sein. Für den gewöhnlichen Menschen besteht der Zugang zu diesen Wahrheiten in Lehrgesprächen, Predigten und Gottesdiensten, die ihm von den offiziellen Vertretern seiner Religionsgemeinschaft angeboten werden; im besten Fall wird er sich selber dem Studium der religiösen und mystischen Schriften aus seinem Kulturkreis oder vielleicht auch aus anderen religiösen Traditionen widmen. Der am meisten Überzeugungskraft besitzende und gewinnbringende Zugang wäre aber die eigene Schau in die Klarheit und Tiefe dieser Wahrheiten, die allerdings das Beschreiten eines langen und mühevollen Erkenntnispfades erfordert.

Wie steht es nun um die Beweiskraft der in Religion und Mystik gewonnenen Erkenntnisse? Können sie unseren Anforderungen an die Glaubwürdigkeit von Erkenntnisinhalten genügen? Mit dem Ausdruck «Glaubwürdigkeit» sind wir bereits beim Kernproblem. Wenn von Religion oder Mystik die Rede ist, wird praktisch jeder, und erst recht ein sich modern und aufgeklärt nennender Mensch, den bekannten Standpunkt einnehmen: Es gibt einen fundamentalen Unterschied in der Beweiskraft von Wissen und Glauben. Wissen ist das, was die Wissenschaft erarbeitet, entdeckt und als wirklich erkannt hat. Glaube dagegen ist eine Sache des persönlichen Ermessens und der Glaubensakt eine irrationale Funktion unserer Psyche, weshalb seine Bedeutung für das Erkennen relativ und von geringem Wert ist. Es kann nun aber niemand bestreiten, daß der nach Erkenntnis strebende Mensch sich irgendeiner Erkenntnismethode bedienen muß.

Die Geschichte der Erkenntnistheorie zeigt, daß dabei verschiedene Ausgangspunkte möglich sind. Welches ist nun der «richtige» oder der «beste», das heißt jener Ausgangspunkt, der am ehesten – oder überhaupt erst – Erkenntnis ermöglicht? Es geht also offenbar darum, hierüber eine grundsätzliche Entscheidung zu fällen, die einem niemand abnehmen kann. Es ist eine ganz persönliche Entscheidung, für deren Wahl nur ein Kriterium den Ausschlag gibt: der Glaube. Üblicherweise trifft der Mensch diese Wahl unbewußt, und er würde sich, darauf angesprochen, mit Vehemenz dagegen verwahren, daß seine Entscheidungen stets auf Glaubensakten basieren. Und doch müssen wir sogar die naturwissenschaftlichen Erkenntnisse auf diese zurückführen, wobei die jedem Glaubensartikel anhaftenden Irrtümer nicht zu vermeiden sind. Hat nicht die Wissenschaft jahrhundertelang an den konsequenten Determinismus in der physikalischen Welt geglaubt, bis dieser durch Heisenbergs Unschärferelation widerlegt wurde, und hat nicht in der Mathematik der Satz gegolten, die kürzeste Verbindung zwischen zwei Punkten sei die Gerade, bis die Astrophysiker entdeckten, daß der Raum gekrümmt ist, und infolgedessen dieser Satz nur eine relative Gültigkeit besitzt, woraus folgt, daß die mathematischen Axiome letztlich Glaubensartikel sind?

Die Liste von wissenschaftlichen Erkenntnissen, die für solide etabliert und unzweifelhaft gehalten wurden, aber in der Folge revidiert werden mußten, ist mehr als stattlich. Die Wissenschaftler sind sich mittlerweile schon lange dieser Sachlage bewußt, wie schon dargelegt wurde, als von der Subjektivität der wissenschaftlichen Erkenntnis die Rede war. Man hat sich damit abgefunden, daß die Aussage, wonach unsere Sinnesorgane Signale einer existierenden realen Welt wahrnehmen und unserem Gehirn übermitteln und wonach unser Verstand in der Lage ist, eine gültige und die Wirklichkeit beschreibende Interpretation dieser Informationen vorzunehmen, im Grunde Glaubensartikel sind. So kommen die einzelnen Wissenschaften ohne Glauben nicht aus, ebensowenig die Philosophie, wie der Arzt und Philosoph Karl Jaspers in seinem Buch *Der philosophische Glaube* plausibel macht: «Die Erhellung der Kommunikation aus ihren vielfachen Ursprüngen in den Weisen des Umgreifenden wird ein Hauptthema des Philosophierens. Die Kommunikation aber in allen ihren Möglichkeiten der Verwirklichung näher zu bringen, ist eine tägliche Aufgabe des philosophischen Lebens.» Und er konstatiert: «Der Kommunikationsgedanke ist nicht Utopie, sondern Glaube.»[24]

Angesichts der fundamentalen Bedeutung des Glaubens für jegliche Erkenntnis stellt sogar der Naturwissenschaftler Sir Arthur Eddington den Glauben über das Wissen: «Tiefer als irgendeine ‹Denkform› reicht der Glaube, daß schöpferische Tätigkeit mehr bedeutet als die Sache, die sie erschafft. Im Lichte dieses Glaubens ist der Zusammenbruch schwer erlangten Wissens in den aufeinanderfolgenden Revolutionen der Wissenschaft nicht als tragisch anzusehen. Im Zeitalter der Vernunft bleibt doch der Glaube das Höchste. Denn die Vernunft ist einer der Glaubensartikel.»[25] Auch Mahatma Gandhi, im Grunde selber ein Mystiker, der hier als Erkenntnisanalytiker auftritt, zieht den Schluß: «Keine Suche ist möglich, ohne daß man von Grundannahmen, von Arbeitshypothesen ausgeht. Wenn wir nichts zugrunde legen, können wir nichts entdecken.»[26] Nach wie vor hat das berühmte *credo, ut intellegam* (Ich glaube, um zu erkennen) des Anselm von Canterbury Gültigkeit und nichts von seiner Überzeugungskraft eingebüßt. Dieser Satz ist der Schlüssel zum Verständnis des Erkenntnisprozesses, und wenn wir ihn bewußt ergreifen, werden alle Vorurteile gegen religiöse und mystische Wahrheiten, deren Wert infolge einer falschen Auffassung von Glauben so oft in Zweifel gezogen wird, in sich zusammenfallen.

Aufgrund unserer Erörterungen dürfte es nicht mehr schwerfallen, Religion und Mystik neben den Einzelwissenschaften und der Philosophie als gleichwertige oder zumindest gleichberechtigte Erkenntnisquellen zu akzeptieren, insbesondere was die Erhellung der «letzten Dinge» anbelangt. Bevor wir uns definitiv der Mystik zuwenden, die – wie schon mehrfach erwähnt – auch die geistige Substanz der Religion ausmacht, soll unser kurzer Überblick über die verschiedenen Wege, die zur höheren Wahrheit führen, noch abgerundet werden. Das Spektrum der hierzu tauglichen Erkenntnisquellen beschränkt sich nämlich nicht auf die vier, die wir in den Vordergrund gestellt haben. Zwei weitere, die zum Gegenstand dieses Buches in einer gewissen Beziehung stehen, dürfen nicht unerwähnt bleiben: der Mythos und die Kunst.

Mythos bedeutet zunächst «Rede», «Erzählung». Im einzelnen versteht man darunter heilige, «wahre» Geschichten (im Unterschied etwa zu den profanen, «erfundenen» Sagen), die – obwohl nicht wirklich stattgefunden – autoritativen Charakter haben. Inhaltlich befassen sie sich unter anderem mit letzten Dingen wie der Entstehung der göttlichen Formen und Kräfte aus dem Urgrund (Theogonie), des Universums (Kosmogonie), des Menschen (Anthropogonie) und dem Endzustand, dem das Ganze zugeführt werden soll (Eschatologie). Es scheint, daß die Mythen maßgeblich an der Entstehung von religiösen Kulten und Riten beteiligt sind. Mythen gibt es in allen vergangenen und gegenwärtigen Gesellschaften. Ihre Herkunft liegt meist im dunkeln, und ihre Schöpfer sind unbekannt; ihre Überlieferung erfolgte mündlich oder schriftlich, zum Teil auch durch bildnerische Darstellungen.

Die Wissenschaft hat sich schon längst der Mythen angenommen und versucht, sie zu analysieren und zu interpretieren; dabei kommen verschiedene Methoden zum Einsatz, wie zum Beispiel die schematische, die symbolische und die strukturelle, um einige modernere zu nennen. Es hat sich nun gezeigt, daß aus der Analyse eines bestimmten Mythos mit Hilfe der verschiedenen Verfahren nicht immer übereinstimmende Interpretationen resultieren; offensichtlich stehen optimale Untersuchungsmittel noch nicht zur Verfügung. Dies erschwert natürlich die Verwendung der Mythen als Erkenntnisquellen erheblich. Dennoch weisen die Ergebnisse der vergleichenden Mythologie darauf hin, daß die Mythen auf einer allgemeingültigen (aber nicht rationalen) Denkweise beruhen, und sie lassen erkennen, daß sie in einem universellen, der ganzen Menschheit eigenen Grund wurzeln.

Dies legt die Vermutung nahe, daß die symbolische Interpretationsweise der Wahrheit wahrscheinlich am ehesten entspricht und daß die Mythen – in der Sprache der Tiefenpsychologie C. G. Jungs – dem kollektiven Unbewußten entstammen, was bedeutet, daß sie letztlich nichts anderes als Archetypen darstellen. Nun weiß man aber, daß die Archetypen verborgene Wahrheiten beinhalten; so steht auch für den Historiker und Mythologieforscher Richard Cavendish fest, «daß durch die Gefilde des Mythos ein Weg zur Wahrheit führt».[27] Es wird aber noch großer Anstrengungen bedürfen, um auf diesem Weg zu jener Klarheit der Aussage zu gelangen, die die Mystik kennzeichnet. Trotzdem erschien es unvermeidlich, in den folgenden Kapiteln gelegentlich Anleihen bei der Mythologie zu machen.

Es ist sicher nicht abwegig, zwischen Mystik und Kunst gewisse Parallelen zu erblicken. Einmal ist, wie Kunsthistoriker glaubwürdig versichern, der Ursprung aller Kunst sakraler Natur. Obschon heute nur noch ein geringer Teil der Kunstwerke sakrale Inhalte zum Ausdruck bringt, scheint doch nach wie vor die Suche nach einer schwer zu definierenden Wahrheit die Triebfeder jeglichen Kunstschaffens zu sein, die Suche nach Verdeutlichung einer Wahrheit jedenfalls, für die weder die Sprache der Wissenschaft noch irgendeine andere, dem reinen Verstandesdenken entliehene Sprache das adäquate Ausdrucksmittel ist. Es handelt sich offensichtlich um Wahrheiten, die eben nur durch das betreffende Kunstwerk auf die bestmöglich Art sicht- (oder hör-)bar gemacht werden können. So stellt auch Hoimar von Ditfurth fest: «Die Existenz von Kunst... beweist folglich andererseits, daß der Horizont der Wirklichkeit weiter ist, als die Sprache reicht. Die Seiten der Wirklichkeit, die von der Kunst beschrieben, erfaßt oder überhaupt erst zum Bewußtsein gebracht werden, sind deshalb um nichts weniger real als jene, die der Umgangssprache zugänglich sind.»[28]

Damit wird klar, daß die Kunst transzendentale Wahrheiten zu erhellen vermag. Der berufene, engagierte Künstler will durch sein Kunstschaffen die Welt erkennen und womöglich verwandeln; er will – noch weiter gehend – auch das Überweltliche erkennen und eine Tür zu dessen Verständnis aufstoßen. Seine Werke können Verkündigungen und Zeugnisse der Wahrheit, auch und vor allem der transzendentalen, sein. In diesem Sinn schreibt Wassily Kandinsky in seiner bahnbrechenden, 1912 erschienenen kunsttheoretischen Abhandlung *Über das Geistige in der Kunst*, daß die wahrhaft künstlerische Tätigkeit «einer inneren Notwendigkeit entspringt, die im Mythischen gründet». Dabei sind ohne Zweifel intuitive Kräfte wirksam, die in der Tiefe der menschlichen Psyche wurzeln, man darf vielleicht sogar sagen, in der Nähe ihres göttlichen Kerns. Die Beschäftigung mit Kunst, sei es «nur» rezeptiv oder gar durch eigene schöpferische Tätigkeit, vermag daher dem Menschen höhere Erkenntnisse zu vermitteln und ihm auf dem Weg zum Heil voranzuhelfen.

Wodurch zeichnet sich nun die Mystik besonders aus; was sind ihre wesentlichen Charakteristika? Der Mystiker ist zunächst Empiriker; er bezieht seine Erkenntnis aus der Erfahrung und steht damit, bemerkenswerterweise, dem Naturwissenschaftler nahe. Allerdings werden ihm seine Erfahrungen nicht durch die Sinnesorgane vermittelt und rational verarbeitet, sondern er empfängt sie mittels eines speziellen psychischen Sensoriums, das beim gewöhnlichen Menschen nicht oder nur wenig entwickelt und daher höchstens in bescheidenem Maße verfügbar ist. Man kann auch sagen, daß er eine innere Erfahrung macht, während die von wissenschaftlichen Empirikern gemachte Erfahrung äußerlicher Natur ist oder, wie Sir Arthur Eddington sagt: «Im mystischen Fühlen aber erfassen wir die Wahrheit von innen und sie ist, wie sie sein soll, ein Teil von uns selbst.»[29]

Kein geringerer als der Urwalddoktor und Religionsphilosoph Albert Schweitzer hat das Wesen der Mystik besonders treffend charakterisiert: «Zum Wesen der Mystik gehört, daß sie zeitlos ist und sich auf keine andere Autorität als die der Wahrheit, die sie in sich trägt, beruft.»[30] Er stellt die Mystik über jede andere Art von Zugang zu den transzendenten Wahrheiten und deren Auswirkung auf die Lebensgestaltung: «Mystik ist die vollendete Art von Weltanschauung. In der Weltanschauung sucht der Mensch zu dem unendlichen Sein, dem er in natürlicher Weise angehört, auch in ein geistiges Verhältnis zu gelangen. Er setzt sich mit der Welt auseinander, ob er den geheimnisvollen Willen, der in ihr waltet, erfassen und mit ihr eins werden könne. Nur im geistigen Eins-Werden mit dem unendlichen Sein kann er seinem Leben einen Sinn geben und Kraft zum Erleiden und zum Wirken finden.»[31] Und weiter: «Nur die Mystik entspricht dem Ideal der Weltanschauung. Alle anderen Weltanschauungen sind der Art nach unvollkommen und unsachlich. Statt eine Lösung der fundamentalen Frage des geistigen Eins-Werdens des Menschen mit dem unendlichen Sein zu geben und von dieser aus dann im einzelnen zu entscheiden, wie er sich zu sich selbst und zu den Dingen der Welt zu verhalten hat, stellen diese anderen Weltanschauungen Lehren über die Welt auf, die den Menschen über das, was er in ihr tun soll, unterrichten.»[32]

Es gibt drei Tatsachen, die dafür sprechen, daß der mystischen Erkenntnis eine besonders hohe Wahrscheinlichkeit, transzendente Wahrheiten vermitteln zu können, zuerkannt werden muß: die vorbildliche Lebensführung und das hohe Ethos der Mystiker, die Intensität ihrer mystischen Erfahrungen und die grundsätzliche Übereinstimmung der von den Mystikern aller Zeiten und aller Kulturkreise verkündeten Wahrheiten.

Soweit sie bekannt sind, zeigen die Lebensgeschichten der Mystiker, daß diese Menschen sich freiwillig strengen Lebensregeln unterwarfen und daß sie sich unablässig in Demut, Opferwillen, Nächstenliebe und Reinheit der Taten und Gedanken geübt haben. Sie waren sich bewußt, daß ihre Wahrheitssuche nur dann von Erfolg gekrönt sein würde, wenn sie diesen Pfad beschritten, und daß die mystische Schau nur einer geläuterten Seele zuteil wird. Auf der anderen Seite haben sie aus ihrer mystischen Erfahrung die Gewißheit gewonnen, daß die Erfüllung sittlicher Ideale einem höheren Gebot entspricht und ein wesentliches Element der im göttlichen Plan vorgesehenen geistigen Evolution darstellt. Es ist schwer vorstellbar, daß die großen Mystiker Entbehrungen und Verzicht auf weltliche Freuden auf sich genommen hätten, wenn sie nicht von der Richtigkeit der mystischen Wahrheit überzeugt gewesen wären. Wir sind daher sicher gut beraten, wenn wir den Lehren dieser großen Meister unser Ohr leihen und an der Glaubwürdigkeit der verkündeten Wahrheiten nicht zweifeln. Mahatma Gandhi sagt dazu: «Wahrer Glaube ist das Fürwahrhalten der vernünftigen Erfahrungen von Menschen, von denen wir glauben, daß sie ein Leben gelebt haben, das durch Gebet und Bußübungen gereinigt war. Daher ist der Glaube an Propheten und Inkarnationen Gottes, die in ferner Vergangenheit gelebt haben, nicht ein bloßer Aberglaube, sondern die Befriedigung einer tiefen geistigen Notwendigkeit.»[33]

Ein weiteres Argument zugunsten der Glaubwürdigkeit der mystischen Wahrheit ist die überwältigende Intensität, die der mystischen Erfahrung innewohnt. Im Gegensatz zur wissenschaftlichen beruht die mystische Erkenntnis nicht auf Forschungs- und Denkergebnissen, sondern auf Erlebnissen. Die Mystiker versichern uns, daß diese Erlebnisse alle anderen Empfindungen, einschließlich den physischen und psychischen Schmerz, an Intensität weit in den Schatten stellen und ein unsagbares Glücksgefühl verleihen, das ebenfalls alle anderen Arten von Glück um ein Vielfaches übersteigt. Solche Betroffenheit könnte schwerlich zustande kommen, wenn es sich bei der mystischen Schau, die für die meisten Mystiker ein immer wiederkehrendes Ereignis ist, um eine bloße Fata Morgana handeln würde. Diese immense Kraft, die der mystischen Schau innewohnt, vermag auch den Außenstehenden wahrlich zu beeindrucken, und Albert Schweitzer stellt nach seiner Beschäftigung mit den indischen Mystikern fest: «Die Mystik des Eins-Werdens mit dem Urgrunde des Seins behält den Sieg [gegenüber anderen weltanschaulichen Strömungen in Indien], weil sie etwas großartig Einfaches ist, tiefste Wahrheit in sich trägt.»[34]

Besonders beeindruckend ist die weitgehende Übereinstimmung der Erkenntnisse der Mystiker beziehungsweise des mystischen Gehalts aller Religionen, unabhängig von Zeit und Ort, was stark dafür spricht, daß die Mystiker aus der Quelle der *einen* großen Wahrheit geschöpft haben. In ihrem Buch *Religion ist Einheit* stellt Edith Schnapper fest: «Diese Wahrheit [der Einheit] findet sich fast auf jeder Seite der heiligen Schriften aller bestehenden Religionen bestätigt. Wir sehen dort, daß alles religiöse Streben sowie das Licht, das den Wahrheitssuchenden leitet, ein und dasselbe für alle Religionen sind.»[35]

Auch Mahatma Gandhi bekannte sich wiederholt zu dieser Überzeugung: «Ich glaube daran, daß alle großen Religionen der Welt im wesentlichen wahr sind. Ich glaube daran, daß sie alle von Gott eingesetzt sind, und ich glaube, daß sie jeweils für jene Menschen notwendig sind, denen sie geoffenbart wurden. Ich glaube, wenn alle von uns alle heiligen Schriften der verschiedenen Religionen vom Standpunkt derjenigen lesen, die diese Religionen befolgen, dann würden alle finden, daß diese Religionen im Grunde ein und dieselbe sind und einander unterstützen.»[36] Und an anderer Stelle heißt es: «Die Religionen sind verschiedene Straßen, die alle am selben Punkt zusammenkommen. Es spielt keine Rolle, wenn wir auf verschiedenen Straßen wandeln, denn zuletzt erreichen wir alle dasselbe Ziel.»[37] Ein Landsmann Gandhis, Ramakrischna, der ebenfalls noch als Mystiker zu Wort kommen wird, drückt das Ganze in einem einprägsamen Bild aus: «Wie die vielen Straßenlaternen, die eine Stadt bei Dunkelheit in Helle tauchen, ihr Licht aus einer einzigen Quelle erhalten, so empfangen die zahlreichen Propheten und Heiligen aller Länder, Völker und Zeiten ihre Eingebung aus der einzigen Quelle des Allmächtigen.»[38]

Diese Einheit der mystischen Erkenntnis tritt allerdings erst bei intensiverer Beschäftigung mit der Materie allmählich zutage. Nicht nur variieren Ausdrucksweise und Symbolik von einem religiösen Kulturkreis zum anderen, auch die Gewichtung der Wahrheitsinhalte ist von Mystiker zu Mystiker und in der mystischen Essenz der verschiedenen

Religionen unterschiedlich. Diese mehr äußerlichen Abweichungen können aber der grundsätzlichen Übereinstimmung keinen Abbruch tun.

Von daher besitzt die Mystik eine große Überzeugungskraft, die um so heller strahlt, je weiter man auf der Suche nach Gemeinsamkeiten voranschreitet. Die Mystik befindet sich keineswegs in Konflikt mit unserem Verstand. Sie besitzt einfach eine andere Art von Rationalität. Die Mystik ist die Wahrheit des inneren Menschen; sie ist die Rationalität des Selbst.

Nicht alle Mystiker haben schriftliche Zeugnisse hinterlassen. Man darf davon ausgehen, daß es mit großer Wahrscheinlichkeit sehr viel mehr Mystiker gegeben hat (und heute noch gibt), als aufgrund der bekanntgewordenen und verfügbaren Aufzeichnungen nachweisbar ist. Es haben sich sicher auch nicht alle Mystiker im gleichen Maße beauftragt und legitimiert gefühlt, ihre Erkenntnisse weiterzugeben und als Verkünder oder Lehrer zu wirken. Von einer Reihe Mystiker existieren zwar nicht selber verfaßte Werke, jedoch schriftliche Zeugnisse ihrer Schüler und Jünger. So wie die Mystik am Anfang jeder Religion steht, bewegen sich die meisten nachfolgenden Mystiker innerhalb jener bestimmten Religion oder Religionsgemeinschaft, die ihren Werken einen unverkennbaren spezifischen Stempel aufdrückt. Es ist daher gerechtfertigt, von taoistischen, hinduistischen, buddhistischen, parsischen, jüdischen, christlichen und islamischen Mystikern zu sprechen, um nur die Vertreter der wichtigsten Hochreligionen zu nennen. Aber auch die Aussagen der Mystiker aus dem altägyptischen und altgriechischen Kulturkreis zum Beispiel haben nichts von ihrer Aktualität eingebüßt.

Einige der mystischen Werke sind als kanonisierte heilige Schriften in den unveräußerlichen geistigen Besitz der institutionalisierten Religionen eingegangen und bilden deren kostbarstes Gut. Entsprechend gelten ihre Verfasser als göttliche Sendboten, Heilige oder Propheten. Gemäß der hinduistischen Tradition erscheint in regelmäßigen Abständen, wenn die Menschheit von ihrem geistigen Urgrund zu weit abgewichen ist und einer erneuten religiösen Belehrung bedarf, ein sogenannter Avatar, eine menschliche Erscheinungsform Gottes. Krischna, der in der heiligen Schrift Bhagavadgita als Verkünder mystischer Wahrheiten auftritt, ist ein solcher Avatar. Ähnlich ist nach der christlichen Tradition Jesus Christus in seiner Eigenschaft als Gottessohn, als Wahrheitsverkünder und Erlöser erschienen. Die Gegebenheiten der Religionsgeschichte und der religiösen Überlieferung treten indessen hinsichtlich des Inhalts der mystischen Wahrheiten, um welche es sich in diesem Buch handelt, in den Hintergrund.

Noch ein Wort zu der von den Mystikern verwendeten Sprache. Das der Mystik zugrundeliegende Faktum ist die mystische Schau, ein schwer oder kaum zu begreifendes Ereignis im Innern des Menschen. Diese Schau enthüllt Mysterien, die für den Nichtmystiker im Grunde Mysterien und daher unfaßbar bleiben. Man kann deshalb mit Recht die Frage stellen, ob mystische Wahrheiten überhaupt mit Hilfe der Sprache vermittelt werden können. Trotzdem sollten diese Wahrheiten nach Möglichkeit allen Menschen zugänglich gemacht werden, da sie ja das Bedürfnis nach Erkenntnis der «letzten Dinge» befriedigen sollen. Die Mystiker waren sich dieser Aufgabe bewußt, und viele von ihnen haben den Versuch unternommen, die empfangenen Wahrheiten auf diese oder jene Weise weiterzugeben, und damit eine hohe Mission erfüllt. Die Schwierigkeit der sprachlichen Erfassung war aber stets vorhanden, und vielfach ließen sich die mystischen Wahrheiten nur annäherungs- oder andeutungsweise darstellen.

Dabei wurde als Hilfsmittel oft die Bildersprache verwendet, die Sprache in Gleichnissen, wie wir sie besonders von der Bibel her gut kennen. Bei dieser Art sprachlicher Gestaltung tritt die wörtliche Bedeutung der Sätze gegenüber deren symbolhafter oder bildlicher Bedeutung stark zurück, ja die wörtliche Bedeutung ist oft sinnwidrig und irreführend. Vielfach beinhalten Sätze in mystischen Schriften, vor allem in den heiligen Schriften, aber auch einen zusätzlichen, noch tieferen Sinn, wie Eduard Schuré in seinem Buch *Die großen Eingeweihten* nachgewiesen hat.[39] Es handelt sich um die geheime oder esoterische Bedeutung, die in früheren Zeiten, zum Beispiel in der ägyptischen Religion, nur den Adepten, den in die Mysterien Eingeweihten, geoffenbart wurde. Inzwischen haben die Gelehrten, die sich mit der Interpretation von mystischen Texten befassen, auch die esoterische Bedeutung solcher Sätze erhellt.

Eine weitere Hürde auf dem Weg zum Verständnis mystischer Schriften sind die nicht selten darin enthaltenen Paradoxa. Diese Tatsache ist der Mystik oft als Mangel und Hilflosigkeit angekreidet worden. Für C. G. Jung trifft aber eher das Gegenteil zu: «Die Paradoxie gehört sonderbarerweise zum höchsten geistigen Gut; die Eindeutigkeit aber ist ein

Zeichen der Schwäche. Darum verarmt eine Religion innerlich, wenn sie ihre Paradoxien verliert oder vermindert, deren Vermehrung aber bereichert; denn nur das Paradoxe vermag die Fülle des Lebens annähernd zu fassen, die Eindeutigkeit und das Widerspruchslose aber sind einseitig und darum ungeeignet, das Unerfaßliche auszudrücken.»[40]

In der Tat handelt es sich in den meisten Fällen um Scheinparadoxa. Die Widersprüche lösen sich auf, indem sich bei näherem Hinsehen herausstellt, daß mit zwei anscheinend gegensätzlichen Aussagen nur zwei verschiedene Aspekte derselben Wahrheit beleuchtet werden. Diesen Sachverhalt treffen wir auch in den Naturwissenschaften an, sogar in den sogenannten exakten. So kann das Wesen des Lichts physikalisch nur dann einigermaßen befriedigend beschrieben werden, wenn es einerseits als elektromagnetische Welle, andererseits als aus Korpuskeln, den Lichtquanten, bestehend aufgefaßt wird. Ganz analog gilt für mystische Wahrheiten, daß sie oft nur in Form von Paradoxa annähernd sinngetreu ausgedrückt werden können.

Die schriftlichen Aussagen der Mystiker zeichnen sich in der Regel durch Kürze aus. Lange Diskurse widersprechen der mystischen Wahrheit grundsätzlich. Trotzdem haben nicht wenige Mystiker versucht, ihre in Einzelerlebnissen empfangenen Erkenntnisse zu ordnen oder sogar in ein System zu bringen. In dieser Hinsicht nähern sich manche Mystiker deutlich der Philosophie. Auch die als Lehrer wirkenden Mystiker haben das Bedürfnis gehabt, mystische Inhalte in Form von Lektionen zu vermitteln. So kam es zur Bildung von mystischen Lehrgebäuden und Schulen, was im Grunde der Mystik wesensfremd ist. Bezeichnenderweise hat sich für größere Teile der mystischen Wahrheit der in der Neuscholastik von Steuchus Eugubinus geprägte Begriff «Philosophia perennis» (ewige Philosophie) durchgesetzt und wurde in der Folge von Leibniz und vielen anderen Philosophen übernommen. Die Verwendung dieser Bezeichnung sei unbenommen, solange klar bleibt, daß die damit gemeinten Wahrheiten in der mystischen Erkenntnis wurzeln. Aus ebendiesem Grunde ist die Philosophia perennis ewig und hebt sich dadurch von der übrigen Philosophie ab.

Nachdem versucht wurde, klarzumachen, was Mystik ist und was nicht, muß noch ein ganz wichtiger Punkt angesprochen werden. Mit dem mystischen Schrifttum besitzen wir ein unschätzbares Gut, eine kostbare Quelle der Wahrheit, aus welcher der suchende Mensch die Erkenntnisse schöpfen kann, nach denen seine Seele verlangt. Eine entscheidende mystische Wahrheit besagt jedoch, daß der Mensch aus der Mystik nicht nur Wissen um «letzte Dinge» gewinnen sollte, sondern vor allem auch Impulse für die Arbeit an seiner geistigen Entwicklung, die letztlich die einzig wahre Sinngebung für ein erfülltes Leben zu gewährleisten vermag. Die Mystiker haben diesem Anliegen die allergrößte Bedeutung beigemessen und ihre Lehren enthalten entsprechende Aufforderungen sowie Anleitungen für das Erreichen dieses Ziels.

Dabei kann das Ziel nicht hoch genug angesetzt werden. Im Idealfall besteht es darin, daß der «gewöhnliche» Mensch seine schlummernden Fähigkeiten so weit entwickelt, daß auch ihm das Geschenk der mystischen Schau zuteil wird. Ob und wann – vielleicht – alle Menschen diese Ebene erreichen werden, kann niemand sagen. Allen pessimistischen Prophezeiungen zum Trotz sind aber in der Geschichte der Menschheit immer wieder verheißungsvolle Ansätze für einen deutlichen kollektiven Fortschritt in der spirituellen Evolution feststellbar. Es sieht so aus, als seien auch in der Gegenwart Ansätze dieser Art spürbar, wobei diese sorgfältig von kurzlebigen weltanschaulichen Modeströmungen zu unterscheiden sind. Man kann nur hoffen, daß diese Zeichen sich nicht als trügerisch erweisen.

TEIL EINS

DAS MYSTERIUM DIVINUM

Nah ist
Und schwer zu fassen der Gott.

Friedrich Hölderlin. Patmos

1. Aspekte des Göttlichen

Der Mystiker will die Wahrheit erlangen, nicht irgendeine, sondern die absolute Wahrheit. Er weiß, daß jede nichtabsolute Wahrheit eine brüchige Wahrheit ist, die Spielraum für Kritik und Zweifel offenläßt und daher nicht ewig Bestand haben kann. Aber seine innere Stimme sagt ihm, daß es eine über alle anderen Wahrheiten erhabene absolute Wahrheit geben muß, eine letzte, endgültige Wahrheit, die durch nichts auf oder außerhalb der Welt tangiert oder erschüttert werden kann. Wenn ein unbeirrbarer Sucher die Eigenschaften besitzt, die den echten Mystiker auszeichnen, wird er fähig sein, bis zu dieser absoluten Wahrheit vorzudringen oder sich ihr spürbar zu nähern. Er wird in seiner mystischen Schau Aspekte dieser absoluten Wahrheit erkennen können, doch wird es keinem Menschen je vergönnt sein, diese in ihrem ganzen Umfang zu erfassen und in ihrer ganzen Tiefe auszuloten.

Auch für den Mystiker wird die vollständige absolute Wahrheit ein unermeßliches, höchste Ehrfurcht erheischendes Mysterium bleiben, das Numinose schlechthin, das als *mysterium tremendum*, als das Erschauern machende Geheimnis empfunden wird, das aber gleichzeitig auch entzückt und anzieht, und daher auch als *mysterium fascinosum* erlebt werden kann. Obwohl es letztlich ein Mysterium ist und bleibt, hat es viele Namen und Umschreibungen erhalten. Es ist das höchste transzendentale Prinzip, das Ureinzige, das Heiligste, die letzte Wirklichkeit, das Alles in Allem, Ursprung, Sinn und Ziel zugleich; es ist, mit anderen Worten, das Göttliche und könnte daher auch als *mysterium divinum* (göttliches Geheimnis) angesprochen werden.

O Dunkel des Schweigens! Es wäre nicht genug, von dir zu sagen, daß du vor lauter Finsternis in strahlendstem Licht aufglänzest, nicht genug, von dir zu glauben, daß dein Glanz sich immer gleich bleibe, unstörbar und unzerstörbar, nie zu sehen und nie zu erreichen. Es wäre auch nicht genug, von dir zu sagen, daß du, Dunkelheit des Urgrunds, jenen vollkommenen Geist, der die Augen des Daseins und die Augen des Seins zu schließen vermöchte, mit der Leuchtkraft deiner Fülle bis zum Bersten blendest, und schöner bist als die Schönheit selbst.

Dionysios Areopagita: Die mystische Theologie[1]

Es gibt eine undefinierbare mysteriöse Macht, die alles durchdringt. Ich kann diese Macht fühlen, obwohl ich sie nicht sehen kann. Es ist eine unsichtbare Macht, die ich fühlen und doch auf keine Art beweisen kann, denn sie ist so verschieden von allem, was ich durch meine Sinne wahrnehme. Sie ist jenseits der Sinne.

Mahatma Gandhi: Young India[2]

Von einer ganz anderen Seite herkommend hat auch die Naturwissenschaft in der Ferne Signale erblickt, die auf das Mysterium divinum hinweisen, wozu viele Zitate aus der neueren Literatur angeführt werden könnten. So lesen wir zum Beispiel in dem Buch von Peter von den Osten-Sacken *Schöpfung aus dem Nichts*: «Die Größe U, der Urgrund allen Seins, die letztliche Ursache des unerforschbaren Geschehens, das Ewige und ewig verborgen Bleibende, Unfaßbare und dennoch Existierende – was ist sie, diese Größe U?»[3]

Absichtlich ist für die Umschreibung der absoluten Wahrheit die Bezeichnung «Mysterium divinum» und nicht «Gott» gewählt worden, weil in der Mystik verschiedene Aspekte des Göttlichen zutage getreten sind und der Name «Gott» – aus religionsgeschichtlicher Sicht – bereits auf einen bestimmten, konkreten Aspekt abhebt. Nichtsdestoweniger wird in einigen in diesem Kapitel zitierten Worten von Mystikern von Gott die Rede sein, auch wenn sich diese ebenso zutreffend auf das allgemeinere Mysterium divinum beziehen.

Wenn aber jemand Gott sieht und erkennt und ahnt, was er sieht, so weiß er: auch er hat Gott nicht gesehen, sondern nur etwas von dem durch Gott Seienden, das Er aufscheinen läßt, damit er erkannt werde. Gott selbst bleibt stets erhaben über alles Erkennen und über alles Sein, denn Gottes Wesen entspräche es nicht, im Geschaffenen zu verweilen, und Seine Offenbarung geht über jedes offenbarte Erkennen.

Dionysios Areopagita: Brief an Gaios, den Mönch[4]

Es besteht kein Zweifel, daß die Mystiker die Grenzen des menschlichen Gotteserkenntnisvermögens in aller Klarheit gesehen haben, was sie nicht daran hinderte, sich ganz der Ergründung des Mysterium divinum hinzugeben. Dies ist vielleicht das größte Paradoxon der Mystik, nämlich daß sie sich anschickt, das Unerfaßbare zu erfassen, das Unerklärbare zu deuten, das Undurchdringliche zu durchdringen. Der Mystiker stürzt sich in einen Ozean, den zu durchschwimmen seine Leistungsfähigkeit hoffnungslos überfordert, und er tut dies, weil er beflügelt ist von einer gewaltigen Kraft und einer unbändigen Sehnsucht nach der absoluten Wahrheit. Daß Paradoxa in der Mystik und Religion keine Zeichen der Schwäche sind, ist bereits dargelegt worden. Aber der Skeptiker findet in der grundsätzlichen Unerreichbarkeit des höchsten mystischen Ziels einen willkommenen Ansatzpunkt zur Kritik, und die Tatsache, daß verschiedene Mystiker verschiedene Aspekte des Göttlichen geschaut und zu beschreiben versucht haben, ist für ihn der Beweis für die Unzuverlässigkeit und die mangelnde Glaubwürdigkeit der mystischen Erkenntnis. Darauf läßt sich am besten mit einer berühmten Parabel aus der hinduistischen Mystik antworten, von der es verschiedene Versionen gibt:

Ein Volk von Ameisen begegnet einem Elefanten, ein für die Ameisen wahrlich gewaltiges Erlebnis. Sie beginnen, untereinander über ihre Erfahrungen zu sprechen, und versuchen, den Eindruck, den sie vom Elefanten gewonnen haben, möglichst wirklichkeitsgetreu zu schildern. Etliche Ameisen sind unten an ein Bein des Elefanten geraten; sie beteuern, daß der Elefant eine riesige Säule sei, deren oberes Ende nicht auszumachen war. Andere Ameisen sind beim Rüssel gelandet und vielleicht ein Stück in diesen hineingelaufen; sie versichern ihren Mitameisen, daß der Elefant ein mächtiger Tunnel von bedeutender Länge sei. Wieder andere Ameisen sind bis zu einem Stoßzahn vorgedrungen und nun überzeugt, daß der Elefant eine spitze, schneeweiße Bergzacke ist.

Alle Ameisen sagen die Wahrheit, alle haben ihre Erfahrung zutreffend beschrieben, nur hat es ihr Auffassungsvermögen bei weitem überstiegen, den Elefanten in seiner Gesamtheit zu erkennen, obwohl sie alle dem einen gleichen Elefanten begegnet sind. Es wird nicht gesagt, ob sich die Ameisen wegen ihrer nicht auf einen Nenner zu bringenden Erfahrungen zerstritten haben, doch liegt der Sinn des Gleichnisses auf der Hand: Auch das Erkenntnisvermögen des begnadetsten Mystikers reicht für das volle Erfassen des Mysterium divinum nicht aus. Genauso wie aber die Ameisen eine Wirklichkeit gesehen haben, erfährt der Mystiker in seiner inneren Schau die Wirklichkeit des Göttlichen, auch wenn er ihm nur in einem seiner Aspekte begegnet. Aufgrund dieser Begegnung bleibt für den Mystiker hinsichtlich der Existenz des Göttlichen keine Spur von Zweifel zurück. Man kann noch weiter gehen: Wenn für den Mystiker überhaupt irgend etwas mit absoluter Sicherheit feststeht, dann ist es die Wirklichkeit des Göttlichen, die Existenz Gottes.

Daß Gott existiert, ist für mich mehr gewiß als die Tatsache, daß Sie und ich in diesem Zimmer sitzen.

Mahatma Gandhi: Religion der Wahrheit[5]

Man kann die Existenz Gottes nicht beweisen, und man braucht sie nicht zu beweisen. Gott existiert, und wenn wir ihn nicht fühlen, dann ist das um so schlimmer für uns. Ihn nicht zu fühlen ist eine Krankheit, die wir eines Tages überwinden werden, ob wir wollen oder nicht.

Mahatma Gandhi: Harijan[6]

Der «gewöhnliche Mensch» steht dem Mysterium divinum in der Regel mit ratlosem Staunen gegenüber, doch möchte er wenigstens die Existenz Gottes annehmen können. Für C. G. Jung ist dies ein Akt des Zutrauens, mit anderen Worten des Glaubens: «Gott ist für mich ein nicht zu lüftendes Geheimnis, dem ich nur *eine* Eigenschaft zutrauen muß, nämlich, daß es vorhanden ist.»[7] Für den Mystiker hingegen ist Gott nicht etwas, das bewiesen werden muß; es ist nicht einmal etwas, woran geglaubt werden muß. Der Mystiker ist nicht darauf angewiesen, an Gott zu glauben, weil er Gott weiß. Die Evidenz für die Existenz Gottes gründet in seiner mystischen Erfahrung, und da es keine stärkere Evidenz gibt, als eben diese, kann Gott nichts anderes sein als das unerschütterliche ewige Faktum, das weder einer philosophischen noch einer theologischen Begründung bedarf.

Für den Nichtmystiker bleibt, wie gesagt, bezüglich der Existenz Gottes der Glaube. Es wäre, wie wir schon gesehen haben, falsch, zu sagen, es bleibe «nur» der Glaube. Der Glaube ist in keiner Hinsicht etwas Minderwertiges, aber er braucht eine Basis, auf die er sich stützen kann. Was die institutionalisierte Religion lehrt, kann diese Basis sein. Wer sich in die Aussagen der Mystiker vertieft, wird vielleicht ein stärker leuchtendes Licht auf seinen Weg zum Glauben mitbekommen. In der Tat strahlen die Worte der Mystiker eine solche Überzeugungskraft aus, daß der Aufnahmebereite seinen Glauben an die Existenz Gottes oft bis nahe an die Gewißheit zu verstärken vermag. Wir sind den Mystikern zu Dank verpflichtet, daß sie sich als Botschafter und Verkünder einer Wahrheit verstanden haben, deren Kenntnis dem Menschen not tut und ohne die er das Heil nicht erlangen kann.

Worin besteht denn nun dieses Mysterium divinum, vor dem wir erzittern und zu dem wir uns hingezogen fühlen, dieses Mysterium, von dem wir vermuten, daß es den Sinn alles Bestehenden und Geschehenden in sich birgt? Wo ist dieses Mysterium zu finden, das wir so deutlich spüren, in welches der Mystiker eintaucht und an dessen Existenz nicht zu rütteln ist? Ludwig Wittgenstein sagt in seinem *Tractatus logico-philosophicus*: «Der Sinn der Welt muß außerhalb ihrer liegen.»[8] In der Mystik finden wir diese Aussage bestätigt; das Göttliche ist das Jenseitige, das unsere Welt Übersteigende, das oberste transzendentale Prinzip. Aber handelt es sich nun um eine unpersönliche, höhere geistige Macht, die hinter allem steht und in alles hineinwirkt, oder ist es dieses durch Gestalt und Willen gekennzeichnete höchste Wesen, das wir Gott nennen und das alle dem Menschen bekannten Tugenden in höchster Potenz und in absoluter Vollkommenheit besitzt? Die Antwort lautet, daß in der Mystik beide Aspekte des Göttlichen erkannt worden sind. Diese beiden Aspekte schließen einander nicht aus, sie widersprechen einander nicht, sondern sind zwei Seiten der einen Wahrheit.

Gott ist gestaltlos und gestaltet zugleich. Gleich wie Wasser, wenn es gefriert, Form annimmt, so ist Gottes Gestalt die Manifestation der formlosen Gottheit. Und wie das Eis seine Form verliert, wenn es zu Wasser wird, so vergeht Gottes Gestalt im Gestaltlosen, mit dem es eines Wesens ist.

Ramakrischna: Worte[9]

Zwischen dem gestaltlosen Urprinzip, der überpersönlichen Gottheit und dem persönlichen Gott ist kein Unterschied. Denkt man sich das allerhöchste Wesen untätig, dann wird es die Gottheit oder das Absolute genannt. Das gleiche Wesen tätig – erschaffend, erhaltend und zerstörend – ist Gott als persönliches Wesen.

Ramakrischna: Worte[10]

Der Alte der Alten, der Verborgene der Verborgenen, hat eine Gestalt und hat auch keine. Er hat eine Gestalt, durch welche das Weltall besteht. Er hat aber auch keine Gestalt, da er nicht erfaßt werden kann.

Sefer ha Sohar[11]

Wir hätten nie etwas über das transzendentale Göttliche erfahren und es hätte nie Mystiker gegeben, die mit diesem hätten kommunizieren können, wenn der Mensch nicht über einen geheimen Zugang zu diesem Mysterium verfügen würde. Dieser Zugang kann nicht anderswo zu finden sein als im innersten Wesenskern des Menschen; er muß über seine Psyche führen und – in der Sprache der Tiefenpsychologie – beim Mystiker in das Bewußtsein münden, während beim Nichtmystiker dieser Zugang in den untersten Schichten des Unbewußten verborgen bleibt. Es muß, mit anderen Worten, im Innersten des Menschen ein Funken glühen, der mit dem transzendentalen göttlichen Licht wesensverwandt ist beziehungsweise von diesem abstammt. Nur so wird das Zustandekommen der mystischen Erkenntnis verständlich. Die Mystik läßt keinen Zweifel daran, daß der Mensch als höchstes, unschätzbares Gut, als überaus kostbaren Schatz, der allerdings in der Regel nicht gehoben wird, einen göttlichen Kern besitzt. In diesem Sinn ist das Göttliche dem Menschen immanent, wobei wir vorläufig die anderen Geschöpfe und die Schöpfung im allgemeinen nicht berücksichtigen. Erneut haben wir ein Paradoxon vor uns: Das Göttliche ist sowohl transzendent wie auch immanent, was üblicherweise als Widerspruch gilt. Und doch sind dies wiederum bloß zwei Aspekte des einen Göttlichen, zwei Gesichter der einen Realität.

Er ist in uns und doch ist Er über uns und jenseits von uns.

Mahatma Gandhi: Young India[12]

Bemerkenswerterweise sind auch Vertreter der Wissenschaften zu dieser Erkenntnis gelangt, zunächst wieder in der Psychologie; so lesen wir bei C. G. Jung: «Wie das Auge der Sonne, so entspricht die Seele Gott. Auf alle Fälle muß also die Seele eine Beziehungsmöglichkeit, eine Entsprechung zum Wesen Gottes in sich haben, sonst könnte ein Zusammenhang nicht zustande kommen.»[13] Aber auch der Physiker Sir James Jeans macht eine Aussage in dieser Richtung: «Wir entdecken, daß das Weltall Spuren einer planenden oder kontrollierenden Macht zeigt, die etwas Gemeinsames mit unserem eigenen individuellen Geist hat...»[14]

Wir können nunmehr feststellen, daß das Göttliche, das grundsätzlich eine bedingungslose Einheit ist, drei fundamentale Aspekte aufweist: die transzendente, unpersönliche nichtlokalisierte Gottheit, die wir auch als den Weltgeist oder das Absolute bezeichnen können, ferner den transzendenten, persönlichen, Gestalt und Willen besitzenden Gott, den wir als das höchste Wesen kennen, und schließlich das immanente Göttliche als innersten geistigen Wesenskern des Menschen, welcher die metaphysische Wirklichkeit des Menschen ausmacht und daher als das Selbst angesprochen werden kann. Es ist das Verdienst der indischen Mystik, die tiefe Wahrheit von den drei fundamentalen, gleichwertigen, gleichzeitig in einer Einheit existierenden Aspekten des Göttlichen erkannt und klar formuliert zu haben. Man findet sie in vielen ihrer heiligen Schriften, wobei das Absolute als das «Brahman», das Selbst als «Atman» oder «Paramatman» und das höchste Wesen als «Bhagavan» bezeichnet wird.

Brahman ist die Seele in allem, wahrlich, es ist das Selbst in allen. Es ist alles. Dieses Selbst ist Herr und König über alle Wesen.

Brihadaranyaka-Upanischad[15]

Die Wahrheitssucher benennen die ewige Wahrheit, die zwieheitsloses Wissen ist, Brahman, Paramatman, Bhagavan.

Srimad-Bhagavatam[16]

Hinsichtlich Seiner verschiedenen Manifestationen kennt man ihn in drei Erscheinungen, die als das unpersönliche Brahman, der lokalisierte Paramatman und die Ursprüngliche Persönlichkeit Gottes bezeichnet werden.

Chaitanya: Charitam-Rita[17]

Drei fundamentale Aspekte des Göttlichen – die Dreizahl fällt auf. Für den Christen ist eine Assoziation mit der Dreieinigkeit naheliegend – trotzdem handelt es sich hier um eine andersartige Trias. Aber die Dreiheit wird im Zusammenhang mit dem Göttlichen noch öfter auftauchen. In der Mystik ist in der Tat die Drei eine heilige Zahl par excellence.

Die Ewigkeit umspannet mein Empfinden,
von tiefster Stille leis geoffenbart.

Karl Stamm: Das Hohelied

2. Das Absolute

Das Absolute ist der am schwersten zugängliche Aspekt des Göttlichen. Eigentlich gibt es keine Möglichkeit, das Absolute sprachlich zu fassen, nicht einmal in Bildern oder Gleichnissen. Jede Beschreibung, jede Darstellung würde nicht das Absolute in seiner Reinheit treffen. Sogar einen Namen dürfte das Absolute nicht tragen; aber die Mystiker wollen dennoch kundtun, daß sie um die Existenz des Absoluten wissen, und müssen es benennen, damit seine Realität deutlich wird.

In der indischen Mystik erscheint es unter der Bezeichnung «das Brahman», in der chinesischen Mystik, dem Taoismus, unter dem Begriff des «Tao», im Buddhismus unter anderem in Form des «Nirvana» (in Pali: «Nibbana»), in der jüdischen Mystik wird es als «En-Soph» angesprochen, um nur einige geläufige Bezeichnungen anzuführen. Für den Religionswissenschaftler gibt es dabei allerdings Nuancen: so hat das Tao auch andere Bedeutungen, wie «Weg» oder «Sinn», und das Nirvana muß vordergründig eher als Endziel des Erleuchteten und Erlösten, also als ein Zustand aufgefaßt werden. Den Begriffen Tao und Nirvana kommt jedoch ohne Zweifel das Attribut des Absoluten zu und – da es sich um die höchste transzendentale Wahrheit handelt – auch dasjenige des Göttlichen. Der in den Religionswissenschaften Bewanderte wird hier jedoch einwenden, daß der Buddhismus primär keinen

Gott kennt. In der Tat wird der Buddhismus gern als atheistische Religion bezeichnet. Dieser Standpunkt ist aber nicht konsequent vertretbar und die Behauptung in dieser Form nicht haltbar, wie verschiedene buddhistische Gelehrte, so zum Beispiel Daisetz Taitaro Suzuki, nachgewiesen haben. Es gibt auch Stellen im buddhistischen Pali-Kanon, aus denen erhellt, daß Buddha, gewiß angesichts der Grenzen des menschlichen Auffassungsvermögens, bestimmte Geheimnisse – sogar seinen Jüngern – nicht preisgegeben hat:

> So ist auch, ihr Mönche, das viel mehr, was ich erkannt und euch nicht verkündet habe (als das, was ich erkannt und euch verkündet habe). – Und warum ist dieses, ihr Mönche, von mir nicht verkündet worden? Weil es nicht zweckdienlich ist, weil es nicht zu den Grundlagen heiligen Lebens gehört, weil es nicht zur Weltabkehr, nicht zur Leidenschaftslosigkeit, nicht zur Aufhebung, nicht zum Frieden, nicht zur Erkenntnis, nicht zur Erleuchtung, nicht zum Nirvana führt.
>
> Gautama Buddha: Samjuttanikaya[1]

Im späteren Buddhismus, dem Mahayana-Buddhismus, tritt das Element des Göttlichen immer stärker zutage, und in der sogenannten Drei-Körper-Lehre treffen wir auf eine Komponente, welche die Merkmale des Absoluten aufweist. Nach dieser Lehre besteht der Buddha in seiner weitesten Bedeutung (also nicht der historische Gautama Buddha) aus den drei Leibern Nirmanakaya, Sambhogakaya und Dharmakaya. Der Nirmanakaya umfaßt alle irdischen Buddhas, die in menschlich-physischer Gestalt in der Welt auftreten, also auch den historischen Gautama sowie den in ferner Zukunft kommenden Maitreya. Der Sambhogakaya ist die Summe der transzendentalen Buddhas in der nicht inkarnierten, also sinnlich nicht wahrnehmbaren, sondern nur spirituell erfahrbaren Form; der mit Abstand beliebteste Sambhogakaya-Buddha ist Amitabha. Der Dharmakaya schließlich ist die höchste Stufe der Buddha-Körper, der Urbuddha oder die Buddha-Soheit (*tathata*), die Soheit des Seienden (*buthatathata*) beziehungsweise die Leerheit (*sunyata*), mit anderen Worten genau das, was wir unter dem Absoluten verstehen müssen.

Was sagen nun die Mystiker über die Beschreibbarkeit beziehungsweise Nichtbeschreibbarkeit des Absoluten?

Das Tao, das sich aussprechen läßt, ist nicht das ewige Tao.
Der Name, der sich nennen läßt, ist nicht der ewige Name.

Laotse: Taoteking[2]

Das Tao, von dem man reden kann, *ist nicht* das Tao.

Dschuang Dsi: Das wahre Buch vom südlichen Blütenland[3]

Wer vermag zu erkennen den unaussprechlichen Beweis, das unsagbare Tao?

Dschuang Dsi: Das wahre Buch vom südlichen Blütenland[4]

Brahman ist nicht zu bestimmen. Es ist jenseits des Fassungsvermögens von Denken und Rede, das Eine ohne ein Zweites.

Shankara: Viveka-Chudamami[5]

Das ewige Urprinzip kann weder ausgesagt noch begreiflich gemacht werden. Die Worte versagen, um Sein Wesen zu beschreiben. Niemand kann das Unendliche in der Sprache des Endlichen ausdrücken. Es ist Schweigen.

Ramakrischna: Worte[6]

Nur eine einzige Wahrheit, eine einzige Substanz ist niemals entweiht worden: das göttliche Wesen, das Absolute. Es ist noch niemandem gelungen, diese Wahrheit in Worten auszudrücken.

Ramakrischna: Worte[7]

Die Macht, die wir Gott nennen, entzieht sich jeder Beschreibung. Für diese Macht sind auch die Versuche der Menschen, sie zu beschreiben, nicht notwendig.

Mahatma Gandhi: Harijan[8]

Die absolute Wirklichkeit ist nicht Gegenstand von Erkenntnis.

Santideva: Bodhicaryavatara[9]

...Du, der Du unsäglich, unaussprechlich und allein in der Stille genannt wirst...

Hermes Trismegistos: Die 17 Bücher[10]

Daher Es (das absolute Göttliche) auch in Wahrheit unsagbar ist; denn was du von ihm aussagen magst, immer mußt du ein Etwas sagen.

Plotinos: Enneaden[11]

Komm und siehe! Der Gedanke ist der Urgrund von allem, was da ist. Aber Er ist anfangs unerkennbar und in sich verschlossen.

Sefer ha Sohar[12]

Alles Göttliche selbst ist schon durch seine überwesentliche Einheit unaussprechlich und unerkennbar für alles Zweite, abgeleitete. Von denen aber, die daran teilnehmen, kann es erkannt werden. Daher ist allein das Erste vollständig unerkennbar . . .

Proklus: Initia Theologiae[13]

Wir können nur sagen, daß die Urgottheit überhoch über alles Sagbare hinausgerückt ist, über jegliche Beschaffenheit oder Bewegung oder Eingebung, Erleuchtung oder Meinung oder Erkenntnis, über jegliches Leben oder Wort oder Wesen, über jeglichen Namen oder Gedanken, über Stand und Stellung, über Vielheit und Einigung, Anfang und Ende, ja über die Unendlichkeit selbst noch hinaus: kurz über alles, was ist oder werden kann.

Dionysios Areopagita: Die Namen Gottes[14]

Deshalb ist die über jedes und alles erhabene Gottheit weder als eine Monas noch als eine Trias von uns oder von irgendeinem anderen Wesen wirklich erkannt.

Dionysios Areopagita: Die Namen Gottes[15]

Doch keine Monas oder Trias oder Zahl oder Einheit oder Schöpfungsmacht oder irgend etwas, was ist – oder was irgend jemand von existierenden Dingen vielleicht hat erkennen können –, enthüllt uns jemals die über jedem Begriff und über jedem Verstand hinausliegende, unerreichbare Heimlichkeit der Überhaupt-Gottheit, die über alles Wesenhafte hinaus uns ewig entrückt bleibt. Es gibt keinen Namen und keinen Begriff von ihr, denn sie ist über uns in das uns Unzugängliche erhoben.

Dionysios Areopagita: Die Namen Gottes[16]

Der göttliche Abgrund selber wird niemals begriffen, es sei denn
durch die wesentliche Einheit.
Johann van Ruysbroeck: Zierde der geistlichen Hochzeit[17]

Man kann den höchsten Gott mit allen Namen nennen;
man kann ihm wiederum nicht einen zuerkennen.
Angelus Silesius: Heilige Seelenlust[18]

Gott ist ein lauter Nichts, ihn rührt kein Nun noch Hier:
Je mehr du nach ihm greifst, je mehr entwird er dir.
Angelus Silesius: Der Cherubinische Wandersmann[19]

O du heiliges Tal und absolute Existenz – wie sehr auch der lautere
Grund der Stufe Deiner Absolutheit das Gestrüpp der zusätzlichen
Zuschreibungen von sich gefegt hat und im eigenen Auge von all
diesen begrenzten Beziehungen frei ist, so schlägt doch das gesamte
Wanderdünenland der imaginären Kontingenzen auch in dieser Weite
Wellen und fesselt den Fuß jedes Wesens mit der Kette der Individua-
lisierung.
Khwaja Mir Dard: Aus den vier Sendschreiben[20]

Es besteht also Übereinstimmung, daß das Absolute grundsätzlich nicht
beschreibbar ist und darüber hinaus nicht umfassend erkannt werden
kann, obwohl das höchste Ziel des Mystikers in der Erfahrung des
Göttlichen in seinem möglichst vollständigen, möglichst absoluten
Aspekt besteht. Es gibt sicher eine Erfahrung des Absoluten, das heißt,
die Mystiker sind fähig, wenigstens einen Zipfel des Absoluten zu erhaschen, doch ist es ihnen nahezu unmöglich, die Erfahrung in Worten
wiederzugeben.

Hingegen scheint es möglich zu sagen, was das absolut Göttliche *nicht*
ist. Man hat diese verneinenden Umschreibungen auch negative oder
apophatische Theologie genannt. Die Mystiker haben mehrfach zu diesem Mittel Zuflucht genommen. In der christlichen Mystik ist es vor
allem Dionysios Areopagita, der davon Gebrauch macht, wie schon die
obigen Zitate zeigen, aber die apophatische Methode ist auch in der
indischen Mystik, so in den Reden Gautama Buddhas und gehäuft in
den Upanischaden, anzutreffen.

... dort (beim Nibbana) findet Wasser, Erde, Feuer, Luft keinen Boden; dort hört Langes und Kurzes, Kleines und Großes, Schönes und Unschönes – dort hört Name-und-Form gänzlich auf.

Gautama Buddha: Dighanikaya[21]

Das, was die Weisen das Unvergängliche nennen, ist nicht grob und nicht fein, nicht kurz und nicht lang, ohne Raum ... ohne Tod, ohne Furcht, ohne Inneres und ohne Äußeres.

Brihadaranyaka-Upanischad[22]

In der gleichen Upanischad ist ein Lehrgespräch wiedergegeben, in welchem der sprachgewandte Gargya vom Weisen Ajatasatru unterrichtet wird. Auf alle Formulierungen, die Gargya vorbringt, um zu zeigen, daß er das Brahman begriffen hat, antwortet ihm Ajatasatru: «Nein, nein! Sprich mir nicht so vom Brahman.»[23] Das *«neti, neti»* (nicht so, nicht so) ist der Grundtenor der Upanischaden.

Das Absolute ist unsagbar, und dennoch haben die Mystiker Gewichtiges und Entscheidendes darüber ausgesagt – ein weiteres Paradoxon dieser Erkenntnisweise. In erster Linie steht für die Mystik fest, daß das Absolute nicht nur wirklich, sondern die höchste, die absolute, ja sogar die einzige wahre Wirklichkeit ist, wirklicher als alles andere. Obwohl im höchsten Grad wirklich, ist das Absolute über das gewöhnliche Sein (und Nichtsein) erhaben; es hat ein überragendes Sein, das durch unseren landläufigen Seinsbegriff nicht abgedeckt wird.

Die Wirklichkeit, verborgen hinter allen Geschöpfen, ist Brahman ...

Aitereya-Upanischad[24]

Einzig Es (das Brahman) ist die Wirklichkeit.

Ischa-Upanischad[25]

Das anfanglose, höchste Brahman, nicht Sein noch Nichtsein wird's genannt.

Krischna: Bhagavadgita[26]

Brahman ist das Höchste, Brahman ist die Wirklichkeit – das Eine ohne ein Zweites.

Shankara: Viveka-Chudamami[27]

Das Absolute ist die einzige Wirklichkeit, das Weltall ist unwirklich.

Ramakrischna: Worte[28]

Die absolute Wahrheit, das ewige Prinzip, das ist Gott.

Mahatma Gandhi: Autobiographie[29]

Man kann sich fragen, was solche Aussagen für uns «gewöhnliche» Menschen bedeuten. Bringen sie, nützen sie etwas? Vielleicht kann ein einfaches Beispiel helfen, den Begriff Wirklichkeit verständlicher zu machen beziehungsweise seine Bedeutung zu beleuchten. In unserem Zimmer steht ein hölzerner Tisch. Wir können ihn sehen, seine Größe, seine Form, seine Beschaffenheit, seine Farbe feststellen; wir können ihn mit unseren Händen befühlen und uns versichern, daß es sich um ein Stück solider Materie handelt, von Menschen aus Materialien der Natur hergestellt. Wir zögern keinen Moment zu sagen, daß wir etwas Wirkliches wahrnehmen. Wie sieht es nun aber bei genauerem Überlegen mit dieser Wirklichkeit aus?

Die Physik lehrt, daß alle Materie, also auch das Holz unseres Tisches, aus Atomen besteht, die wiederum aus einem Kern von Elementarteilchen und darum kreisenden anderen Elementarteilchen, den Elektronen, bestehen. Zwischen dem Kern und den Elektronen liegen im Vergleich zum Durchmesser der Elementarteilchen riesige Abstände, «ausgefüllt» mit leerem Raum. Demnach besteht unser massiver Tisch, mit Ausnahme eines winzigen Anteils, der durch das Volumen der Elementarteilchen repräsentiert wird, in überwältigendem Ausmaß aus leerem Raum, wir können auch sagen: aus dem Nichts. Wenn wir nun diese Erkenntnis einerseits auf das ganze Universum extrapolieren, andererseits auch auf unseren eigenen Körper anwenden, müssen wir zu dem Schluß gelangen, daß alles vorwiegend aus Nichts besteht.

An diesem Punkt angelangt stehen wir vor einem grauenerregenden Abgrund, dem Abgrund des Nichts, vor welchem unser denkendes und fühlendes Ich als unendlich schwaches und unbedeutendes, kaum sichtbar schimmerndes Flämmchen erscheint, und es könnte einen angesichts dieser Wirklichkeit das Entsetzen packen. Und nun verkündet uns die Mystik, daß es eine andere Wirklichkeit gibt, eine absolute, göttliche, von unendlicher Gewichtigkeit, gegen welche die erschreckende materielle Wirklichkeit und das scheinbare Nichts bis fast zur Bedeutungslosigkeit verblassen. Statt vor einem Abgrund, stehen wir in Wahrheit vor einer göttlichen Wirklichkeit, die uns trägt, die jeden Schrecken von uns nimmt, die uns Zuversicht und Geborgenheit verleiht. So sind denn die Worte der Mystik – und dies nicht nur hinsichtlich des göttlichen Absoluten – weit davon entfernt, inhaltslose und für das Leben bedeutungslose Aussagen zu sein.

Da das Absolute *die* eigentliche Wirklichkeit ist, kann es kein zweites Absolutes geben; es ist daher das Einzige. Es ist zwar nur einer von drei fundamentalen Aspekten des Göttlichen, die jedoch in der Essenz identisch sind und daher eine Einheit bilden. Auf der anderen Seite ist das Absolute auf das innigste mit dem Universum verwoben – wie wir im einzelnen später noch sehen werden – und bildet auch mit diesem eine Einheit. In letzter Konsequenz und extremer Formulierung ist das göttliche Absolute die absolute Wirklichkeit, während dem Universum eine relative (aber keineswegs unwichtige) Wirklichkeit zukommt; das Absolute ist das große *Alles*.

«Das» (Tat) atmete, jedoch in eigener Weise, ohne Hauch, das Eine.
Von ihm verschieden war sonst nichts vorhanden.

Rigveda[30]

Ich bin für diese ganze Welt der Urquell und der Untergang. Es gibt nichts Höheres als mich – kein anderes Ding, was es auch sei!

Krischna: Bhagavadgita[31]

(Hier spricht Krischna als Höchstes Wesen, das zugleich das Absolute verkörpert.)

Deshalb ist weder Größe noch Ort, noch Eigenschaft, noch Gestalt, noch Zeit bei Gott, denn Er ist das Alles, doch das Alles ist durch Alles und um Alles.

Hermes Trismegistos: Die 17 Bücher[32]

Jenes (göttliche Absolute) selber aber ist *Eines-Alles*, denn es ist der große Urgrund; der Urgrund nämlich ist eigentlich und wahrhaft Eines.

Plotinos: Enneaden[33]

Alles ist eins und alles ist Er, alles ist ein Einziges ohne Unterscheidung oder Trennung.

Sefer ha Sohar[34]

Wahrlich, es ist nur Ein Gott, Er ist alles in allem...

Jesus Christus: Evangelium des vollkommenen Lebens[35]

Gott ist in allen Dingen, und alle Dinge sind in Gott.

Jesus Christus: Evangelium des vollkommenen Lebens[36]

Nach philosophischem Verständnis scheint in diesen Aussagen ein konsequenter Monismus vertreten zu werden. Wir werden aber auch noch auf dualistische Aspekte des Göttlichen stoßen. Einmal mehr sei daran erinnert, daß die Mystik über starre Standpunkte erhaben ist und – weil nicht anders möglich – scheinbare Paradoxa daher in Kauf genommen werden müssen. Wir dürfen nie vergessen, daß Aussagen über das Mysterium divinum und insbesondere über das Absolute nur Annäherungen an die letzte Wahrheit sein können. Ähnliches gilt für die Transzendenz des Absoluten: Während das Selbst eindeutig immanent und das höchste Wesen eindeutig transzendent ist, verhält sich das Absolute auch in dieser Hinsicht absolut – es läßt sich mit diesen Begriffen nicht fassen... *neti, neti!*

Das Absolute (wie auch das Göttliche überhaupt) könnte nicht die höchste Wirklichkeit sein, wenn es entstünde und vergänglich wäre. Entstehen und vergehen ist ein Attribut des Universums, dem dieser Wirklichkeitsgrad nicht zukommt. Das Absolute hingegen hat kein Beginnen und kein Aufhören, keinen Ursprung und keinen Abschluß, keinen Anfang und kein Ende. Das Absolute war immer da und wird immer sein. Das Absolute ist ewig.

Es gibt ein Ding, das ist unterschiedslos vollendet.
Bevor der Himmel und die Erde waren, ist es schon da,
So still, so einsam!

Allein steht es und ändert sich nicht.
Im Kreis läuft es und gefährdet sich nicht.
Man kann es nennen die Mutter der Welt.
Ich weiß nicht seinen Namen.
Ich bezeichne es als Tao.

Laotse: Taoteking[37]

Das Tao kennt nicht Ende noch Anfang...
Dschuang Dsi: Das wahre Buch vom südlichen Blütenland[38]

Es gibt, ihr Mönche, ein Ungeborenes, Ungewordenes, Ungeschaffenes, Ungestaltetes (das Nibbana).
Gautama Buddha: Ittivutaka[39]

Im Betrachten der Gesamtheit der Phänomene betrachtet ihr den Geist in seiner Gesamtheit. Alle diese Phänomene sind innerlich leer, und doch ist dieser Geist, mit dem sie identisch sind, kein reines Nichts. Damit meine ich, daß er existiert, jedoch in einer Art, die zu wunderbar ist, als daß wir sie verstehen könnten. Es ist eine Existenz, die keine Existenz ist, eine Nichtexistenz, die trotz allem eine Existenz ist.
Diese Leere enthält keine Haaresbreite von irgend etwas, das quantitativ erblickt werden könnte. Sie ist vollständig unveränderlich. Sie ist eine alles durchdringende raumlose Schönheit. Sie ist das unsterbliche und ewige Absolute.

Huang-Po: Meditationssutras[40]

Du bis der Urgrund ohne Beginn, das Ziel ohne Ende.
Nikolaus von Cues: Gottesschau[41]

Wir Menschen, gewohnt stets nach der Ursache aller Wirkungen, Erscheinungen und Dinge zu fragen, könnten auch in Versuchung kommen, die Frage nach der Ursache des Absoluten, des Göttlichen zu stellen. Wenn uns schon gesagt wird, daß es ohne jeden Zweifel existiert, warum gibt es dann dieses Göttliche? Die Frage ist nun gänzlich sinnlos und angesichts der Größe und Heiligkeit des Mysteriums auch völlig fehl am Platz. Sie ist ebenso absurd wie die pseudo-philosophische Frage: Warum gibt es eigentlich überhaupt etwas und nicht

einfach nichts? Will man trotzdem eine Antwort versuchen, so lautet sie
– wie uns die Mystik lehrt – dahingehend, daß die Ursache des Göttlichen das Göttliche selber ist; es ist, wie auch schon die Scholastiker
sagten, *«causa sui»*, sein eigener Grund.

> Brahman ist ohne Ursache und ohne Wirkung, ohne innen noch
> außen.
>
> Brihadaranyaka-Upanischad[42]

> Das höchste Brahman ist jenseits mentaler Spekulation. Es ist selbst-
> manifestiert. Es existiert in seiner eigenen Glückseligkeit...
>
> Srimad-Bhagavatam[43]

> Denn ehe die Geschöpfe waren, war Gott (noch) nicht «Gott»: Er
> war vielmehr, was er war.
>
> Meister Eckhart: Predigten[44]

> In jener Einsamkeit, da ohne Zeichen noch
> Das Sein und alle Welt in Nicht-Seins Winkel lag,
> Und da die Existenz von aller Zweiheit fern,
> Vom Dialog des «Wir» und «Du» auch noch ganz fern.
> Die Schönheit Absolut, die noch erschienen nicht:
> Sie leuchtete auf *sich* mit ihrem eigenen Licht.
>
> 'Abdur Rahman Dschami: Yusuf und Zulaicha[45]

Im Zitat aus der Brihadaranyaka-Upanischad mag die Aussage befrem-
den, wonach das Absolute keine Wirkung habe. Wenn es nicht wirkt,
was ist dann mit der göttlichen Allmacht, die in alles und jedes eingreifen und wirken kann, und vor allem: Ist nicht der Schöpfungsakt der
größte und wunderbarste göttliche Akt überhaupt? Darauf erwidern die
Mystiker, daß die Schöpfung, wie auch alles andere Wirken, nicht vom
Absoluten stammt, sondern einer anderen göttlichen Ebene zuzuord-
nen ist – worüber noch zu sprechen sein wird. Wieder ist es so, daß das
Absolute nicht im umfassenden Sinn absolut wäre, wenn ihm so etwas
wie Aktivität anhaften würde. In der Tat ist zum Beispiel die Schöpfung
ein Prozeß, ob er nun als einmaliger, mehrmaliger oder kontinuierlicher
Akt aufgefaßt wird, bei dem die Schöpfungsmacht vor und nach der
Schöpfung beziehungsweise dem Schöpfungsschritt, nicht mehr ganz die

gleiche ist. Vorher ist sie die schöpfungswillige, nachher die einen Schöpfungsakt vollbracht habende Macht. Sie hat sich also verändert, aber das Absolute ist das konsequent und ewig Unveränderliche. Die Worte Laotses im Taoteking, wo er vom Tao sagt, es wirke geheimnisvoll (Zitat 37), scheinen dieser Feststellung zu widersprechen. Das Wirken des Tao ist aber ein spezielles, eben «geheimnisvolles» Wirken, das nicht nach außen gerichtet ist, sondern – wie weiter unten zu lesen ist – «im Kreise läuft»; es ist ein Wirken, das nichts bewirkt. Dies macht auch das nächste Zitat deutlich.

Das TAO ist ewig ohne Machen, und nichts bleibt ungemacht.

Laotse: Taoteking[46]

Das ist das Tao: Es ist gütig und treu, aber es äußert sich nicht in Handlungen, und es hat keine äußere Gestalt...

Dschuang Dsi: Das wahre Buch vom südlichen Blütenland[47]

(Vor seiner Manifestation) war En-Soph ganz verborgen und verbreitete kein Licht.

Sefer ha Sohar[48]

Und warum reden sie nicht von der Gottheit? Alles das, was in der Gottheit ist, das ist Eins, und *davon kann* man nicht reden. Gott wirkt, die Gottheit wirkt nicht, sie hat auch nichts zu wirken, in ihr ist kein Werk; sie hat niemals nach einem Werke ausgelugt. Gott und Gottheit sind unterschieden durch Wirken und Nichtwirken.

Meister Eckhart: Predigten[49]

Auch für Meister Eckhart, der das Absolute «Gottheit» nennt, ist dieses ohne Tun und Wirken.

So bleibt denn das Absolute das tiefste Geheimnis, das Herzstück des Mysterium divinum.

Ihn erkennen als das große Eine, Ihn erkennen als das große Geheimnis, Ihn erkennen als die große Unterschiedenheit, Ihn erkennen als die große Übereinstimmung, Ihn erkennen als die große Möglichkeit, Ihn erkennen als die große Wahrheit, Ihn erkennen als die große Bestimmtheit: das ist das Höchste.

Dschuang Dsi: Das wahre Buch vom südlichen Blütenland[50]

Hören wir zum Schluß noch Jakob Böhme, der von Gott als dem Absoluten sagt:

Wenn ich betrachte, was Gott ist, so sage ich: Er ist das Eine gegenüber der Natur, wie ein ewiges Nichts. Er hat weder Grund, Anfang noch Stätte und besitzt nichts als nur sich selber. Er ist der Wille des Urgrundes, er ist in sich selber nur Eines. Er bedarf keines Raums noch Orts. Er gebärt von Ewigkeit zu Ewigkeit sich selber in sich. Er ist keinem Dinge gleich oder ähnlich und hat keinen sonderlichen Ort, da er wohne.

Jakob Böhme: Mysterium magnum[51]

Wär' nicht das Auge sonnenhaft,
Die Sonne könnt' es nie erblicken;
Läg' nicht in uns des Gottes eigne Kraft,
Wie könnt' uns Göttliches entzücken?

Johann Wolfgang Goethe: Zahme Xenien

3. Das Selbst

Die Wahrheit vom Selbst ist eine der wichtigsten und wertvollsten Erkenntnisse der Mystik. Nur das Wissen um die Existenz des Selbst macht unsere Beziehung zum Göttlichen begreiflich, nur so verstehen wir die Gottesahnung und das Geheimnis des Gottesglaubens, der Gotteserfahrung, der Gottesschau. Im Kern unserer Seele ruht dieses Selbst, selten bewußt von uns wahrgenommen und dennoch – als Sinn und Ziel der uns zugedachten psychischen Evolution – eine unbestreitbare Realität. Man kann sogar sagen, daß die Existenz des Selbst wissenschaftlich bewiesen ist. Das Selbst ist das schon von Meister Eckhart als «göttlicher Funke» bezeichnete göttliche Element in uns, von dem die vielen neognostisch orientierten modernen Naturwissenschaftler sagen: «Alle Lebewesen bestehen für den Neognostiker aus übermenschlichen Bewußtseinseinheiten, die von Gott herrühren, den sogenannten Äonen oder göttlichen Funken.»[1]

C. G. Jung ist im Zuge seiner tiefenpsychologischen Analysen auf ein zentrales Element der Psyche gestoßen, das genau dem Selbst entspricht und von ihm auch mit diesem Begriff bezeichnet wurde; so lesen wir bei seiner Schülerin Jolande Jacobi: «Das Selbst ist aber auch eine psychische Kategorie, als solche eben erlebbar, und wenn wir aus der psychologischen Sprache heraustreten, so dürfen wir es auch das ‹zentrale

Feuer›, unseren individuellen Anteil an Gott, oder das ‹Fünkchen› Meister Eckharts nennen... Es ist das letzte Erfahrbare in und von der Psyche.»[2]

Auch das Selbst ist nicht leicht zu beschreiben, da es ja eines der drei Aspekte des Mysterium divinum ist. Nichtsdestoweniger hat die Mystik in ihrer eindrücklichen Sprache immer wieder die Wahrheit vom Selbst verkündet. Spuren davon findet man bereits im Ägyptischen Totenbuch:

Denn dein liebender Sohn, Osiris, bin ich!

Ägyptisches Totenbuch[3]

Osiris, gib meiner Seele ihr göttliches Wesen zurück!

Ägyptisches Totenbuch[4]

Der eben Verstorbene, der das Totenreich betritt und dessen Herrscher, den Gott Osiris, anruft, gibt sich als mit ihm wesensverwandt und sogar als sein Sohn zu erkennen. Und wenn nach dem Tod die profanen Bestandteile der Seele abgelegt werden, bleibt deren innerster Kern als göttliches Wesen zurück. In der folgenden Aussage des Hermes Trismegistos erscheint das Selbst unter der Bezeichnung «Geist» (bzw. manchmal unzutreffend als «Gemüt» übersetzt):

Der Geist... ist aus Gottes Wesen selbst, erkennt sich selbst allein vollkommen. Darum ist der Geist nicht unterschieden von dem Wesen Gottes, sondern mit demselben vereinigt, gleich als das Licht mit der Sonne. Und dieser Geist ist in dem Menschen ein Gott.

Hermes Trismegistos: Die 17 Bücher[5]

Die indische Mystik legt auf die Bedeutung des Selbst, des Atman oder Paramatman, besonderes Gewicht. Der Begriff Paramatman (Überseele) wird dann verwendet, wenn es sich darum handelt, eine Verwechslung mit dem individuellen Atman, der persönlichen Seele, zu vermeiden. Man darf wohl sagen, daß für die frühen indischen Mystiker der Atman der wichtigste der göttlichen Aspekte ist.

Das Selbst ist losgelöst vom Leib und von den Sinnen, vom Verstand und vom Gemüt. Es ist der Urgrund alles Seins, die Seele aller Wahrheit.

Katha-Upanischad[6]

Das Selbst, das uns näher steht als alles andere, ist fürwahr uns teurer als ein Sohn, teurer als Reichtum, teurer als alles sonst.

Brihadaranyaka-Upanischad[7]

Und höchstes Selbst auch wird genannt in diesem Leib der höchste Geist.

Krischna: Bhagavadgita[8]

Erkenne den Atman als das wirkliche Selbst. Dann wirst du das uferlose Meer der Weltlichkeit überqueren, dessen Wellen Geburt und Tod sind.

Shankara: Viveka-Chudamami[9]

Alles, was Denken mir eingibt, kann ich tun; alles, was Denken in mir enthüllt, kann ich werden. Das sollte des Menschen unerschütterlicher Glaube an sich selbst sein, denn Gott wohnt in ihm.

Aurobindo: Gedanken und Einblicke[10]

Der Eine, Namenlose, unmittelbar Gegenwärtige ist immer in unserem innersten Sein.

Rabindranath Tagore: Sadhana[11]

Das in deinem innersten Bewußtsein wahrgenommene Selbst erscheint in seiner Reinheit. Dies ist der Tathagata-Garbha, der nicht das Reich des bloßen Vernunftsmenschen ist... Rein in seinem eigenen Wesen und befreit von der Kategorie des Endlichen und des Unendlichen, der allumfassende Geist ist der Tathagata-Garbha, der durch das empfindende Wesen falsch wahrgenommen wird.

Lankavatara-Sutra[12]

Auch die buddhistische Mystik kennt also das Selbst als «Tathagata-Garbha» (wörtlich: Buddha-Gebärmutter), und das Leugnen eines Atman bei den frühen Buddhisten bezieht sich, wie der Zen-Gelehrte

60

Daisetz Taitaro Suzuki ausführt, auf den Atman als relatives Ich und nicht auf das absolute Ich. Dschuang Dsi zeigt, daß das Tao nicht nur als das Absolute, sondern auch als das Selbst aufgefaßt werden kann:

> Denn was Himmel und Erde durchdringt, ist das Leben; was in allen Einzelwesen wirksam ist, ist das Tao.
>
> Dschuang Dsi: Das wahre Buch vom südlichen Blütenland[13]

Die Wahrheit vom Selbst erscheint aber auch in der neuplatonischen sowie in der jüdischen Mystik:

> Die Seele und der Seele Göttlichstes muß ins Auge fassen, wer den Geist erkennen will, und was er ist. Das nun kann vielleicht auch auf die Weise geschehen, daß du vom Menschen und zwar natürlich von dir selbst, zuerst den Leib abstreichst; dann auch die Seele, die ihn formt, aber auch fein säuberlich die Wahrnehmung, dazu Begierde, Zorn und all diese Narrenpossen, die sich doch nur dem, was sterblich ist, zuneigen, erst recht: und das, was dann von der Seele übrigbleibt, das ist jenes Stück, welches wir Abbild des Geistes nannten, das ein wenig Licht von Jenem in sich bewahrt ...
>
> Plotinos: Enneaden[14]

> Das innere Antlitz empfängt sein Licht von der höchsten Leuchte, die ewig leuchtet, und deren Geheimnis niemals enthüllt werden kann. Es ist innerlich, weil es aus einer verborgenen Quelle kommt, und es ist von übersinnlicher Art, weil es direkt von oben kommt.
>
> Sefer ha Sohar[15]

In der christlichen Mystik dominieren diesbezüglich die Aussagen Meister Eckharts, wobei er für das Selbst verschiedene Umschreibungen verwendet, unter anderem auch das berühmte «Fünklein». Es ist besonders bemerkenswert, daß bei diesem Mystiker – ähnlich wie in der indischen Mystik – die drei fundamentalen Aspekte des Göttlichen, nämlich das Absolute (Brahman) – das Selbst (Atman) – das höchste Wesen (Bhagavan) unter den Begriffen Gottheit – Fünklein – Gott klar hervortreten. Bei Nikolaus von Cues und bei Angelus Silesius wird empfohlen, das Göttliche nirgendwo anders zu suchen als im Selbst; in der Tat ist von den göttlichen Aspekten für den Menschen das Selbst der «naheliegendste».

Er selbst ist in mir gegenwärtig und strahlt in meinem armen Herzen, kleidet mich in unsterblichen Glanz und durchleuchtet alle meine Glieder, umfängt mich ganz, gewährt mir ganz den Kuß, und gibt sich ganz mir Unwürdigem, und von seiner Liebe und Schönheit sättige ich mich und werde erfüllt von der Wonne und Süßigkeit der Gottheit.

Symeon der neue Theologe: Liebesgesänge an Gott[16]

Wie ich schon öfter gesagt habe, daß etwas in der Seele ist, das Gott so verwandt ist, daß es eins ist und nicht vereint. Es ist eins, es hat mit nichts etwas gemein, noch ist ihm irgend etwas von alledem gemein, was geschaffen ist.

Meister Eckhart: Predigten[17]

Seht, so wie er eins und einfaltig ist, so kommt er in dieses Eine, das ich heiße ein Bürglein in der Seele, und anders kommt er auf keine Weise da hinein, sondern nur so kommt er da hinein und ist darin. Mit *dem* Teile ist die Seele Gott gleich und sonst nicht.

Meister Eckhart: Predigten[18]

Ich habe bisweilen gesagt, es sei eine Kraft im Geiste, die sei allein frei. Bisweilen habe ich gesagt, es sei eine Hut des Geistes; bisweilen habe ich gesagt, es sei ein Licht des Geistes; bisweilen habe ich gesagt, es sei ein Fünklein. Nun aber sage ich: Es ist weder dies noch das; trotzdem ist es ein Etwas, das ist erhabener über dies und das als der Himmel über der Erde.

Meister Eckhart: Predigten[19]

Dieses ewige Leben und Wesen, das wir in Gottes ewiger Weisheit haben und sind, ist Gott ähnlich. Denn es hat ein ewiges Innebleiben im göttlichen Wesen, ohne unterschieden zu sein.

Johann van Ruysbroek: Zierde der geistlichen Hochzeit[20]

Innerlich ist das Wort Gottes. Man darf es nicht außer sich suchen.

Nikolaus von Cues: Gottesschau[21]

Diese Freude, die das menschliche Herz naturgemäß an der Gottheit empfindet, und das Vertrauen, das es zu ihr hegt, kann gewiß nichts anderem entspringen als einem gewissen Verwandtschaftsverhältnis, das zwischen der göttlichen Güte und unserer Seele besteht. Erhaben ist dieses Verhältnis, aber geheim. Jeder erkennt es, aber wenige werden es inne. Es läßt sich nicht leugnen, doch auch nicht wohl ergründen.

Franz von Sales: Theotimus[22]

Halt an, wo läufst du hin? Der Himmel ist in dir;
Suchst du Gott anderswo, du fehlst ihn für und für.

Angelus Silesius: Der Cherubinische Wandersmann[23]

In der islamischen Mystik, dem Sufismus, ist selbstverständlich das Selbst auch bekannt, doch gibt es bereits Stellen im Koran, welche auf die Kenntnis des Selbst hindeuten.

(Allah spricht:) «Wahrlich, Wir erschufen den Menschen . . . Wir sind ihm näher als seine Halsader.»

Mohammed: Koran[24]

Und Er (Gott) ist mit euch, wo immer ihr sein mögt.

Mohammed: Koran[25]

Gewiß weiß ich: Du bist der Seele Seele!

Fariduddin 'Attar: Ilahinama[26]

Du wohnst in meiner Seele immer drinnen,
Ich bin die Schale, Du der Kern tief innen.

Fariduddin 'Attar: Ilahinama[27]

Er ist nicht in Süd noch Nord, jenseits nicht noch hier –
Welchen du verwirrt gesucht – sieh Ihn doch in dir!

Qadi Qadan: Gedichte[28]

Wir erinnern uns daran, daß das Selbst einer der drei fundamentalen Aspekte des Göttlichen ist, die zusammen eine Einheit bilden. Das Selbst ist daher in der «Substanz» mit dem Absoluten und dem höchsten Wesen identisch. Des weiteren ist das Selbst in allen Menschen das gleiche Selbst, woraus die bedeutsame Schlußfolgerung gezogen werden kann, daß in bezug auf das Selbst die Menschheit eine Einheit bildet.

Wie schön wäre es, wenn die Menschen sich dessen bewußt werden könnten! Die Identität des Selbst mit der Gottheit oder Gott erhellt schon aus einigen der bereits zitierten Aussagen von Mystikern; sie ist besonders in der indischen Mystik mit Nachdruck hervorgehoben worden.

In jedem Wesen wohnet Brahman als das Selbst.

Kena-Upanischad[29]

Das Selbst ist Brahman. Brahman ist die ewige Wahrheit.

Chandogya-Upanischad[30]

Es (Brahman) ist dies unsichtbare Wesen, in ihm besteht alles, was ist. Das ist das Selbst. Und das... bist du!

Chandogya-Upanischad[31]

Die Luft in einem Krug ist die gleiche wie überall. Ebenso ist dein Atman eins mit Brahman, du Besonnener, verliere jeden Sinn für Gesondertheit und gehe in das Schweigen ein.

Shankara: Viveka-Chudamami[32]

«Das bist Du» (*Tat twam asi*) ist eine zentrale Erkenntnis der Upanischaden-Mystik. Diese Formel besagt, daß dieses Göttliche, das du suchst, Du selbst in deinem eigenen Wesenskern bist, und daß das, was du wahrnimmst, allem voran deine Mitmenschen, in der Essenz ebenfalls dieses eine Göttliche ist. Diese großartige Sicht der Wirklichkeit zieht unabsehbare Folgen nach sich, deren man erst gewahr wird, wenn man darangeht, ihren Inhalt zu vertiefen. Natürlich begegnen wir dem «Das bist Du» auch in der außerindischen Mystik.

Komm mir denn nahe, o Gott! Mach, daß ich lebe inmitten Deines göttlichen Hofstaats... Denn siehe: Ich bin Du!

Ägyptisches Totenbuch[33]

Gott ist in mir das Feu'r, und ich in ihm der Schein:
Sind wir einander nicht ganz inniglich gemein?

Angelus Silesius: Der Cherubinische Wandersmann[34]

Ich bin Gott's ander ER, in mir find't er allein,
Was ihm in Ewigkeit wird gleich und ewig sein.
Angelus Silesius: Der Cherubinische Wandersmann[35]

Es ist an dieser Stelle angezeigt, einige bekannte Christus-Worte näher zu betrachten, zusammen mit einigen Aussagen von Krischna in der Bhagavadgita. Wenn wir Christus wie auch Krischna als göttliche Wesen akzeptieren, als direkt von Gott abstammende Menschen (unabhängig davon, daß Krischna im Gegensatz zu Jesus Christus als historische Persönlichkeit nicht verbürgt ist), so sind deren Worte Gottes Worte. Als solche werden sie in den entsprechenden Religionen (Christentum bzw. Hinduismus) auch verstanden und besitzen dementsprechend ein besonderes Gewicht.

Nun kann man davon ausgehen, daß Christus und Krischna als vollkommene Wesen ihre individuellen Seelen vollständig mit dem Selbst verschmolzen haben. Ihre Worte sind also auch Worte des Selbst, und wenn sie ICH sagen, meinen sie das Selbst und folglich auch jenes Selbst, das jeder von uns in sich birgt. Wir könnten, wenn unser inneres Ohr genügend geschärft wäre, diese Worte auch in uns selber vernehmen. So betrachtet erhalten sie eine noch tiefere Bedeutung, übermitteln eine noch geheimere Botschaft, besitzen eine weitere großartige Dimension.

Siehe, das Reich Gottes ist inwendig in euch.
Jesus Christus: Lukas-Evangelium[36]

Und siehe, ICH bin bei euch alle Tage bis an der Welt Ende.
Jesus Christus: Matthäus-Evangelium[37]

ICH bin der Weg und die Wahrheit und das Leben; niemand kommt zum Vater denn durch MICH.
Jesus Christus: Johannes-Evangelium[38]

ICH bin der Weinstock, ihr seid die Reben. Wer in MIR bleibt und ICH in ihm, der bringt viel Frucht, denn ohne MICH könnt ihr nichts tun.
Jesus Christus: Johannes-Evangelium[39]

ICH bin die Auferstehung und das Leben.
Jesus Christus: Johannes-Evangelium[40]

Und ICH wohne in den Herzen aller.

Krischna: Bhagavadgita[41]

ICH bin die Seele dieser Welt, in aller Wesen Herz bin ICH.

Krischna: Bhagavadgita[42]

Ein Teil von MIR in dieser Welt als Einzelseele lang schon lebt.

Krischna: Bhagavadgita[43]

Jeder dieser Sätze ist wahrhaftig eine Offenbarung, wobei unter dem
Aspekt des Selbst ein neues Verständnis für deren Inhalt ermöglicht
wird. So ist zum Beispiel einleuchtend, daß im Weinstock und in den
Reben der gleiche Saft fließt, und wenn das ICH im Weinstock (Christus) ist, dann ist es auch in den Reben (in uns), und das wahre Leben
sowie die Auferstehungsverheißung gründen im Selbst, das in uns allen
ist. Auch das «Das bist Du» finden wir bei Christus.

ICH und der Vater sind eins.

Jesus Christus: Johannes-Evangelium[44]

Wenn also Christus oder Krischna «ICH» sagen, spricht das Selbst aus
ihnen. Wenn wir hingegen «ich» sagen, dann bezieht sich das auf unser
individuelles denkendes, fühlendes, empfindendes, erkennendes Ego
mit all seinen lichten und dunklen Seiten. Dieses Ego büßt, unter dem
Blickwinkel der Ewigkeit betrachtet, an Bedeutung gewaltig ein und
wird gegenüber dem Selbst fast ein Nichts. Nichtsdestoweniger besteht
seine Sendung darin, das Selbst zu suchen und zu schauen, sich auf den
Weg nach ihm zu machen und ihm möglichst nahe zu kommen, ja im
Idealfall sich mit ihm zu vereinigen. Diesen Vorgang hat C. G. Jung als
für den Menschen existentiell erkannt und «Individuationsprozeß» genannt. Auf diese Weise findet der Mensch im wahrsten Sinn des Wortes
zu seinem eigentlichen Selbst und kann das vollkommene Menschsein
erreichen.

Das menschliche «Ich» und das unsterbliche Selbst wohnen im Herzenslotos, dem Sitz des Allerhöchsten. Wer Brahman kennt . . . weiß
beide wohl zu unterscheiden, wie Sonnenschein und Schatten.

Katha-Upanischad[45]

Willst du das «Ich» analysieren, so zerrinnt es in nichts. Was übrig bleibt ist die Seele, die reine Erkenntnis. Stirbt dieses kleine «Ich», dann kommt das wahre Selbst, dann kommt Gott zum Vorschein.

Ramakrischna: Worte[46]

Das farblose, gestaltlose, stofflose. wahrhaft seiende Wesen hat nur den Lenker der Seele, die Vernunft, zum Beschauer.

Platon: Phaidros[47]

Der Paramatman, die höchste Seele, hat sich diese unsere Seele zur Braut erkoren, und die Ehe ist vollzogen.

Rabindranath Tagore: Sadhana[48]

Die Mystiker stimmen darin überein, daß unser individuelles Ego grundsätzlich das Selbst erkennen kann. Dabei ist es das Selbst selber, das diesen Erkenntnisvorgang auslöst. Man könnte sich das so vorstellen, daß das Selbst durch die in der Regel dicken Wände, die es vom Ego trennen, hindurch nach diesem ruft, weil es erkannt sein will, und nur so, sich im Ego als Spiegel betrachtend, selber erkennen kann. Diese, durch die Trennwände gedämpfte, für unser Bewußtsein kaum wahrnehmbare Stimme ist es, die unser Ego unruhig macht und unsere Gottessehnsucht weckt. Wie wir noch sehen werden, ist dieser Drang des Selbst nach Selbsterkenntnis einer der Schlüssel zum Weltverständnis.

Und ich sage euch, jeder einzelne, ohne Ausnahme, kann das göttliche Selbst innerlich erleben.

Ramakrischna: Worte[49]

Der Wissende fühlt Gott im eigenen Herzen. Hat aber einer das Reich Gottes im Innern wahrgenommen, so sitzt er zu Gottes Füßen und erkennt: Gott ist allgegenwärtig.

Ramakrischna: Worte[50]

Denn hätte Er nicht sein Licht über alle Geschöpfe ausgebreitet, wie könnten wir Ihn erkennen?

Sefer ha Sohar[51]

Mein Ich ist Gott; ich kenne mein Selbst nicht, es sei denn in Ihm.

Katharina von Genua[52]

Ich bin der, den ich lieb'; Er, den ich liebe,
Ist ich – zwei Gesichter, doch in einem Leibe.
Und wenn du mich siehst, hast du Ihn gesehen,
Und wenn du Ihn siehst, siehst du uns beide!

Husain al-Halladsch: Gedichte[53]

Ein Leben lang hört ich von ferne Ihn,
Im Traume nur zog an die Brust ich Ihn.
Jetzt, da als Spiegel nur ich vor Ihn trat,
Sah Er sich selbst, nicht ich erschaute Ihn.

Khwaja Mir Dard: Diwan[54]

Die Botschaft der Mystiker betreffend das göttliche Selbst als Wesenskern des Menschen mag für viele, die erstmals davon hören, befremdlich erscheinen und ein fragwürdiges Licht auf die Glaubwürdigkeit der Mystik werfen. Wie soll eine solche Lehre mit der erschreckenden Unvollkommenheit der Menschen vereinbar sein und wie soll man die abscheulichen Taten, deren der Mensch fähig ist, dann verstehen?

Nun, kein Mystiker hat je behauptet, daß der Mensch einfach Gott ist. Im täglichen Leben dominiert eben das kleine egoistische «Ich», obwohl dieses gegenüber dem Selbst viel weniger «wirklich» ist. Höchstens in Augenblicken, in denen der Mystiker sein Ego mit dem Selbst in der «Unio mystica» vereinigt hat, ist er Gott ähnlich oder Gott selber. In einem solchen Augenblick, in dem das Selbst – wie bei Christus oder Krischna – aus dem Mystiker spricht, ist diese Gottgleichheit erreicht. Eine Aussage dieser Art ist dem Sufi-Mystiker al-Halladsch zum Verhängnis geworden; er wurde wegen Gotteslästerung hingerichtet.

ICH bin die absolute Wahrheit.

Husain Al-Halladsch: Akhbar al-Halladsch[55]

Der Unterschied zwischen Buddha und einem gewöhnlichen Menschen ist, daß jener weiß, daß er Buddha ist, während dieser nicht weiß, daß er es auch ist!

Hui-Neng[56]

Wenn ich dir huldige, o Buddha,
dann huldigt ein Buddha einem anderen Buddha.
Und du bist es, der mir dieses bewußt macht, o Buddha!
Für diese Gnade dankt dir Saichi am meisten.

Saichi: Spruchgedichte[57]

Wo ich bin, da ist Gott, und wo Gott ist, da bin ich.

Meister Eckhart: Predigten[58]

... aber du darfst nicht sagen: wo ist Gott? Höre, du blinder Mensch,
du selbst bist in Gott und Gott in dir, und so du heilig lebst, so bist du
selber Gott ...

Jakob Böhme: Aurora[59]

Wenn immer wieder das Selbst als das eigentliche und wirkliche We-
senselement des Menschen hervorgehoben wird, könnte vielleicht der
Eindruck entstehen, daß der Leib beziehungsweise der ganze mit dem
Selbst nichtidentische Körper/Psyche-Komplex des Menschen gering-
zuachten sei. Diese Ansicht bildet einen gefährlichen Ausgangspunkt
für eine Verteufelung des Leibes und für eine Rechtfertigung von sinn-
losen Selbstkasteiungen. Die Mystik ist jedoch weit davon entfernt,
einen solchen Standpunkt zu vertreten. Sie betont vielmehr, daß der
Mensch beziehungsweise sein Körper durch das innewohnende Selbst
geadelt wird und diesem als heiliges Gefäß, als Tempel dient.

Und der wahre Tempel ist der Leib des Menschen, in welchem Gott
wohnt durch den Geist ...

Jesus Christus: Evangelium des vollkommenen Lebens[60]

Wisset ihr nicht, daß euer Leib ein Tempel des heiligen Geistes ist,
der in euch ist, welchen ihr habt von Gott, und seid nicht euer eigen?

Paulus: Der erste Brief an die Korinther[61]

Gott als Reiner Geist, als Reine Intelligenz ist der Innewohnende. Ich
bin das Haus, Er der Bewohner.

Ramakrischna: Worte[62]

Um den Sachverhalt abschließend zu verdeutlichen, sei nochmals darauf hingewiesen, daß das göttliche Selbst, das gleichzeitig in Milliarden von Menschen inkarniert ist, in allen ein und dasselbe Selbst ist.

Das Selbst ist eine Einheit in sich selber und bildet zudem eine Einheit mit dem Absoluten und dem höchsten Wesen.

Die Seele der Geschöpfe ist eine Einheit, nur von Geschöpf zu Geschöpf verteilt; eine Einheit und Vielheit zugleich, wie der Mond sich in vielerlei Gewässern spiegelt.

Brahmabindu-Upanischad[63]

All diese sich hin und her bewegenden Wesen voller Leben, alle Buddhas und Bodhisattvas bestehen aus dieser gleichen Substanz und sind voneinander nicht verschieden.

Huang-Po: Meditations-Sutras[64]

Denn gleich wie *ein* Leib ist und hat doch viele Glieder, alle Glieder aber des Leibes, wiewohl ihrer viel sind, doch *ein* Leib sind: so auch Christus... und alle sind mit *einem* Geist getränkt.

Paulus: Der erste Brief an die Korinther[65]

Die Seele aller Seelen (d. h. Gott) entläßt kristallene «Tropfen», die sich untereinander vereinigen... In diesen «Tropfen» manifestiert sich die höchste Seele (Nechamah); sie bilden untereinander eine Einheit und sind nicht voneinander getrennt.

Sefer ha Sohar[66]

Wie das Absolute (und das Göttliche überhaupt) ist auch das Selbst nie entstanden und wird nie enden. Das Selbst ist ewig, und unser aller Selbst wird entsprechend bei unserem Tod mit Sicherheit nicht untergehen. Diese Feststellung hat wohlgemerkt mit dem sogenannten persönlichen Weiterleben nach dem Tod direkt noch nichts zu tun. Auch diese Frage, die zu den «letzten Dingen» gehört, soll an gegebener Stelle noch zur Sprache kommen.

Denn Dein Sohn bin ich (o Gott), Deinem Leibe entsprossen, um ewig zu leben.

Ägyptisches Totenbuch[67]

Das uranfängliche Eine ist ungeboren, ist ewig und unsterblich. Wenn auch der Leib vernichtet wird, Es bleibt bestehn.

Katha-Upanischad[68]

Nie war die Zeit, da ICH nicht war und du und diese Fürsten all...

Krischna: Bhagavadgita[69]

Der Atman ist ohne Geburt und Tod. Er wächst nicht und vergeht nicht. Er ist unwandelbar, ewig. Er vergeht nicht, wenn sich der Körper auflöst. Vergeht die Luft, wenn der Krug zerbrochen ist, der sie enthielt?

Shankara: Viveka-Chudamami[70]

Ehe denn Abraham ward, bin ICH.

Jesus Christus: Johannes-Evangelium[71]

Solange ich hier bin, ist Er in mir; nach diesem Leben bin ich in Ihm.

Meister Eckhart: Predigten[72]

Auch wisset wohl, daß ewige Seligkeit allein an Einem liegt und an nichts anderem. Und soll anders der Mensch oder die Seele immer selig sein oder werden, so muß das Eine allein in der Seele sein... Auch braucht das nicht erst in die Seele zu kommen, denn es ist jetzt und schon darin, es ist aber unerkannt

«Der Frankfurter»: Theologia Deutsch[73]

Bis jetzt war stets vom Selbst als dem Wesenskern des Menschen die Rede. In der Mystik findet man aber deutliche Hinweise darauf, daß sich das Selbst in *allen* Geschöpfen verbirgt, ja es kann sogar nicht ausgeschlossen werden, daß es auch der unbelebten Natur innewohnt. Der fundamentale Unterschied zum Selbst des Menschen besteht ohne Zweifel darin, daß nur der Mensch das Selbst erfahren kann, indem nur das menschliche Ego fähig ist, bis zum Selbst in seinem Innern vorzudringen. Den anderen Lebewesen (oder auch den «Bestandteilen» der unbelebten Natur) bleibt hingegen das Selbst, solange sie bestehen, unzugänglich, weil es von ihnen nicht bewußt erlebt werden kann.

Das, was einatmet, ist dein Selbst, das allem innewohnt. Das, was ausatmet, ist dein Selbst, das allem innewohnt. Das, was den Atem verteilt, ist dein Selbst, das allem innewohnt. Ich wiederhole: Es ist dieses dein Selbst, das allem innewohnt.

Brihadaranyaka-Upanischad[74]

Wer MICH allüberall erblickt und Alles auch in Mir erblickt, Dem kann niemals entschwinden ICH, und er entschwindet niemals Mir.

Krischna: Bhagavadgita[75]

Er ist in allen Wesen gegenwärtig. Er hört alles und liest unsere geheimsten Gedanken. Er wohnt in unseren Herzen, und Er ist uns näher als die Nägel auf unseren Fingern.

Mahatma Gandhi: Harijan[76]

Und dein unzerstörbarer Geist ist in allen Dingen.

Salomo: Buch der Weisheit[77]

Ja, ICH bin in allen Geschöpfen...

Jesus Christus: Evangelium des vollkommenen Lebens[78]

Er (Gott) ist alle Zeit in allem gegenwärtig...

Dionysios Areopagita: Die Namen Gottes[79]

Denn er (Gott) ist überall zugleich gegenwärtig, in allen unerschöpflich verschiedenen Formen der Wesen, und wirkt in ihnen allen als fürsorgliche Vorsehung um des universalen Heiles der Schöpfung willen.

Dionysios Areopagita: Die Namen Gottes[80]

Er (Gott) hat sie (die innerste Seele) gebildet nach sich selbst,
hat sie gepflanzt gar in sich selbst,
hat sich am innigsten mit ihr vereint,
vor allen anderen Kreaturen.

Mechthild von Magdeburg: Offenbarungen[81]

Ich habe gut und böse gekannt, Sünde und Tugend, Recht und Unrecht; Ich habe gerichtet und bin gerichtet worden; ich bin durch

Geburt und Tod gegangen, Freude und Leid, Himmel und Hölle; und am Ende erkannte ich, daß ich in allem bin und alles in mir ist.

Hazrat Inayat Khan: Die Sufi-Botschaft[82]

Das Selbst ist letztlich die Art und Weise, wie das Göttliche mit der Schöpfung, mit dem Universum in innigem Kontakt bleibt und zugleich Grundlage und Garant für dessen spirituelle Evolution ist.

Brüder – überm Sternenzelt
Muß ein lieber Vater wohnen.

Friedrich Schiller: Ode an die Freude

4. Das höchste Wesen

Von den drei fundamentalen Aspekten des Göttlichen ist wohl jener des Gottes als höchstes persönliches Wesen den Menschen aller Kulturkreise der vertrauteste. Es handelt sich um den Gott, an den man sich mit seinen Nöten, Ängsten, Leiden, aber auch seiner Ergebenheit und Dankbarkeit wenden kann. Es ist der Gott, den man ansprechen, anrufen, anflehen kann, kurz, der Gott, den der Mensch mit seinem Gebet zu erreichen sucht. Es ist der Gott, der seit jeher verehrt, geliebt, aber auch gefürchtet wird. Es ist der Gott, dem alle Tugenden wie Weisheit, Erbarmen, Güte und Liebe in höchster Potenz zugeschrieben werden. Dieser Gott in seiner Vollkommenheit ist aber auch der Allmächtige, der trotz seiner grenzenlosen Macht in der Welt Dinge zuläßt, die wir nicht begreifen können, der dem Übel scheinbar nicht Einhalt gebieten will, und an dem der Mensch aus diesem Grund immer wieder irre wird oder an dessen Existenz er gar zweifelt. Schließlich kann dieser Gott auch ein zürnender, vergeltender und strafender Gott sein.

Diesem Gott begegnen wir bereits in den Religionen der Naturvölker, in den sogenannten animistischen, polydämonistischen und primitiven polytheistischen Religionen, in Form einer Mehr- beziehungsweise Vielzahl von Geistern oder Göttern, die vor allem Naturgewalten oder andere Kräfte repräsentieren. Zum Teil zeigen diese Geister oder Götter aber schon Züge, mit denen eingangs Gott als höchstes persönliches Wesen charakterisiert wurde. Da diese übernatürlichen Wesen als personifizierte Gewalten und Kräfte letztlich alle im höchsten Gott enthalten sind, müssen diese Vorstellungen nicht von vornherein als abwegig und irrig angesehen werden, und es wäre daher unangebracht, diese Religionen kurzerhand als Aberglauben abzutun. Es ist vielmehr so, daß in diesen Religionen die Erkenntnis des Göttlichen noch nicht bis in die tiefsten Schichten vorgedrungen ist, und der animistische Priester, der mit seinen Geistern kommuniziert, verwendet noch nicht jenes Sensorium, das dem Mystiker den Zugang zum höchsten göttlichen Wesen erschließt. Solange die Geister und Götter als getrennt wirkende Kräfte gesehen werden, die mit unterschiedlicher Machtfülle ausgestattet sind und einander scheinbar sogar Konkurrenz machen können, ist die Einsicht in das Mysterium divinum noch nicht sehr weit gediehen und von einer Einheitsschau noch ein gutes Stück entfernt. Vergessen wir aber nicht, daß die Götterwelt so kultivierter Völker, wie es die alten Griechen und Römer waren, von den Vorstellungen des Göttlichen bei den Naturvölkern nicht entscheidend abweicht.

Es gibt also Stufen des Gottesverständnisses, deren Ursachen hier nicht weiter erörtert werden können, die aber ohne Zweifel durch Gegebenheiten der Geschichte und der kulturellen Entwicklung (wie z. B. das Bestehen bzw. Fehlen einer Schrift) der verschiedenen Völker mitbedingt sind. Sie lassen sich ohne Schwierigkeiten feststellen und bieten vor allen Dingen keinen Anlaß, daraus Widersprüche in bezug auf die Gotteserkenntnis abzuleiten oder gar die Möglichkeit einer solchen in Frage zu stellen. Wie noch gezeigt werden soll, besteht auch kein grundsätzlicher Widerspruch zwischen dem sogenannten Polytheismus und dem Monotheismus. Natürlich setzt aber die Einheit der Trias der göttlichen Aspekte (Absolutes–Selbst–Gott) den Vorrang des Monotheismus voraus.

Was sagt nun die Mystik zum höchsten göttlichen Wesen, und wie erfährt der Mystiker diesen Gott?

O Herr, Herr, Du, der Du alles beherrschest, ohne ein Herrscher zu sein; der Du alle Generationen beschenkst, obgleich Du nichts besitzest; der Du gewesen bist vor Anfang aller Zeiten an und doch nicht alt bist; der Du Dich im Himmel und auf Erden aufhältst und alle Dinge gestaltest, obwohl Du selbst gestaltlos bist! In Dir haben wir unsere

Wurzeln, aus Dir sind wir entsprungen, in Dir leben wir! (Gebet an Tao)

Dschuang Dsi: Das wahre Buch vom südlichen Blütenland[1]

Die Menschen sehen im Fürsten jemand, der besser ist als sie, und sind bereit, persönlich für ihn zu sterben; wieviel mehr müssen wir das dem wahren Herrn (Tao) gegenüber tun!

Dschuang Dsi: Das wahre Buch vom südlichen Blütenland[2]

An diesen Aussagen ist bemerkenswert, daß das Tao, das wir als das Absolute in der chinesischen Mystik kennengelernt haben, hier von Dschuang Dsi auch als höchstes göttliches Wesen angesprochen wird. Dies belegt die Wesensidentität des Absoluten mit dem persönlichen Gott (und indirekt wiederum mit dem Selbst).

Da ich das Vergängliche übersteige und höher selbst als das Unvergängliche bin, werde ich in der Welt und im Veda als die höchste Person gefeiert.

Krischna: Bhagavadgita[3]

(Samjaya sprach:) Nachdem er so gesprochen hatte, o König, enthüllte Hari (Krischna), der große Herr des Yoga, dem Partha (Arjuna) seine höchste göttliche Gestalt:... Da schaute der Pandava (Arjuna) das ganze Universum mit seinen mannigfachen Teilen in einem einzigen vereint, in dem Körper des Gottes der Götter.

Krischna: Bhagavadgita[4]

Krischna, aus dem – wie wir gesehen haben – wiederholt das Selbst spricht, präsentiert sich hier auch als das höchste Wesen; er gibt sich in einem Verklärungsakt seinen Begleitern Samjaya und Arjuna als solches zu erkennen und enthüllt ihnen seine göttliche Gestalt. Auch diese Aussagen beweisen die Wesensidentität des Selbst mit dem höchsten Wesen, und im folgenden Zitat auch mit dem Absoluten (Brahman); hier erscheint der persönliche Gott sogar als der Uraspekt des Göttlichen, von dem das Absolute ausgeht.

Ich bin des Brahman Fundament, des unsterblichen, ewigen...

Krischna: Bhagavadgita[5]

O Herr, Deine Herrlichkeit wird von Deiner eigenen Energie verdeckt. Du bist die Höchste Persönlichkeit Gottes...

Srimad-Bhagavatam[6]

Er ist ein persönlicher Gott für die, die Seine persönliche Gegenwart brauchen.

Mahatma Gandhi: Young India[7]

(Der Herr spricht zu Abraham:) Ich bin der allmächtige Gott; wandle vor mir und sei fromm.

Mose: Das erste Buch[8]

(So spricht Gott, der Herr:) Ich, der Herr, das ist mein Name...

Jesaja[9]

Herr der Welten, einzig bist Du, erhaben über Zahl und Maß, aller Hohen Höchster, aller Verborgenen Verborgenster, in keinen Begriff zu fassen.

Sefer ha Sohar[10]

Unser Vater im Himmel,
geheiligt werde Dein Name,
Dein Reich komme,
Dein Wille geschehe auf Erden wie im Himmel.

Jesus Christus: Matthäus-Evangelium[11]

Höchster allmächtiger gütiger Herr!
Dein ist das Lob, die Ehre und jegliche Segnung,
Dir allein gebühren sie,
Und kein Mensch ist würdig, Dich zu nennen.

Franziskus von Assisi: Blütenkranz[12]

Preis sei Allah, dem Herrn der Welten.

Mohammed: Koran[13]

(Allah spricht:) Bin ich nicht euer Herr?

Mohammed: Koran[14]

O mein Freund (Gott)! Ich sehne mich nach Dir und bezeuge dein
Herrschertum, indem ich bekenne, daß Du mein Herr bist und der, zu
dem ich zurückkehre.

Dhu'N-Nun: Gebete[15]

Erhab'ner Gott, Du, Einer, ohne gleichen,
Dich nennen Herr die Herrn aus allen Reichen.

Fariduddin 'Attar: Ilahinama[16]

Deinen Namen, o Herr,
hab' in mein Herz ich gelegt.

Abdul Latif: Sur Dahar[17]

Er ist der Herrscher über alle Herrscher,
Er ist der König über jeden Fürst.

Rahman Baba: Diwan[18]

Wie man sieht, wird das höchste Wesen von den Mystikern aus allen
Kulturkreisen immer wieder als «Herr» angesprochen, gelegentlich
auch als «Vater». Daraus erhellt, daß der Mensch, um sein Vorstel-
lungsbedürfnis zu befriedigen, sich Gott vorzugsweise als Person mit
menschlichen Wesenszügen vergegenwärtigt. Der persönliche Gott wird
von diesem Bild nie ganz wegkommen, was aus guten Gründen nicht
nur nicht erforderlich ist, sondern auch falsch wäre. Auf der anderen
Seite wird dadurch den Skeptikern und Atheisten das immer wieder-
kehrende Argument des anthropomorphen Gottes als menschliche Pro-
jektion zugespielt. Wenn nun aber eine der mystischen Erkenntnisse
dahingehend lautet, daß der Mensch nach Gottes Ebenbild geschaffen
ist,[19] dann muß Gott auf irgendeine Art auch das Ebenbild des Menschen sein, eines idealisierten Menschen natürlich. Tatsächlich sind die
dem höchsten Wesen zugeschriebenen hohen Tugenden menschliche
Tugenden – oder sollten sie vielleicht von Gott stammen?

Die Bezeichnung des höchsten Wesens als «Herr» hat noch eine weitere Konsequenz. «Herr» ist ein männliches Wesen, was zum Schluß
führen könnte, daß, wenn Gott schon überhöhte menschliche Wesenszüge zeigt, es sich dabei ausschließlich um männliche Eigenschaften
handeln müsse. Diese Auffassung ist falsch. Nicht daß Gott geschlechtslos wäre (was selbstverständlich nicht im physischen Sinn gemeint ist);

Gott trägt im Gegenteil die – vervollkommneten – Züge von Mann *und* Frau, so wie die Menschheit als Ganzes aus zwei verschiedengeschlechtlichen, aber gleichwertigen Teilen besteht, wobei die Gleichwertigkeit allerdings nicht immer akzeptiert worden ist. In diesem Sinn ist eine Gott/Mensch-Ebenbildlichkeit tatsächlich existierend.

Die Mystik läßt keinen Zweifel daran, daß das höchste Wesen *ein* einziger Gott ist. Speziell in der jüdschen und in der islamischen Religion wird diese Tatsache besonders betont; im Islam bildet das sogenannte Einheitsbekenntnis (das vierte der folgenden Zitate) die Grundlage der Glaubenslehre.

Gott redete alle diese Worte: Ich bin der Herr, dein Gott ... Du sollst keine andern Götter haben neben mir.

Mose: Das zweite Buch[20]

(So spricht der Herr:) Vor mir ist kein Gott gewesen, so wird auch nach mir keiner sein. Ich bin der Herr, und außer mir ist kein Heiland.

Jesaja[21]

Und es sind mancherlei Kräfte; aber es ist *ein* Gott, der da wirket alles in allem.

Paulus: Der erste Brief an die Korinther[22]

Sprich: «ER ist Allah, der Einzige.»

Mohammed: Koran[23]

Wisse drum, daß es keinen Gott gibt außer Allah ...

Mohammed: Koran[24]

Wenn in der jüdischen Mystik von gewissen göttlichen Kräften die Rede ist, die als persönliche Wesen auftreten, wie zum Beispiel die (weibliche!) Schechinah als göttliche Energie, so geschieht dadurch dem Einheitsprinzip kein Abbruch, ebensowenig wie durch die drei Personen der christlichen Dreifaltigkeit, die grundsätzlich eine Einheit darstellen. Eine besondere Erwähnung verdient hier die hinduistische Religion, die in den übrigen Kulturkreisen meist als uferloser Polytheismus betrachtet, um nicht zu sagen belächelt wird. Es trifft zwar zu, daß die vielen

Götter dieser Religion im Volksglauben eine große Rolle spielen und daß ihnen Tempel erbaut und zu ihnen gebetet wird. Jedoch wird kein gebildeter Inder darin mehr erblicken, als eine – wenn auch traditionsreiche – Verehrung göttlicher Kräfte, die im täglichen Leben ihre Wirkungen entfalten.

Die indische Mystik, die ja keine andere Wahrheit erfahren kann als die übrige Mystik, hat aber seit jeher den *einen* höchsten Gott verkündet, wie schon aus den Veden und später aus der Bhagavadgita hervorgeht. Dieser eine Gott, der Bhagavan, hat zwar viele Namen, sei es Isvara, Rama oder Krischna, aber er ist doch der alleinige Gott, in dem alle göttlichen Kräfte enthalten sind, die allerdings auch Namen von Göttern («Devas» in der Atharvaveda) tragen können.

Im Anfang wandelte Er, der Eine, sich um zu einem Goldkeim. So zustande gekommen ward Er dann der Herr des Gewordenen.

Rigveda[25]

Er allein ist der Eine, der Einzige, nur Einer. Diese Devas da sind in ihm ein Einziges.

Atharvaveda[26]

(Arjuna spricht über Krischna:)
Die Götter schau' ich all in deinem Leibe,
O Gott, so auch die Scharen aller Wesen...

Krischna: Bhagavadgita[27]

Es braucht kaum eigens erwähnt zu werden, daß das Göttliche in seinem Aspekt als höchstes Wesen ebenso ewig, ebenso ohne Anfang und ohne Ende ist wie das Absolute und das Selbst, mit denen es ja wesensidentisch ist. Das höchste Wesen ist auch nicht ein Gott, dem der Mensch erst nach dem Tod begegnet und der erst dann für ihn Bedeutung erlangt, sondern er ist immer im wahrsten Sinn des Wortes präsent, denn er ist ein lebendiger Gott, er ist das Leben selbst, das Leben in seiner höchsten Form, das Leben, das nie endet, weil es ein geistiges Leben ist und jenem Reich angehört, das die materielle Welt transzendiert.

Aber du bist je und bist immer, bist immer der gleiche!

Zarathustra: Avesta[28]

Ehe denn die Berge wurden
und die Erde und die Welt geschaffen wurden,
bist Du, Gott, von Ewigkeit zu Ewigkeit.

Mose: Psalm[29]

Denn Er ist der lebendige Gott, der ewig bleibt, und sein Reich ist unvergänglich, und seine Herrschaft hat kein Ende.

Daniel[30]

Gott ist nicht ein Gott der Toten, sondern der Lebendigen.

Jesus Christus: Matthäus-Evangelium[31]

Gott ist Geist, und die ihn anbeten, die müssen ihn im Geist und in der Wahrheit anbeten.

Jesus Christus: Johannes-Evangelium[32]

Mein Reich ist nicht von dieser Welt.

Jesus Christus: Johannes-Evangelium[33]

Der persönliche Gott wird fachtheologisch als ein höchstes Wesen definiert, das durch Willen, Wirken und Gestalt gekennzeichnet ist. Was Gottes Willen und Wirken betrifft, haben die Mystiker nicht nur seine Allmacht und seine Rolle als ursächliches Prinzip aller Dinge (einschließlich des Übels, wie Jesaja feststellt) hervorgehoben, sondern auch sein spezielles Interesse am Menschen, an seinem Wohlergehen und seiner Erlösung.

Er schaut (mit Fürsorge) auf die Geschöpfe hin, was da atmet und was nicht atmet. Auf Ihn hat sich jene Siegesgewalt niedergelassen.

Atharvaveda[34]

Du aber, Herr, bist unser Vater und unser Erlöser; von alters her ist das Dein Name.

Jesaja[35]

(So spricht der Herr:) Ich bin der Herr, und sonst keiner mehr, der
Ich das Licht mache und schaffe die Finsternis, der Ich Frieden gebe
und schaffe das Übel.

Jesaja[36]

Er allein ist aller Dinge Ursache und Anfang und Mitte, Wesen und
Leben. Er ist die Rückberufung und Aufrichtung für alles von ihm
Abgefallene.

Dionysios Areopagita: Die Namen Gottes[37]

Du bist der Heilige Herr, alleiniger Gott, der Wundertaten
   vollbringt,
Du bist der Starke. Du bist der Große, Du bist der Höchste,
Du bist der allmächtige König, Du heiliger Vater, bist König des
   Himmels und der Erden . . .

Franziskus von Assisi: Schriften[38]

Alle angeführten Aussagen über Willen und Wirken des höchsten Wesens sind bereits Beschreibungen von Attributen Gottes. Dazu ist einmal mehr festzuhalten, daß auch der persönliche Gott dem Mysterium
divinum angehört, das nur annäherungsweise erfaßt werden kann und
im Grunde immer ein Geheimnis bleibt. Durch die mystische Erfahrung
wird es zwar möglich, Eigenschaften Gottes zu erkennen – so findet
man zum Beispiel bei Dionysios Areopagita in seinem Werk über die
Namen Gottes erschöpfende Angaben zu diesem Thema –, doch wäre
die Annahme irrig, das Wesen des persönlichen Gottes sei damit dem
Menschen abschließend nahegebracht worden. Die menschliche Sprache wird stets menschliche Elemente in solche Beschreibungen einflie-
ßen lassen, und die Gefahr, dadurch ein anthropomorphes Gottesbild
zu entwerfen, wird immer bestehen. Im Sohar wird davor gewarnt, Gott
mit einem seiner Attribute gleichzusetzen, und in bezug auf Gottes
Gestalt darf nie vergessen werden, daß diese mitnichten der menschlichen vergleichbar ist. Dies steht nicht im Widerspruch zur erwähnten
«Ebenbildlichkeit» von Gott und Mensch, die eine andere, noch zu
erörternde Bedeutung hat. Trotzdem darf aber von einer Gestalt Gottes
gesprochen werden.

«Obwohl Ich (Gott) mich euch in eurer eigenen Gestalt darstelle, könnt ihr mich doch in Wirklichkeit mit niemandem vergleichen.» – Wehe aber dem, der ihn selbst mit einem seiner Attribute vergleicht oder gar mit einem Menschen ...

Sefer ha Sohar[39]

O Herr, in deiner heiligen Gestalt, der ruhevollen, segensreichen, die Übel und Irrtum vernichtet, blicke auf uns und mach uns froh.

Svetasvatara-Upanischad[40]

Es ist wiederum die indische Mystik, die uns einen Schlüssel für ein besseres Verständnis der göttlichen Gestalt in die Hand gibt; dieser Schlüssel heißt: «Sein – Wissen – Wonne».

Den Grund des tiefen ungetrübten Seins
Des hehren Lichts sah ich drei Kreise hegen,
An Farbe dreifach und an Umfang eins:

Der eine spiegelte, gleich Irisbögen,
Den andern Kreis; es schien der dritte Ring
Ein Feuer, das aus beiden schlägt, entgegen.

Dante Alighieri: Die Göttliche Komödie

5. Sein – Wissen – Wonne

Da das höchste Wesen eine Person ist, besitzt es auch eine Gestalt; da
aber Gott Geist ist, muß seine Gestalt ebenfalls spiritueller Natur sein.
Bis zu diesem Punkt wird noch jeder der Argumentation zustimmen,
doch dann beginnen die Schwierigkeiten. Wie soll diese, für unsere
Augen nicht sichtbare Gestalt «aussehen», die irgendwo jenseits unserer materiellen Welt – im Himmel – existiert? Seit jeher war es für
den Menschen am naheliegendsten, eine unsichtbare, «ätherische»,
menschenähnliche Gestalt von undefinierbarer Dimension anzunehmen. In diesem Zusammenhang sei nochmals darauf hingewiesen, daß
eine «Ebenbildlichkeit» von Gott und Mensch zwar existiert, die spirituelle göttliche Gestalt jedoch in keiner Hinsicht mit dem körperlichen
Habitus des Menschen zu vergleichen ist. In diesem Dilemma kommt
uns nun eine Wahrheit aus der indischen Mystik zu Hilfe. Sie besagt,
daß die göttliche Gestalt (*vigraha*) aus Sein beziehungsweise aus ewiger Existenz (*sat*, auch *sac* geschrieben), aus Wissen beziehungsweise
Erkenntnis (*cit*, auch *cid* geschrieben) und aus Wonne beziehungsweise
Glückseligkeit (*ananda*) besteht; das höchste Wesen ist demnach «*sat-
cit-ananda-vigraha*» oder, wie es in einem heiligen Lied der Bhakti-
Mystiker heißt:

Der Gottesname offenbart das Wesen Bhagavans,
Seine Gestalt aus Sein und Erkenntnis und Wonne.[1]

Diese Aussage findet man in vielen heiligen Schriften der Inder, besonders in jenen, in denen Krischna – von dem wir wissen, daß er in der
Bhagavadgita als fleischgewordener höchster Gott, als Bhagavan, auftritt – als das persönliche göttliche Wesen angesprochen wird.

Der höchste Gottherrscher Krischna,
die Gestalt aus Sein – Erkenntnis – Wonne (*sat – cit – ananda*),
der Ursprunglose,
der Ursprung von allem,
Govinda,
ist die Ursache aller Ursachen.
(Govinda heißt: «Einer, der Freude schenkt», und ist ein weiterer
Name für Krischna.)

Brahma-Samhita[2]

Krischnas Körper ist ewig (*sat*), voller Wissen (*cit*) und voller Glückseligkeit (*ananda*).

Chaitanya: Charitam-Rita[3]

Wie wir gleich sehen werden, ist «*sat – cit – ananda – vigraha*» keine
leere Floskel, die vor allem dadurch den Anschein einer magischen
Formel erwecken könnte, daß die Zahl der Komponenten der göttlichen Gestalt wiederum Drei ist. Der Begriff «Sein – Wissen – Wonne»
ist vielmehr eine im höchsten Grad inhaltsschwere Aussage, die in sehr
überzeugender Weise dazu dienen kann, die immer wieder auftauchenden Vorstellungen von Gott als einem überdimensionierten und idealisierten unsichtbaren Menschen mit väterlichen Zügen, von einem Him-
melsthron aus die Welt regierend, ein für allemal auszuräumen. Die
Teilaspekte von «Sein – Wissen – Wonne» wurden, wie nicht anders zu
erwarten, von den Mystikern in der ganzen Welt erkannt. Es ist das
Verdienst der indischen Mystik, die Zusammenhänge erfahren und verkündet zu haben.

Die Komponente «Sein» der göttlichen Gestalt hat zunächst den Anschein des Selbstverständlichen, ja des Banalen. Man könnte meinen,

daß die Akzeptanz der Existenz Gottes jeden weiteren Gedanken über sein «Sein» überflüssig macht. Dies trifft aber deshalb nicht zu, weil das göttliche Sein ein besonderes Sein ist, das sich von allen anderen Seinsarten unterscheidet. Nicht nur zeichnet sich dieses Sein durch Unvergänglichkeit und Ewigkeit aus; es ist ein besonders «wirkliches» Sein, ein Sein, demgegenüber alle anderen Arten von Sein wie Schein erscheinen, wie Ramakrischna sagt (siehe weiter unten). Ein Sein, das wir gut zu kennen glauben, ist unser Dasein, unsere eigene Existenz. Jeder, der einigermaßen ernsthaft sein Inneres erforscht hat, um sein Leben besser zu verstehen, wird auf viele Fragwürdigkeiten in seinem Sein gestoßen sein. Sind wir im Alter mit Sicherheit die gleichen, die wir in der Jugend oder in der Kindheit waren? Sind wir die gleichen vor beziehungsweise nach einer einschneidenden Lebenserfahrung, einer schweren Krankheit zum Beispiel oder dem Verlust eines geliebten Menschen oder einer ernsten Schlappe im beruflichen Leben? Haben wir uns nicht schon manchmal sagen müssen: «Wie habe ich dieses oder jenes nur tun können? Ich kenne mich selber nicht mehr?» Es scheint, daß sich unser Sein im Laufe der Zeit dauernd verändert. Dadurch haftet ihm das Merkmal der Unvollkommenheit an. Dies gilt auch für alle anderen Seinsformen, die wir glauben, erfassen zu können.

Ganz anders verhält es sich mit dem Sein, das die göttliche Gestalt auszeichnet. Dieses Sein ist über alle Brüchigkeit erhaben. Es ist das vollkommene Sein, das durch nichts in Frage gestellt werden kann. Es ist zudem das Sein, dem gleich zu werden alles andere Sein sich sehnlichst wünscht. Es ist schließlich auch ein Sein, das eng mit dem Begriff des wahren Lebens, des «ewigen Lebens», verknüpft ist, und der Grund dafür ist, daß Gott ein lebendiger Gott ist.

Nichts anderes läßt sich von Ihm sagen als dies: ER IST.

Katha-Upanischad[4]

Im Anfang war das Sein, Eines nur, ohne Zweites.

Chandogya-Upanischad[5]

Es zeigt sich hier, daß in den Upanischaden, in denen vor allem von den göttlichen Aspekten des Absoluten und des Selbst die Rede ist, an gewissen Stellen auch der Aspekt des höchsten Wesens angedeutet und speziell auf das Sein hingewiesen wird.

(Arjuna erschaut Krischna in seiner verklärten Gestalt als höchster Gott:)

Das Unvergängliche, höchst Wissenswürd'ge,
Der größte Schatz bist du des ganzen Weltalls,
Du bist des ew'gen Rechts ew'ger Hüter,
Als ew'gen Urgeist hab' ich dich begriffen.

Bhagavadgita[6]

Gott allein ist Sein, alles andere ist Schein.

Ramakrischna: Ewige Botschaft[7]

Du bist mein tiefstes Leben, mein Gott,
daß du der Sinn bist von allem,
Beginn und Vollendung,
das Sein dieser Welt
und ihr Innewerden;
Kern dessen, was wir als Bestes in uns fühlen
und Quelle des überströmenden Lebens,
das uns so flutend umwallt.

Zarathustra: Avesta[8]

Zarathustras Aussage zeigt noch eine andere, eine besonders bedeutungsvolle Dimension des göttlichen Seins auf: Es begründet auch das Sein dieser Welt und ermöglicht zugleich deren Erkenntnis; damit erscheint eine Verbindung zur zweiten Komponente der göttlichen Gestalt, dem «Wissen».

Gott sprach zu Mose: Ich bin der Ich bin; ... dies ist Mein Name ewiglich.

Mose: Das zweite Buch[9]

Diese von Mose in seiner Gottesschau erfahrene Wahrheit ist eine der wichtigsten und überdies bekanntesten Aussagen über den besonderen Charakter des Seins Gottes. Nicht nur tut Gott damit kund, daß die Tatsache seines Seins alle Erörterungen über das Wie, Was und Warum dieses Seins überflüssig macht, er gibt auch zu erkennen, daß er *das* Sein schlechthin ist und daß *Er* – und sonst niemand oder nichts – dieses Sein ist. Besonders Meister Eckhart hat stets wiederholt, daß Gott und Sein

ein und dasselbe sind. Dionysios Arepopagita gibt dieser Erkenntnis in der ihm eigenen wortreichen Sprache Ausdruck:

> Denn Gott selbst ist ja gar nicht irgendwie seiend, sondern einfach vor allem Sein, unbegrenzt und unbegrenzbar hält Er alles Gesamtsein in sich umschlossen, nimmt es voraus, ermöglicht und erschafft es.
>
> Dionysios Areopagita: Die Namen Gottes[10]

> Denn «der Seiende» ist die schöpferische Ursache jedes möglichen Seins über alles geschaffene Sein hinaus, ist die Allursache jeder Form von Existenz, jedes Persönlichseins, jeder Wesenheit, jeder Natur, ist Prinzip und Maß der Äonen, ist Wesen der Zeiten und Äon der Wesen, ist die Zeit selbst, das Existierenmachende aller innerhalb von Zeit werdenden Dinge, wirkt als das Sein selbst für alles, was da irgendwie ist, wirkt als Entstehen für alles, was da irgendwie wird.
>
> Dionysios Areopagita: Die Namen Gottes[11]

> Du allein, Herr, bist, was Du bist, und bist, der Du bist. Denn was anders ist im Teil und anders im Ganzen und in dem etwas wandelbar ist, ist nicht gänzlich, was es ist.
>
> Anselm von Canterbury: Opera[12]

> Gottes eigenstes Wesen ist Sein... *Sein* ist ein erster Name. Alles, was mangelhaft ist, ist Abfall vom Sein. Unser ganzes Leben sollte ein Sein sein. Soweit unser Leben ein Sein ist, soweit ist es in Gott.
>
> Meister Eckhart: Predigten[13]

> Das Sein Gottes ist lebendige, wesenhafte, in sich ruhende Vernunft, die sich ihrer selbst bewußt und mit sich selbst identisch ist und lebt.
>
> Meister Eckhart: Predigten[14]

Wenn Meister Eckhart sagt, daß Gottes Sein auch Gottes Vernunft ist, so weist er damit ebenfalls auf die Relation Sein – Wissen hin, die zum Wesen der göttlichen Gestalt gehört.

Du Gott, die Wesenheit der Wesenheiten, gibst dem endlichen Sein das Wesen, das es hat, und nichts kann außer Dir sein.

Nikolaus von Cues: Gottesschau[15]

Gott ist ein Wunderding: Er ist das, was er will,
Und will das, was er ist, ohn' alle Maß und Ziel.

Angelus Silesius: Der Cherubinische Wandersmann[16]

Nichts außer Ihm hat wirkliches Sein, sondern das Sein aller Dinge ist nur der Abglanz von dem Lichte Seines Seins.

Al-Ghasali: Das Elixier der Glückseligkeit[17]

Wie schön – zeigst Du im «Sei!» Dein Angesicht
Und hüllst die sieben Sphären in Dein Licht!

Fariduddin 'Attar: Ilahinama[18]

Hier zeigt 'Attar die Verbindung von Sein und Wonne in der Gestalt Gottes.

Gottes Gestalt ist auch «Wissen». Gott ist aber mehr als «bloß» der Allwissende; er ist das Wissen selbst. Alles wahre Wissen ist in seinem Wissen begründet, und alle Erkenntnis ist nur ein Abglanz der höchsten Erkenntnis, der Erkenntnis Gottes nämlich, die nur durch die Wirkung Gottes möglich ist, da er selber diese Erkenntnis ist. In dieser höchsten Erkenntnis ist der Erkenner mit der Erkenntnis und dem Erkannten identisch, und wenn der Mensch daran teilhaben darf – wie der Mystiker in der Gottesschau –, dann ist er in die Gestalt Gottes integriert.

Brahman ist allsehend und allwissend; Er ist das Wissen selbst.

Mundaka-Upanischad[19]

Auch hier nimmt das Absolute Züge des höchsten Wesens an, und im folgenden Zitat tritt Krischna wieder als höchster Gott auf:

Als Geheimnis bin ich Schweigen, bin das Wissen der Wissenden.

Krischna: Bhagavadgita[20]

Denn siehe, es ist kein Wort auf meiner Zunge,
  das du, Herr, nicht schon wüßtest.
Von allen Seiten umgibst du mich
  Und hältst deine Hand über mir.
Diese Erkenntnis ist mir zu wunderbar und zu hoch,
  ich kann sie nicht begreifen.

David: Psalm[21]

Denn Gott ist nicht nur von Weisheit übervoll, so daß es für sein
Erkennen kein Maß und keine Grenze gibt.

Dionysios Areopagita: Die Namen Gottes[22]

Das göttliche Wissen umfaßt darum schlichthin alles, in seiner all-
überragenden, uns nicht faßlichen Erkenntnis, es besitzt vor aller
Schöpfung die Kenntnis aller zu schaffenden Möglichkeiten, Ideen,
Wesen und seienden Dinge, samt allen Ursachen, die sie in die Welt
bringen.

Dionysios Areopagita: Die Namen Gottes[23]

Er ist es, der Gott im Himmel ist und Gott auf Erden; und Er ist der
Weise, der Allwissende.

Mohammed: Koran[24]

Der Wissende bist Du nur – so gib mir, was Du weißt!

'Abdallah-i Ansari: Munadschat[25]

Nicht hat Sein Wissen Ende oder Grenzen –
Sein Wissen ist ein grenzenloses Meer.

Rahman Baba: Diwan[26]

Die Gestalt des höchsten Wesens ist schließlich auch «Wonne» oder
«Glückseligkeit». Besonders seherisch veranlagte Mystiker haben in
ihren Visionen Gott als strahlende Lichtgestalt erfahren, die Begeisterung, Entzücken und ein unsägliches Glücksgefühl hervorruft. Sie haben diese Gestalt auch als Inbegriff der Schönheit wahrgenommen,
einer Schönheit, die keinem Wandel des sogenannten Schönheitsideals
unterworfen ist. Das Urbild aller Schönheit ist in Gottes Gestalt zu
finden, und der wahrhaft inspirierte Künstler schöpft – ob bewußt oder

unbewußt – aus dieser Quelle. Gott ist seine eigene Beglückung, die nie gesättigt ist, nie aufhört und nie in Überdruß umschlägt. Diese Art von Glück ist durch die lustverheißenden Objekte, die sich der Mensch als Ziel seines Strebens nach Glück setzt, nicht zu erreichen. Die Sehnsucht nach Glück, die der Mensch auf seiner Suche nach Glück infolge der nie ausbleibenden Enttäuschungen stets von neuem empfindet, ist seine – in der Regel uneingestandene – Sehnsucht nach Gott.

Der Selbstseiende ist der Inbegriff aller Glückseligkeit.

Taittiriya-Upanischad[27]

(Sanjaya spricht über Krischna:)
Wenn das Licht von tausend Sonnen am Himmel plötzlich bräch'
   hervor
Zu gleicher Zeit – das wäre gleich dem Glanze dieses Herrlichen.

Bhagavadgita[28]

Wonne ist das Geheimnis. Lerne die lautere Wonne kennen, und du kennst Gott.

Aurobindo: Gedanken und Aphorismen[29]

In Herrlichkeit strahlt Amidas Reines Land,
Und das ist mein Reines Land –
‹Namu-amida-butsu!›

Saichi: Spruchgedichte[30]

Amida Buddha (oder Buddha Amitabha) ist der Name des höchsten Gottes im sogenannten Shin-Zweig des Mahayana-Buddhismus. Das «Reine Land» ist der «Himmel» des Amida Buddha und wird diesem oft gleichgesetzt. «Namu-amida-butsu» ist eine viele Gebete abschließende heilige Formel und bedeutet «Huldigung für Amida-Buddha».

Du tust mir kund den Weg zum Leben:
Vor dir ist Freude die Fülle und Wonne zu Deiner Rechten ewiglich.

David: Psalm[31]

Mache dich auf, werde licht; denn dein Licht kommt, und die Herrlichkeit des Herrn geht auf über dir!

Jesaja[32]

Komm, der du mein Verlangen geworden bist und der du gemacht hast, daß ich dich verlange, dem zuzustreben niemand vermag. Komm, mein Atem und mein Leben. Komm, Trost meiner Seele. Komm, Jubel und Herrlichkeit und mein beständiges Ergötzen.

Symeon der neue Theologe: Liebesgesänge an Gott[33]

O höchstes unnahbares Licht, o heilige, selige Wahrheit...

Anselm von Canterbury: Opera[34]

«Die Freude des Herrn», nun, das ist *der Herr selbst* und nichts anderes...

Meister Eckhart: Predigten[35]

O süße Gasterei! Gott selber wird der Wein,
Die Speise, Tisch, Musik und der Bediener sein.

Angelus Silesius: Der Cherubinische Wandersmann[36]

Wie schön, daß Du gezeigt in Herz und Seele
Dem Sucher Deine Schönheit ohne Fehle!

Fariduddin 'Attar: Ilahinama[37]

Strahlort der Schönheit unvergänglich,
Spiegel des Glanzes überschwenglich!
Dein Angesicht der schönste Schauplatz
Der Schau des Lichtes uranfänglich!

'Abdur Rahman Dschami: Diwan[38]

Das Entscheidende an «Sein–Wissen–Wonne» ist, daß diese drei Komponenten der göttlichen Gestalt in inniger Wechselwirkung stehen, wie in Analogie dazu die «Komponenten» der menschlichen Gestalt. Natürlich sind diese gegenseitigen Beziehungen spiritueller Art; erst sie decken aber die ganze Wahrheit über die Gestalt Gottes auf:

Gott macht uns sich selbst erkennen, und sein Sein ist sein Erkennen.
Und es ist dasselbe, daß er mich erkennen macht und daß ich erkenne.

Meister Eckhart: Predigten[39]

Meister Eckhart hebt vor allem die Tatsache hervor, daß wahres Sein nur
durch vollständige Erkenntnis gegeben ist. Man könnte sagen, daß Gott
erst dadurch ein höchstes Sein besitzt, daß alles Wissen darin enthalten
ist. Diese Tatsache ist auch für die Gotteserkenntnis des Menschen von
ausschlaggebender Bedeutung. Ohne «Mitwirkung» Gottes und ohne
sein Sein und sein Wissen können wir ihn nie erkennen. Im Akt unseres
Erkennens Gottes, insbesondere in der Gottesschau des Mystikers, ist
der Mensch in das göttliche Sein und Wissen einbezogen.

Und dann preise ich Dich, Gott,
um Deine Macht und Deine Güte,
um dieses wahrhafte Sein,
und daß uns gegeben ward,
dies zu begreifen;
daß ein Weg nach der Heimat
und Erfüllung der Sehnsucht.

Zarathustra: Avesta[40]

Hier betont Zarathustra die schon erwähnte geheime Sehnsucht des
Menschen nach Gott, die eine Sehnsucht nach eigener Vollkommenheit
ist, so wie die Tatsache, daß das besondere göttliche Sein ein Sein der
Glückseligkeit und der Wonne ist, die wiederum maßgeblich für die
Vollkommenheit Gottes verantwortlich sind.

(Der Allgeist spricht:) Das Gute, Das Herrlichste, Die Seligkeit, Die
Weisheit ist das Wesen Gottes.

Hermes Trismegistos: Die 17 Bücher[41]

Die Seligkeit zusammen mit der Weisheit begründen also das Wesen
Gottes. Das totale Wissen bereitet die höchste Wonne, wovon der
Mensch gelegentlich träumt; umgekehrt ist das höchste Erkennen nur in
der absoluten Glückseligkeit erreichbar. Auch diese Wahrheit hat für
den Menschen eine tiefe Bedeutung. Jener, dem die Erkenntnis Gottes
zuteil wird, lernt auch die höchste Wonne kennen.

Die Begegnung des Menschen mit der «Sein/Wissen/Wonne-Gestalt» Gottes ist aber nur möglich, wenn die Seele von allen Fesseln der Untugenden und von der Tyrannei des Egoismus befreit ist – wenn das kleine penetrante «Ich» überwunden ist.

Sobald das «Ich» verschwindet, wird das Wirkliche, der Ozean «Sein – Wissen – Wonne» sichtbar.

Ramakrischna: Worte[42]

Seinsbewußtheit und Seinswonne sind die ersten Eltern. Sie sind auch die letzten Transzendenzen.

Aurobindo: Gedanken und Aphorismen[43]

Die immense Tragweite der von der indischen Mystik verkündeten Wahrheit von «Sein – Wissen – Wonne» für den Menschen, für seine Beziehung und seinen Weg zu Gott, hat in bemerkenswerter Weise ein christlicher Geistlicher, der katholische Pater Bede Griffiths OB, wie folgt zusammengefaßt:

«So ist der indische Genius in seiner Geschichte von Anfang an durch alle Erscheinungen von Geist und Materie hindurchgedrungen und hat die Eine Wirklichkeit entdeckt, die zugleich Sein und Bewußtsein, *sat* und *cit* ist. Dies war aber nicht nur Theorie, sondern Erfahrung. In tiefer Meditation erreichte das Bewußtsein, indem es seine natürlichen Grenzen überwand, eine Intuition des Seins in reinem Bewußtsein, und dies erfuhr man als absolute Seligkeit, *ananda*. So konnte man die absolute Wirklichkeit als *sat – cit – ananda* bezeichnen, als Sein, das in reinem Bewußtsein als absolute Seligkeit erfahren wird. Es war eine Sternstunde der Geschichte des Menschen, als das menschliche Bewußtsein zur Erfahrung der absoluten Wirklichkeit gelangte und dabei Einsicht in das eigene Selbst, in sein eigenes Sein, das in der Wirklichkeit allen Seins gründet, gewann.»[44]

Ihm, dem dreiein'gen Gott,
wie er im Anfang war
und ist und bleiben wird,
ihm danket immerdar.

Martin Rinckart: Nun danket alle Gott

6. Die drei göttlichen Prinzipien

Es gehört zu den – aus dem bisherigen hinlänglich bekannten – Paradoxa der mystischen Wahrheit, daß sie Aussagen über Dinge enthält,
die im Grunde weder erkennbar noch mitteilbar sind, so zum Beispiel
über die «Sein/Wissen/Wonne-Gestalt» Gottes. Doch gibt es noch andere Einblicke in das göttliche Geheimnis, die wir allerdings nicht in
erster Linie der Mystik, sondern der Mythologie und den Glaubensin-
halten der sogenannten Mysterienreligionen verdanken. Es handelt sich
dabei um eine weitere tiefe Wahrheit, die von der Mystik bestätigt
wurde und in ihr die sublimste Formulierung gefunden hat. Diese
Wahrheit besagt, daß das Göttliche drei fundamentale Prinzipien umfaßt, die als ewig-männliches, als ewig-weibliches und als Logos-Prinzip
bezeichnet werden. Daß hier wiederum die heilige Zahl Drei in Erscheinung tritt, darf uns nicht mehr wundern. In ihrer symbolischen
Ausdeutung begegnen wir diesen drei Prinzipien oft als drei göttlichen
Personen – dem göttlichen Vater, der göttlichen Mutter und dem göttlichen Kind. Diese drei göttlichen Personen bilden demnach eine «göttliche Familie», die ihre Entsprechung in der menschlichen Familie hat.
Was zunächst wie – obwohl eingeschränkter – Polytheismus aussieht
und entsprechend dem Verständnis «früherer Epochen» auch als solcher angesprochen werden muß, steht in Wahrheit jedoch nicht im Wi-

derspruch zur Einheit des höchsten Wesens, da die Dreiheit innerhalb der Einheit existiert. Die Erkenntnis von der Dreiheit in der Einheit verdanken wir der Mystik, und zwar insbesondere der christlichen Mystik und der christlichen Theologie.

Die Wahrheit von den drei göttlichen Prinzipien beinhaltet zunächst die Aussage, daß im Göttlichen eine Polarität erkennbar ist, die überall ihre Entsprechungen hat, im Universum wie vor allem auch im Menschen. Die Polarität beruht darauf, daß sich zwei entgegengesetzte Prinzipien beziehungsweise Pole manifestieren oder – genauer – manifestieren können, die miteinander in Wechselwirkung treten. Wir kennen eine solche Polarität in der physikalischen Welt als elektrische Positivität und Negativität und in der biologischen Welt als männliche und weibliche Geschlechtlichkeit. Entsprechend erscheint in den Lehren der alten Hermetiker diese Kenntnis von den zwei Gegensätzlichkeiten als viertes und siebentes hermetisches Prinzip beziehungsweise als Prinzip der Polarität und des Geschlechts. Es ist vor allem der geschlechtliche Dualismus, der die betreffenden zwei Prinzipien innerhalb des Göttlichen charakterisiert.

Schon bei der Erörterung des höchsten Wesens wurde darauf hingewiesen, daß dessen Benennung als «Herr» oder «Vater» einseitig ist, weil Gott außer dem idealisierten und vollkommenen männlichen Element auch das idealisierte und vollkommene weibliche Element besitzt. Gott ist also – immer im geistigen Sinn – nicht «geschlechtslos», sondern trägt die Züge des Männlichen *und* des Weiblichen, da er diese beiden Prinzipien in sich birgt. Hier tritt nun endlich die «Ebenbildlichkeit» von Gott und Mensch zutage, und zwar nicht nur, weil der Mensch als Mann und Frau existiert, sondern weil jeder einzelne Mensch, wie C. G. Jung in seiner tiefenpsychologischen Lehre von Animus und Anima ausführt, in seiner Psyche beide Elemente vereinigt, der Mann also auch das weibliche und die Frau auch das männliche Prinzip besitzt.

Ein anderer Psychologe, Wolfgang Kretschmer, schreibt zur Bedeutung dieser Ebenbildlichkeit in seinem höchst aufschlußreichen Buch *Die psychologische Weisheit der Bibel*: «Den Menschen als Bild Gottes betrachten heißt ihn als Mann und Frau sehen. Das Gottesbild ist mann-weiblich. Daraus ergeben sich zwei schwerwiegende Folgerungen: Einmal bestätigt es die Vermutung einer Polarität in Gott, und zwar diesmal ausdrücklich einer geschlechtlichen. Zum anderen bedeutet es, daß der Mensch, gerade auch in der religiösen Existenz, seiner Geschlechtsspannung eingefügt ist. Menschsein bedeutet die Geschlechtspolarität anerkennen und in ihr leben.»[1]

Wie man sieht, haben auch die scheinbar belanglosen, mit dem Hautgout der esoterischen Schöngeisterei behafteten mystischen Wahrheiten über die göttlichen Prinzipien einen wichtigen Sinngehalt, der den Menschen in hohem Maß angeht. Das Ewig-Männliche stellt das aktive, bewegte, gebende, intellektuelle, «geistige», «logische», «bewußte» göttliche Prinzip dar, das Ewig-Weibliche das passive, ruhende, empfangende, trieb- oder instinkthafte, intuitive, emotionale, «unbewußte» Prinzip. Auch viele bildliche Umschreibungen wurden gegeben, um den Gegensatz zwischen den beiden Prinzipien verständlicher zu machen, so durch die antithetischen Begriffe hart – weich, hell – dunkel, aber auch Feuer – Wasser, Himmel – Erde, Sonne – Mond usw.

Ähnlich wie elektrisch entgegengesetzt geladene Elementarteilchen sich anziehen, streben die getrennten göttlichen Prinzipien, das ewig-männliche und ewig-weibliche, nach Vereinigung. In einem Kult der alten vedischen Religion Indiens wurde dieser Prozeß symbolisch nachvollzogen, indem heiliger Pflanzensaft (Soma) in das heilige Feuer (Agni) gegossen wurde. Im späteren Indien erhalten die beiden Prinzipien göttliche Gestalten, indem das höchste Wesen eine mit ihm innig verbundene göttliche Gefährtin, die Schakti (die göttliche Kraft oder Energie), neben sich hat. Im Bhakti-Zweig des Hinduismus, in welchem Krischna als höchstes Wesen verehrt wird, ist es seine Gefährtin Radha, die das weibliche Element vertritt und mit der er sich immer wieder spirituell vereinigt. Dabei ist wichtig, daß das höchste Wesen eigentlich nicht mehr Krischna allein ist, sondern ein Paar von zwei gleichwertigen und gleichgewichtigen göttlichen Personen, Krischna-Radha (oder Radha-Krischna), und auch ausdrücklich als Paar angebetet und verehrt wird. Hier besteht also schon eine Zweiheit in der Einheit. Weitere derartige «Götterpaare» werden in Indien verehrt, je nachdem mit welchem Namen das höchste Wesen identifiziert wird, sei es Vischnu-Lakschmi, Schiva-Parvati oder andere. Auch Gautama Buddha weist in einer Aussage auf die Doppelgeschlechtlichkeit des Göttlichen hin:

Brahma – diese Bezeichnung, ihr Mönche, kommt Vater und Mutter zu.

Gautama Buddha: Anguttaranikaya[2]

Im späteren Vajrayana-Buddhismus taucht die Göttin Tara als Göttermutter auf:

> Du bist die Göttin, die den Lotos trägt,
> Die, berggeboren, allen bringt das Heil,
> Von deiner Gegenwart zeugt diese Welt,
> Denn du durchdringst sie bis zum kleinsten Teil.
> Wir ehren dich mit Körper, Rede, Geist,
> Dich, die man als die Göttermutter preist.
>
> Das Diamantfahrzeug[3]

Im Taoismus spielen die vom Tao umfaßten, sich ergänzenden göttlichen Kräfte Yin und Yang eine wichtige Rolle, wobei Yin das dunkle, ewig-weibliche, Yang das lichte, ewig-männliche Prinzip darstellt. Göttliche Paare sind auch in vielen anderen Kulturkreisen der Antike anzutreffen, sei es im alten Ägypten (Osiris – Isis) oder in Hellas (Zeus – Hera und andere). Aus den altgriechischen Mysterien stammt ein orphischer Hymnus, in dem die Natur als höchste Gottheit besungen wird, wobei ein Passus Bezug auf die zwei ewigen Prinzipien nimmt: «Aller Dinge Vater bist du, / Bist Mutter, Nahrung und Amme; / Selige, Schnellgebärende, / Vielsamige, Strudel des Lebens, / Allesvermögende Bildnerin, / Allbevölkernde, herrliche Gottheit.»[4] Vielfach wird das ewig-weibliche Prinzip vor dem ewig-männlichen verehrt; es ist der Kult der «großen Mutter», der unter verschiedenen Namen gedient wird, unter anderem als Kybele und Isis.

In der jüdischen Religion, die wir als strikten und konsequenten Monotheismus kennen («Du darfst keine anderen Götter neben mir haben!»), erwarten wir kaum einen Hinweis auf den Dualismus des Ewig-Männlichen und Ewig-Weiblichen. Wir haben aber schon gesehen, daß als Folge der Ebenbildlichkeit von Gott und Mensch Gott mann-weiblich sein muß. Eduard Schuré weist in diesem Zusammenhang auf eine interessante Interpretation des Namens Gottes (Jehova) hin, der hebräisch Jahwe oder genauer JEVE lautet, und aus den vier Buchstaben Jod, He, Vav, He (JHVH) besteht. Darin soll der göttliche Dualismus insofern enthalten sein, als J das ewig-männliche und EVE (die göttliche Eva oder Urmutter) das ewig-weibliche Prinzip repräsentiert.[5] Deutlicher tritt das Ewig-Weibliche in der jüdischen Mystik zutage, wo Gott als seine «Gemahlin» die Schechinah zur Seite gestellt wird, und in der kabbalistischen Lehre von den «Sephiroten», den göttlichen Kräften, steht der Dualismus Chochmah – Binah für die zwei göttlichen Prinzipien.

> Darum war auch der erste Anfang der Entwicklung... sogleich männlich und weiblich, nämlich Chochmah als Vater und Binah als Mutter, aus deren Vereinigung alles übrige entstand.
>
> Sefer ha Sohar[6]

In der christlichen Religion ist das ewig-weibliche Prinzip nicht so leicht auszumachen. Aussagen in nichtkanonisierten heiligen Schriften machen aber deutlich, daß der «Heilige Geist» ursprünglich dieses göttliche Prinzip darstellt und daß dementsprechend ein Dualismus Gottvater – Heiliger Geist existiert.

> Steige herab, Heiliger Geist,
> Steige herab, heilige Taube,
> Steige herab, verborgene Mutter.
>
> Akten des Thomas[7]

> Deshalb sollt ihr also beten: «Unser Vater – Mutter, das du über uns bist und in uns, geheiliget sei dein Name...»
>
> Jesus Christus: Evangelium des vollkommenen Lebens[8]

> Doch der Tröster, der meine Mutter ist, die Heilige Weisheit, die der Vater senden wird in meinem Namen, wird euch alles lehren und euch alles in Erinnerung rufen, was ich euch gesagt habe.
>
> Jesus Christus: Evangelium des vollkommenen Lebens[9]

Diese Worte Christi beziehen sich auf den Heiligen Geist, der noch ausgegossen werden soll. Die Kenntnis vom ewig-weiblichen göttlichen Prinzip und die Identifikation dieses Prinzips mit dem Heiligen Geist sind möglicherweise schon in einer Frühphase des Urchristentums verlorengegangen oder von der sich entwickelnden Gemeinde nicht wahrgenommen worden; sie haben aber in der Gnosis weitergelebt. Die geheime Sehnsucht der Gläubigen nach dem weiblichen göttlichen Element ist jedoch geblieben, und es ist sehr naheliegend, in Übereinstimmung mit mehreren namhaften christlichen Religionswissenschaftlern anzunehmen, daß die in der offiziellen Kirche aufkommende Marienverehrung, die sich bis zur Erhebung Marias zur «Himmelskönigin» gesteigert hat, an die Stelle der fehlenden Verehrung des ewig-weiblichen Prinzips getreten ist.

Im streng monotheistischen Islam (man erinnere sich an das Einheitsbekenntnis) ist die Wahrheit von der göttlichen Dualität erwartungsgemäß ebenfalls schwer auszumachen, doch erscheint sie unfehlbar in der islamischen Mystik:

Du (Gott) Vater, Mutter – Verwandte
hab' ich außer Dir nie gesehen.

Dschelaleddin Rumi: Diwan[10]

Der dem dritten göttlichen Prinzip zugrundeliegende griechische Begriff «Logos» bedeutet ursprünglich «Wort», dann aber auch «Vernunft» und «Sinn». In der Philosophie und Theologie der Stoiker bekam der Begriff die Bedeutung «Weltvernunft», eine die Gesetzmäßigkeiten des Alls beherrschende Kraft. Der Logos wurde aber auch schon in der Stoa als göttliche Person aufgefaßt. Für Philon, einen jüdisch-griechischen Philosophen der Antike, ist der Logos der «Vermittler» zwischen Gott und der Welt, eine Anschauung, die sofort an Christus denken läßt. Im Urchristentum schließlich, in welchem jüdisches und griechisches Wissensgut mit der christlichen Botschaft verschmolz, erscheint der Logos als Sohn Gottes, der in der Person Jesu Christi als Mensch erschien, um seine irdische Funktion als lebendiges Wort (Logos) Gottes zu erfüllen und die Wahrheit zu verkünden; dazu kommt die schon erwähnte Funktion als Vermittler zwischen Gott und der Welt beziehungsweise als Versöhner zwischen Gott und dem Menschen und als Erlöser des Menschengeschlechts.

In den Hermes Trismegistos zugeschriebenen Schriften tritt der Logos ebenfalls schon als göttliches Kind, als Sohn Gottes auf. Der diese Wahrheit verkündende Poimandres, der «Menschenhirte», wurde – ähnlich wie Christus – als Offenbarungsvermittler und Gottessohn betrachtet:

(Poimandres spricht:) Das Licht bin Ich, das Gemüt (Geist), dein Gott, welcher aus der feuchten Natur ist, welche aus der Finsternis erschien. Das aus dem Gemüte (Geist) leuchtende Wort, der Sohn Gottes.

Hermes Trismegistos: Die 17 Bücher[11]

Dein Wort (o Gott) lobt dich durch mich.

Hermes Trismegistos: Die 17 Bücher[12]

Auch im Alten Testament begegnen wir, allerdings eher andeutungsweise, dem Logos-Prinzip. Da dieses Prinzip göttlicher Natur ist oder
eine Person Gottes darstellt, ist es, ebenso wie das höchste Wesen in
seiner Gesamtheit, unvergänglich und ewig.

> Das Gras verdorrt, die Blume verwelkt, aber das Wort unseres Gottes
> bleibt ewiglich.

Jesaja[13]

Die fundamentalste Aussage über das Logos-Prinzip ist aber sicher
unbestritten im ersten Kapitel des Johannes-Evangeliums zu finden:

> Im Anfang war das Wort, und das Wort war bei Gott,
> und Gott war das Wort.
> Dasselbe war im Anfang bei Gott.
> Alle Dinge sind durch dasselbe gemacht,
> und ohne dasselbe ist nichts gemacht, was gemacht ist.
> In ihm war das Leben,
> und das Leben war das Licht des Menschen.
> Und das Licht scheint in der Finsternis,
> und die Finsternis hat's nicht ergriffen...
> Und das Wort ward Fleisch und wohnte unter uns,
> und wir sahen seine Herrlichkeit
> eine Herrlichkeit als des eingeborenen Sohnes vom Vater,
> voller Gnade und Wahrheit.

Johannes-Evangelium[14]

In dieser Aussage kommt auch schon die so wichtige Aktivität des
Logos zum Ausdruck, indem er «alle Dinge macht».

Die Vorstellung von der göttlichen Dreiheit war in den antiken
Kulturen des Mittelmeerraums und des mittleren Ostens weit verbreitet, doch hatte sie sich noch nicht zur Lehre von der Dreiheit in
der Einheit, der Dreieinigkeit, entwickelt. Am bekanntesten ist wohl
die «göttliche Familie» des alten Ägypten, bestehend aus dem gött-

lichen Vater Osiris, der göttlichen Mutter Isis und dem göttlichen Kind (Sohn) Horus. Laut dem Ägyptischen Totenbuch wird dem eben Verstorbenen bei seinem Eintritt ins Jenseits die Schau der göttlichen Dreiheit zuteil. Dementsprechend ehrfürchtig begrüßt er diese:

> O Osiris, mein Vater! O Horus, mein Bruder! O meine Mutter Isis!
>
> Ägyptisches Totenbuch[15]

Weitere ägyptische Götter-Dreiheiten von Vater, Mutter und Sohn finden sich in Theben (Amun – Mut – Chonsu), in Memphis (Ptah – Sechmet – Harmachis) sowie in der babylonisch-sumerischen Religion (Apsu – Tiamat – Mummu). Auf einer «geistigeren» Ebene erscheint die ägyptische Dreiheit in der Mystik des Hermes Trismegistos:

> (Poimandres spricht:) Aber der Allgeist (Gott), welcher Mann und Weib, Leben und Licht ist, hat durch das Wort eine andere, wirkende Natur geboren . . .
>
> Hermes Trismegistos: Die 17 Bücher[16]

Auch hier ist das Wort, das Logos-Prinzip, als das schöpferische Prinzip enthalten.

Im Taoismus kennen wir die Dualität des Ewig-Männlichen und Ewig-Weiblichen als Yin- und Yang-Prinzip, doch ist auch eine Dreiheit der göttlichen Kräfte bekannt. Das Taoteking enthält eine aufschlußreiche Aussage, wonach sowohl eine heilige Einheit wie auch eine heilige Zweiheit und eine heilige Dreiheit bestehen, wobei eine entwicklungsmäßige Stufenfolge aufgezeigt wird; auf der letzten Stufe erscheint erneut das schöpferische Prinzip, das dem Logos eigen ist.

> Das Tao erzeugt die Eins,
> Die Eins erzeugt die Zwei,
> Die Zwei erzeugt die Drei,
> Die Drei erzeugt alle Dinge.
>
> Laotse: Taoteking[17]

Auch in der Atman/Brahman-Lehre der Upanischaden ist die heilige Dreiheit nachweisbar, jedoch nicht direkt bezogen auf das höchste Wesen, sondern auf das Selbst (Atman), das mit dem Absoluten (Brahman) identisch ist. Wie wir wissen, ist es aber auch mit dem höchsten Wesen identisch.

Es (das Selbst) hat drei Aspekte, und über diese drei hinausgehend, grundverschieden und undefinierbar, den vierten. – Der erste Aspekt des Selbst ist Vaisvanara – das Urbild, das als Gesamtsymbol für alle geschaffenen Wesen die physische Natur personifiziert (ewig-weibliches Prinzip) ... Der zweite Aspekt des Selbst ist Taijasa, das Urbild, das die psychische Natur personifiziert (Logos-Prinzip) ... Der dritte Aspekt des Selbst ist Prajna ... Prajna ist der Herr des Alls, der Allwissende (das ewig-männliche Prinzip) ... Die Sinnes- und Verstandesgrenzen überschreitend, im Wort nicht faßbar, so ist der Vierte. Er ist das reine Bewußtsein vollkommener Einheit ... Er ist das Eine, neben dem kein Zweites ist. Er ist das Selbst.

Mandukya-Upanischad[18]

Das vierte Prinzip ist hier also die zur Einheit verschmolzene Dreiheit, der Atman selber.

In seiner Selbstdarstellung als höchstes Wesen tritt Krischna in der Bhagavadgita ebenfalls als die göttliche Dreiheit auf; dabei wird das Logos-Prinzip wiederum klar als das schöpferische Prinzip deklariert:

Ich bin der Vater dieser Welt, bin Mutter, Schöpfer, Ahnherr auch ...

Krischna: Bhagavadgita[19]

Als Schöpfer ist Krischna zugleich auch Ahnherr aller Wesen und Dinge.

Mindestens zwei der berühmten Philosophen des alten Griechenland haben Wahrheiten verkündet, die ohne Zweifel in der mystischen Erfahrung wurzeln: Pythagoras, der auch Eingeweihter der Mysterien von Delphi war, und Platon, der in die Mysterien von Eleusis eingeführt war; beide kannten die heilige Dreiheit. Bei Platon wird sie als die bekannte Trias vom Wahren (oder Weisen), Schönen und Guten formuliert, was auf das abendländische Denken einen großen Einfluß ausgeübt hat, auch wenn man sich dessen oft nicht recht bewußt ist. Das

Wahre als ewig-männliches, das Schöne als ewig-weibliches und das Gute als Logos-Prinzip sind besonders in ihrer Wechselwirkung innerhalb der Einheit von entscheidender Bedeutung. In der Tat ist die Wahrheit auch das unbedingt Schöne und Gute, das wirklich Schöne ist immer wahrhaftig wie auch gut, und das Gute kann nicht anders als die reine Wahrheit und die lautere Schönheit sein. So gesehen sind die drei Prinzipien wahrlich göttlicher Natur.

Die heilige Dreiheit, das unendlich reine Symbol,
Quelle der Natur und Urbild der Götter.

Pythagoras: Die goldenen Verse[20]

Das Göttliche nämlich ist das Schöne, Weise, Gute und was dem ähnlich ist.

Platon: Phaidros[21]

Die Einheit der drei göttlichen Prinzipien wird in der jüdischen Mystik mit Nachdruck hervorgehoben, wobei jeder scheinbare Widerspruch zur kompromißlosen monotheistischen Gottesauffassung aufgehoben wird.

Es (das Göttliche) sind zwei und (noch) eins vereinigt sich mit ihnen. Alsdann sind es drei. Indem es aber drei sind, sind sie (doch) eins.

Sefer ha Sohar[22]

Die christliche Dreifaltigkeitsvorstellung läßt sich aus den in den vier kanonisierten Evangelien enthaltenen Worten Christi nicht direkt ableiten. Dagegen spricht, wie schon erwähnt, Christus im Evangelium des vollkommenen Lebens Gott als Vater – Mutter an und verweist damit auf die Dualität von ewig-männlichem und ewig-weiblichem Prinzip. Durch das Einbeziehen seiner Gottessohnschaft erweitert sich diese Dualität zur Trinität. In einer Aussage im genannten apokryphen Evangelium verkündet zudem Christus die Wahrheit von der göttlichen Dreieinigkeit in direkter Weise, und zwar unter anderem mit den Begriffen Wahrheit – Schönheit – Güte:

Gott ist Wahrheit, Güte und Schönheit, und diese drei sind eins.

Jesus Christus: Evangelium des vollkommenen Lebens[23]

In der christlichen Mystik ist die heilige Dreieinigkeit auch visionär erfahren worden. Besonders hervorzuheben ist dabei der Erlebnisbericht der Juliana von Norwich, in dem ausdrücklich neben der göttlichen Vaterschaft auch die göttliche Mutterschaft erwähnt wird, womit auch in der christlichen Mystik das ewig-weibliche Prinzip auftaucht. Ferner wird im gleichen Zitat das Logos-(Sohn-)Prinzip als «Licht» bezeichnet, entsprechend dem Passus am Anfang des Johannes-Evangeliums über das Wort, das als Licht in der Finsternis scheint[14] und der Aussage Christi: «Ich bin als ein Licht in die Welt gekommen...»[24]

Ich hörte ein süßes Wort: «Ich bin es!» –
«Ich bin es, die Macht und die Güte der Vaterschaft,
Ich bin es, die Weisheit und innige Menschliebe der Mutterschaft,
Ich bin es, das Licht und die Gnade, das ist die allheilige Liebe.
Ich bin die Dreifaltigkeit, ich bin die Einheit, ich bin es, die hocherhabene Güte in allen Dingen.
Ich bin es, der dich sehnen macht, ich bin aller wahrhaften Sehnsüchte endloses Gut.» –
Ich sah das Wirken der ganzen heiligen Dreifaltigkeit. In diesem Schauen erkannte ich diese drei Eigenschaften: Vaterschaft, Mutterschaft, Herrschaft, im einen Gott.

Juliana von Norwich: Offenbarungen[25]

Indem Er sie (die Seele) nämlich durch eine geistige Schauung in diese Wohnung einführt, zeigen sich ihr durch eine gewisse Darstellung der Wahrheit die drei Personen der Heiligsten Dreifaltigkeit in einem glühenden Lichte, das sich zuerst wie eine überhelle Lichtwolke zugleich mit diesen unterschiedenen Personen zu ihrem Geiste niedersenkt. Durch eine wunderbare Erkenntnis, die ihr gegeben wird, sieht die Seele alsdann mit größter Gewißheit, wie alle drei Personen nur eine Wesenheit, ein Können, ein Wissen und ein Gott sind. Und zwar sieht sie dies in einer Weise, daß man sagen kann, sie erkenne das, was wir sonst durch den Glauben festhalten, durch Anschauung, obwohl sie weder mit den Augen des Leibes noch auch – (da die Schauung keine imaginäre ist) – mit den Augen der Seele etwas sieht.

Theresia von Avila: Schriften[26]

Die Worte der beiden Mystikerinnen zeigen mit großer Eindringlichkeit, daß die Wahrheit von der göttlichen Dreieinigkeit, hier in ihrer christlichen Ausprägung als heilige Dreifaltigkeit, sich vom nüchternen Dogma, vom bloßen Glaubensartikel, abhebt und durch die mystische Gottesschau zu einer erlebten Wirklichkeit transzendiert. Wir werden noch sehen, daß gemäß der mystischen Wahrheit die drei göttlichen Prinzipien für das Verständnis der Welt und des Menschen eine ausschlaggebende Bedeutung besitzen.

Liebe! Liebe! durch die Unendlichkeit
ausgegossen, ein Strom erlösenden Lichts,
in das Nichts, die Nacht der Herzen
deine glühenden Wogen schlagend –
hebend aus dem Dumpfen das Heilige ...

Christian Morgenstern: Das Hohelied

7. Das göttliche Gesetz

Durch die Mystik sind nicht nur Einblicke in die Aspekte des Mysterium divinum, in die spirituelle Gestalt Gottes und in die göttlichen Prinzipien ermöglicht worden; der tiefste Blick in das göttliche Geheimnis betrifft ohne Zweifel das göttliche Gesetz, das die eigentliche Essenz des Göttlichen darstellt, und dieses Gesetz heißt: Liebe.

Wer sich unter dem größten göttlichen Geheimnis etwas Großartigeres oder Aufsehenerregenderes vorgestellt hat, könnte enttäuscht sein. In der Tat mag es zunächst banal erscheinen, das Mysterium divinum einfach im Begriff der Liebe aufgehen zu lassen. Man führt zu jeder passenden oder – häufiger – unpassenden Gelegenheit den «lieben Gott» im Munde. Dabei ist die göttliche Liebe immer noch das Wunderbarste und zugleich Unbekannteste. Was aber ist überhaupt Liebe?

Ehrlicherweise müssen wir zugeben, daß sogar der auf der menschlichen Ebene verwendete Liebesbegriff hinsichtlich seiner Definition Mühe bereitet, obschon jedermann zu wissen meint, was darunter zu verstehen ist. Im philosophischen Wörterbuch von H. Schmidt/G. Schischkoff heißt es dazu: «Liebe ist das einander in seiner Existenz wechselseitig anerkennende, ja fördernde Streben zueinander.» Die göttliche Liebe beinhaltet dieses Element sicherlich auch, doch übersteigt sie in jeder Beziehung und in jeder Richtung diese beschränkte

Bedeutung gewaltig. Göttliche Liebe ist nämlich außerdem Teilnahme, Mitleid, Erbarmen; sie leitet aber auch über zu scheinbar ganz anderen Aspekten wie Opferwillen, Erkenntnis- und Selbsterkenntniswillen sowie Zeugungs- beziehungsweise Schöpfungswillen. Zudem ist sie Ursprung und Ausdruck unendlicher Freude und unendlicher Güte.

«Ich bin barmherzig, spricht der Herr, und ich will nicht ewiglich zürnen.»

Jeremia[1]

(Allah spricht:) «Meine Barmherzigkeit umfaßt alle Dinge.»

Mohammed: Koran[2]

Denn aus der Freude entstehen alle Wesen, in der Freude haben sie, einmal geboren, ihr Bestehen und in die Freude werden sie nach dem Tode wiederum eingehen.

Taittiriya-Upanischad[3]

Leuchte der Welt,
Sei Du unser Stern!
Deine Güte ist das Licht
in diesem Dunkel.
So wird das Leben erst wirklich,
so erst urewig...

Zarathustra: Avesta[4]

Gott liebt also. Er liebt alles, nicht nur die Schöpfung, die aus Liebe aus ihm hervorgegangen ist (auch wenn es gelegentlich schwerfällt, dies zu fassen), sondern auch – einfach formuliert – sich selber. Und aus diesem Grund liebt er insbesondere den Menschen, sein «Ebenbild» (auch wenn speziell diese Tatsache schwer zu glauben ist).

So spricht der Herr: «Ich habe dich je und je geliebt, darum habe Ich dich zu mir gezogen aus lauter Güte.»

Jeremia[5]

Und ich habe ihnen Deinen *Namen* kundgetan und will ihn kundtun, damit die Liebe, mit der Du mich liebst, sei in ihnen und ich in ihnen.

Jesus Christus: Johannes-Evangelium[6]

Wenn Gott den Menschen liebt, so wird der Mensch, der den Zugang zu Gott gefunden hat, seinerseits Gott lieben, ohne dazu irgendeiner Aufforderung zu bedürfen oder ein Gebot befolgen zu müssen. Es besteht nämlich ein metaphysischer Zusammenhang zwischen der Liebe Gottes zum Menschen und des Menschen zu Gott. Dadurch, daß das göttliche Selbst im Innersten des Menschen wohnt, ist jeder Mensch im Wesenskern ein Liebender, nur hat sich in der Regel sein individuelles «Ich» mit diesem liebenden Selbst (noch) nicht identifiziert. Aber die Liebe ist in jedem Menschen sozusagen präexistent, und wenn sie bewußt wird, ist der Mensch in dieser Handlung Gott gleich; er hat Vollkommenheit erreicht.

Sei trunken vom Weine der göttlichen Liebe. So wirst du Vollkommenheit erlangen.

Svetasvatara-Upanischad[7]

Unsere Liebesfähigkeit verdanken wir demnach unserem Selbst (dem Atman), denn auch ohne das Selbst direkt wahrgenommen zu haben, wirkt dieses im stillen in uns und kann seine Kraft auf unsere Psyche ausstrahlen.

Nicht des Gatten willen, o Geliebte, liebt man den Gatten, sondern dem Selbst zuliebe.

Nicht um der Gattin willen, o Geliebte, liebt man die Gattin, sondern dem Selbst zuliebe.

Nicht um der Kinder willen, o Geliebte, liebt man die Kinder, sondern dem Selbst zuliebe . . .

Nicht um der höheren Welten willen, o Geliebte, begehrt man die höheren Welten, sondern dem Selbst zuliebe.

Nicht um der Götter willen, o Geliebte, betet man die Götter an, sondern dem Selbst zuliebe.

Nicht um der Geschöpfe willen, o Geliebte, liebt man die Geschöpfe, sondern dem Selbst zuliebe.

Nichts, o Geliebte, wird um seinetwillen geachtet, sondern alles dem
Selbst zuliebe.

Brihadaranyaka-Upanischad[8]

Ich (Gott) bin der Geliebteste von allen Geliebten.
Um Meinetwillen nur wird der irdische Leib
und alles, was zum Leib gehört, geliebt.

Srimad-Bhagavatam[9]

Nicht nur die indischen, sondern auch die christlichen Mystiker haben
die geheimnisvolle Wechselwirkung zwischen der Liebe Gottes zu den
Menschen und der Liebe des Menschen zu Gott hervorgehoben.

Wenn Gott liebt, verlangt Er nur, geliebt zu werden, denn Er weiß,
daß die Liebe alle, die Ihn lieben, beglücken wird.

Bernhard von Clairvaux[10]

Es ist aber eine Bedingung der Liebe, daß man, wenn man liebt, alles
liebt, was der Geliebte liebt. Sowie denn die Seele die Liebe des
Schöpfers zu ihr erkennt, liebt sie Ihn wieder, und Ihn liebend liebt
sie auch alles, was Er liebt.

Katharina von Siena: Briefe[11]

«Die Liebe Gottes, heißt es, ist ausgegossen in unsere Herzen durch
den heiligen Geist, der uns gegeben ist.» Ohne diese seligmachende
Gnade, d. i. die Liebe, wird niemand selig. Sie ist der heilige Geist,
ohne den wir nicht selig werden.

Nikolaus von Cues: Wissendes Nichtwissen[12]

Wenn Nikolaus von Cues hier von einem heiligen Geist spricht, der in
unserem Inneren wirksam ist, dann handelt es sich offensichtlich um das
Selbst.

Das hat die Liebe Gottes, um von allem anderen zu schweigen, vor
jeder irdischen Liebe voraus, daß wir in unserer Liebe zu Gott auch
seiner Liebe zu uns versichert sind.

Theresia von Avila: Schriften[13]

Eine wahrhafte Freundschaft ist diese Liebe. Denn gegenseitig ist sie, da Gott jede Seele von Ewigkeit liebt, die Ihn liebt in der Zeit. Und eine erklärte und gegenseitig anerkannte Liebe ist es, denn weder kann unsere Liebe zu Gott Ihm unbewußt sein, da Er sie selbst uns verlieh, noch kann seine Liebe zu uns verborgen sein, da Er so deutlich sie uns offenbarte und wir alles, was wir Gutes haben, als Wirkung seiner Liebe erkennen.

Franz von Sales: Theotimus[14]

Man könnte die simple Frage stellen: «Warum liebt Gott?» und darauf die provozierende Antwort geben: «Weil er keine andere Wahl hat.» Diese Antwort erscheint angesichts der Allmacht Gottes, alles zu tun oder zu lassen, was er als richtig betrachtet, schockierend. Sie ist aber dem Sinn nach genau das, was uns die Mystiker lehren. Tatsächlich ist die Liebe für Gott eine innere Notwendigkeit, ein zwingendes Gesetz, das er sich selber unwiderruflich von Anfang an und bis in alle Ewigkeit auferlegt hat. Die Liebe ist *das* göttliche Gesetz, von dem sich alle anderen Gesetze ableiten – nach dem Verständnis der Mystik die Naturgesetze eingeschlossen.

So ist nun die Liebe des Gesetzes Erfüllung.

Paulus: Der Brief an die Römer[15]

Ich frage Dich, mein Gott,
gib Du mir Antwort und Verstehen:
Ohne Grenze ist Deine Macht,
wer wollte rechten mit Dir!
Und dennoch, wer zwingt Dich –
nur Güte!

Zarathustra: Avesta[16]

Es ist Liebe, was Ihn bewegt, und weil Er wert der Liebe aller Kreatur ist, bewegt Er alle Kreatur.

Dionysios Areopagita: Die Namen Gottes[17]

Gott liebt seiner selbst wegen und wirkt alle Dinge um seiner selbst willen, das heißt: Er liebt um der Liebe, und er wirkt um des Wirkens willen.

Meister Eckhart: Predigten[18]

Ich will Gott niemals (besonders) dafür danken, daß er mich liebt,
denn er *kann*'s gar nicht lassen, ob er wolle oder nicht: Seine Natur
zwingt ihn dazu.

Meister Eckhart: Predigten[19]

Euer Herr hat sich selbst Barmherzigkeit zum Gesetz gegeben.

Mohammed: Koran[20]

Das göttliche Gesetz der Liebe regiert alles, dominiert alles, durchdringt alles. Dank der universellen Präsenz des Selbst ist es überall
vorhanden und wirksam. Je tiefer es sich in der materiellen Welt manifestiert, desto schwieriger wird es, dieses Gesetz noch als ein Gesetz der
Liebe zu erkennen. Und doch – so versichert uns die Mystik – wirkt das
Gesetz auf das Endziel hin, die absolute Liebe zu realisieren, sie zur
letzten und höchsten Erfüllung zu bringen. Das zeitliche Limit für das
Erreichen dieses Endziels ist für uns weder abschätzbar noch begreifbar; daher die Schwierigkeit, die universelle Bedeutung des göttlichen
Gesetzes der Liebe zu verstehen.

Was den bunten Wechsel der Welt liebezüngelnd in Einklang hält . . .
Was die Sonne in rosigem Lauf leitet zu goldenen Höhen hinauf,
Was den Abend führet herein, leihet der Nacht den Silberschein . . .
Was der Wesen zahllose Reih'n ordnet zum herrlichen Ganzen ein . . .
Das ist die ewige Liebe. –

Boethius: Die Gesänge[21]

Die Lieb' ist unser Gott, es lebet all's durch Liebe.
Wie selig wär' ein Mensch, der stets in ihr verbliebe!

Angelus Silesius: Der Cherubinische Wandersmann[22]

Liebe ist aus der Urewigkeit gekommen und geht in die Ewigkeit,
und in den achtzigtausend Welten ist keiner, der einen Schluck von
ihr trinkt und nicht zuletzt zu Gott geht . . .

Rabi 'a al-Adawiyya: Legenden[23]

Durch Seine Liebe nur hat unser Herz sein Leben,
Durch Seine Liebe nur findet ihr Glück die Seele.
Ein Herz, das jene liebt, die reizend hier erscheinen:

Ob es dies weiß, ob nicht: Es liebt in Wahrheit Ihn...
'Abdur Rahman Dschami: Yusuf und Zulaicha[24]

Denn die Liebe ist der letzte Sinn von allem, was uns umgibt. Sie ist kein bloßes Gefühl, sie ist Wahrheit, sie ist die Freude, aus der die ganze Schöpfung entspringt. Sie ist das weiße Licht des reinen Bewußtseins, das vom Brahman ausstrahlt.
Rabindranath Tagore: Sadhana[25]

Das Gesetz der Liebe oder nennen wir es Anziehung, Verwandtschaft oder Zusammenhalt, dieses Gesetz beherrscht die Welt.
Mahatma Gandhi: Young India[26]

Wir nähern uns nun dem innersten Wahrheitskern der göttlichen Liebe. Diese ist zwar das Gesetz, dem Gott sich selber unterworfen hat und das auch zum umfassenden kosmischen Gesetz wurde; es ist aber nicht so, daß Gott sozusagen dieses Gesetz unter verschiedenen Möglichkeiten als das für ihn und seine Absichten adäquate «ausgewählt» hätte. Gott stand eine derartige «Auswahl» überhaupt nicht zur Verfügung, da die Liebe nicht außerhalb, sondern innerhalb seiner selbst ist und somit seine eigene Essenz darstellt, mit anderen Worten: Die Liebe ist Gott selber, und Gott ist die Liebe. Ohne Gott gibt es keine Liebe, und ohne Liebe gäbe es das höchste Wesen, das wir Gott nennen, nicht. So hat denn dieses «Gott ist die Liebe» die tiefste metaphysische Bedeutung, und die Kenntnis dieser Wahrheit lüftet in entscheidender Weise einen Zipfel des Schleiers, der das Mysterium divinum umhüllt. Welten liegen zwischen dieser grandiosen Erkenntnis und dem gedankenlosen Herunterleiern des «Gott ist die Liebe» in der christlichen Sonntagsschule.

Wir erinnern uns an die «Sein/Wissen/Wonne-Gestalt» des höchsten Wesens. Man kann nun «Sein – Wissen – Wonne» als die spirituelle «Hülle» der göttlichen Gestalt verstehen, während die Liebe das spirituelle «Herz» und die «Seele» Gottes ist. Und so wie ohne dieses göttliche Herz oder diese göttliche Seele die göttliche Gestalt nicht «lebensfähig» wäre, so gäbe es ohne die Liebe weder Sein noch Wissen, noch Glückseligkeit. Wahrlich, das höchste Sein ist das Sein in der Liebe, das absolute Wissen ist das Wissen aus Liebe, und die vollkommene Glückseligkeit entspringt der göttlicher Liebe.

Gott ist die Liebe; und wer in der Liebe bleibt, der bleibt in Gott und Gott in ihm.

Johannes: Der erste Brief[27]

Liebe ist die Erfüllung des Gesetzes. Liebe ist von Gott, und Gott ist Liebe.

Jesus Christus: Evangelium des vollkommenen Lebens[28]

Der vorzüglichste aller Namen der Urgottheit ist aber die Liebe.

Dionysios Areopagita: Die Namen Gottes[29]

Wenn Gott unter dem großen Namen «wirkliche Liebe» gepriesen wird – nicht etwa bloß in unserem armseligen Gestammel, sondern in den heiligen Schriften selbst –, dann kann es eben die törichte Menge nicht gleich erfassen, daß zu Gott und in Gott das Liebesverlangen stets die Gestalt des Einsseinwollens annimmt und daß dieser Name hier nicht ein sinnliches Einsseinwollen bezeichnet, sondern das universale göttliche Einssein, Ungeteiltsein, Vollkommensein und Vollkommenmachen ...

Dionysios Areopagita: Die Namen Gottes[30]

Die Liebe hinwiederum ist nichts anderes als Gott. Gott liebt sich selbst und seine Natur, sein Sein und seine Gottheit. In der Liebe aber, in der Gott sich selbst liebt, darin liebt er auch alle Kreaturen – nicht als Kreaturen, sondern die Kreaturen als Gott. In der Liebe, in der Gott sich selber liebt, darin liebt er alle Dinge.

Meister Eckhart: Predigten[31]

Ich werde mit einer Liebe nichts zu tun haben, die für Gott oder in Gott wäre. Dies ist eine Liebe, welche die reine Liebe nicht ertragen kann. Denn reine Liebe ist Gott Selbst.

Katharina von Genua[32]

Und Er ist Liebe.

Mahatma Gandhi: Young India[33]

Gott ist Liebe. Ist Gott Liebe, so ist die Liebe heilig.

Inayat Khan: Die Sufi-Botschaft[34]

Gott ist Liebe, und Er wird im Herzen des Menschen gefunden! Das Herz ist der Schrein, in dem die Erkenntnis der wahren Schönheit Gottes erstrahlt.

Inayat Kahn: Die Sufi-Botschaft[35]

Die prägnanteste Aussage über die Bedeutung der göttlichen Liebe stammt von einem anderen Sufi-Mystiker:

Das Astrolabium der Geheimnisse Gottes ist die Liebe.

Dschelaleddin Rumi[36]

Die Liebe ist bekanntermaßen etwas Aktives, etwas Dynamisches. Dementsprechend ist zu erwarten, daß das höchste Wesen, das die Liebe selber ist, ein wirkender Gott ist. Wir haben schon gesehen, daß das göttliche Gesetz der Liebe auch das oberste kosmische Gesetz ist, und es wird noch zu zeigen sein, wie dieses Gesetz, das zugleich eine universelle Kraft ist, im einzelnen wirksam wird. Der entscheidende Unterschied zwischen dem göttlichen Aspekt des Absoluten und jenem des höchsten Wesens besteht darin, daß das Absolute zwar die letzte und höchste Wirklichkeit ist, aber unberührt und unberührbar, statisch und jenseits aller konkreten Eigenschaften bleibt (*neti, neti!*), während das Göttliche in seinem Aspekt als höchstes Wesen der als die absolute Liebe wirkende Gott ist.

Durch dich kommt Alles, denn du bist das Tor, –
und alles war in deinem Angesichte,
eh' es in unserm sich verlor.

Rainer Maria Rilke: Das Buch der Bilder

8. Die Entfaltung Gottes

Das Mysterium divinum beinhaltet noch eine Komponente, die bisher
nur am Rande gestreift wurde: den göttlichen Schöpfungsakt. Daß es
um uns herum einen Komplex von Dingen gibt, den wir Natur nennen –
zu der wir selbst gehören –, und daß wir ein Gebilde erkennen können,
das wir als Universum bezeichnen, ist eine Binsenweisheit. Woher kommen nun aber diese Dinge, dieses Universum? Es gibt wohl kaum eine
Religion, in der dessen Herkunft nicht einem Schöpfungsakt des Göttlichen beziehungsweise des höchsten Wesens oder eines bestimmten
Gottes zugeschrieben wird. Die Wahrheit vom göttlichen Ursprung der
Schöpfung ist dementsprechend auch einer der Pfeiler der mystischen
Erkenntnis.

Das große Tao ist überströmend, . . .
Alle Dinge verdanken ihm ihr Dasein.

Laotse: Taoteking[1]

(Der Allgeist spricht:) «Der Ursprung aller Dinge ist Gott, das Wesen desselben die Ewigkeit, und von dieser ist die Materie der Welt.»
Hermes Trismegistos: Die 17 Bücher[2]

116

Am Anfang schuf Gott Himmel und Erde.

Mose: Das erste Buch[3]

Du hast Himmel und Erde geschaffen. Oberes und Unteres, die himmlischen und irdischen Heerscharen – alles dies schufst Du, damit die Welten Dich ahnen – wahrhaft begreifen kann aber niemand Dich!

Sefer ha Sohar[4]

Es wird damit klar, daß nicht nur die materielle Welt (Erde), sondern auch die geistige Welt (Himmel) der göttlichen Schöpfung angehören.

Dieses Weltall ist eine Auswirkung Brahmans und kann niemals etwas anderes als Brahman sein.

Shankara: Viveka-Chudamami[5]

ER bildete die reine Schöpfung ...

Zarathustra: Avesta[6]

Alles Seiende geht von einer Ursache aus und zuletzt von einer einzigen Ursache. – Wenn aber kein Seiendes eine Ursache hätte, so wäre auch keine Ordnung.

Proklus: Initia Theologiae[7]

Sprich: «Alles ist von Allah.»

Mohammed: Koran[8]

Es ist erwähnenswert, daß einsichtige Naturwissenschaftler von Kepler über Newton bis in die neueste Zeit am göttlichen Ursprung der Schöpfung nicht gezweifelt haben. Bernhard Bavink schreibt in seinem Buch *Die Naturwissenschaft auf dem Wege zur Religion*: «Es existiert im buchstäblichsten Sinne nicht ein einziges Wirkungsquant in der Welt, ohne daß es ganz direkt und unmittelbar aus Gott hervorginge. Kein Naturgesetz, auch kein statistisches, erzwingt sein Dasein ...»[9] Und Edward Milne äußert sich in seinem Werk über moderne Kosmologie wie folgt: «Was den Ursprung des Universums betrifft, kann der Leser selber einsetzen, was er für richtig hält – aber unser Bild ist unvollständig ohne IHN.»[10]

Gott hat das Universum und «alle Dinge» erschaffen, aber es ist nicht so, daß diese Schöpfung nun einfach existiert und Gott nichts mehr mit ihr zu tun hätte, wie etwa die Deisten des Aufklärungszeitalters glaubten. Von Gott aus gesehen hat es mit dem Schöpfungsakt keineswegs sein Bewenden, denn die Schöpfung ist so angelegt, daß sie nicht anders kann, als sich auf Gott zuzubewegen, zu ihm zurückzukehren. Gott steht daher nicht nur am Anfang, sondern auch am Ende der Schöpfung, was immer die Zeitbegriffe «Anfang» und «Ende» bedeuten mögen.

Das, aus dem alle Wesen geboren werden, in dem sie – einmal geboren – bestehen und in das sie nach dem Tode eingehen, das suche zu erkennen. Das ist Brahman.

Taittiriya-Upanischad[11]

Ich bin für diese ganze Welt der Urquell und der Untergang.
Es gibt nichts Höheres als Mich – kein andres Ding, was es
auch sei! –
Auf Mich ist dieses All gereiht wie Perlenreihen an der Schnur.

Krischna: Bhagavadgita[12]

(Krischna spricht:) «Ich wahrlich am Uranfang war, nichts anderes war, nur das Höchste, über Sein und Nicht-Sein. Und nachher bin Ich. Und was am Ende bleibt, auch das bin Ich.»

Srimad-Bhagavatam[13]

Der Höchste Herr, der die kosmische Manifestation erschuf, ist alldurchdringend, wie der Himmel, an dem die Wolken schweben. Und wenn die Schöpfung vernichtet wird, geht alles in den Höchsten Herrn ein, und es sind keine verschiedenen Formen mehr manifestiert.

Srimad-Bhagavatam[14]

Zur Zeit der Vernichtung geht der gesamte Kosmos, der alle sich bewegenden und sich nicht bewegenden Lebewesen enthält, in Deinen transzendentalen Körper ein und ruht dort ohne Schwierigkeit.

Srimad-Bhagavatam[15]

Zu der Zeit wird der Herr *Einer* sein und sein Name nur *Einer*.

Sacharja[16]

Gott ist der Anfang und das Ende aller Entwicklungsstufen der Schöpfung. Sie alle sind mit seinem Siegel geprägt, und man kann ihn nicht anders als die Einheit nennen. Er ist das einzige Sein, trotz der unzähligen Formen, in denen er gestaltend wirkt.

Sefer ha Sohar[17]

Und das, von welchem alles ausgeht und zu welchem alles wieder eingeht . . . das ist Gott.

Proklus: Initia Theologiae[18]

ER ist der Erste und der Letzte, der Sichtbare und der Verborgene und Er ist der Wisser aller Dinge.

Mohammed: Koran[19]

Und Allahs ist das Verborgene in den Himmeln und auf der Erde, und zu Ihm kehren alle Dinge zurück.

Mohammed: Koran[20]

Du bist das Ende und auch das Beginnen.
Das Außen, O Erhabener, und das Innen.

Fariduddin 'Attar: Ilahinama[21]

Die Schöpfung ist von Gott und zu Gott, aber woraus ist sie entstanden? Wenn Gott vor, nach und hinter aller Schöpfung eine absolute Einheit ist, wie die Mystiker immer wieder versichern, kann es nicht etwas anderes geben, aus dem er das Universum hätte erschaffen können. Heißt das, daß er die Schöpfung aus dem Nichts gemacht hat? Wenn man unter «Nichts» im umfassenden und absoluten Sinn wirklich «nichts» versteht, ist eine Schöpfung ex nihilo schwer zu begreifen. Die einzige Möglichkeit scheint darin zu bestehen, daß Gott die Schöpfung aus sich selber gezeugt hat; er hätte damit sozusagen etwas aus sich selber hervorgebracht, das er eigentlich selber ist, auch wenn das Hervorgebrachte nachher offensichtlich nicht mehr die Züge der göttlichen Vollkommenheit trägt. Aussagen in dieser Richtung finden sich in den Upanischaden. Am eindeutigsten wird diese Wahrheit aber von Kri-

119

schna formuliert, indem er sagt, er habe das Weltall mit einem Teil
seiner selbst «festgestellt» beziehungsweise aus seiner eigenen «Substanz» hergestellt. Und weil Gott ursprünglich mit seinem reinen Licht
die ganze Unendlichkeit erfüllte, in welcher für nichts anderes Platz
war, mußte er einen Teil dieses Lichts zurückziehen – wie es im Sohar
heißt –, um für das Universum, das nicht mehr das reine Licht ist, Raum
zu schaffen.

Vor aller Schöpfung war Brahman das Nichtoffenbarte. – Aus dem
Nichtoffenbarten war das Offenbare. – Aus sich selber brachte Es
sich selbst hervor. – Das Selbstseiende wird es seitdem genannt.

Taittiriya-Upanischad[22]

Wie aus entfachtem Feuerbrand, aus seinesgleichen, zahllos Funken
stieben, quillt alles Wesen aus dem Grund des Unvergänglichen, und
sinkt erneut zum Grund des Unvergänglichen zurück.

Mundaka-Upanischad[23]

Mit einem Teile meiner Selbst hab' Ich dies Weltall festgestellt!

Krischna: Bhagavadgita[24]

Wenn man bedenkt, daß der Heilige, Gebenedeite unendlich ist und
alles erfüllt, versteht man, daß die Idee der Schöpfung unmöglich
gewesen wäre ohne das *Zimzum* (Kontraktion). In der Tat, wie wäre
es möglich, Wasser in eine schon randvolle Schale zu gießen? . . . Der
Heilige Gebenedeite hat also, um die Existenz von himmlischen und
materiellen Welten zu ermöglichen, sein mächtiges Licht aus einem
Teil Seiner Selbst zurückgezogen.

Sefer ha Sohar[25]

Die Aussagen der Mystik über das Woher der Schöpfung beantworten
noch nicht die größte aller Fragen – die Frage nach dem Warum. Was
soll nun dieses Universum? Hat es einen Sinn und wenn ja, welchen?
Man könnte sich nämlich vorstellen, daß das Göttliche, von dem wir aus
der Mystik wissen, daß es die anfangs- und endlose, ewige, höchste und
letzte Wirklichkeit ist, nicht noch eines Schöpfungsaktes bedarf, da dadurch die höchste Wirklichkeit nicht noch wirklicher und absoluter werden kann. Tatsächlich könnte das Göttliche endlos in seinem vollkom-

menen Aspekt als das Absolute verharren und sozusagen sich selber genügen. Dies war offensichtlich nicht die göttliche «Absicht»; es muß hinter der Schöpfung ein tieferer Sinn liegen.

Der berühmte Satz des Philosophen Wittgenstein – «Der Sinn der Welt muß außerhalb ihrer liegen»[26] – führt uns aber nicht viel weiter, ebensowenig die unverkennbare Hilflosigkeit der Wissenschaft angesichts dieser Frage; dazu Hoimar von Ditfurth in seinem Buch *Im Anfang war der Wasserstoff*: «Es steht jedem frei, sich seine eigenen Gedanken zu machen angesichts der Frage, warum es die Welt gibt und nicht einfach nichts. Die Naturwissenschaft kann darauf keine Antwort mehr geben. Und wenn jemand aus der unbezweifelbaren Tatsache, daß die Welt existiert, auf eine Ursache für diese Existenz schließen will, dann widerspricht diese Annahme unserer wissenschaftlichen Erkenntnis in keinem einzigen Punkt. Kein Wissenschaftler verfügt auch nur über ein einziges Argument oder irgendein Faktum, mit dem er einer solchen Annahme widersprechen könnte. Auch dann nicht, wenn es sich dabei um eine Ursache handelt, die – wie sollte es anders sein – offensichtlich außerhalb dieser unserer dreidimensionalen Welt zu suchen ist.»[27]

Diese Aussage ist ein ehrliches Eingeständnis der Tatsache, daß die Antwort anderswo als in der Wissenschaft zu suchen ist, aber deshalb keineswegs von geringerem Gewicht sein muß. So wenden wir uns denn wieder der Mystik zu, die uns lehrt, daß die Vollkommenheit des Göttlichen erst dann seine Erfüllung erreichen und zu ihrem Sinn finden kann, wenn sie sich selber als solche erkennt und bestätigt. Mit anderen Worten: Das Göttliche muß sich in sein eigenes Angesicht schauen können, um festzustellen, daß es tatsächlich die höchste Vollkommenheit ist. Man könnte auch mit Christian Morgenstern sagen: «Die Welt ist Gottes Weg zu seiner Schönheit.»[28]

Um der Selbsterkenntnis willen existiert das Göttliche nicht nur in seinem Aspekt des Absoluten, sondern auch in seinem Aspekt des höchsten Wesens. Und wenn das Absolute das Göttliche in seiner endlos ruhenden Form ist, jenseits von allen Eigenschaften und Tätigkeiten, so ist das höchste Wesen das Göttliche als wirkender Gott, aus dem schließlich die Schöpfung als zwingende Konsequenz hervorgeht. Um zu unserem Bild zurückzukehren: Es ist das höchste Wesen, das in sein eigenes Antlitz schauen will, um seine Vollkommenheit festzustellen. Dazu bedarf es eines Spiegels, und dieser Spiegel ist die Schöpfung.

Gott braucht diesen Spiegel so, wie der Mensch einen Spiegel oder eine glatte Wasseroberfläche braucht, um sein eigenes Antlitz zu erkennen, von dessen Aussehen er sonst nie Kenntnis erlangen könnte. Der Zen-Gelehrte D. T. Suzuki drückt diese Wahrheit so aus: «Das absolute Ich bringt das relative Ich hervor, um sich in ihm, dem relativen Ich, gespiegelt zu sehen. Das absolute Ich, solange es absolut bleibt, verfügt über keine Mittel, sich zur Geltung zu bringen, sich zu manifestieren, all seine Möglichkeiten auszuspielen.»[29]

Eigentlich hat Gott vor der Schöpfung noch keinen Namen, wie Laotse sagt; erst durch die Selbsterkenntnis in der Schöpfung erhält er seinen wahren Namen. Meister Eckhart, der die extremen Formulierungen liebt, geht sogar so weit zu sagen, daß Gott erst durch die Schöpfung zu Gott wird.

Das Tao als ewiges hat keinen Namen.
Wenn es anfängt, sich zu gestalten,
dann erst gibt es Namen.

Laotse: Taoteking[30]

Gott in der Erkenntnis seiner selbst erkennt sich als Selben in ihm selber.

Meister Eckhart: Predigten[31]

Denn ehe die Kreaturen waren, war Gott noch nicht «Gott»: Er war vielmehr, was er war. Als die Kreaturen wurden und sie ihr geschaffenes Sein empfingen, da war Gott nicht in sich selber Gott, sondern in den Kreaturen war er Gott.

Meister Eckhart: Predigten[32]

Gott hat nicht die Creation erboren, daß er dadurch vollkommen würde, sondern zu seiner Selbstoffenbarung als zur großen Freude und Herrlichkeit. Nicht, daß solche Freude erst mit der Creation habe angefangen, nein, sie ist von Ewigkeit im großen Mysterio gewesen, aber nur als ein geistlich Spiel in sich selber.

Jakob Böhme: De Signatura Rerum[33]

Ich sehe Dein Antlitz, Herr,
in Deiner Schöpfung.

Inayat Khan: Aphorismen[34]

Die Schöpfung als göttlicher Akt der Selbsterkenntnis ist aufs engste
mit dem göttlichen Gesetz der Liebe verknüpft, ja der Schöpfungsakt ist
nichts anderes als *der* Akt der göttlichen Liebe. Und wenn die Eigenliebe des Menschen nicht grundsätzlich verwerflich ist, sondern sogar
eine gewisse Notwendigkeit besitzt, aber nichtsdestoweniger auch die
Möglichkeit der Entartung in allerlei Untugenden in sich birgt, ist die
Eigenliebe Gottes das Höchste und Heiligste, denn Gott ist – wie wir
gesehen haben – selber die Liebe, und aus Liebe zur göttlichen Vollkommenheit will – muß! – Gott sich im Spiegel der Schöpfung erblik-
ken. Dieser Akt ist deshalb zwingend, weil er der göttlichen Liebe
entspringt, die ein unumstößliches, unbedingtes Gesetz ist.

Aus Liebe schuf Er das All.

Meister Eckhart: Predigten[35]

Wir müssen die ganze Welt in Liebe erfassen, denn aus der Liebe
wird sie geboren, die Liebe erhält sie und nimmt sie wieder in ihren
Schoß zurück.

Rabindranath Tagore: Sadhana[36]

Freiheit und Gebundenheit sind in der Liebe keine Gegensätze.
Denn die Liebe ist frei und gebunden zugleich. Wenn Gott nur frei
wäre, gäbe es keine Schöpfung. Der Unendliche hat sich in das Geheimnis der Endlichkeit gehüllt, Endliches und Unendliches sind in
Ihm, der die Liebe ist, eins geworden.

Rabindranath Tagore: Sadhana[37]

Der Schöpfungsakt steht nicht nur in engster Beziehung zum göttlichen
Gesetz der Liebe, sondern ist auch von der Existenz der drei göttlichen
Prinzipien (Ewig-Männliches, Ewig-Weibliches und Logos) direkt ab-
hängig. Die Schöpfung entspringt nämlich nicht einfach dem höchsten
Wesen, sondern – wie schon erwähnt – einem seiner Prinzipien, dem
Logos.

Der Werkmeister hat die ganze Welt nicht mit Händen gemacht, sondern durch das Wort; deshalb betrachte denselben als gegenwärtig und allezeit seiend und alles machend und als denjenigen, der allein der einzige ist, welcher durch seinen Willen die Dinge gebaut hat.

Hermes Trismegistos: Die 17 Bücher[38]

Gott meiner Väter und Herr des Erbarmens, der du das All durch dein Wort geschaffen hast.

Salomo: Buch der Weisheit[39]

Alle Dinge sind durch dasselbe (das Wort) gemacht, und ohne dasselbe ist nichts gemacht, was gemacht ist.

Johannes-Evangelium[40]

Denn die Monas hat den Logos des Urgrundes und zeugt die ihr angemessene Vielheit.

Proklus: Initia Theologiae[41]

Denn in Ihm (Christus, d. h. dem Logos) ist alles erschaffen, und Er ist vor allem, und alles in Ihm, und was sonst noch die heiligen Zeugnisse sagen.

Nikolaus von Cues: Wissendes Nichtwissen[42]

Der Logos ist also das schöpferische Prinzip, das für die «Herstellung» des Spiegels, in dem Gott sich selber erkennen will, verantwortlich ist. Dazu mußte der Logos aber selber auch aus der göttlichen Einheit entstehen; das bedeutet, daß die göttliche Dreieinigkeit aus einem Gottwerdungsprozeß hervorgeht, den man als Entfaltung Gottes bezeichnen könnte. Wir wollen in diesem Zusammenhang nochmals auf die schon zitierte Stelle aus dem Taoteking verweisen:

Das Tao erzeugt die Eins,
Die Eins erzeugt die Zwei,
Die Zwei erzeugt die Drei,
Die Drei erzeugt alle Dinge.

Laotse: Taoteking[43]

Auch bei christlichen Mystikern finden wir Aussagen zu diesem göttlichen Entfaltungsprozeß:

> Daß aber so mancherlei Formung in ihm (Gott) ist, das macht seine ewige Geburt, welche erstlich ist dreifächig, und aus derselben Dreiheit gebäret sie sich in unendlich oder in unermeßlich.
>
> Jakob Böhme: Aurora[44]

> Was tat Gott vor der Zeit in seinem ew'gen Thron?
> Er liebete sich selbst und zeugte seinen Sohn.
>
> Angelus Silesius: Der Cherubinische Wandersmann[45]

Das Wunder der Schöpfung ist unendlich groß: Gott ist die Liebe und muß sich selber erkennen, um diese Liebe zum Tragen zu bringen, wozu er der Schöpfung bedarf. Dieser Vorgang – ein dreifacher Liebesakt – nimmt seinen Anfang über die drei göttlichen Prinzipien. Zuerst muß Gott die Vollkommenheit der Einheit aufgeben, und sich in die Polarität des Ewig-Männlichen und Ewig-Weiblichen aufteilen; dieser Liebesakt besteht demzufolge in einem Opfer, und wir erkennen darin die uralte Wahrheit, daß einer der höchsten Wesenszüge der wahrhaftigen Liebe das Opfer ist.

Die zwei entgegengesetzten Prinzipien ziehen sich wieder an und streben zur Einswerdung und Zeugung eines Dritten, eines göttlichen Kindes, des Logos; das Urbild der menschlichen Gattenliebe ist damit vorgegeben, und dadurch verstehen wir den eigentlichen Sinn der Ebenbildlichkeit von Gott und Mensch.

In einem dritten Liebesakt schöpft der Logos die Welt, um die Selbsterkenntnis Gottes zu ermöglichen; hier haben wir es mit dem Liebesakt als Erkenntnisvorgang zu tun, eine ebenfalls von vielen Denkern wie etwa Leonardo da Vinci, Giordano Bruno, Pascal und Goethe verkündete Wahrheit; und Augustinus sagt: «*Tantum cognoscitur, quantum diligitur*» (Wir erkennen soviel, wie wir lieben), was auch für Gott gilt.

An dieser Stelle scheint es erforderlich, einmal mehr darauf hinzuweisen, daß Vorgänge im Schoße des Mysterium divinum außerhalb der Zeitlichkeit zu verstehen sind, auch wenn sie für uns nur als zeitliche, kausal bedingte Abläufe anschaulich sein können. So besteht das Göttliche in seinem Aspekt als Absolutes gleichzeitig mit dem Aspekt des höchsten Wesens, das allein dem Entfaltungsprozeß als Folge des Liebes- bzw. Selbsterkenntnisaktes unterliegt; und ebenso besteht die Einheit des höchsten Wesens gleichzeitig mit der Dreifaltigkeit, aus welcher schließlich durch den Logos die Schöpfung hervorgeht. Dabei ist der Begriff «Gleichzeitigkeit» aus der Physik entlehnt und gilt bekanntermaßen nur für unser Universum (mit allen Einsteinschen Einschränkungen), während die göttliche Gleichzeitigkeit ein zwar unanschaulicher, aber unentbehrlicher transzendentaler Begriff ist.

Natürlich ist mit diesen auf der Mystik basierenden Ausführungen das Geheimnis der Schöpfung mehr angedeutet als gelüftet, doch dürfte klar geworden sein, daß sie von einem unendlich tiefen Sinn im Rahmen des göttlichen Willens und Wirkens getragen wird.

Gottes Selbsterkenntnis mit Hilfe der Schöpfung ist ein sowohl großartiger wie auch höchst komplexer Prozeß, um dessen Verständnis sich die Mystiker aller Zeiten bemüht haben; wir werden im zweiten und dritten Teil dieses Buches noch näher darauf eingehen. Bis hierher haben wir aus der mystischen Wahrheit in groben Zügen etwas über Ziel und Zweck der Schöpfung erfahren. Wir wissen auch bereits, daß die Schöpfung geistige und materielle Elemente («Himmel und Erde») enthält. Obwohl Gott diese Schöpfung aus einem Teil seiner selbst erschaffen hat, ist sie nicht mehr göttlich im eigentlichen Sinn; sie trägt nicht mehr die Züge der göttlichen Vollkommenheit. Die Mystik lehrt uns nun, daß die Schöpfung zur Erfüllung ihrer Aufgabe noch einer Komponente bedarf, die das reine, unbefleckte, vollkommene Göttliche darstellt und überall in der Schöpfung als meist verborgener göttlicher Keim integriert ist. Wir haben diesen Keim als das Selbst kennengelernt. Gott hat also die Schöpfung durch die billionenfache Verteilung seiner reinen Lichtfunken vervollständigt und ist damit jederzeit und überall in der Schöpfung präsent.

Im Herzen aller Dinge, in jeglichem, was im Weltall ist, wohnt Brahman (als Atman, d. h. als das Selbst).

Ischa-Upanischad[46]

Da Es (das Brahman) sich selbst erkannte, wurde es zum Selbst in allen Wesen.

Brihadaranyaka-Upanischad[47]

Aus dieser Textstelle in der Brihadaranyaka-Upanischad erhellt, daß das mit der Schöpfung verwobene Selbst für die göttliche Selbsterkenntnis eine entscheidende Rolle spielt.

Denkt immer daran: als Bewußtsein durchdringt Er die ganze belebte und unbelebte Schöpfung.

Ramakrischna: Worte[48]

Hier klingt an, daß der Atman die Funktion des göttlichen Selbstbewußtseins ausübt und gleichzeitig auch das höchste menschliche Bewußtsein darstellt.

Bin Ich es nicht, der Himmel und Erde erfüllt? spricht der Herr.

Jeremia[49]

Gott ist in allen Dingen. Denn wir sehen und erfahren wohl, daß ein «Sein» in allem ist. Gott aber ist das wahre Sein. Darum muß Gott in allem sein, nach Macht und Gegenwart und Wesen ungeteilt, als Schöpfung und Erhalter ihres Seins. Und Gott ist doch *über* allen Dingen und wird nimmer von einem berührt, in sich selber gründend, und sein Grund ist aller Kreaturen Halt.

Meister Eckhart: Predigten[50]

Es wird nun die Aufgabe der nächsten Kapitel sein, zu zeigen, was uns die Mystik über die bedeutungs- und geheimnisvollen Vorgänge bezüglich des göttlichen Selbsterkenntnisaktes zu sagen hat.

TEIL ZWEI

DAS WESEN DER SCHÖPFUNG

Alles Vergängliche
ist nur ein Gleichnis.

Johann Wolfgang Goethe: Faust II

9. Das All

Das All ist eine Schöpfung Gottes. Was das All trägt und bewegt, mit anderen Worten, sein Wesen und sein Hintergrund sind daher erwartungsgemäß auch Gegenstand der mystischen Erkenntnis. Natürlich beansprucht die Naturwissenschaft die fachliche Zuständigkeit bezüglich der Erkenntnis der Gesetzmäßigkeiten, die das All beherrschen. Die Mystik will der Wissenschaft diesen Anspruch keineswegs streitig machen; sie setzt vielmehr erst dort ein, wo die Wissenschaft definitiv an ihre Grenzen stößt, und daß diese Grenzen existieren, wird heute von der großen Mehrheit der Wissenschaftler, vor allem von vielen gerade der bedeutendsten, nicht mehr abgestritten.

Es mag sicher noch welche geben, die aus einer vermeintlichen Überlegenheit heraus verkünden, sie bräuchten keinen Gott, um das Universum zu erklären. Man wäre versucht, dem entgegenzuhalten, daß mit viel größerer Wahrscheinlichkeit Gott keine Wissenschaftler braucht, um das Universum zu erschaffen, zu erhalten und seinem Zweck zuzuführen. Es ist indessen fruchtbarer, scheinbare Gegensätzlichkeiten zwischen der mystischen und der wissenschaftlichen Erkenntnis aus dem Weg zu räumen und die Beiträge beider Seiten zur Erhellung der Wunder der Schöpfung gebührend zu würdigen. In erster Linie handelt es sich aber darum, die Bereiche abzustecken und sich darüber klarzuwerden, von welcher Seite wir kompetente Antworten auf bestimmte Fragen zum Rätsel des Alls zu erwarten haben. Einer der markantesten Sätze im *Tractatus logico-philosophicus* von Ludwig Wittgenstein lautet: «Nicht *wie* die Welt ist, ist das Mystische, sondern *daß* sie ist.»[1] Daraus kann unschwer abgeleitet werden, daß die Naturwissenschaft sich mit den im All waltenden Naturgesetzen zu befassen hat, während wir erwarten dürfen, durch die Mystik etwas über jene Gesetze zu erfahren, die hinter den Naturgesetzen stehen und aus denen die Naturgesetze hervorgegangen sind.

Wir haben im Kapitel über «die Entfaltung Gottes» gesehen, welches die auslösenden Faktoren für die Erschaffung des Universums waren beziehungsweise sind und warum Gott einer Schöpfung bedarf. Es wurde festgestellt, daß einerseits die Schöpfung aus Gott, genauer aus dem göttlichen Logos-Prinzip hervorgegangen ist, und daß diese andererseits auch das reine Göttliche in Form des Selbst enthält. Dieses Bild kann dahingehend vervollständigt werden, daß das All von Gott getragen wird oder – anders ausgedrückt – in Gott eingebettet ist. Auf die Frage der Naturforscher der Antike und des Mittelalters «Was ist jenseits der Welt – was ist hinter dem ‹Weltrand›?» müßte man daher antworten: Gott. «Über», «unter», «um» das Universum ist Gott. Wir wissen aus der Physik, daß das Universum zwar unbegrenzt, aber endlich ist. Hinter dieser Endlichkeit kommt die Unendlichkeit – Gott.

Das ganze Weltall ist hervorgegangen einst aus Brahman, lebt in Brahman.

Katha-Upanischad[2]

Erfüllt von Brahman ist, was rings wir sehen,
Erfüllt von Brahman, was uns unsichtbar,
Aus Brahman flutet alles, was besteht,
Aus Ihm entströmt's – doch bleibt Es, was Es ist.

Ischa-Upanischad[3]

Der Herr erhält das Weltall, das aus Vergänglichem und Unvergänglichem, aus Offenbartem und Unoffenbartem besteht.

Svetasvatara-Upanischad[4]

Durch Mich ist ausgespannt dies All, die Welt – unsichtbar bin Ich selbst.

Krischna: Bhagavadgita[5]

Wie ein Tuch, das aus Längs- und Querfäden gewebt ist, wird das gesamte Universum in seiner ganzen Länge und Breite von verschiedenen Energien der höchsten Persönlichkeit Gottes durchzogen.

Srimad-Bhagavatam[6]

Aus diesem Zitat erhellt, daß die uns bekannten Energien der physikalischen Welt letztlich von göttlichen Energien abgeleitet sind.

(Der Allgeist spricht:) Alle Dinge sind in Gott.

Hermes Trismegistos: Die 17 Bücher[7]

Wahrlich, es ist nur Ein Gott. Er ist alles in Allem, und in Ihm bestehen alle Dinge, die Quelle alles Lebens, ohne Anfang und ohne Ende.

Jesus Christus: Evangelium des vollkommenen Lebens[8]

Denn in Ihm (Christus, d. h. dem Logos) ist alles geschaffen, was im Himmel und auf Erden ist, das Sichtbare und das Unsichtbare, es seien Throne oder Herrschaften oder Reiche oder Gewalten; es ist alles durch Ihn und zu Ihm geschaffen. Und Er ist vor allem, und es besteht alles in Ihm.

Paulus: Der Brief an die Kolosser[9]

Er (Gott) hält das ganze Universum zusammen, Er umfängt es, Er gründet das All in sich selbst und hält es umschlossen.

Dionysios Areopagita: Die Namen Gottes[10]

Wenn schon das All in Gott existiert, so gilt das in ganz besonderem Maße für die darin lebenden Geschöpfe (auf unserer Erde, und wo immer es solche noch geben mag).

Alle Geschöpfe leben in Gott, und Gott ist in ihnen verborgen.

Jesus Christus: Evangelium des vollkommenen Lebens[11]

Dieses Christus-Wort enthält auch den Hinweis auf das in den Geschöpfen existierende Selbst!

In Gott lebt, schwebt und regt sich alle Kreatur;
Ist's wahr, was fragst du dann erst nach der Himmelspur?

Angelus Silesius: Der Cherubinische Wandersmann[12]

Die Kreatur ist mehr in Gotte denn in ihr.
Zerwird sie, bleibt sie doch in Ihme für und für.

Angelus Silesius: Der Cherubinische Wandersmann[13]

Nicht nur der Mensch ist in gewisser Beziehung nach dem Ebenbild Gottes geschaffen; auch das Universum als Ganzes trägt Züge dieser Ebenbildlichkeit. So wie der das Universum umhüllende Gott «außen» ist, so ist die Welt in ihm «innen» und ihm gleich.

Die ganze untere Welt ist nach dem Vorbild der oberen Welt gemacht. Alles, was in der oberen Welt existiert, erscheint uns hier unten wie in einem Abbilde, und doch ist beides dasselbe.

Sefer ha Sohar[14]

Was innen ist, das ist außen, was außen ist, das ist auch innen.

Katha-Upanischad[15]

So wie oben, so auch unten. So wie es innen ist, so auch außen. Wie zur Rechten, so auch zur Linken. Wie es vorne ist, so ist es hinten. So mit dem Großen wie mit dem Kleinen.

Jesus Christus: Evangelium des vollkommenen Lebens[16]

So bin ich denn zu dem, was über allem Meinem ist, emporgestiegen – und sieh, auch über diesem war das hohe Wort. Und unterhalb des Meinen stieg ich forschend nieder – auch unten habe ich es getroffen. Und schaute ich nach außen, fand ich's außerhalb von allem, was mir außen ist – und suche ich innen, ist es innen auch.

Bernhard von Clairvaux: Predigten[17]

Die Schöpfung enthält neben der materiellen Welt auch eine geistige Welt, welche die Gesamtheit aller Elemente umfaßt, die nicht dem physikalischen Universum (mit den Bausteinen der Materie und den physikalischen Energien) zugerechnet werden können. In der Regel wird der Begriff «Geist» als ein auf den Menschen bezogenes Phänomen aufgefaßt, mag es sich dabei um den individuellen Geist des einzelnen, um den kollektiven Geist größerer Gemeinschaften oder um den in den abgeschlossenen geistigen Schöpfungen des Menschen objektivierten Geist handeln.

In der Mystik übersteigt die Vorstellung von Geist diese Grenzen; sie kennt einen vom Menschen und von jedem irdischen Träger unabhängig existierenden Geist. Dies ist übrigens auch die Auffassung verschiedener philosophischer Schulen; so spricht zum Beispiel Hegel in diesem Sinn von einem absoluten Geist. Ferner ist in vielen heiligen Schriften vom Geist Gottes die Rede. Für die Mystiker (wie auch in den Glaubenslehren vieler Religionen) hat der Geist, wohl vor allem wegen seiner «Unvergänglichkeit» und seinem direkteren Bezug zum Göttlichen, das absolute Primat über die Materie. In der Genesis der Bibel wird die Zweiheit von materieller und geistiger Welt mit den Symbolen «Erde» und «Himmel» bezeichnet. Beim Ausdruck «Himmel» handelt es sich in diesem Zusammenhang ohne Zweifel weder um einen astrophysikalischen Begriff noch um eine Umschreibung des Paradieses. In ähnlichem Sinn erscheint der «Himmel» auch im Taoismus. Übrigens spiegelt die auf der geistigen und materiellen Welt basierende Dualität der Schöpfung das ewig-männliche und ewig-weibliche Prinzip des höchsten Wesens wider und weist damit auf die Ebenbildlichkeit von Gott und Schöpfung hin.

Im Anfang schuf Gott Himmel und Erde.

Mose: Das erste Buch[18]

Was vom Fleisch geboren wird, das ist Fleisch; und was vom Geist geboren wird, das ist Geist.

Jesus Christus: Johannes-Evangelium[19]

Der Geist ist es, der da lebendig macht...

Jesus Christus: Evangelium des vollkommenen Lebens[20]

In Ihm (Brahman) haben die drei Welten ihr Bestehen.

Katha-Upanischad[21]

So ist das Tao groß, der Himmel groß, die Erde groß,
und auch der Mensch ist groß.
Vier Große gibt es im Raume.
Und der Mensch ist auch darunter.
Der Mensch richtet sich nach der Erde.
Die Erde richtet sich nach dem Himmel.
Der Himmel richtet sich nach dem Tao.
Das Tao richtet sich nach sich selber.

Laotse: Taoteking[22]

Es fällt sofort auf, daß in der Katha-Upanischad und – indirekt – auch im Taoteking von drei Welten gesprochen wird. Laotse nennt neben Himmel und Erde auch die Menschenwelt als eigene Welt. In der Tat partizipiert zwar der Mensch an Himmel und Erde, doch bildet er zugleich aufgrund seiner Psyche, die weder mit dem Körper noch mit dem Geist gleichgesetzt werden darf, ein eigenes Element, das die Menschenwelt kennzeichnet. Die Schöpfung stellt infolgedessen eine Trinität von Welten dar, wodurch ihre Ebenbildlichkeit mit Gott eine letzte Abrundung erfährt.

Die Existenz des Geistes wird übrigens von den Naturwissenschaftlern der heutigen Zeit nicht mehr bestritten. So sagt der Physiker Jean E. Charon in seinem Buch mit dem bezeichnenden Titel *Der Geist der Materie*: «Überall, im gesamten Universum, konstatieren wir die Existenz einer fundamentalen Größe, die imstande ist, einen Gedanken im Raum entstehen zu lassen, etwa so, wie ein Elektron ein elektrisches Feld entstehen läßt.»[23] Und René Oth charakterisiert die Anschauung der modernen, neognostisch orientierten Physiker wie folgt: «Für den Neognostiker ist das Universum in seiner Gesamtheit und Einheit auch Geist: Es ist sich seiner selbst bewußt, ist also nicht ‹blind›, weil es aus sich selbst bewußten Formen und aus Wechselwirkungen dieser Formen gebildet ist, die sich durch gegenseitige Information ständig bereichern. Das Universum, dessen Bewußtsein Form und Information zugleich ist, stellt demnach einen großen kosmischen Organismus dar, der wie ein lebendes Wesen pulsiert, erweist sich als ein geistiges Phänomen, das auch die menschliche Existenz umschließt und das irdische Leben, nicht nur das körperliche, mit den Tiefen des Weltalls verbindet.»[24]

Wir haben gesehen, daß die göttliche Trinität eine Dreiheit in der Einheit ist. Infolge der Ebenbildlichkeit zwischen dem Schöpfer und seiner Schöpfung kann erwartet werden, daß die «drei Welten» – jede mit ihrer unermeßlichen Vielfalt – letztlich wieder eine Einheit darstellen. Sie bilden in der Tat ein harmonisches Ganzes, das einem einzigen Urbild untergeordnet ist und einem einzigen Leitgedanken folgt.

Trotz der Größe der sichtbaren und unsichtbaren Welt vollziehen sich ihre Wandlungen doch im Gleichgewicht; trotz der Vielheit der Einzeldinge unterstehen sie doch *einer* durchgehenden Ordnung; trotz der Menge der Einzelmenschen unterstehen sie doch *einem* Herrn.

Dschuang Dsi: Das wahre Buch vom südlichen Blütenland[25]

Alles was an Einem teilhat, und auch jedes beliebige Stück von ihm ist *Alles und Eines.*

Plotinos: Enneaden[26]

Jede Vielheit hat auf irgendeine Weise Anteil am Einen. Denn wenn sie auf keinerlei Weise Anteil am Einen hätte, so würde das Ganze selbst kein Eines sein.

Proklus: Initia Theologiae[27]

Die im All sich ereignenden Geschehnisse laufen nach unserem Empfinden in der Zeit ab, sowohl in der materiellen, wie in der psychischen und in der geistigen Welt. Was aber ist «Zeit»? Die Wissenschaft tut sich schwer, diesen Begriff zu definieren, und eine befriedigende Lösung des Rätsels Zeit steht noch aus. Obwohl heute eine eigene Forschungsrichtung sich dem Zeitproblem widmet, erscheint eine einfache und definitive Charakterisierung dieses Phänomens als fraglich. Für die moderne Physik ist klar, daß es eine objektive Zeit nicht gibt; für sie ist sie lediglich eine Koordinate im sogenannten vierdimensionalen Riemannschen Kontinuum, das eine hilfreiche Konstruktion, aber völlig unanschaulich ist. Für die Mystik ist die Zeit zwar ebenfalls etwas Unanschauliches, aber nichtsdestoweniger außerordentlich Bedeutsames. Die Zeit steht in einem gewissen Gegensatz zur Ewigkeit, welche bekanntlich dem Göttlichen zukommt, während die Zeit an das All gebunden ist.

(Der Allgeist spricht:) Gott macht die Ewigkeit, die Ewigkeit macht die Welt, die Welt macht die Zeit, die Zeit macht die Geburt.

Hermes Trismegistos: Die 17 Bücher[28]

Gott ist ewig und für ihn ist die Zeit ein «Nun», wie sich Meister Eckhart ausdrückt. Nach dem Verständnis der Mystik koexistieren also Zeit und Ewigkeit – wieder ein mystisches Paradoxon.

Weil sich Gott immer in einem gleichzeitig ewigen und gegenwärtigen Zustand befindet, verweilt Sein jede Bewegung der Zeit überragendes Wissen in der Einfalt Seiner Gegenwart und, die unendlichen Räume des Vergangenen und Zukünftigen umfassend, betrachtet alle Dinge als ob sie in Seiner einfachen Erkenntnis schon geschähen.

Boethius: Trost der Philosophie[29]

Gott erschafft die Welt und alle Dinge in einem gegenwärtigen *Nun*, und die Zeit, die da vergangen ist vor tausend Jahren, die ist Gott ebenso gegenwärtig und ebenso nahe wie die Zeit, die jetzt ist.

Meister Eckhart: Predigten[30]

Nehme ich ein Stück Zeit, so ist das weder der heutige Tag noch der gestrige Tag. Nehme ich aber das *Nun*, so begreift das alle Zeit in sich. Das *Nun*, in dem Gott die Welt erschuf, ist dieser Zeit so nahe wie das *Nun*, in dem ich jetzt spreche, und der Jüngste Tag ist diesem *Nun* so nahe wie der Tag, der gestern war.

Meister Eckhart: Predigten[31]

Zeit ist wie Ewigkeit und Ewigkeit wie Zeit,
So du nur selber nicht machst einen Unterscheid.

Angelus Silesius: Der Cherubinische Wandersmann[32]

Dort in der Ewigkeit geschiehet alls zugleich,
es ist kein Vor noch Nach, wie hier im Zeitenreich.

Angelus Silesius: Der Cherubinische Wandersmann[33]

Wenn die Schöpfung der Selbsterkenntnis Gottes dient und aus der Liebe entspringt, die Er selber ist, und daher ewig dauert, dann müßten die Schöpfung und damit das All ebenfalls ewig dauern. Nun wissen wir aber aus der Physik, daß das Universum irgendwann einmal begonnen haben muß, ob nun sein Anfang der berühmte Urknall gewesen ist oder irgendein anderes Ereignis; und alles deutet darauf hin, daß es auch einmal enden wird, wobei das «Wie» vorläufig noch unklarer ist als jenes des Weltbeginns. Das All scheint also einer zeitlichen Begrenzung zu unterliegen, was auch die Mystiker bestätigen – Aurobindo zudem unter dem Hinweis, daß diese Zeitlichkeit im Licht des ewigen göttlichen Schöpfungswillens ein Paradox darstellt.

Himmel und Erde werden vergehen; meine Worte aber werden nicht vergehen.

Jesus Christus: Markus-Evangelium[34]

Die Dinge, welche sichtbar sind und vergehen, sind die Verkörperungen des Unsichtbaren, das ewig ist, auf daß ihr von den sichtbaren Dingen der Natur zu den unsichtbaren Dingen der Gottheit gelanget. Und daß ihr durch das Natürliche zu dem Übernatürlichen gelanget.

Jesus Christus: Evangelium des vollkommenen Lebens[35]

... Darin zu bleiben, solange die Himmel und die Erde dauern, es sei denn, daß dein Herr es anders will.

Mohammed: Koran[36]

Weil dies zeitliche Universum ein Paradox und eine Unmöglichkeit war, erschuf es der Ewige aus Seinem Wesen.

Aurobindo: Gedanken und Aphorismen[37]

Es ist nicht auszuschließen, daß unser Universum nur eine Teilkomponente einer ewigen Schöpfung ist, die wir in ihrer Ganzheit nicht zu erkennen vermögen, oder daß es neben unserem Universum noch andere Universen gibt (die übrigens auch Gegenstand der kosmologischen Spekulation der modernen Physik sind), oder schließlich, daß kontinuierlich ein Universum durch ein anderes abgelöst wird. Die letzte Variante finden wir in verschiedenen Mythologien als Prinzip der ewigen Wiederkehr, wobei das bekannteste Beispiel die durch das Ein- und Ausatmen Brahmas (des Weltenschöpfers, nicht des Brahman, des Absoluten!) hervorgerufene unendliche Weltenfolge der hinduistischen Mythologie ist. Diese kurzen Hinweise mögen zeigen, daß nicht nur das Göttliche, sondern ebenso die Schöpfung ein großes Mysterium bleibt.

Auch innerhalb des uns bekannten Alls ist der Schöpfungsprozeß kontinuierlich, wie wir ebenfalls aus der Physik wissen: Neue Sterne entstehen und andere vergehen, um nur ein Beispiel zu nennen.

Mein Vater wirket bis auf diesen Tag, und ich wirke auch.
Jesus Christus: Johannes-Evangelium[38]

Das «Jetzt» also, in dem Gott die Welt erschaffen, das begreift in sich alle Zeit. Die Zeit, die da vergangen ist vor tausend Jahren, ist Gott so gegenwärtig, wie die Zeit, die jetzt ist. So also schuf Gott, das er immer schafft. Die Schöpfungstat als solche ist vor der Zeit, über der Zeit, ohne Zeit.
Meister Eckhart: Predigten[39]

Die Kontinuität der Schöpfung wird auch in jenem Vorgang sichtbar, den die Wissenschaft als Evolution bezeichnet. Darunter versteht man seit Darwin zunächst die Entwicklungsgeschichte der lebenden Organismen, doch wurde mit der Zeit immer deutlicher, daß das All als Ganzes einem Evolutionsprozeß unterliegt und daß nicht nur die materielle, sondern auch die geistige Welt an diesem Prozeß beteiligt ist. An dieser Stelle drängt sich eine Bemerkung auf: Es gibt immer noch Leute, selbst in wissenschaftlichen Kreisen, welche «Schöpfung» und «Evolution» als unvereinbar betrachten. Wenn unter Schöpfung die biblische Schöpfungsgeschichte verstanden und diese wörtlich aufgefaßt wird, dann besteht freilich ein unüberbrückbarer Gegensatz zu den wissenschaftlich erhärteten Fakten – wie die Kontroverse zwischen Kreativisten und Evolutionisten zeigt. Im Grunde ist jedoch die Evolution ein maßgebender Mechanismus der kontinuierlichen Schöpfung und als solcher auch der Mystik bekannt.

Nun existiert aber doch ein fundamentaler Unterschied zwischen der Ansicht der Mystiker und jener der Evolutionisten alter Prägung. Für die letzteren, die ihre Theorie auf eine materialistisch-mechanistische Weltanschauung stützen, wird der biologische Evolutionsprozeß durch «zufällige Variationen» und anschließende natürliche Auslese oder – später – durch «zufällige» Genmutationen und andere Veränderungen des Genoms bestimmt, während nach dem Verständnis der Mystik dem Evolutionsprozeß ein göttlicher Plan zugrunde liegt. Die fortschreitende wissenschaftliche Erkenntnis hat jedoch die Unzulänglichkeiten der materialistisch orientierten Evolutionstheorie immer deutlicher werden lassen. So schreibt der englische Biologe Gordon R. Taylor in seiner umfassenden kritischen Analyse der Evolutionstheorie *Das Geheimnis der Evolution*: «Beim Studium der Evolution sahen sich viele Wissenschaftler – im besonderen die Paläontologen – gezwungen, das Vorhandensein irgendeiner lenkenden Kraft anzunehmen, und es erschien ihnen unmöglich, die vielen offenbar zweckgerichteten Entwicklungen dem Zufall zuzuschreiben.»[40] Und an anderer Stelle des Buches heißt es: «Die Evolutionisten haben Scheuklappen getragen, weil sie ihre Probleme nach einer zu materialistischen und vereinfachenden Methode zu lösen versuchten. Aber der Trend der Zeit führt weg von den Gewißheiten und dem starren Denken des ausgehenden 19. Jahrhunderts. Auf der ganzen Welt erkennt man nun mehr und mehr, daß das Leben komplexer und auch geheimnisvoller ist, als wir vermutet hatten. Die Wahrscheinlichkeit, daß manches niemals verstanden werden wird, erscheint nicht mehr so beängstigend wie früher einmal. Die Wahrscheinlichkeit, daß im Universum Kräfte am Werk sind, von denen wir noch kaum eine Ahnung haben, ist nicht mehr zu phantastisch, um in Betracht gezogen zu werden...[41] Heute ist jedoch der Versuch, den Darwinismus als das etablierte, gegen jede Kritik gefeite Dogma hinzustellen, zum Scheitern verurteilt.»[42] «Der große Physiker Walter Heitler, der Begründer der wellenmechanischen Theorie der chemischen Bindung, hat die (mit der materialistischen Evolutionstheorie eng verknüpften und auch auf der Annahme des Zufalles beruhenden) Selbstorganisationshypothesen mit einfachen, jedem einsehbaren Schlüssen der Kernlogik ad absurdum geführt», schreibt und belegt der Basler Professor für physikalische Chemie, Max Thürkauf[43], und René Oth stellt fest: «Die nach und nach erkennbar werdende gesetzliche Dynamik des Kosmos läßt auf einen wirklichen Plan schließen, nach dem das physikalische Geschehen abläuft, auf eine innere Gestalt, eine alles bestimmende Struktur, die der gläubige Mensch als das Wirken des lebendigen Gottes versteht.»[44]

Die sich auf die Evolution beziehende mystische Wahrheit beinhaltet – wie nicht anders zu erwarten – auch Aussagen über deren Zweck und Ziel:

Siehe, jedes Geschöpf, welches Gott erschaffen hat, hat seinen Sinn und Zweck.

Jesus Christus: Evangelium des vollkommenen Lebens[45]

Denn durch Verwicklung und Entwicklung wird die Erlösung der Welt vollendet werden durch das Herabsteigen des Geistes in den Stoff und das Emporsteigen des Stoffes in den Geist, durch alle Zeiten.

Jesus Christus: Evangelium des vollkommenen Lebens[46]

Jede Ordnung beginnt bei der Einheit und geht in die Vielheit, und die Vielheit jeder Ordnung wird zu einer Einheit hingeführt.

Proklus: Initia Theologiae[47]

Diese irdische Welt ist eine Karawanserei auf dem Wege zu Gott.

Al-Ghasali: Das Elixier der Glückseligkeit[48]

Vom Turkestan des Jenseits kam ein Trupp von schönen Türken
Ins Hindustan aus Erdenlehm auf den Befehl des Fürsten.

Dschelaleddin Rumi: Diwan[49]

Durch alle Vielgestaltigkeit der Welt tastet das Eine in uns sich mühsam seinen Weg zu dem Einen im All; das ist seine Natur und seine Freude.

Rabindranath Tagore: Sadhana[50]

Offensichtlich verfolgt die Evolution das Ziel, an der Selbsterkenntnis Gottes durch die Schöpfung mitzuwirken, indem das unvollkommene All und die darin lebenden unvollkommenen Geschöpfe, vorab der noch sehr unvollkommene Mensch, im Sinne eines stetigen Verbesserungsprozesses auf ein immer höheres Niveau gehoben werden und der tief in die Materie eingebundene Geist sich mehr und mehr durchsetzen und dem Göttlichen zustreben soll. So gesehen ist die Evolution der materiellen Welt eine Folge der vorausgegangenen Involution des Geistes in die Materie. In bezug auf den Menschen ist die im Anfang seiner Entwicklung stattgefundene Involution des Geistes in der Bibel symbolisch wie folgt dargestellt:

Da machte Gott, der Herr, den Menschen aus Erde vom Acker und blies ihm den Odem des Lebens in seine Nase.

Mose: Das erste Buch[51]

Die Evolution des Alls ist bemerkenswerterweise auch von der Naturwissenschaft als Prozeß der Vergeistigung und des Hinsteuerns auf das Göttliche aufgefaßt worden. Schon Newton schreibt: «Diese Natur bewegt sich unaufhaltsam auf ihr Endziel zu, wo sie zum Stillstand kommen wird; denn vom Ursprung der Welt an war sie dazu vorherbestimmt, sich im Laufe ihrer Existenz zu verbessern.»[52] René Oth stellt fest, daß auch die neognostische Physik diesen Standpunkt wieder einnimmt: «Die Vorstellung einer stufenweisen Emanation des Göttlichen, von Mittelwesen, die zwischen Gott und den Menschen stehen, und von der endlichen Rückkehr alles Seienden in den göttlichen Urgrund zieht sich wie einen Leitfaden durch die neue Gnosis.»[53] Und Hoimar von Ditfurth schreibt: «Aber sagen läßt sich immerhin, daß Evolution jenem Geist, der aus dieser Welt selbst nicht überzeugend abzuleiten ist, in diese Welt offensichtlich in zunehmendem Maße Eingang verschafft. Daß Evolution folglich als ein Entwicklungsprozeß beschrieben werden könnte, in dessen Verlauf der Kosmos mit jenem geistigen Prinzip zu verschmelzen begonnen hat, das die Voraussetzung für seine Entstehung gewesen ist und für die Ordnung, die sich im Ablauf seiner Geschichte entfaltet. Wir könnten sagen, daß die Geschichte des sich evoluierenden Kosmos die Geschichte dieser Verschmelzung ist ... Das natürliche Ende der Evolution wäre dann identisch mit jenem fernen Augenblick, in dem diese diesseitige Welt und jener jenseitige Geist völlig ineinander aufgegangen sein werden.»[54] Die Wissenschaft verwendet für diesen Vorgang sogar, wie Christus, den Begriff «Erlösung»: «Erlösung in diesem Sinne ist dann nur noch denkbar als Teilnahme an einer Erlösung der Welt als Ganzem, an einer Erlösung des ganzen Kosmos dann, wenn seine Geschichte an ihrem Endpunkt angekommen und der Augenblick der Schöpfung abgeschlossen ist.»[55]

Daß es eine Schöpfung gibt und daß wir ein All erkennen können, wird wohl kaum jemand bestreiten. Ob wir dieses All jedoch «richtig» sehen, ist eine andere Frage, und hier sind Zweifel eher am Platz. Was wir wahrnehmen, ist für uns zunächst Realität, und dieser Bezug zum All ist für das tägliche Leben sicher brauchbar. Die Wissenschaft hat uns aber gezeigt, daß sich die effektive Wirklichkeit des Alls unserer direkten Beobachtung entzieht. Tatsächlich können wir weder die Bausteine der Materie, die subatomaren Elementarteilchen, noch den Großteil der elektromagnetischen Wellen, noch die mannigfachen physikalischen Kraftfelder (das Schwerefeld vielleicht ausgenommen) mit Hilfe unserer Sinnesorgane wahrnehmen. Ebensowenig erkennen wir die wahre Struktur unserer eigenen Psyche mit all ihren bewußten und vor allem unbewußten Inhalten, geschweige denn jene unserer Mitmenschen. Zudem sind die Bestandteile des Alls vergänglich und seine Strukturen in stetem Wandel begriffen; wenn wir mit Mühe einen Zustand erfaßt und verstanden haben, ist der nächste schon wieder anders. Aus diesem Sachverhalt müssen wir schließen, daß das All, so wie wir es zu kennen glauben, im Grunde eine Täuschung ist. Die Wirklichkeit sieht anders aus, und die Mystiker sind nicht müde geworden, dies zu betonen, namentlich die indischen Mystiker, welche die Täuschung durch die Welt als «Maya» bezeichnen. Obwohl Maya existiert, sieht der Mystiker durch Mayas Schleier hindurch stets das Göttliche als die letzte Wirklichkeit, die er unmittelbar erfahren kann.

Denn alles, was verwandelt wird, ist falsch; weil es nicht bleibt in dem, darin es ist, und stellt sich unter Einbildungen immer anders und anders vor.

Hermes Trismegistos: Die 17 Bücher[56]

Darum, was vom Standpunkt des Ichs aus ein Querbalken ist oder ein Längsbalken, Häßlichkeit oder Schönheit, Größe oder Gemeinheit, Übereinstimmung oder Abweichung: Im Tao sind diese Gegensätze aufgehoben in der Einheit. In ihrer Geschiedenheit haben sie ihr Bestehen; durch ihr Bestehen kommen sie zum Vergehen. Alle Dinge, die jenseits sind von Bestehen und Vergehen, kehren zurück zur Aufhebung in der Einheit.

Dschuang Dsi: Das wahre Buch vom südlichen Blütenland[57]

Das Selbst, Der Herr, offenbart sich durch Maya in allen Formen, und wird zu Zehn, zu Tausenden, zu Zahllosen und unendlich Vielen.

Brihadaranyaka-Upanischad[58]

Mein göttlich Scheinbild dieser Welt, darüber kommt man schwer
hinweg!

Krischna: Bhagavadgita[59]

Was außerhalb des Atman wahrgenommen wird und nicht im Atman
wahrgenommen wird, das möge man erkennen als das Atman Maya,
wie Schatten und wie Finsternis.

Srimad-Bhagavatam[60]

Brahman ist wirklich, das Weltall ist unwirklich. Feste Überzeugung,
daß dieses zutrifft, heißt *Unterscheidung* zwischen dem Ewigen und
dem Nicht-Ewigen.

Shankara: Viveka-Chudamami[61]

Maya in ihrem Aspekt der Möglichkeit ist die göttliche Kraft des
Herrn.

Shankara: Viveka-Chudamami[62]

Alles, ihr Mönche, ist vergänglich (*anikka*); alles, ihr Mönche, ist
leidvoll (*dukkha*); alles, ihr Mönche, ist nicht das Selbst (*anatta*).

Gautama Buddha: Samyuttanikaya[63]

Der Erkenntnissuchende muß mit Aufbietung seiner ganzen Urteils-
kraft erfassen, daß alle Naturerscheinungen, seien sie physischer oder
geistiger Art, im Bereich der Scheinwelt (Maya) liegen. Sie sind unwirklich und vergänglich wie Traumbilder.

Ramakrischna: Worte[64]

Man mag die ein stehendes Gewässer bedeckenden Wasserpflanzen
beiseite schieben, so oft man will, sie werden immer wieder an den
alten Platz zurückkehren. So ergeht es uns mit Maya. Gelingt es uns
für einen Augenblick, den Schleier zu lüften, das Sein vom Schein zu
unterscheiden, sofort wird Mayas Schleier von neuem unsere Augen
bedecken, und alles ist wie zuvor.

Ramakrischna: Worte[65]

Wie ich nun sage, die Lernbegierigen erkennen, daß die Philosophie,
die in solcher Beschaffenheit ihre Seele übernimmt, ihr gelinde zu-

spricht und versucht, sie zu lösen, indem sie zeigt, daß alle Betrachtung durch die Augen voll Betrug ist, voll Betrug auch durch die Ohren und die übrigen Sinne.

Platon: Phaidon[66]

. . . so leben auch wir im Vergleich zur künftigen Welt – wir können es nicht leugnen – in einem Schatten der Wahrheit, in einem Vorläufigen.

Bernhard von Clairvaux: Predigten[67]

Im Garten sind tausend Entzückende fein
Und Rosen und Veilchen mit Düften so rein,
Und rinnendes, plätscherndes Wasser im Fluß –
Dies alles ist Vorwand: Er ist allein!

Dschelaleddin Rumi: Ruba'Iyat[68]

Ach Tor du! – wenn wir sterben, wird dies bestätigt werden:
Ein Traum war, was wir sahen; was wir gehört, ein Märchen.

Khwaja Mir Dard: Diwan[69]

Einmal mehr verblüffen uns weitsichtige Naturwissenschaftler mit Aussagen, welche die mystische Wahrheit voll und ganz bestätigen. So meint Max Planck: «Nicht die sichtbare, aber vergängliche Materie ist das Reale, Wahre, Wirkliche, sondern der unsichtbare, unsterbliche Geist ist das Wahre»[70], und Sir James Jeans sagt: «Das Weltall sieht allmählich mehr wie ein großer Gedanke als wie eine große Maschine aus.»[71]

Je mehr der Mystiker in der Gottesschau aufgeht, desto mehr verblaßt Maya bis zur völligen Bedeutungslosigkeit; es gibt dann keinen Unterschied mehr zwischen dem All und dem Göttlichen – alles ist Gott.

Denn da ist nichts in der ganzen Welt, welches Er (Gott) nicht selbst sei; Er ist beides, die wesenden und die nicht wesenden Dinge; die wesenden hat Er geoffenbart, aber die noch nicht wesenden hat Er in sich selbst.

Hermes Trismegistos: Die 17 Bücher[72]

Gott selbst ist zu allem geworden. Was immer ich sehe ist Gott. Er ist das All, und wiederum ist er jenseits von allem.

Ramakrischna: Worte[73]

Wie schön!
Die ganze Welt und die Weite des Raumes ist Buddha!
Und ich bin darin – ‹*Namu-amida-butsu!*›

Saichi: Spruchgedichte[74]

Nicht verhüllt dich vor Gott die Existenz eines Wesens, das mit ihm existiere –
denn nichts besteht außer Ihm;
Doch was dich verhüllt, das ist deine Meinung, etwas bestünde noch neben Ihm.

Ibn 'Ata'Ullah: Hikam[75]

Er zeigt ganz klar alle Dinge, weil Er der Innere ist,
Er birgt das Sein aller Dinge, weil Er der Äußere ist.

Ibn 'Ata'Ullah: Hikam[76]

Das große Paradoxon bleibt bestehen: Trotz der relativen Unwirklichkeit des Alls ist seine Existenz eine unbedingte Notwendigkeit. Das All ist das für die Selbsterkenntnis und Selbsterfüllung Gottes unerläßliche Instrument. Dabei spielt der Mensch eine maßgebende Rolle.

Schwer ist sein Weg, Sünde und Tod seine
  Speise,
Oft verirrt er ins Finstere, oft wär ihm
Besser, niemals erschaffen zu sein.
Ewig aber strahlt über ihm seine Sehnsucht,
Seine Bestimmung: das Licht, der Geist,
Und wir fühlen: ihn, den Gefährdeten,
Liebt der Ewige mit besonderer Liebe.

Hermann Hesse: Besinnung

10. Der Mensch und seine Bestimmung

Der Mensch, ein «Bestandteil» des Alls, ein Produkt der Evolution,
nimmt – so versichert uns die Mystik – innerhalb der Schöpfung eine
hervorragende und bedeutsame Stellung ein. Dies kommt unter anderem auch dadurch zum Ausdruck, daß er Gott besonders nahesteht.

Wisse: Der Mensch ist nicht zum Scherz und für nichts erschaffen,
sondern hoch ist sein Wert und groß seine Würde.

al-Ghasali: Das Elixier der Glückseligkeit[1]

(Der Herr redete mit Mose und sprach:) Ich will meine Wohnung
unter euch haben.

Mose: Das dritte Buch[2]

Von allen Seiten umgibst du mich
und hältst deine Hand über mir.

David: Psalm[3]

Unsere Heimat aber ist im Himmel.

Paulus: Der Brief an die Philipper[4]

Hinsichtlich der Sonderstellung des Menschen geht Hermes Trismegistos sogar noch einen Schritt weiter: Das Weltall ist letztlich dafür da, daß der Mensch hervorgebracht werden kann.

> Das Erste *Gott*, das Zweite die Welt, das Dritte der Mensch, die Welt um der Menschen Willen, aber der Mensch um Gottes Willen.
>
> Hermes Trismegistos: Die 17 Bücher[5]

Die Wissenschaft wird diesen extremen Standpunkt kaum teilen können. Dieses immense Universum, in dem sich neben unzähligen anderen auch unser Sternsystem, die Milchstraße, befindet, innerhalb welcher als winzige Einheit unser bescheidenes Sonnensystem mit seiner Handvoll Planeten besteht, darunter unsere Erde, soll ausgerechnet auf diesem scheinbar völlig unbedeutenden Planeten den Gipfel der Schöpfung, der nach dem Verständnis der Mystik «Mensch» heißt, beherbergen? Man könnte dieser Frage höchstens die Gegenfrage entgegenhalten: Warum eigentlich *nicht*? Allerdings kann bekanntlich ebensowenig ausgeschlossen werden, daß an anderer Stelle des Universums ähnlich oder höher entwickelte vernunftbegabte Wesen existieren, von denen wir (noch) nichts wissen, und es besteht auch die Möglichkeit, daß im Zuge der Evolution auf unserem Planeten in ferner Zukunft ein höheres und vollkommeneres Wesen existieren wird, das von Teilhard de Chardin als «ultrahumanes Wesen» bezeichnet wurde.

Wir haben es hier indessen mit dem heutigen Menschen in seiner uns vertrauten Form als Homo sapiens sapiens zu tun, der – wie wir oben gesehen haben – bereits in der Schöpfung eine einmalige Rolle zu spielen scheint. Diese Einzigartigkeit ist bemerkenswerterweise auch von der Wissenschaft bereits weitgehend anerkannt worden. So schreibt zum Beispiel der Gehirnphysiologe und Nobelpreisträger Sir John Eccles 1977: «Ich glaube, es liegt ein Mysterium im Menschen, und ich bin sicher, daß es wenigstens wunderbar für den Menschen ist, das Gefühl zu gewinnen, daß er nicht nur ein hastig gemachter Überaffe ist und daß etwas viel Wunderbareres in seiner Natur und in seiner Bestimmung liegt.»[6]

Die herausragende Stellung des Menschen in der Schöpfung und seine besondere Beziehung zum Göttlichen wäre nicht möglich, wenn er nur aus seiner physischen Gestalt, dem der materiellen Welt angehörenden

Leib, bestehen würde. So wie das All auch eine immaterielle, die physikalischen Strukturen und Kräfte transzendierende Dimension umfaßt, so besitzt der Mensch als Teil seiner Wesenheit ebenfalls eine geistige Komponente, welcher wiederum das Primat zukommt.

Der höchste Mensch ist Geist.

Dschuang Dsi: Das wahre Buch vom südlichen Blütenland[7]

Dieser Leib, o Sohn der Kunti, er wird bezeichnet als das «Feld». Wer diesen kennt, den nennet man den «Feldkenner» – es ist der Geist.

Krischna: Bhagavadgita[8]

Willst du dich selbst erkennen, so wisse, daß du aus zwei Dingen geschaffen bist. Das eine ist diese äußere Hülle, die man Leib nennt und mit dem äußeren Auge sehen kann. Das andere ist jenes Innere, das man bald Seele, bald Geist und bald Herz nennt, und das nur von dem inneren Auge erkannt werden kann.

al-Ghasali: Das Elixier der Glückseligkeit[9]

Was ist, ihr Mönche, die Persönlichkeit (*sakkaya*)? – Die fünf Aneignungsgruppen sind da zu nennen.

Gautama Buddha: Samyuttanikaya[10]

Und welche sind, ihr Mönche, in Kürze die fünf Aneignungsgruppen, die leidhaft sind? (Es sind:)
– die Aneignungsgruppe Körper,
– die Aneignungsgruppe Empfindung,
– die Aneignungsgruppe Wahrnehmung,
– die Aneignungsgruppe Geistesregungen,
– die Aneignungsgruppe Bewußtsein.

Gautama Buddha: Majjhimanikaya[11]

Das Denkorgan identifiziert sich ebenso mit den Organen der Wahrnehmung und Handlung wie mit dem physischen Körper. So entsteht das Gefühl der Individualität, das den Menschen zum Leben und Handeln treibt. Sein Bewußtsein ist der Wiederschein des unendlichen Bewußtseins des Atman.

Shankara: Viveka-Chudamami[12]

Ich (der Herr) und meine Schechinah liefern die Seele, der Vater und die Mutter jedes Menschen liefern den Leib.

Sefer ha Sohar[13]

Wie man sieht, verkünden die Mystiker eine Wahrheit, die inzwischen auch von der Tiefenpsychologie erkannt worden ist: Der «geistige Teil» des Menschen beherbergt unter anderem das Bewußtsein, vor allem das die Individualität, das «Ich» definierende Selbstbewußtsein, wobei der «Ort», wo dieses Ich, das Ego, lokalisiert ist, bekanntlich als Psyche oder Seele bezeichnet wird.

Daß die Seele nicht der physikalischen Welt angehört, ist für C.G. Jung keine Frage: «Trotz der materialistischen Tendenz, die ‹Seele› wesentlich als einen bloßen Abklatsch physikalischer und chemischer Vorgänge zu begreifen, liegt doch nicht ein einziger Beweis für diese Hypothese vor. Ganz im Gegenteil, sogar beweisen unzählige Tatsachen, daß die Seele den physikalischen Vorgang in Bilderfolgen übersetzt, die häufig mit dem objektiven Vorgang einen kaum noch erkennbaren Zusammenhang haben.»[14] Für C.G. Jung ist die Existenz der Seele sogar noch direkter erkennbar als jene des Körpers: «Psychisches Sein ist in Wahrheit die einzige Kategorie des Seins, von der wir unmittelbar Kenntnis haben, weil nichts bekannt sein kann, wenn es nicht als psychisches Bild erscheint. Nur psychische Existenz ist unmittelbar nachweisbar.»[15] Sir John Eccles schreibt dazu aus der Sicht der Hirnforschung: «Wie kommt eine Seele dazu, mit meinem Gehirn in Verbindung zu stehen, das einen evolutionären Ursprung besitzt? Mit dieser Idee einer übernatürlichen Schöpfung entkomme ich der unglaublichen Unwahrscheinlichkeit, daß die Einzigartigkeit meines eigenen Ich genetisch determiniert ist. Es gibt kein Problem wegen genetischer Einzigartigkeit meines Gehirns. Es ist die Einzigartigkeit des erlebten Ich, die diese Hypothese eines unabhängigen Ursprungs des Ich oder der Seele erforderlich macht, das dann mit einem Gehirn verknüpft ist, das so zu meinem Gehirn wird.»[16]

Die Mystik postuliert nun einen von der Seele, das heißt von den psychischen Funktionen wie Empfinden, Fühlen, Denken verschiedenen, höheren und reineren geistigen Teil des Menschen, der meist einfach als «Geist» angesprochen wird. Dieser «Geist» ist seinem göttlichen Ursprung sehr ähnlich und hütet in seinem innersten Kern – wie wir bereits ausgeführt haben (Kapitel 3) – als unbefleckten, heiligen, göttlichen Funken das Selbst.

(Poimandres spricht:) Dasjenige, was in dir sieht und hört (d. h. die Seele), ist das Wort des Herrn; der «Geist» aber ist Gott der Vater; sie sind aber voneinander nicht unterschieden, denn derselben beiden Vereinigung ist Leben.

Hermes Trismegistos: Die 17 Bücher[17]

(Der Allgeist spricht:) Und Gott ist im Geist, der Geist in der Seele, die Seele in der Materie, und dies alles durch die Ewigkeit.

Hermes Trismegistos: Die 17 Bücher[18]

Über alle Körper erhaben ist die Wesenheit der Seelen, und über alle Seelen erhaben ist die geistige Natur, und über alle geistigen Substanzen erhaben ist das Eine.

Proklus: Initia Theologiae[19]

Das Wesen des Menschen besteht demnach aus der Dreiheit Leib– Seele–Geist, wie die Mystiker und Vertreter der Philosophia perennis von jeher gelehrt haben. Ernst Frauchiger, ein Neurologe unserer Zeit, hat diese das menschliche Wesen konstituierenden Komponenten knapp und treffend charakterisiert: «Der Leib ist vergänglich, die Seele wandelbar, der Geist aber ist ewig.»[20] Diese Dreiheit des menschlichen Wesens läßt einen natürlich sofort an die göttliche Trinität denken. Und in der Tat ist nach Auffassung der Mystik der Leib die Entsprechung des Ewig-Weiblichen, der menschliche Geist die Entsprechung des Ewig-Männlichen und die Seele die Entsprechung des Logos, des göttlichen Wortes. Einmal mehr wird damit die Ebenbildlichkeit von Gott und Mensch beziehungsweise von Gott, All und Mensch evident.

Und Gott schuf den Menschen zu Seinem Bilde, zum Bilde Gottes schuf Er ihn.

Mose: Das erste Buch[21]

Aber der Vater aller Dinge hat den Menschen sich gleich geboren und ihn geliebt als sein eigen Geburt, denn er wahr sehr herrlich und trug des Vaters Ebenbild; gewißlich Gott hat seine eigene Gestalt geliebt und alle seine Werke an denselben übergeben.

Hermes Trismegistos: Die 17 Bücher[22]

Ich verkündige, Freund, daß in diesem eine Armspanne großen Körper mit seinem Wahrnehmen und Denken die Welt liegt, die Entstehung der Welt, die Aufhebung der Welt und der Weg zur Aufhebung der Welt.

Gautama Buddha: Anguttaranikaya[23]

Wenn Rosen durch das Herz Dir ziehen, bist du die Rose all,
Und wenn's der Sprosser klagend ist, bist du die Nachtigall.
Du bist ein Teil – die göttliche, die Wahrheit ist das Ganze:
Bedenkst das All du allemal, so bist du auch das All.

'Abdur Rahman Dschami: Lawha'Ih[24]

Das wahre Leben des Menschen, sein Leben im eigentlichen Sinn, schöpft seine Antriebskraft aus dem Grund seiner Seele, dieser wunderbaren Geistseele, durch welche sein einmaliges Ich sich entfaltet und seinen individuellen Weg beschreitet. Äußerlich betrachtet mag diese Reise oft sinn- und ziellos erscheinen oder sogar den Anschein einer katastrophalen Irrfahrt erwecken, und trotzdem bewegt sie sich im Schwerefeld eines göttlichen Auftrags, ob dieser nun bewußt wahrgenommen wird oder nicht. Die Größe und Tiefe der Bedeutung dieses Auftrags begreifen heißt den Sinn des Lebens verstehen. Das Leben hat, wie es Christian Morgenstern einmal so treffend formuliert hat, letztendlich keinen anderen Sinn als den Sinn Gottes, und der für die Lebensreise maßgebende Kompaß ist das im Wesenskern des Menschen durch das Selbst wirkende göttliche Gesetz, das in seiner letzten Erfüllung die Liebe ist. Die göttliche Liebe kann aber nirgendwo anders hinführen als zu Gott selbst. Das Ich ist auf der Pilgerfahrt zum Selbst – vom Selbst dazu aufgerufen. Das ist das erhabene Ziel, das dem Menschen vorgegeben ist.

(Der Herr spricht:) Ich will Mein Gesetz in ihr Herz geben und in ihren Sinn schreiben.

Jeremia[25]

Dann, da sie (die Seele) nunmehr eingestaltig geworden ist, strebt sie zu den durch Läuterung einartig gewordenen Mächten empor.

Dionysios Areopagita: Die Namen Gottes[26]

«Eingestaltig» soll die Seele werden, sagt Dionysios Areopagita, was nichts anderes heißt, als daß sie zu sich selber finden und sich mit dem eigenen Seelengrund, dem Selbst identifizieren soll.

Ich bin erschaffen, daß ich Dich (Gott) sehen soll, und noch nie erreichte ich das, weswegen ich doch geschaffen bin.

Anselm von Canterbury: Opera[27]

Dazu hat Gott die Seele erschaffen, daß sie mit Ihm vereinigt werde.

Meister Eckhart: Predigten[28]

Gebt acht! Alle Kreaturen haben ein Laufen nach ihrer höchsten Vollkommenheit hin. Alle Kreaturen drängt es von ihrem Leben hinauf in ihr Wesen.

Meister Eckhart: Predigten[29]

Dieses göttliche Sein gibt dem Wesen der Seele die heiligmachende Gnade. Sie ist das Leben der Seele. Ihr Ziel ist, eins zu sein mit Gott, in ihm zu leben und zu wirken.

Meister Eckhart: Predigten[30]

Die äußere Welt ist auch Gottes und aus Gott, und der Mensch ist darum in dieselbe geschaffen, daß er die äußere Figur in die innere einführe, das Ende in den Anfang bringe.

Jakob Böhme: Epistolae Thesophicae[31]

Kannst du deine Seele bilden, daß sie das Eine umfängt,
ohne sich zu zerstreuen?
Kannst du deine Kraft einheitlich machen
und die Weichheit erreichen,
daß du wie ein Kindlein wirst?
Kannst du dein geheimes Schauen so reinigen,
daß es frei von Flecken wird?

Laotse: Taoteking[32]

Die menschliche Seele ist auf der Pilgerfahrt vom Gesetz zur Liebe, von der Zucht zur Freiheit, von der moralischen Ebene zur geistlichen.

Rabindranath Tagore: Sadhana[33]

Der Allumfassende sucht immer seine Vollendung im schlechthin Einzigen. Und unser Verlangen, uns unsere Einzigkeit zu bewahren, ist in Wahrheit das Verlangen des Weltganzen, das in uns wirkt. Die Freude am Unendlichen in uns ist es, die uns die Freude an uns selbst gibt.

Rabindranath Tagore: Sadhana[34]

Schreite tüchtig aus, denn dein Ziel ist fern; raste nicht unnötig, denn am Ende deiner Reise erwartet dich dein Meister.

Aurobindo: Gedanken und Aphorismen[35]

Der Mensch lebt während seines irdischen Daseins in Beziehung zur Welt, und die Art dieser Beziehung ist für die Erfüllung seines spirituellen Auftrags von entscheidender Bedeutung. Wenn sie ihrem Zweck dienlich sein soll, kann diese Beziehung aber wiederum nichts anderes sein als eine Beziehung im Geist des göttlichen Gesetzes – der Liebe.

Gewiß ist es richtig, daß die Welt uns dient und unsere Bedürfnisse befriedigt, aber damit endet unsere Beziehung zu ihr noch nicht. Wir sind durch ein tieferes und wesentlicheres Band mit ihr verknüpft als durch das unserer Bedürfnisse. Unsere Seele wird zu ihr hingezogen, unsere Liebe zum Leben ist in Wahrheit unser Verlangen, mit dieser großen Welt in Beziehung zu bleiben. Diese Beziehung ist Liebe.

Rabindranath Tagore: Sadhana[36]

Das Aufwärtsstreben der Seele, die Pilgerfahrt des Ich zum Selbst, hat im Grunde keinen geringeren Zweck als die Selbsterkenntnis Gottes, seinen Blick in den von ihm erschaffenen Spiegel, seine Selbstbestätigung, wozu – wie wir gesehen haben – die Schöpfung erzeugt wurde. Hier liegt das große Geheimnis vom Sinn des menschlichen Lebens und von der Bestimmung des Menschen. Diese erhabene Wahrheit der Mystik hat Meister Eckhart in großartiger Weise in einem einzigen Satz erfaßt:

Daß Gott «Gott» ist, dafür bin ich die Ursache; wäre ich nicht, so wäre Gott nicht «Gott».

Meister Eckhart: Predigten[37]

Obwohl in Bahnen gelenkt, erfolgt die Pilgerfahrt der Seele im Laufe des menschlichen Lebens nicht aufgrund von Zufälligkeiten. Sie wird vielmehr durch Kräfte gesteuert, über die viel spekuliert worden ist. Es stellt sich nämlich die Frage, ob der Verlauf dieser Fahrt im voraus bestimmt ist oder ob der Mensch sie entscheidend beeinflussen kann. Mit anderen Worten: Ist – philosophisch gesprochen – die Prädestination maßgebend oder der menschliche Wille beziehungsweise ist – theologisch gesprochen – diese Fahrt von der göttlichen Gnade oder von der menschlichen Freiheit abhängig?

In dieser großen Kontroverse nimmt die Mystik eine mittlere Stellung ein und überzeugt mit ihren Aussagen einmal mehr als Quelle der Wahrheit. Demnach ist die Gnade an diesem Vorgang ebenso beteiligt wie die von Gott in beschränktem Rahmen zugelassene Willensfreiheit des Menschen. Ohne die göttliche Gnade ist die Überwindung und Tilgung der menschlichen Abirrungen und Verfehlungen nicht vorstellbar, aber auf der anderen Seite käme der Mensch ohne eigenes Dazutun kein Stückchen weiter. So wird in vielen Aussagen der Mystiker mehr die Rolle der Gnade, in anderen mehr jene der Willensfreiheit betont.

Barmherzig und gnädig ist der Herr,
Geduldig und von großer Güte.

David: Psalm[38]

Und von Seiner Fülle haben wir alle genommen Gnade um Gnade.

Johannes-Evangelium[39]

Wie ein einziges Streichholz einen Raum erhellt, der Jahrhunderte im Dunkeln lag, so tilgt ein einziger Strahl göttlicher Gnade die Sünden von Hunderten von Leben.

Ramakrischna: Worte[40]

Der Mensch ist das, was er will.

Chandogya-Upanischad[41]

Nichts ist, das dich bewegt, du selber bist das Rad,
Das aus sich selbsten läuft und keine Ruhe hat.

Angelus Silesius: Der cherubinische Wandersmann[42]

Das Verhältnis von Gnade und Willensfreiheit spiegelt sich im Christentum auch im Verhältnis von Glauben und guten Werken (oder «Gesetzes-Werken») wider; selbst unter den Aposteln Jesu Christi wurden diese unterschiedlich gewichtet. Bei Paulus hat der Glaube an die Wirksamkeit der Gnade Gottes (und an die Erlösermission Christi) klar den absoluten Vorrang, während Jakobus die Bedeutung der «Werke» betont.

So halten wir nun dafür, daß der Mensch gerecht werde ohne des Gesetzes Werke, allein durch den Glauben.

Paulus: Der Brief an die Römer[43]

So auch der Glaube, wenn er nicht Werke hat, ist er tot in sich selber.

Jakobus: Brief[44]

Die Mehrzahl der Texte der Mystiker belegt indessen die oben gemachte Feststellung, daß der menschliche Lebensweg beziehungsweise die Pilgerreise der Seele von beiden Kräften, der göttlichen Gnade und dem freien Willen, gelenkt werden.

Herr, du hast meine Natur solcherart gestaltet, daß sie sich ständig besser dazu eignen kann, Deine Gnade und Deine Güte zu empfangen. Und diese Kraft, die ich von Dir habe und worin ich ein lebendiges Ebenbild Deiner Allmacht besitze, ist der freie Wille. Durch ihn kann ich meine Fähigkeit, Deine Gnade entgegenzunehmen, entweder steigern oder verringern.

Nikolaus von Cues[45]

Unser freier Wille mag den Lauf der Eingebung behindern. Wenn der günstige Wind der Gottesgnade die Segel unserer Seele füllt, steht es uns offen, unsere Zustimmung dazu zu verweigern und dadurch die Wirkung der Windesgunst zu behindern. Wenn aber unsere Seele davonsegelt und eine gute Fahrt genießt, sind wir weder die Ursache, warum der Wind der Eingebung für uns geht, noch jene, warum unsere Segel sich blähen, noch sind wir es, die dem Schiff unseres Herzens seine Bewegung geben. Wir empfangen einfach den Wind, stimmen seiner Bewegung zu und lassen unser Schiff von ihm getrieben werden, ohne daß wir uns ihm entgegensetzen.

Franz von Sales[46]

Die Gnade ist zum Heil unerläßlich, wie auch der freie Wille. Jedoch ist es die Gnade, die das Heil verleiht, und der freie Wille, der sie entgegennimmt.

Bernhard von Clairvaux[47]

Daß Gott alles gewollt und vorausgesehen hat, ist kein Grund für dich, untätig dazusitzen und Seine Vorsehung abzuwarten, denn dein Tätigsein ist eine Seiner wichtigsten Vollzugskräfte. Auf denn und handle, nicht eigensüchtig, sondern als des Umstands Werkzeug und scheinbarer Verursacher des Geschehens, das Er vorherbestimmt hat.

Aurobindo: Gedanken und Aphorismen[48]

Zum besseren Verständnis des Verhältnisses von Gnade und Willensfreiheit mag auch ein Zitat von Leo Tolstoi dienen: «Es liegt in meiner Macht, Gott entweder zu dienen oder nicht zu dienen. Indem ich ihm diene, füge ich etwas meinem Heil und dem Heil der ganzen Welt hinzu. Indem ich Ihm aber nicht diene, verzichte ich auf mein eigenes Heil und beraube die Welt jenes Heils, das ich zu erwirken vermocht hätte.»[49]

Der bedeutende Philosoph und frühere Staatspräsident Indiens, Sarvepalli Radhakrishnan, hat in seinem Buch *Meine Suche nach Wahrheit* dazu das folgende Gleichnis angeführt[50]: Das Leben ist wie ein Kartenspiel. Die Karten sind gemischt und an uns verteilt worden, wobei wir diese nicht wählen können (unser Erbgut zum Beispiel gehört dazu). Beim Spielen müssen wir die Spielregeln beachten (d. h. die von der Gesellschaft und von den Institutionen aufgestellten Regeln und erlassenen Gesetze). Wir können in diesem vorgegebenen Rahmen aber immer noch gut oder schlecht spielen. Wir können uns bemühen, unserem göttlichen Ziel entgegenzustreben, oder wir können unserer Seele auf ihrer Pilgerfahrt größere oder kleinere Hindernisse in den Weg legen; dies ist eine Sache unserer Entscheidung, unseres freien Willens.

Dennoch besteht ein fundamentaler Unterschied zwischen dem Kartenspiel-Gleichnis und dem menschlichen Leben: Während es beim

Kartenspiel allein vom Zufall abhängt, welche Karten wir erhalten, handelt es sich im Leben – nach dem Verständnis der Mystik – bei den uns zufallenden «schicksalhaften» Elementen und Konstellationen um solche, die dem selbstgeschaffenen Schicksal zuzuschreiben sind, welches die besondere Existenzweise unserer Seele charakterisiert. Es ist vor allem – aber nicht ausschließlich – die indische Mystik, welche die Wahrheit vom selbstgeschaffenen Schicksal, dem sogenannten Karma, postuliert hat.

O du meine Seele,
die du in tausend Herzblutquellen
durch den Ring äonischer Alter
heran, heraufwuchsest bis zu mir,
du, wie die Menschheit uralte Seele,
du, deren zahllose Wurzeln
saugend die ganze Erde umklammern,
schwankend vor Glück
schrei ich mit deiner lieben Last
und kann noch nicht fassen,
daß gerade ich
dein Werk, deine Frucht.

Christian Morgenstern: An meine Seele

11. Die Existenzweise der Seele

Auftrag und Bestimmung des Menschen, seine zentrale Rolle in der Schöpfung als Instrument der Selbstverwirklichung Gottes sind mit Hilfe der Mystik «erschaubar». Das hohe Ziel ist dann erreicht, wenn das Ich zum Selbst gefunden hat, wenn die Seele Gott erkennt; in diesem Moment erkennt Gott durch sein Ebenbild Mensch sich selbst. Doch – wie viele Menschen gelangen bis zur Schau Gottes? Sollte das Leben der allermeisten Menschen sinnlos sein, weil dieses hochgesteckte Ziel nie erreicht wird? Selbstverständlich nicht, denn dem Ich, der Seele, steht zur Erfüllung ihrer gewaltigen Aufgabe nicht nur die Dauer eines kurzen Erdenlebens zur Verfügung.

Für die Mystik und für praktisch alle Religionen ist die Weiterexistenz der Seele über den leiblichen Tod hinaus eine der großen und zentralen Wahrheiten. Diese Wahrheit ist leicht einsehbar, wenn man akzeptiert hat, daß die Seele nicht ein bloßes Epiphänomen des Körpers, nicht nur eine Folge von meßbaren Hirnströmen ist. Für letztere Auffassung besteht in der Tat nicht die leiseste Spur eines wissenschaftlichen Beweises. Es gibt im Gegenteil aus der Tiefenpsychologie und der Parapsychologie eine Reihe von handfesten Hinweisen darauf, daß ein Überleben der Seele nach dem Tod des Körpers in hohem Grade wahrscheinlich ist, eine Ansicht übrigens, zu der auch die Naturwissenschaft immer mehr neigt. So schreibt Werner Trautmann nach einer kritischen Analyse der entsprechenden heute vorliegenden wissenschaftlichen Fakten: «Es ist ein einmaliges Geschehen, daß die exakten Naturwissenschaften den Kern aller Religionen zu beweisen fähig scheinen: den Tod als einen Durchgang, als eine Schwelle, das Weiterleben nach dem Tode!»[1] Und der Wissenschaftler Carl du Prel meint: «Die Wissenschaft hat bisher die Unsterblichkeit geleugnet. Zur Strafe wird sie es sein, die sie einmal beweisen muß.»[2]

Lassen wir nun aber wieder die Mystiker selbst zu Wort kommen.

Das Kleine sehen, heißt erleuchtet sein.
Das Weiche bewahren, heißt stark sein.
Braucht man sein Leuchten und kehrt zu seinem Licht zurück,
so verliert man nichts bei des Leibes Zerstörung.
Das heißt: In das *Ewige* eingehen.

Laotse: Taoteking[3]

Vergänglich sind die Leiber nur – in ihnen wohnt der ew'ge Geist.

Krischna: Bhagavadgita[4]

Doch jenseits dieses Lebens gibt's ein andres, ewig, unsichtbar,
Das, ob auch alle Wesen hier vergehen, selber nicht vergeht.

Krischna: Bhagavadgita[5]

Der Leib wird geboren und muß sterben. Für die Seele aber gibt es keinen Tod. Es ist wie bei der Nuß, die sich erst aus der grünen Schale löst, wenn sie reif ist.

Ramakrischna: Worte[6]

Wer soll dich töten, o unsterbliche Seele?

Aurobindo: Gedanken und Aphorismen[7]

In der Unsterblichkeit wird die Seele des Gerechten sich freuen an der dauernden Lebenskraft, die für die verdammten Menschen eine Qual ist. Dieses schafft Mazda Ahura, wenn sein Reich kommt.

Zarathustra: Avesta[8]

O Gott, Du mächtiger! Zu Dir bin ich gekommen!
Ich bin, fürwahr, durch die Pforte des Todes gegangen...
Und sieh, ich lebe!

Ägyptisches Totenbuch[9]

(Poimandres spricht:) Und darum ist der Mensch über alle anderen
Geschöpfe auf Erden zweifältig, nämlich sterblich dem Leibe nach
und unsterblich nach dem wesentlichen Menschen.

Hermes Trismegistos: Die 17 Bücher[10]

Es ist auch... auf alle Weise so, und nicht etwa überlistet gestehen
wir dieses ein, sondern es gibt in der Tat ein Wiederaufleben und ein
Werden der Lebenden aus den Toten und ein Sein der Seelen der
Gestorbenen.

Platon: Phaidon[11]

Jede Seele ist unsterblich. Denn das stets Bewegte ist unsterblich, was
aber anderes bewegt, und selbst von anderem bewegt wird, doch
dessen Bewegung einmal aufhört, dessen Leben hört gleichfalls auf.
Nur das sich selbst Bewegende, das sich nie aufgibt, wird auch nie
aufhören, bewegt zu sein, sondern ist allem, was sonst bewegt wird,
Quelle und Anfang der Bewegung.

Platon: Phaidros[12]

Fürchtet euch nicht vor denen, die den Leib töten und die Seele nicht
töten können.

Jesus Christus: Matthäus-Evangelium[13]

Denn dies Verwesliche muß anziehen die Unverweslichkeit, und dies
Sterbliche muß anziehen die Unsterblichkeit.

Paulus: Der erste Brief an die Korinther[14]

Wie sollte sie (die Seele) auch sterben, da sie in den Abgrund des
Lebens einströmt?

Franz von Sales: Theotimus[15]

Ich sag, es stirbet nichts; nur daß ein ander Leben,
Auch selbst das peinliche, wird durch den Tod gegeben.

> Angelus Silesius: Der Cherubinische Wandersmann[16]

Die Seel, ein ewger Geist, ist über all Zeit,
Sie lebt auch in der Welt schon in der Ewigkeit.

> Angelus Silesius: Der Cherubinische Wandersmann[17]

Sprich: «Der Engel des Todes, der über euch eingesetzt ward, wird eure
Seele hinnehmen; zu eurem Herrn dann werdet ihr zurückgebracht.»

> Mohammed: Koran[18]

Er schuf Himmel und Erde in Wahrheit, und Er gestaltete euch und
machte eure Gestalt schön, und zu Ihm ist die Heimkehr.

> Mohammed: Koran[19]

Es gibt mehr als einen Grund für die «Unsterblichkeit» der Seele, wobei diese Gründe eng miteinander verbunden sind. Auf der einen Seite
ermöglicht die Weiterexistenz der Seele die Erfüllung ihres Auftrags,
wofür ein Erdenleben in der Regel nicht ausreicht, auf der anderen
Seite ist der Mensch das Ebenbild Gottes, und weil Gott «ewig» lebt,
lebt der Mensch beziehungsweise seine Seele auch «ewig» oder jedenfalls unabhängig von der biologischen Lebensdauer.

Besitzt man die Mutter der Welt,
so gewinnt man ewige Dauer.

> Laotse: Taoteking[20]

Laotse meint damit, daß das Göttliche im Menschen seine Unsterblichkeit garantiert.

Kein Lebewesen in der materiellen Welt ist von den vier Prinzipien
Geburt, Alter, Krankheit und Tod freigeworden – nicht einmal, wenn
es auf verschiedene Planeten flüchtete. Doch jetzt, da Du erschienen
bist, mein Herr, ergreift der Tod aus Furcht vor Dir die Flucht, und da
die Lebewesen durch deine Gnade bei Deinen Lotosfüßen Zuflucht
gefunden haben, schlafen sie mit vollkommen friedvollem Geist.

> Srimad-Bhagavatam[21]

Unsere Seele ist unsterblich, sie ist ein ewiger Funke des göttlichen Feuers.

Mahatma Gandhi: Religion der Wahrheit[22]

Denn dein Sohn (o Gott) bin ich, deinem Leibe entsprossen,
Um ewig zu leben.

Ägyptisches Totenbuch[23]

Denn Gott hat den Menschen zur Unvergänglichkeit geschaffen, und er hat ihn zum Ebenbild seiner eigenen Ewigkeit gemacht.

Salomo: Buch der Weisheit[24]

Es ist noch um ein kleines, dann wird mich die Welt nicht mehr sehen. Ihr aber sollt mich sehen, denn ich lebe, und ihr sollt auch leben.

Jesus Christus: Johannes-Evangelium[25]

Sohin haben auch die Seelen von Ihm (Gott) das Unvergängliche ihres Seins.

Dionysios Areopagita: Die Namen Gottes[26]

Dieses ewige Ausgehen und dieses ewige Leben, das wir in Gott von Ewigkeit her ohne uns selbst haben und sind, ist die Ursache unserer geschaffenen Wesenheit in der Zeit. Und unsere geschaffene Wesenheit liegt in der ewigen Wesenheit und ist eins mit ihr nach dem wesentlichen Sein.

Johann van Ruysbroek: Zierde der geistlichen Hochzeit[27]

Weil die Geschöpfe gar in Gottes Wort bestehn,
Wie können sie dann je zerwerden und vergehn?

Angelus Silesius: Der Cherubinische Wandersmann[28]

Wenn die Seele die Fähigkeit besitzt, nach dem leiblichen Tod weiterzu-existieren, wird man sich unschwer auch vorstellen können, daß sie nicht erst bei der Geburt oder bei der Zeugung «entsteht», sondern schon vorher existiert haben mag. Tatsächlich lehrt die Mystik, daß die Seele, so wie sie beim Tod den Leib verläßt, um eine neue Daseinsform anzunehmen, bei der Entstehung eines neuen Menschenlebens (in welcher Phase der Entwicklung auch immer) sich mit dem Leib verbindet. Diese Inkarnation der bereits existierenden Seele ist ein Bestandteil des Prozesses, den wir als Involution des Geistes in die Materie kennengelernt haben (vgl. Kapitel 9).

Nie war die Zeit, da ich nicht war, und du und diese Fürsten all, Noch werden jemals wir nicht sein, wir alle, in zukünftiger Zeit.

Krischna: Bhagavadgita[29]

Die Seele war immer. Es gab keine Zeit, da sie nicht war. Denn wenn die Seele nicht war, wo wollte die Zeit gewesen sein? Die Zeit ist in der Seele; erst wenn die Kräfte der Seele auf den Intellekt ausstrahlen, kann ein Gedanke entstehen, und erst mit dem Gedanken kommt die Idee von Zeit. –
Wie kann man von der Seele sagen, sie existiere in der Zeit, da doch die Zeit selbst in der Seele existiert.

Vivekananda: Jnana Yoga[30]

Und des Herrn Wort geschah zu mir: Ich kannte dich, ehe ich dich im Mutterleib bereitete, und sonderte dich aus, ehe du von der Mutter geboren wurdest.

Jeremia[31]

Diese Aussage Jeremias ist bemerkenswert, da in der institutionalisierten jüdischen wie auch in der christlichen Religion von einer Präexistenz der Seele nicht die Rede ist, obwohl zum Beispiel noch der Kirchenvater Origenes Entsprechendes gelehrt hat.

Jede Menschenseele muß zwar ihrer Natur nach das Seiende geschaut haben, oder sie wäre in dieses Lebewesen nicht gekommen; sich aber bei dem hiesigen an jenes zu erinnern, ist nicht jeder Seele leicht, weder denen, die das dortige nur kümmerlich sahen, noch denen, welche, nachdem sie hierher gefallen, das Unglück betroffen, daß sie irgendwie durch Umgang zum Unrecht verleitet, das ehedem geschaute Heilige in Vergessenheit geraten ließen ...

Platon: Phaidros[32]

... darum bin ich Ursache meiner selbst meinem *Sein* nach, das *ewig* ist, nicht aber meinem *Werden* nach, das *zeitlich* ist. Und darum bin ich ungeboren, und nach der Weise meiner Ungeborenheit kann ich niemals sterben. Nach der Weise meiner Ungeborenheit bin ich ewig gewesen und bin jetzt, und werde ich ewiglich bleiben. Was ich meiner Geborenheit nach bin, das wird sterben und zunichte werden, denn es ist sterblich.

Meister Eckhart: Predigten[33]

Eh ich noch etwas ward, da war ich Gottes Leben –
drum hat Er auch für mich sich ganz und gar ergeben.

Angelus Silesius: Der Cherubinische Wandersmann[34]

Wenn ich in Gott vergeh', so komm' ich wieder hin,
wo ich von Ewigkeit vor mir gewesen bin.

Angelus Silesius: Der Cherubinische Wandersmann[35]

Nicht hat ein Ende der Mensch – hat er doch kein Beginn...

Abdul Latif: Sur Asa[36]

Natürlich möchte der Mensch Genaueres über die Existenz seiner Seele vor und nach seinem irdischen Leben wissen. An das seelische Vorleben kann er sich aber, wie auch Platon bemerkt, in der Regel nicht erinnern, und das Weiterleben nach dem Tod liegt für uns in der Zukunft und ist daher nicht erfaßbar. C.G. Jung meint dazu höchst treffend: «Das sogenannte Leben ist eine kurze Episode zwischen zwei Geheimnissen, das doch nur eines ist.»[37]

Trotzdem vermag die Mystik zu diesem Thema eine gewichtige Aussage zu machen. Demnach gibt es nicht nur drei Existenzformen der Seele (eine vor, eine während und eine nach dem irdischen Leben eines Menschen), sondern eine wahrscheinlich große, aber nicht zu definierende Zahl unterschiedlicher Existenzen. Die Seele durchläuft eine Folge von Existenzformen, die sie annimmt und wieder verläßt; sie vollzieht eine Seelenwanderung. Dieser Begriff ist allgemeiner als jener der «Reinkarnation», obwohl beide Begriffe meist als Synonyma betrachtet werden. Die Bezeichnung «Reinkarnation» (griechisch: Metempsychose) unterstellt jedoch, daß die Seele in jeder Existenzform eine leibliche Gestalt annnimmt, sei es wieder als Mensch, sei es als ein anderes Geschöpf, hier auf diesem Planeten oder wo auch immer. Es ist aber gut vorstellbar, daß die verschiedenen Existenzformen nicht notwendigerweise eine leibliche Hülle voraussetzen. Jedes Verlassen einer Existenzform, ob in leiblicher Gestalt oder nicht, kann als Tod, jeder Eintritt in eine neue Existenzform als Geburt aufgefaßt werden. Aus diesem Grund wird in der Mystik auch oft von «Wiedergeburt» und vom «Kreislauf der Geburten» gesprochen.

Gleich Korn so reift der Mensch und sinkt zur Erde. Gleich Korn ersteht er wiederum zu seiner Zeit.

Katha-Upanischad[38]

Wie aus dem Traume zum Wachzustand, so geht der Mensch beim Sterben von diesem Leben in das nächste.

Brihadaranyaka-Upanischad[39]

Genau wie ein Wanderer erst einen Fuß auf den Boden setzt und dann den anderen hebt, oder wie ein Wurm auf einer Pflanze ein Blatt erst dann verläßt, wenn er sich auf das nächste vorgetastet hat, so sucht die bedingte Seele in einem neuen Körper Zuflucht und gibt den alten auf.

Srimad-Bhagavatam[40]

Solange man Gott nicht gefunden hat, wird man wiedergeboren, hier oder in einer anderen Daseinssphäre.

Ramakrischna: Worte[41]

Mit göttlichem Auge sah ich, wie die Wesen sterben und wiedergeboren werden, hohe und niedere, schöne und häßliche, glückliche und unglückliche.

Gautama Buddha: Majjhimanikaya[42]

Wie einer, der auf der Straße zieht, eine Unterkunft nimmt, so nimmt auch der die Straße der Existenzen Ziehende die Unterkunft einer Geburt.

Santideva: Bodhicaryavatara[43]

In der buddhistischen Mystik besteht hinsichtlich der Seelenwanderungslehre insofern eine besondere Situation, als sie an die Stelle des Begriffs «Seele» den «Psycho-Komplex» Empfindung – Wahrnehmung – Geistesregungen – Bewußtsein (der zusammen mit dem Körper die fünf Aneignungsgruppen bildet, vgl. Kap. 10, Zitat 11) setzt. Da die Komponenten dieses Komplexes wandelbar sind und auch von Existenzform zu Existenzform variieren, ist die Persönlichkeit des «Komplex-Trägers» von einer Existenzform zur anderen nicht mehr genau die gleiche, und trotzdem ist, wie Nagasena sagt, die Kontinuität gewährleistet; und Buddha selbst bestätigt das Bestehen einer Kontinuität, indem er sich an seine früheren Existenzen zu erinnern vermag. Außerdem ist in einem besonderen Zweig des Hinayana-Buddhismus, dem Puggalavada, der Begriff der Person (d. h. der individuellen Seele) bekannt.

Es ist ein anderer, der entsteht, und ein anderer, der vergeht, aber gleichzeitig ist doch etwas da, was sie vereinigt, und darum tritt der Mensch weder als derselbe noch als ein anderer in seine letzte Vereinigung mit dem Bewußtsein (in seine letzte Wiedergeburt) ein.

Nagasena: Milindapanha[44]

Ich erinnere mich an vielfältige Vorexistenzen, nämlich an eine Geburt, an zwei..., drei..., vier..., fünf..., zehn..., zwanzig..., fünfzig..., hundert... Geburten: – Dort war ich, jenen Namen hatte ich, jener Familie gehörte ich an, das war meine Kaste, das mein Lebensunterhalt, solches Wohl und Leid habe ich erfahren, so war mein Lebensende...

Gautama Buddha: Majjhimanikaya[45]

Die Wahrheit von der Seelenwanderung wird aber nicht etwa nur von der indischen Mystik verkündet, wie die Aussagen altägyptischer und jüdischer Mystiker zeigen.

Ich bin das Heute.
Ich bin das Gestern.
Ich bin das Morgen.
Meine wiederholten Geburten durchschreitend
Bleibe ich kraftvoll und jung.

Ägyptisches Totenbuch[46]

Du siehst, o Sohn! wieviel Leiber wir passieren müssen . . . auf daß wir zu dem einen und einzigen Gott mögen kommen.

Hermes Trismegistos: Die 17 Bücher[47]

Alle Seelen sind den Prüfungen der Seelenwanderung unterworfen, und die Menschen wissen nicht, was die Wege des Allerhöchsten sind.

Sefer ha Sohar[48]

Der Mensch muß solange neue Seelenwanderungen durchmachen, bis alle Teile seiner Seele von allen Mängeln früherer Daseinsperioden vollkommen gereinigt sind.

Isaak Luria: Das Buch von der Seelenwanderung[49]

Die institutionalisierte christliche Religion lehnt die Seelenwanderungslehre ab, obwohl, genaugenommen, nach dem katholischen Dogma die Seele mindestens drei Existenzformen durchläuft: im irdischen Leib, in einer Zwischenphase nach dem Tod (Fegefeuer) und nach der Auferstehung im verklärten Leib. Sowohl in den kanonisierten wie auch in apokryphen heiligen Schriften und bei Meister Eckhart finden sich aber Stellen, die durchaus mit der allgemeinen Seelenwanderungslehre kompatibel sind.

In meines Vaters Hause sind viele Wohnungen.

Jesus Christus: Johannes-Evangelium[50]

Denn ebenso, wie ihr alte Kleider vertauscht gegen neue, also wird auch vertauscht der tote Körper gegen den lebendigen Körper, und was gewesen ist gegen das, was kommt.

Jesus Christus: Evangelium des vollkommenen Lebens[51]

Also müsset ihr durch viele Wandlungen hindurch, damit ihr vollkommen werdet.

Jesus Christus: Evangelium des vollkommenen Lebens[52]

Siehe, ich sage euch ein Geheimnis: Wir werden nicht alle entschlafen, wir werden aber alle verwandelt werden.

Paulus: Der erste Brief an die Korinther[53]

Erneuerung befällt alle Kreaturen unter Gott.

Meister Eckhart: Predigten[54]

Während im Koran die Seelenwanderungslehre ebenfalls höchstens angedeutet wird, erscheint sie erwartungsgemäß in der Sufi-Mystik, zum Beispiel in der anschaulich-symbolischen Ausprägung von Dschelaleddin Rumi.

Ihr werdet gewißlich eine Stufe nach der anderen betreten.

Mohammed: Koran[55]

Siehe, ich starb als Stein und ging als Pflanze auf,
Starb als Pflanze und nahm drauf als Tier den Lauf.
Starb als Tier und ward ein Mensch. Was fürcht' ich dann,
Da durch Sterben ich nie minder werden kann!
Wieder, wann ich werd als Mensch gestorben sein,
Wird ein Engelsfittich mir erworben sein,
Und als Engel muß ich sein geopfert auch,
Werden, was ich nicht begreif': ein Gotteshauch!

Dschelaleddin Rumi: Mathnawi[56]

Nicht nur Giordano Bruno, Swedenborg, Lessing, Herder und (bedingt) Goethe sowie andere Persönlichkeiten der Geistesgeschichte, sondern auch eine wachsende Zahl von Intellektuellen und Wissenschaftlern unserer Zeit bekannten und bekennen sich zur Seelenwanderungslehre oder setzen sich zumindest ernsthaft damit auseinander. So sagte beispielsweise der Physiker und Philosoph Carl Friedrich von Weizsäcker 1975, anläßlich der Salzburger Hochschulwochen: «Die weltweit wirksamste Vorstellung vom Jenseits des Todes ist die Lehre von der Wiederverkörperung der Seelen in immer neuen Leibern.»[57] Eine der möglichen wiederholten Existenzformen, die die Seele im Zuge ihrer Wanderung durchlaufen kann, ist zweifellos die Reinkarnation in menschlicher Gestalt. In diesem Zusammenhang ist erwähnenswert, daß die Psychologie für das Eintreffen dieses Falles in zunehmendem Maße Hinweise liefert, wie Werner Trautmann feststellt: «Es gibt psychologische Phänomene, für die wir einerseits keine wissenschaftlichen Erklärungen haben, für die andererseits aber die Reinkarnationshypothese die überzeugendste Deutung abgibt.»[58] Zu den angesprochenen psychischen Phänomenen gehören vor allem die Erinnerung an einstige Leben im frühen Kindesalter (600 von Ian Stevenson, Psychiater und Professor an der Universität Virginia, 1979 untersuchte Fälle), die steigende Zahl erfolgreicher psychotherapeutischer Behandlungen mit Hilfe der Rückführungstherapie sowie die hypnotisch induzierte Retrokognition.[59]

Da das Verlassen einer Existenzform für die Seele zugleich das Eintreten in eine neue bedeutet, sind Tod und Geburt aufs engste miteinander verknüpft. Die Mystiker haben deshalb immer wieder hervorgehoben, daß der Tod nichts anderes bedeutet als Geburt, so wie die Geburt das (Ab-)sterben einer Existenzform darstellt. Leben und Tod bilden also eine höhere sinnerfüllte Einheit. Unter diesem Aspekt betrachtet verliert der Tod seine Häßlichkeit und seinen Schrecken, denn wir haben keine Veranlassung mehr, ihn zu fürchten oder ihn weniger freudig zu begrüßen als das Leben.

Denn dem Gebornen ist der Tod, dem Toten die Geburt bestimmt.

Krischna: Bhagavadgita[60]

Für mich ist es klar wie der lichte Tag, daß Leben und Tod nur verschiedene Aspekte ein und derselben Sache sind, die Vorderseite und die Rückseite ein und derselben Münze.

Mahatma Gandhi: Young India[61]

Wir sterben, um wiederum zu leben, ebenso wie wir leben, um schließlich zu sterben.

Mahatma Gandhi: Gandhiji[62]

Es gibt keine Geburt,
noch gibt es Tod.
Es gibt keinen Anfang,
noch gibt es ein Ende.
Nichts ist in sich selbst gleich,
noch ist irgend etwas voneinander verschieden.
Nichts tritt ins Dasein ein,
noch tritt etwas aus dem Dasein heraus.

Nagarjuna: Madhyamaka-Shastra[63]

Nach der altägyptischen Mystik erlebt der eben Verstorbene den Eintritt in das Jenseits ebenfalls als Geburt:

Schaue mich an (o Gott), der ich eben geboren!
Eben geboren! Eben geboren!

Ägyptisches Totenbuch[64]

Nach meiner ewigen Geburt Weise bin ich ewiglich gewesen, bin ich jetzt und werde ich ewiglich bleiben. Was ich als zeitliches Geschöpf bin, das wird sterben und zunichte werden, denn es ist der Zeit verfallen; darum muß es mit der Zeit verderben. In meiner ewigen Geburt aber wurden alle Dinge geboren – hier war ich Ursache meiner selbst und aller Dinge.

Meister Eckhart: Predigten[65]

Er (Gott) läßt das Lebendige hervorgehen aus dem Toten und läßt das Tote hervorgehen aus dem Lebendigen; Er belebt die Erde nach ihrem Tode, und in gleicher Weise sollt ihr wieder hervorgebracht werden.

Mohammed: Koran[66]

Tötet mich, o meine Freunde!
Denn mein Tod nur ist mein Leben.
Denn im Leben ist mir Tod nur,
Und im Sterben ist mein Leben.

Dschelaleddin Rumi: Diwan[67]

Diese Einheit von Geburt und Tod, von Leben und Sterben ist auch für C.G. Jung eine Erkenntnis, die er durch seine tiefenpsychologischen Forschungen gewonnen hat: «Dieser Anblick des Alters wäre wohl unerträglich, wenn wir nicht wüßten, daß unsere Seele in eine Region reicht, die weder der Veränderung in der Zeit noch der Beschränkung durch den Ort verhaftet ist. In jener Seinsform ist unsere Geburt ein Tod und unser Tod eine Geburt.»[68]

Die Wanderung durch die verschiedenen Existenzformen ist für die Einzelseele kein ewiger Prozeß. Er nimmt ein Ende, wenn die Seele ihren Auftrag erfüllt hat, wenn sie Gott endgültig erkannt hat und wenn dadurch Gott sich einmal mehr durch die Vermittlung einer Menschenseele selbst erkannt hat. Mit dieser definitiven und irreversiblen Identifikation mit Gott (nicht zu verwechseln mit den begnadeten Momenten des Mystikers in der Gottesschau während seines irdischen Lebens, die noch nicht die abschließende Vereinigung darstellt), ist der Kreislauf der Geburten beendet.

Hat man Gerechtigkeit und Frieden, so findet man die Wiedergeburt im Tao.

Dschuang Dsi: Das wahre Buch vom südlichen Blütenland[69]

Wer Brahman nicht erkennt in diesem Leben, der muß sich wiederum verkörpern in einer Welt erschaffener Wesen.

Katha-Upanischad[70]

Wenn der Geburten Reih' zu End', gelangt zu mir der Wissende.

Krischna: Bhagavadgita[71]

Siehe nun, ich komme zum Land meines Ursprungs,
Und gelang an den Ort,
Wo ich von nun an
Ewig weilen werde.

Ägyptisches Totenbuch[72]

(Poimandres spricht:) Und dann steigen sie (die Seelen) in der Ordnung weiter zu dem Vater und begeben sich selbst unter die Kräfte, und wenn sie Kräfte geworden sind, kommen sie in Gott.

Hermes Trismegistos: Die 17 Bücher[73]

Und wer da lebet und glaubet an Mich, der wird nimmermehr sterben.

Jesus Christus: Johannes-Evangelium[74]

Gesegnet sind, die viele Erfahrungen durchmachen, denn sie werden durch Leiden vollkommen werden. Sie werden sein wie die Engel Gottes im Himmel, und sie werden nimmer sterben noch werden sie wiedergeboren werden; denn Tod und Geburt haben keine Herrschaft mehr über sie.

Jesus Christus: Evangelium des vollkommenen Lebens[75]

Die letzte Geburt ist also die Geburt in Gott. Was das genau heißt und ob damit das individuelle Ich verblaßt und ganz in Gott aufgeht, weiß niemand. Eines ist sicher: Wenn sich die Mystiker über die Art und Weise dieses letzten Zustandes (wie übrigens auch über die Details der verschiedenen Existenzformen der Seele) ausgeschwiegen haben, dann hat dies seine guten Gründe. Der Hauptgrund ist wohl die völlige Unanschaulichkeit und Unbegreifbarkeit dieses so ganz anderen Jenseits, das unser menschlicher Verstand (und vielleicht sogar jener der Mystiker) einfach nicht zu fassen vermag.

Auf der anderen Seite hat aber unser Nichtwissen hinsichtlich der Weiterexistenz unserer Seele beziehungsweise der Beschaffenheit des Jenseits, seiner einzelnen Stufen und seines höchsten Gipfels, mit Bestimmtheit auch sein Gutes. Der Mensch, der in seinem irdischen Leben einen guten Teil seiner Energie darauf verwendet, die Natur zu beherrschen (und neuerdings mit Hilfe der Fortpflanzungs- und Gentechnologie in die Schöpfung eingreift), würde – falls er zuviel über das Wie und Was des Jenseits wüßte – gewiß versuchen, in gewohnter Manier auch dort zu manipulieren, um sich in egoistischer Absicht Vorteile zu verschaffen, wobei die Schlauen und Rücksichtslosen den Einfachen und Gutmütigen wie üblich überlegen wären. Dies ist aber kaum das von Gott gesetzte Ziel, und wir können ihm nur dankbar dafür sein, daß er diese letzten großen Geheimnisse nicht preisgibt.

In den heiligen Büchern des Parsismus, des Judentums und des Christentums sowie in Schriften von Mystikern, die einer dieser drei Religionen angehörten, gibt es Aussagen über eine Art des Fortlebens der Seele nach dem Tod, die als Auferstehung bezeichnet wird. Obwohl die Auferstehung auch eine Geburt in eine neue Existenzform der Seele und sogar eine echte Reinkarnation darstellt, scheint sie zunächst doch im Widerspruch zur Lehre der Seelenwanderung zu stehen: Erstens wird die Auferstehung nicht als wiederkehrender Vorgang verstanden und zweitens findet sie endzeitlich (am «Tag des Jüngsten Gerichts») statt. In diesen Auferstehungslehren wird aber in der Regel offengelassen, was mit der Seele zwischen dem Tod und der Auferstehung des Menschen geschieht; die Vorstellung, daß auch die Seele stirbt und bei der Auferstehung neu geschaffen wird, muß wohl verworfen werden, denn ohne eine Kontinuität ist die «Beurteilung» der Menschenseele im Endzeitgericht eine Absurdität.

Die Phase zwischen dem Tod und der Auferstehung, wenn diese als die letzte Geburt begriffen wird, läßt also immer noch Spielraum offen für Zwischenzustände (wie das katholische Purgatorium), die sehr wohl das Durchlaufen verschiedener Existenzformen der Seele beinhalten könnten. Zudem stellt sich die Frage: Wann ist der «Jüngste Tag»? Wenn wir akzeptieren, daß die Zeit, wie wir sie kennen, nur ein Bestandteil des raumzeitlichen Kontinuums unseres Universums ist, dann muß die Seele beim leiblichen Tod – vorausgesetzt, sie nimmt nicht (unwahrscheinlicherweise) augenblicklich einen neuen leiblichen Körper an – zunächst in eine andere, uns unbekannte und unverständliche «jenseitige» Zeitform überwechseln oder in die Zeitlosigkeit, die wir Ewigkeit nennen. Damit entzieht sich aber der «Jüngste Tag» gänzlich unserem Zeitbegriff; er kann ebensogut heute wie morgen, wie in unendlicher Ferne stattfinden.

Diese wenigen Bemerkungen sollen dazu dienen, scheinbare Widersprüche in der mystischen Wahrheit aufzulösen. Ein Widerspruch tritt allenfalls dann auf, wenn die Lehre der Mystik mit der starren dogmatischen Ausformulierung des Auferstehungsglaubens in der christlichen Religion konfrontiert wird. Sowohl der Begriff «Seelenwanderung» wie jener der «Auferstehung» belegen letzlich die Grundtatsache der das leibliche Leben überdauernden Existenz der Seele beziehungsweise deren verschiedenen Existenzphasen und -formen.

Durch Deine Macht, Ahura (Gott), mach es wahr, daß die Menschheit nach Deinem Willen auferstehe.

Zarathustra: Avesta[76]

(Gott) der Du die Menschen lässest sterben
und sprichst: Kommet wieder, Menschenkinder!

Mose: Psalm[77]

Und Abraham verschied und starb in einem guten Alter, als er alt und lebenssatt war, und wurde zu seinen Vätern versammelt.

Mose: Das erste Buch[78]

(Laut dieser Stelle erfolgt die Auferstehung offenbar nicht «endzeitlich»!)

Er (der Herr) wird den Tod verschlingen auf ewig.

Jesaja[79]

Aber deine Toten werden leben, deine Leichname werden auferstehen.

Jesaja[80]

(Und Er [Gott] sprach zu mir:) Und ich will meinen Odem in euch geben, daß ihr wieder leben sollt, und will euch in euer Land setzen, und ihr sollt erfahren, daß ich der Herr bin.

Hesekiel[81]

Aber daß die Toten auferstehen werden, bezeugte selbst Moses bei dem Busch, als er Gott anrief und Gott zu ihm sprach: «Ich bin der Gott Abrahams, Isaaks und Jakobs». Gott ist aber nicht der Toten, sondern der Lebendigen Gott. Denn alle leben durch Ihn!

Jesus Christus: Evangelium des vollkommenen Lebens[82]

Was du säest, wird nicht lebendig, es sterbe denn. Und was du säest, ist ja nicht der Leib, der werden soll, sondern ein bloßes Korn, etwa Weizen oder der anderen eines. Gott aber gibt ihm einen Leib, wie er will, und einem jeglichen Samen seinen eigenen Leib... Und es gibt himmlische Körper und irdische Körper; aber eine andere Herrlichkeit haben die himmlischen und eine andere die irdischen. Einen anderen Glanz hat die Sonne, einen anderen Glanz hat der Mond, einen anderen Glanz haben die Sterne; denn ein Stern übertrifft den anderen an Glanz. So auch die Auferstehung der Toten. Es wird gesät verweslich und wird auferstehen unverweslich.

Paulus: Der erste Brief an die Korinther[83]

Und das Leben des Lichts bricht durch den Tod und gebäret ihm einen anderen Leib aus dem Tode, welcher nicht ist dem Wasser und der toten Erde ähnlich; und krieget auch nicht ihren Geschmack und Geruch, sondern die Kraft des Lichts dringet durch, und temperiert sich mit der Kraft der Erde, und nimmt dem Tode seinen Stachel, und dem Zorn seine giftigen Gewalt, und dringet in die Mitte des Leibes, in dem Gewächse als ein Herz mit auf.

Jakob Böhme: Aurora[84]

Es ist versucht worden, die Existenzweise der Seele und das ihr gesetzte Ziel, die Erkenntnis Gottes und die schließliche Vereinigung mit ihm, entsprechend der mystischen Wahrheit darzustellen. Es taucht nun noch die Frage auf, ob *alle* Seelen dieses Ziel erreichen.

Für die Mystik besteht daran nicht der leiseste Zweifel, denn alles andere wäre mit der Allmacht und der Gnade Gottes, vor allem aber mit dem göttlichen Gesetz der Liebe, nicht vereinbar. Wohl gibt es neben dem «Himmel» auch die «Hölle», die in dieser oder jener Existenzform erduldet und durchlaufen werden muß, wobei für nicht wenige Menschen die Hölle das irdische Dasein ist. Eine sogenannte «ewige Verdammnis» aber gibt es nicht. Auch diese Feststellung steht im Widerspruch zum Standpunkt der institutionalisierten christlichen (katholischen) Religion, doch haben zahlreiche christliche Lehrer, angefangen vom Kirchenvater Origenes über Friedrich Schleiermacher bis hin zu modernen Theologen das Dogma von der ewigen Verdammnis abgelehnt. Es gibt sogar Christusworte, welche eher für die Erlösung aller Seelen sprechen als für einen Endzustand mit Seligen und ewig Verdammten.

Ich bin der gute Hirte und kenne die Meinen und bin bekannt den Meinen, wie mich mein Vater kennt und ich kenne den Vater. Und ich lasse mein Leben für die Schafe. Und ich habe noch andere Schafe, die sind nicht aus diesem Stalle; und auch diese muß ich herführen, und sie werden meine Stimme hören, und es wird *eine* Herde und *ein* Hirte werden.

Jesus Christus: Johannes-Evangelium[85]

Was meint ihr? Wenn irgendein Mensch hundert Schafe hätte und *eins* unter ihnen sich verirrte: Läßt er nicht die neunundneunzig auf den Bergen, geht hin und sucht das verirrte? Und wenn sich's begibt, daß er's findet, wahrlich, ich sage euch, er freut sich darüber mehr als über die neunundneunzig, die nicht verirrt sind. Also ist's auch bei eurem Vater im Himmel nicht der Wille, daß eins von diesen Kleinen verloren werde.

Jesus Christus: Matthäus-Evangelium[86]

Es bleibt schließlich noch die Frage, ob es überhaupt ein göttliches Gericht über die Menschenseele gibt, und wenn ja, welchem Zweck es dienen soll, wenn ja doch ausnahmslos alle Seelen erlöst und sich mit Gott vereinigen werden. Es gibt in der Mystik eine einleuchtende Antwort darauf: Ein solches Gericht existiert und ist dauernd wirksam; es besteht im Gesetz des selbstgeschaffenen Schicksals, des noch zu behandelnden Karmagesetzes, das letztlich auch von Gott gegeben ist. Es ist das Karma, das in entscheidender Weise die Wanderung der Menschenseele, die Art und «Dauer» der einzelnen Existenzformen bestimmt. Es ist dafür verantwortlich, welche Himmel und Höllen der Mensch auf diesem Weg durchlaufen muß. Und doch ist das Gesetz des Karmas nicht, wie oft gemeint wird, ein einfacher Vergeltungsautomatismus, denn das Karma kann jederzeit durch die göttliche Gnade maßgebend verändert und gemildert werden.

Er (der Mensch) ist nämlich das Subjekt des
moralischen Gesetzes, welches heilig ist.

Immanuel Kant: Kritik der praktischen Vernunft

«Der Mensch ist böse»,
so sprachen noch alle Weisesten –
mir zum Troste.

Friedrich Nietzsche: Reden Gleichnisse und Bilder

12. Das Gute und das Böse

Es gibt bekanntlich in dieser Welt Dinge, Zustände und Ereignisse, die
wir als gut, und solche, die wir als schlecht oder böse bezeichnen. Mit
der Zuordnung zögern wir meistens keinen Augenblick, denn wir glauben das Gute und das Böse sehr wohl unterscheiden zu können. Im
täglichen Leben ist das Gute zunächst einmal das, was uns nützt, was
zur Befriedigung unserer Begehrlichkeiten beiträgt, was uns – wenn
auch noch so flüchtig – glücklich macht, und das Böse ist alles, was sich
dem in den Weg stellt. Was wir der Wirkung des Bösen anlasten, ist sehr
weitreichend, mag es sich um den bösen Vorgesetzten oder Nachbarn
handeln, um durchlebte böse Momente oder um ein böses Erwachen
aus einer schönen Illusion, um das bösartige Leiden, dem ein naheste-
hender Mensch erlegen ist, oder um ein böses Unwetter, dem ein ganzer
Landstrich zum Opfer gefallen ist. Über die Ursache all dieses Bösen
machen wir uns in der Regel nicht viel Gedanken oder schreiben alles
den Widerwärtigkeiten des Zufalls beziehungsweise dem leidigen
Schicksal zu. Wir wären aber besser beraten, wenn wir eine feinere
Differenzierung vornehmen würden.

Wenn eine schwere Überschwemmung ein unwirtliches und unbe-
wohntes Gebiet trifft, pflegt man dem Ereignis meist wenig Beachtung
zu schenken, obwohl es irgendwie das Bild der «vollkommenen»

Schöpfung beeinträchtigt, aber es würde uns nicht in den Sinn kommen, die Naturkräfte, die dabei im Spiel waren, böse zu nennen. Wenn sich jedoch die Überschwemmung in einem besiedelten Gebiet abspielt und dabei Menschen ihr Hab und Gut oder gar ihr Leben verlieren, dann sprechen wir – mit Recht – von einer Naturkatastrophe mit verheerenden Folgen; aber auch in diesem Fall waren jene Naturkräfte die Ursache, die nicht als «böse» angesprochen werden können. Wir haben es hier offenbar mit einem unabänderlichen Weltübel zu tun, aber in den Fällen, in denen Menschen darunter leiden, tritt unserem Empfinden nach die Unvollkommenheit viel drastischer zutage. Wir sind versucht, uns dagegen aufzulehnen und die altbekannte und berühmte Frage zu stellen, warum Gott «so etwas» zuläßt – der klassische Angelpunkt aller Skeptiker und Agnostiker.

Damit sind wir mitten im Problem der Theodizee, der «Rechtfertigung Gottes», welche die Theologen und Philosophen immer wieder beschäftigt hat. Es scheint in der Tat nur zwei Möglichkeiten zu geben: Entweder möchte Gott diese Weltübel verhindern, aber er kann es nicht, oder er könnte es, aber er will es nicht. Im ersten Fall muß an der göttlichen Allmacht gezweifelt werden, im zweiten Fall an seiner Barmherzigkeit und an seinem Gesetz der Liebe; es besteht nur noch die wenig befriedigende Ausflucht vom «unerforschlichen Ratschluß» Gottes. Ohne auf die zahlreichen Lösungsversuche des Problems einzugehen, soll hier kurz dargestellt werden, was die Mystik dazu zu sagen hat. Es wird sich dabei zeigen, daß die Existenz der Weltübel nicht notwendigerweise mit der (gleichzeitig vorhandenen) Allmacht und Liebe Gottes im Widerspruch stehen muß.

Zunächst steht fest, daß Gott die Vollkommenheit schlechthin ist und daß infolgedessen auch die aus Gott hervorgegangene Schöpfung, die sein Spiegel- und Ebenbild ist, einen gewissen Grad von Vollkommenheit besitzen muß. Wir können davon ausgehen, daß die Naturgesetze, die letztlich im göttlichen Gesetz der Liebe wurzeln, in hohem Maße zweckmäßig und vollkommen sind. Wenn nun, um auf unser Beispiel der Überschwemmung zurückzukommen, die für die Verdunstung des Wassers, die Bildung und Zusammenballung der Wolken und die dadurch hervorgerufenen Niederschläge verantwortlichen physikalischen Gesetze gelegentlich eine unglückliche Konstellation mit unheilvollen Folgen zustande bringen, so ist dies zwar tief bedauerlich, doch ohne dieselben Gesetze wäre die Natur nicht nur bedeutend unvollkommener – die Möglichkeit menschlichen und anderen Lebens auf diesem Planeten würde ohne sie höchstwahrscheinlich gar nicht bestehen.

Es ist nun nicht so, daß Gott wie ein Chefingenieur an einem Schaltpult je nach den momentanen Bedürfnissen und Situationen seine eigenen Naturgesetze durch eine Manipulation aufheben oder verändern könnte, um sie gleich darauf in der alten Art und Weise wieder wirksam werden zu lassen. Ohne Konstanz und Kontinuität der Naturgesetze wäre das Universum nicht existenzfähig. Wir dürfen also annehmen, daß wir es trotz der unleugbaren Existenz der Weltübel, mit dem besten aller möglichen Universen, mit einem optimalen Universum zu tun haben. Die Schöpfung ist grundsätzlich göttlich und «gut», und die Weltübel sind ein integrierender Bestandteil davon oder, wie Teilhard de Chardin sagt: «Im Laufe einer Schöpfung, die sich in der Zeit entwickelt, ist das Übel unvermeidlich.»[1] Und Hoimar von Ditfurth meint, «daß die unleugbare Unvollkommenheit und Mangelhaftigkeit der Welt vielleicht damit zusammenhängt, daß sie einer noch nicht vollendeten Schöpfung entspringt. Woraus der gläubige Mensch, für den die Transzendenz, das «Jenseits», eine Realität ist, immerhin auch hier schon den Trost ziehen könnte, daß diese Unvollkommenheit sich insofern als eine Illusion herausstellen wird, als sie ein zeitlich begrenztes Phänomen und damit im Licht der transzendentalen Wahrheit nicht real ist.»[2]

Und Gott sah an alles, was er gemacht hatte, und siehe, es war sehr gut.

Mose: Das erste Buch[3]

(So spricht der Herr:) Ich bin der Herr, und sonst keiner mehr, der ich das Licht mache und schaffe die Finsternis, der ich Frieden gebe und schaffe das Übel. Ich bin der Herr, der dies alles tut.

Jesaja[4]

Das Gute stammt stets aus der einen allumfassenden Ursache der Welt – das Böse stets aus vielen und immer nur unvollkommenen Mängeln.

Dionysios Areopagita: Die Namen Gottes[5]

Wenn wir fragen, warum es Übel in der Welt gibt, so ist es dasselbe, als ob wir fragten, warum es Unvollkommenheit gibt, oder mit anderen Worten, warum es überhaupt Schöpfung gibt.

Rabindranath Tagore: Sadhana[6]

Wir kommen noch einmal auf das Beispiel der Überschwemmungskatastrophe zurück, weil die Frage noch unbeantwortet ist, warum gerade die betroffenen Menschen von diesem Unglück heimgesucht wurden und nicht andere. Hier scheint die «Ungerechtigkeit Gottes» geradezu ins Auge zu springen, denn wir können uns nicht damit abfinden, daß die Naturgewalten es ausgerechnet mit diesen Menschen böse gemeint haben sollen, und genausowenig können wir die These akzeptieren, daß Gott seinen Zorn über die unbotmäßigen Menschen auf diese Individuen entladen haben soll, um sozusagen ein Exempel zu statuieren, wenn doch, wie wir verstanden haben, Gott nicht in dieser Art und Weise in das Naturgeschehen eingreift.

Die Mystik hat auf unsere Frage eine Antwort bereit, welche auf die mit der mystischen Anschauungsweise wenig oder gar nicht Vertrauten zunächst einen schockierenden und nicht auf Anhieb überzeugenden Eindruck macht. Es ist nämlich wiederum das selbstgeschaffene Schicksal, das karmische Gesetz, aufgrund dessen gerade diese und nicht andere Menschen von dem Geschehen betroffen wurden. Das persönliche Karma jedes einzelnen dieser Menschen wollte, daß gerade sie in diesem Gebiet geboren wurden, in dem sich zu ihren Lebzeiten so etwas ereignen würde, denn das Karma ist zeitübergreifend wirksam. Aufgrund ihres angehäuften Karmas kamen sie dort zur Welt, um diese Prüfung durchzumachen, letztlich im Interesse ihres Seelenheils.

Wenn die Weltübel, seien es nun Naturgewalten, Erreger infektiöser Krankheiten, Unfälle, der Verlust von geliebten Menschen und alles übrige Elend, das den Menschen heimsucht, nicht von irgendeiner bösen Macht herrühren (sowenig wie sie eine Strafe Gottes sind), stellt sich die Frage, ob es das Böse überhaupt gibt. Die Mystik läßt keinen Zweifel daran aufkommen: Das Böse steckt im Menschen selbst und ist auf seinen falsch verwendeten freien Willen zurückzuführen, denn mit dem freien Willen können wir uns sowohl für das Gute wie für das Böse entscheiden. Das Böse steckt sogar ausschließlich im Menschen, denn anderen Geschöpfen können wir mit dem Verhaltensforscher Konrad Lorenz höchstens das «sogenannte Böse» zubilligen.[7] Kein Mystiker hat die Wahrheit von der Verkörperung des Bösen so eindeutig und lapidar ausgedrückt wie der islamische Meister Rumi:

Wenn du den Teufel noch nicht gesehen hast, schau dich selbst an.
Dschelaleddin Rumi[8]

Alle diesen bösen Dinge kommen von innen heraus und machen den Menschen unrein.
Jesus Christus: Markus-Evangelium[9]

Es brennt nichts in der Hölle denn eigener Wille.
«Der Frankfurter»: Theologia Deutsch[10]

Obschon das Böse durchaus real ist, darf es nicht als eine außerhalb des Göttlichen wirkende Kraft betrachtet werden; es wirkt vielmehr innerhalb der göttlichen Gesetze als Ergebnis einer Entscheidung unseres freien Willens, dem als Alternative der Pfad des Guten, der Tugend, zur Verfügung steht. Das Gute beschleunigt unseren Weg zu Gott, so wie das Böse ihn verlangsamt. Das Gute ist aber viel wirklicher als das Böse, denn Gott, die höchste Wirklichkeit, ist auch das bedingungslose Gute, das über der menschlichen Tugend oder Sünde steht.

Das Gute ist in niemand anderes denn einzig und allein in dem einzigen Gott, ja das Gute ist allezeit Gott.
Hermes Trismegistos: Die 17 Bücher[11]

Ursache des Guten ist das Eine. Wenn aber das Böse dem Guten durchaus entgegengesetzt ist, so folgt daraus, daß die Ursachen des Bösen durchaus vielfältig sein müßten. Die schöpferischen Erzeuger des Bösen sind nicht Grundsätze und positive Kräfte, sondern Ohnmacht, Schwäche, Unordnung, asymmetrische Verteilung unähnlicher Dinge.
Dionysios Areopagita: Die Namen Gottes[12]

Sonach bleibt nur der Schluß, daß das Böse eine Schwächung und ein Zuwenig des Guten ist.
Dionysios Areopagita: Die Namen Gottes[13]

Auch machte Gott das eine gegen das andere: das Gute gegen das Böse und das Böse gegen das Gute. Gutes (kommt) aus Gutem, Böses aus Bösem. Das Gute ermöglicht die Ermittelung des Bösen, das Böse die des Guten.

Sefer Jezirah[14]

Ebenso hat Gott den Verführer zugelassen, damit sich die sittliche Kraft der Frommen bewähre! Denn der Verführer hat von seiner Tätigkeit gar keinen Vorteil; er erfüllt nur den Auftrag seines Herrn.

Sefer ha Sohar[15]

Tugend und Sünde wurden für deiner Seele Kampf und Fortschritt geschaffen; die Ergebnisse dagegen gehören Gott, der sich jenseits von Tugend und Sünde erfüllt.

Aurobindo: Gedanken und Aphorismen[16]

Tugend und Sünde sind ein Spiel des Widerstands, das wir mit Gott spielen bei Seinen Bemühungen, uns der Vollkommenheit entgegenzuführen. Das Gefühl der Tugend hilft uns, unsere Sünden im geheimen zu hegen.

Aurobindo: Gedanken und Aphorismen[17]

Wir sind allzumal Sünder. Die quantitativen Unterschiede sind dabei grundsätzlich nicht entscheidend. Wir sind Sünder, weil wir einen freien Willen bekommen haben, weil wir vom Baum der Erkenntnis gegessen haben, aber wir *mußten* davon essen, um die Evolution des Geistes erst möglich zu machen. Wir kommen aus dem Paradies und gehen schlußendlich wieder ins Paradies; ohne «Sündenfall» gäbe es dieses Kommen und Gehen nicht! Damit könnte sich aber auch der Sinn der Schöpfung nicht erfüllen.

Die Auseinandersetzung mit dem Guten und dem Bösen ist für den Menschen natürlich nur dann möglich, wenn er genau darüber im Bilde ist, was er unter «gut» und unter «böse» zu verstehen hat – nicht nach seinem persönlichen oberflächlichen Gefühl, sondern aus dem göttlichen Urgrund und Auftrag heraus. Theoretisch sollte es nicht schwierig sein, sich darüber klarzuwerden. Einmal sind die diesbezüglichen göttlichen Gebote durch die Mystik und die Religion geoffenbart worden, zudem ist das Göttliche in uns, das Selbst, durch die innere Stimme des

Gewissens, das Immanuel Kant das moralische Gesetz in uns genannt hat, dauernd bemüht, uns diese Gebote nahezubringen. Das eigentlich Böse besteht nun darin, diese innere Stimme nicht anzuhören, die Aufforderung zu ethischem Handeln in den Wind zu schlagen, kurz, vom Guten und vom Pfad der Tugend nichts wissen zu wollen. Es gibt genaugenommen nur eine Sünde: das Nichtwissen beziehungsweise das Nicht-wissen-Wollen.

Wenn wir das sittliche Gesetz in uns erkennen, so gelangen wir zur Herrschaft über uns selbst und werden frei.

Rabindranath Tagore: Sadhana[18]

Es ist wohlbekannt, daß die Frucht der Erleuchtung das Ende aller Leiden ist. Aus Unwissenheit kann man viele böse Taten vollbringen. Aber, wie kann man fortfahren, Böses zu tun, wenn die Unterscheidung wach geworden ist?

Shankara: Viveka-Chudamami[19]

Würde der Mensch erkennen, daß das moralische Gesetz in ihm in seinem Selbst gründet, und hätte er die mystische Wahrheit begriffen, wonach jeder Mensch dasselbe Selbst hat, das nichts anderes ist als Gott, dann würde es ihm nicht schwerfallen, ethisches Verhalten als Selbstverständlichkeit, ja als einzig akzeptable Verhaltensweise zu betrachten und seinen Nächsten sowie alle übrigen Geschöpfe zu lieben wie sich selbst.

Wer alle Wesen im Selbst sieht und sein Selbst in allen Wesen, der hasset nicht mehr.

Ischa-Upanischad[20]

Denn wer denselben Herrn erkennt als den, der Allen innewohnt, Verletzt das Selbst nicht durch das Selbst und wandelt so die höchste Bahn.

Krischna: Bhagavadgita[21]

Was ihr getan habt einem unter diesen meinen geringsten Brüdern, das habt ihr MIR getan.

Jesus Christus: Matthäus-Evangelium[22]

Dieses Wort Jesu Christi erhält dann seine volle Bedeutung, wenn man sich wieder daran erinnert, daß aus Christus, wenn er MIR beziehungsweise ICH sagt, eigentlich das Selbst spricht, das er verkörpert; um des Selbst willen sollen unsere Taten gut sein.

Das Gute und das Böse, das die Seele in ihren verschiedenen Existenzformen geschaffen hat, sind bestimmende Elemente des Karmas, das seinerseits die treibende Kraft für die Pilgerfahrt der Seele durch ihre mannigfaltigen Daseinsformen ist. Das Gesetz des Karmas ist ohne das Gesetz der Seelenwanderung schwer vorstellbar, die Seelenwanderung ohne die Wirkung des Karmas nicht verständlich; beide sind eng miteinander verbunden. Man kann aber nicht deutlich genug darauf hinweisen, daß das Karma keineswegs mit einem unerbittlichen Schicksal verglichen werden kann, welchem der Mensch beziehungsweise seine Seele machtlos ausgeliefert ist. Die Seele formt sich dauernd selbst; durch neue Taten kann der Mensch gutes oder schlechtes Karma abbauen oder anhäufen.

Das Karma ist jedenfalls das, was uns mit der Vergangenheit verbindet, in diesem gegenwärtigen Leben und in früheren Existenzen. Und immer wieder kann die göttliche Gnade heilbringend in das Karma eingreifen, wenn wir sie suchen und anrufen. Das Gesetz des Karmas steht also weder mit unserem freien Willen noch mit den Wirkungen der göttlichen Gnade im Widerspruch. Bußfertigkeit, welche die Vergebung der Sünden durch göttliche Gnade bewirkt, ist genauso heilbringend wie eine gute Tat, die – ganz im Sinne des karmischen Gesetzes – viele schlechte Taten zu kompensieren vermag.

Das Karma steht auch nicht im Widerspruch zu den Naturgesetzen, wie oft eingewendet wird; so ist zum Beispiel das Erbgut, das wir von den Eltern mitbekommen haben, insofern auch karmisch bedingt, als eben just unser Karma unsere Seele angewiesen hat, diese Eltern zu ihrer Inkarnierung auszuwählen (obwohl eine Redensart fälschlicherweise besagt, daß wir uns unsere Eltern nicht aussuchen können).

Unser Karma ist in stetem Wandel begriffen, weil – wie wir auch aus der Physik wissen – jede Aktivität zugleich Ursache und Wirkung ist. Während wir aber das dem physikalischen Geschehen zugrundeliegende Kausalitätsprinzip unschwer verstehen können, birgt das Gesetz des Karmas noch eine geheimnisvolle, nichtdurchschaubare Seite in sich. Dies rührt daher, daß das Kausalitätsprinzip die Zeit voraussetzt, die Seele aber, wie schon angedeutet, in ihrer außerirdischen Vor- und Weiterexistenz vermutlich Phasen durchläuft, die sich in einer anderen Zeitdimension oder ganz außerhalb jeglicher Zeit «abspielen». Daher müssen wir dem Karmagesetz hinsichtlich seiner Wirkung auf die außerirdischen Zustände der Seele ebenfalls eine eigene, uns unvertraute Kausalitätsdimension zugestehen. Nur unter dieser Voraussetzung kann unser weiter oben verwendetes Beispiel verstanden werden, wonach ein Mensch karmisch bedingt in eine Überschwemmungskatastrophe gerät, die aus einer scheinbar zufälligen Konstellation von Naturgesetzen innerhalb unseres vom Weltenübel gekennzeichneten Universums entstanden ist.

Was unser irdisches Dasein anbelangt, kann das aus Taten in früheren Existenzen wie auch aus solchen in unserem gegenwärtigen Leben resultierende Karma sich noch in diesem Leben auswirken oder aber erst in Existenzformen nach unserem leiblichen Tod. Da wir weder von unseren früheren noch von unseren zukünftigen Existenzen etwas wissen können, müssen wir nicht versuchen, die Auswirkungen unseres Karmas abschließend verstehen zu wollen. Auch wenn in der jüdischen, christlichen und islamischen Lehre die Wirkung der Taten nicht als Karmagesetz bezeichnet wird, ist deren Bedeutung für die Seele und ihre Weiterexistenz sehr wohl bekannt: Ihre Taten werden ihr unfehlbar nachfolgen.

Wenn er (der Mensch) solchermaßen scheidet, zieht das Leben mit ihm aus und ebenso alle Funktionen des Lebensprinzips. Die Seele aber bleibt bewußt, und bewußt geht der Sterbende zu seiner neuen Wohnstätte. Die Taten dieses Lebens und die Spuren, die sie hinterlassen haben, folgen ihm.

Brihadaranyaka-Upanischad[23]

Das Tun des Menschen aber wird bestimmt durch sein Verlangen. Nach dem Tod geht er ein in eine andere Welt, begleitet von den feinen Spuren, die seine Taten hinterlassen haben.

Brihadaranyaka-Upanischad[24]

Nicht verschwinden die gewollten, vollbrachten, aufgeschichteten Taten spurlos, ohne daß man eine Wirkung von ihnen verspürt, sei es in dieser, sei es in einer zukünftigen Existenz. So sicher wie ein emporgeworfener Würfel immer wieder fest zu stehen kommt, so sicher gelangen die Wesen infolge ihrer Taten zu einem neuen Dasein.

Gautama Buddha: Anguttaranikaya[25]

Was ist die Ursache, was ist der Grund davon, daß man unter den Menschen hohe und niedrige, langlebige und kurzlebige, gesunde und kranke, schöne und häßliche, einflußreiche und einflußlose, reiche und arme, vornehme und geringe, kluge und dumme findet? – Die Taten (Karma) sind das Eigentum der Wesen, die Taten sind ihre Erbschaft, die Taten sind ihr Ursprung, die Taten sind ihre Verwandschaft, die Taten sind ihre Zuflucht.

Gautama Buddha: Majjhimanikaya[26]

Die Raupe macht sich zur Gefangenen der von ihr selbst gesponnenen Puppe. So verfängt sich die weltgebundene Seele in den Maschen ihrer eigenen Taten.

Ramakrischna: Worte[27]

Fortschreitend folg' ich den Spuren meiner vorherigen Taten; denn von gestern bin ich ein Kind.

Ägyptisches Totenbuch[28]

Die Gerechtigkeit und die Gnade sind verbunden, und die eine besteht nicht ohne die andere.

Sefer ha Sohar[29]

Denn Gott ist gerecht und lohnet jedem nach seinen Werken. Was ihr säet, das werdet ihr ernten.

Jesus Christus: Evangelium des vollkommenen Lebens[30]

Irret euch nicht! Gott läßt seiner nicht spotten. Denn was der Mensch sät, das wird er ernten.

Paulus: Der Brief an die Galater[31]

Die guten Werke, die der Mensch hienieden vollbringt, lassen auf ihn einen Teil des erhabenen Lichtes herabsteigen, das droben strahlt. Dieser dient den Menschen als Gewand, wenn er in die kommende Welt eingehen und vor dem Heiligen und Gebenedeiten erscheinen soll. Vermöge dieses Gewandes vermag er dann an der Seligkeit der Auserwählten teilzunehmen und in den Lichtspiegel zu blicken.

Sefer ha Sohar[32]

Im vorstehenden ist gesagt, daß in allen Seelen eine Mischung von Gutem und Bösem vorhanden ist und daß sie in diese Welt kommen, um das Gute durch Ausscheidung des Bösen in sich wiederherzustellen.

Isaak Luria: Das Buch von der Seelenwanderung[33]

Wer auch nur ein Staubkorn Gutes getan hat, der wird es sehen.

Mohammed: Koran[34]

Und jede Seele erhält voll, was sie verdient, und sie wird nicht Unrecht leiden.

Mohammed: Koran[35]

Es besteht die nicht zu übersehende Gefahr, daß in bezug auf das Karmagesetz ein schwerwiegender Fehlschluß gezogen werden könnte, entsprechend folgender Argumentation: Wenn ich einem Menschen begegne, der in Unglück und Elend steckt, dann muß ich annehmen, daß er dies seinem Karma zu verdanken hat; demnach ist er an seiner mißlichen Lage selber schuld, und es besteht kein Anlaß, ihm herauszuhelfen, denn ich könnte dann ja vielleicht sogar die ihm zugedachte heilsame Wirkung seiner schlechten Situation zunichte machen. Es wäre ein verhängnisvoller Irrtum zu glauben, daß dies der Standpunkt der Mystik sei.

Die Mystiker haben vielmehr stets die ethischen Gebote verkündet, und gerade der Buddhismus, in dem die Lehre vom Karma eine zentrale Rolle spielt, hat seit jeher mit größtem Nachdruck Mitleid, Erbarmen und Hilfsbereitschaft gegenüber den unglücklichen und leidenden Menschen gepredigt. Zum Mahayana-Buddhismus gehört überdies die großartige Lehre vom Bodhisattva-Ideal. Ein Bodhisattva ist ein Wesen, das die höchste Stufe der Läuterung und Vollkommenheit erreicht hat, aber aus Erbarmen mit der Menschheit auf die Vereinigung mit dem Urgrund – das heißt auf das Eingehen in das Nirvana – freiwillig verzichtet, um für die Erlösung aller Menschen zu wirken. Ein Bodhi-

sattva, von denen der Buddhismus eine ganze Reihe kennt und hoch
verehrt, ist dabei bereit, für die Erreichung dieses Ziels nicht nur seine
ganzen karmischen Verdienste, ja sogar sein Leben zu opfern, sondern
auch die Mühsal zahlloser weiterer Existenzen auf sich zu nehmen, wie
dem nachstehenden Bodhisattva-Gelöbnis entnommen werden kann.

Ich nehme die Last des Leidens auf mich, ich bin dazu entschlossen,
ich ertrage es... Unbedingt muß ich allen Wesen die Leidenslast
abnehmen... Ich habe das Flehen aller Wesen um Rettung gehört.
Alle Wesen muß ich zur Erlösung führen, die ganze Welt muß ich
retten... Ich bin entschlossen, in jedem einzelnen Elendszustand un-
gezählte Zehnmillionen von Weltzeitaltern zu verweilen... Es ist ja
fürwahr besser, daß ich allein mit Leiden beschwert sei, als daß alle
diese Wesen in Elendswelten gerieten.

Santideva: Siksasamuccaya[36]

Es ist naheliegend, in dieser buddhistischen Lehre eine gewisse Paral-
lele zu Leben und Tod Christi zu erblicken, der sich geopfert hat, um die
göttliche Gnade zur Erlösung der Menschheit zu erwirken. Und Gott *ist*
gnädig, wie uns die Mystiker versichern; er *ist* gewillt, den Menschen
aus seinem schlechten Karma herauszuführen oder – mit anderen Worten – ihm seine Sünden zu vergeben.

Das Herz dir lösen aus der Welt (der Sünde) kann Büßung nicht,
Versenkung nicht.
Allein aus Gnaden Hari's (Gottes) wird sie dir verliehen, ohne
Grund.

Brahma-Samhita[37]

O Saichi, ich bin der allerglücklichste Mensch!
Ich bin ganz und gar frei von jeglichem Weh,
nichts auf der Welt beunruhigt mich.
Nicht einmal das «*namu-amida-butsu*» spreche ich aus.
Durch deine Barmherzigkeit bin ich erlöst (o Amida-Buddha!).
Wie froh macht mich deine Gnade!
«*namu-amida-butsu!*»

Saichi: Spruchgedichte[38]

Barmherzig und gnädig ist der Herr,
geduldig und von großer Güte.

David: Psalm[39]

Ich tilge deine Überlegungen um meinetwillen und gedenke deiner
Sünde nicht (spricht der Herr).

Jesaja[40]

Wahrlich ich sage euch: Alle Sünden werden vergeben den Men-
schenkindern, auch die Lästerungen, so viel sie immer lästern.

Jesus Christus: Markus-Evangelium[41]

Dein Herr aber ist der Vergebungsreiche, voll von Barmherzigkeit.

Mohammed: Koran[42]

O meine Diener, die ihr euch gegen eure eigenen Seelen vergangen
habt, verzweifelt nicht an Allahs Barmherzigkeit, denn Allah vergibt
alle Sünden.

Mohammed: Koran[43]

Auf welche Weise kann nun im Konkreten die göttliche Gnade
und Barmherzigkeit wirksam werden? Sie kommt mit Bestimmtheit
nicht nur im «Jenseits» zum Tragen, sondern manifestiert sich auch
im Bereich des irdischen Daseins, nicht zuletzt durch die Vermittlung von Menschen, die sich aufgrund eines meist nicht bewußt
wahrgenommenen göttlichen Auftrags zu wohltätigem Handeln gegenüber den bedrängten und leidenden Mitmenschen verpflichtet
fühlen; Gott kann sein Gnadenwerk durch Menschen vollziehen
lassen.

Für solches Tun kommen aber keineswegs nur Bodhisattvas und Heilige in Frage, vielmehr ist grundsätzlich jeder Mensch dazu aufgerufen.
Das von der Mystik und den Religionen verkündete göttliche Geheiß
zum ethischen Handeln, das im hohen Gebot der Nächstenliebe gipfelt,
ist letztlich Voraussetzung und Grundlage für das Wirksamwerden göttlicher Gnade.

Auf diese Weise manifestiert sich göttliche Barmherzigkeit durch
konkretes Handeln von dazu aufgerufenen Menschen, und auf diese
Weise darf der Mensch am Wirken der göttlichen Gnade partizipieren.

Die Ethik hat in erster Linie diese Funktion zu erfüllen und erst in zweiter Linie dient sie auch dem ethisch handelnden Menschen zum Erwerb guten Karmas und damit zu seinem eigenen Heil (vgl. Kapitel 14 und 16).

Ach! an der Erde Brust,
Sind wir zum Leide da.

Johann Wolfgang von Goethe: Faust I

13. Das Leiden

Das Leiden ist unausweichlich. Ebenso wie es keine Schöpfung ohne die Weltübel gibt, bleibt den Geschöpfen die Erfahrung des Leidens nicht erspart, und wir dürfen wohl davon ausgehen, daß alle sogenannten höheren Lebewesen das Leiden tatsächlich als solches empfinden. Und ebenso unfehlbar wie der freie Wille des Menschen die Entstehung des Bösen ermöglicht, wird kein Mensch vom Leiden, kleinerem und größerem, körperlichem und seelischem verschont. Das Leiden ist ein universelles existentielles Phänomen; es gehört zwangsläufig zu unserem Dasein. Durch die Allgegenwart des Leidens schlingt sich ein geheimes unsichtbares Band um die ganze Menschheit, und dieser Gedanke mag tröstlich und heilsam zugleich sein.

Bei Gautama Buddha ist die Einsicht in die Geheimnisse des Leidens eine Erkenntnis, die er aus seiner Erleuchtung gewonnen hat. Wie er selber bezeugt, hat er diese Erfahrung und die sich daraus ergebenden Konsequenzen zum Mittelpunkt seiner Lehre erhoben.

Was ich nicht bin, ihr Mönche, was ich nicht sage, dessen beschuldigen mich ehrwürdige Samanas und Brahmanen fälschlicherweise ...
Früher und heute, ihr Mönche, lehre ich nur eines: das Leiden und des Leidens Aufhebung.

Gautama Buddha: Majjhimanikaya[1]

Die bekannteste Formulierung dieser Lehre hat Buddha seinen Jüngern in seiner berühmten Predigt von Benares über die vier heiligen Wahrheiten verkündet: die Wahrheit vom Wesen des Leidens, von seiner Entstehung, von seiner Aufhebung und von dem zur Aufhebung führenden Pfad. Beim Lesen der ersten dieser vier heiligen Wahrheiten wird sofort klar, daß Buddha das Wesen des Leidens bis in seine größte Tiefe ausgelotet hat; keine Erscheinungsweise bleibt unberücksichtigt, kein Aspekt wird ausgelassen.

> Dies, ihr Mönche, ist die hohe Wahrheit vom Leiden: Geburt ist Leiden, Alter ist Leiden, Krankheit ist Leiden, Tod ist Leiden; Kummer, Jammer, Schmerz, Gram und Verzweiflung sind Leiden; mit Unliebem vereint sein ist Leiden, von Liebem getrennt sein ist Leiden, Begehrtes nicht erlangen ist Leiden. Kurz: die fünf Gruppen des Anhaftens sind Leiden.
>
> Gautama Buddha: Samyuttanikaya[2]

Es lohnt sich, schon die ersten Worte dieser Aussage zu überdenken. Wenn Buddha sagt, daß bereits die Geburt Leiden sei, dann meint er damit nicht (oder jedenfalls nicht primär) das Geburtstrauma des Kindes und noch weniger das der Gebärenden. Vielmehr ist die Geburt insofern Leiden, als damit ein neues Dasein beginnt, das unabwendbar auch wieder – wie wir gesehen haben – Leiden mit sich bringen wird. Durch die Geburt ist das Leiden vorprogrammiert, und mag es «nur» den kommenden Tod betreffen. Da aber der Tod bekanntlich wieder Geburt bedeutet, ist der Ring der Leidenskette geschlossen, wie auch die taoistische Mystik lehrt:

> Bei der Geburt des Menschen wird das Leid zugleich geboren.
>
> Dschuang Dsi: Das wahre Buch vom südlichen Blütenland[3]

Das Leiden, ob ursächlich körperlich oder seelisch, wird letztlich durch unsere Psyche empfunden, und weil diese Empfindung das durch die Seele konstituierte Ich trifft, ist es dieses Ich, welches das Leiden erduldet. Je wichtiger wir dieses Ich nehmen, desto stärker wird uns das Leiden quälen, und je mehr wir von der Betonung des Ichs abrücken (und uns auf unseren Wesenskern, das Selbst konzentrieren), desto unwichtiger und erträglicher wird das Leiden. In der Sprache Buddhas:

Das Leiden hängt im Grunde am beziehungsweise an den fünf Aneignungs- (oder Anhaftungs-)gruppen, die in der buddhistischen Terminologie den Seelenbegriff ersetzen.

Es liegt auf der Hand, daß das jedem Menschen zufallende Leiden von seinem persönlichen Karma abhängig sein muß. Es ist in der Tat das individuelle Karma, das stets neue Wiedergeburten bedingt, und grundsätzlich gilt: je schlechter das Karma, desto zahlreicher die durchzumachenden Existenzen, desto ferner die Erlösung. Schlechtes Karma jedoch entsteht durch egozentrisches Verhalten, durch ein seinem Sinn entfremdetes Leben und durch das unablässige Verlangen nach einem solchen, den falschen Schein des Genusses verheißenden Leben. Buddha nennt in seiner zweiten heiligen Wahrheit vom Leiden, die sich auf dessen Entstehung bezieht, dieses Verlangen «Durst» (*tanha*):

> Dies, ihr Mönche, ist die hohe Wahrheit von der Entstehung des Leidens: Es ist jener Wiedergeburt erzeugende, von Wohlgefallen und Lust begleitete «Durst», der bald hier, bald dort Gefallen findet, nämlich der «Durst» nach Sinneslust, der «Durst» nach Werden, der «Durst» nach Vernichtung.
>
> Gautama Buddha: Samyuttanikaya[4]

Buddha hat an anderer Stelle die Hartnäckigkeit und Perfidie dieses «Durstes» anschaulich geschildert:

> Einem leichtfertigen Menschen wächst der «Durst» wie ein Schlinggewächs; er eilt von einem Dasein zum andern, gleichwie ein Affe, der im Walde Früchte sucht.
> Wen dieser niedrige «Durst», der die Welt beherrscht, überwältigt, dem häuft sich der Kummer immer mehr, wuchernd wie das Birana-Gras.
> Gleichwie ein starker Baum, den man fällte und dessen Wurzeln unversehrt blieben, wieder von neuem wächst, so wächst auch immer wieder dieses Leiden, wenn die Neigung zum «Durst» nicht gänzlich vernichtet wird.
>
> Gautama Buddha: Dhammapada[5]

Auch andere Mystiker haben für die Entstehung des Leidens dieses verhängnisvolle Verlangen verantwortlich gemacht.

Das Leid will ich nicht, in meinem Unverstand will ich aber den Grund für das Leid. Warum zürne ich über anderes, wenn sich das Leid aus eigener Schuld ergibt?

Santideva: Bodhicaryavatara[6]

Für diejenigen, die materiellem Genuß zu sehr verhaftet sind, ist es sehr schwierig, Sinnenbefriedigung aufzugeben. Selbst wenn man aufgrund hohen Alters gebrechlich ist, kann man sich von dem Verlangen nach Sinnenbefriedigung nicht frei machen. Wer wirklich glücklich werden will, muß diese unstillbaren Verlangen aufgeben, die die Ursache aller Leiden sind.

Srimad-Bhagavatam[7]

Wir leben im Elend, weil wir Geschöpfe des Ichs sind, des Ichs, das hart und engherzig ist, das kein Licht zurückstrahlt, das für das Unendliche blind ist.

Rabindranath Tagore: Sadhana[8]

Es mag nicht von vornherein einleuchten, daß *alle* Arten von Leiden eine Folge dessen sind, was Buddha als «Durst» bezeichnet hat. Daß Frustrationen durch die Nichterfüllbarkeit von sehnlichen Wünschen oder Trauer durch das Nichtverkraften eines schweren Verlustes auf diese Weise zustande kommen, ist noch verständlich. Wie aber steht es zum Beispiel um das durch eine Krankheit oder einen Unfall mit bleibenden Folgen hervorgerufene Leiden? Wie soll dieses auf irgendein «Verlangen» zurückgeführt werden können?

Nun, solche Leiden müssen unter dem Gesichtswinkel des karmischen Gesetzes betrachtet werden, und schlechtes Karma ist nichts anderes als eine Konsequenz eben dieses «Durstes», dem wir nicht nur im gegenwärtigen irdischen Dasein erliegen, sondern der sich durch alle Existenzphasen unserer Seele zieht. Der «Durst» ist sogar der Motor, der den Menschen zu seinen immer wieder erforderlichen Geburten treibt, denn es ist – wie Buddha sagt – unter anderem auch ein «Durst» nach Werden, das heißt ein «Durst» nach Leben, von dem wir uns stets Genuß und Glück versprechen, beides aber (was wir meist übersehen) immer nur durch Inkaufnahme des Leidens erlangen können. Wenn uns daran gelegen ist, das Leiden aufzuheben oder wenigstens die Anzahl leidvoller Existenzen zu verringern, dann müssen wir offenbar gegen das Verlangen, gegen den «Durst» ankämpfen, wie Buddha in der dritten heiligen Wahrheit vom Leiden ausführt:

Dies, ihr Mönche, ist die hohe Wahrheit von der Aufhebung des Leidens: die restlose Vernichtung, Aufgabe, Verwerfung, das Ablegen und das Vertreiben eben dieses «Durstes».

Gautama Buddha: Samyuttanikaya[9]

Buddha hat sich aber nicht damit begnügt zu lehren, daß der «Durst» ausgerottet werden müsse; er hat in der vierten heiligen Wahrheit über das Leiden auch Wege gewiesen, wie dieser «Durst» wirksam bekämpft werden kann. Sie sind auch unter der Bezeichnung des «edlen achtteiligen Pfades» bekannt:

Dies, ihr Mönche, ist die hohe Wahrheit von dem zur Aufhebung des Leidens führenden Pfad, nämlich: rechte Anschauung /1/, rechte Gesinnung /2/, rechtes Reden /3/, rechtes Handeln /4/, rechte Lebensführung /5/, rechtes Streben /6/, rechte Bewußtheit /7/, rechtes Sichversenken /8/.

Gautama Buddha: Samyuttanikaya[10]

Diese Anleitung mag auf den ersten Blick nicht sehr aufschlußreich erscheinen, doch hat Buddha in weiteren Predigten die Bedeutung der einzelnen Schritte des achtteiligen Pfades näher erläutert: rechte Anschauung ist die Erkenntnis des Leidens, seines Entstehens und seiner Aufhebung; rechte Gesinnung beruht auf Nicht-Haften am Vergänglichen, Nicht-übel-Wollen und dem Verzicht, irgendeinem Wesen Kummer zu bereiten; rechtes Reden bedeutet das Unterlassen von Lügen, roher Rede, übler Nachrede und eitlem Geschwätz; rechtes Handeln besteht darin, nicht zu stehlen, nicht zu töten, Unsittlichkeit zu meiden; rechte Lebensführung heißt Berufe und Tätigkeiten meiden, die dem Menschen oder anderen Lebewesen schaden; rechtes Streben bedeutet Selbstbeherrschung und stete Stärkung des Willens zum Guten; rechte Bewußtheit verlangt in erster Linie dauernde Wachsamkeit, damit nicht durch Gedankenlosigkeit Böses verursacht wird; rechtes Sichversenken schließlich soll im Endeffekt zur einigenden Erkenntnis des Urgrunds führen.[11] Die oberste (und am schwierigsten zu erreichende Stufe) des edlen achtteiligen Pfades ist demnach die Erleuchtung, die Buddha selbst erlangt hat. Wenn auch noch so beschwerlich, sollte also der achtteilige Pfad bis zum Ende beschritten werden, oder es sollte wenigstens dieses Ziel anvisiert werden, denn es verspricht die vollständige Erlösung vom Leiden.

> Wer die hundertfachen Leiden des Daseins überwinden will, wer von den Wesen die Übel fortnehmen und die vierhundertfachen Seligkeiten genießen will, darf niemals das Erleuchtungsdenken aufgeben.
>
> Santideva: Bodhicaryavatara[12]

> Wahrlich, wer Brahman erkennt, wird von allem Leid erlöst. Das Ewige erlangt er, das Allerhöchste.
>
> Kena-Upanischad[13]

> Wer Es (das Selbst) erkennt, hat alles Leiden überwunden.
>
> Katha-Upanischad[14]

> Für ihn (den Erleuchteten) ist das Leiden dieser Welt vorüber. Obwohl er einen endlichen Körper besitzt, bleibt er mit dem Unendlichen vereint. Sein Herz kennt keine Angst. Ein solcher Mensch gilt schon in diesem Leben als frei.
>
> Shankara: Viveka-Chudamami[15]

Man wird unschwer erkannt haben, daß die im achtteiligen Pfad des Buddha enthaltenen Anweisungen (mit Ausnahme der achten Stufe) nichts anderes darstellen als die Gebote der mystischen und religiösen Ethik. Ethisches Verhalten ist aber der hauptsächliche Weg zur Anhäufung guten Karmas und damit zu einer Verminderung von leidvollen Existenzen. Der achtteilige Pfad führt also nicht nur über die Vernichtung des «Durstes», sondern auch über die Verbesserung des Karmas zur schließlichen Aufhebung des Leidens.

Die Leidenslehre des Buddha könnte leicht den Anschein erwecken, daß das Leiden etwas durch und durch Negatives ist, das unter allen Umständen beseitigt werden muß. Natürlich möchten wir alle vollständig und endgültig vom Leiden erlöst werden, doch wir wissen nur allzu genau, daß uns ein konsequentes Verfolgen des achtteiligen Pfades unmöglich ist und daß wir jedes einzelne darin enthaltene Gebot wieder und wieder übertreten; und was das Erreichen der Erleuchtungsstufe betrifft, sind wir uns bewußt, daß dies nur ganz wenigen Menschen gelingt. Wir müssen uns offenbar damit abfinden, daß wir unseren allfälligen Bemühungen zum Trotz in diesem Dasein mit dem Leiden leben müssen.

Dem Leiden kann aber auch eine positive Seite abgewonnen werden, denn den leidvollen Zuständen und Ereignissen stehen freudvolle gegenüber, auch wenn letztere für manche Menschen bedauerlicherweise nur spärlich gesät sind. Aber erst gegen das Leidvolle kann sich das Freudvolle und Beglückende richtig abheben, so wie das Gute erst gegenüber dem Bösen voll zur Geltung kommen kann.

So ist eines wider das andere gesetzt, die Freude wider die Pein und die Pein wider die Freude, auf daß erkannt werde, was böse oder gut sei. Denn so keine Pein wäre, so wäre ihr die Freude nicht offenbar.

Jakob Böhme: Mysterium Magnum[16]

Gäbe es kein Elend,
mein Leben wäre die Verderblichkeit selbst.
Wie glücklich bin ich, daß mir Kläglichkeit, Elend geschenkt wurde.
«Namu-amida-butsu, Namu-amida-butsu!»

Saichi: Spruchgedichte[17]

Schmerz und Leid sind die Mahnungen der Natur an die Seele, daß der Genuß ihres Vergnügens nur eine schwache Andeutung der wirklichen Daseinswonne ist. Jeder Schmerz und jede Qual unseres Wesens birgt das Geheimnis einer Verzückungsflamme, mit der verglichen unsere größten Vergnügungen bloß trübes Geflacker sind. Dies Geheimnis ist es, was für die Seele die Anziehung großer Prüfungen, Leiden und grimmiger Lebenserfahrungen ausmacht, die der nervliche Geist in uns verabscheut und meidet.

Aurobindo: Gedanken und Aphorismen[18]

Im täglichen Leben des «gewöhnlichen» Menschen gilt es, mit dem Leiden auf die bestmögliche Art fertig zu werden und zu versuchen, es zu ertragen, und so wird man die Erfahrung machen, daß man durch

Leiden wachsen kann. Natürlich darf dies nicht so verstanden werden, daß ein sinnloses Märtyrertum gesucht werden müßte. Kein vernünftiger Mensch wird bei körperlicher Pein auf Heil- und Schmerzmittel verzichten wollen, und bei seelischem Leiden wäre es verfehlt, den Trost und den Zuspruch mitfühlender Mitmenschen zu verschmähen. Wenn wir aber dem unausweichlichen Leiden mit Festigkeit und Gleichmut begegnen und uns durch das eigene Leiden zur Barmherzigkeit gegenüber anderen Leidenden bewegen lassen, kann es uns gelingen, seine negativen Wirkungen in ihr Gegenteil umzukehren. Dabei wird sich herausstellen, daß das Leiden, das wir gemäß der Lehre Buddhas mit Hilfe ethischen Verhaltens aufzuheben uns bemühen, letztlich selber dieses ethische Verhalten einleitet.

Der Atome Berührung nur ist kalt und warm, bringt Lust und Leid,
Sie kommen, gehen, ohn' Bestand – ertrage sie, o Bharata!
Der weise Mann, den diese nicht erregen, o du starker Held,
Der Lust und Leid gleichmütig trägt, der reift für die Unsterblichkeit.

Krischna: Bhagavadgita[19]

Das Glück erlangt man nur mit Mühe, das Leid stellt sich ohne weiteres ein. Doch nur durch Leid entkommen wir (dem Kreislauf der Existenzen). Darum, mein Geist, sei fest!

Santideva: Bodhicaryavatara[20]

Wenn auch mein Leid in den anderen Körpern nicht peinigt, so ist doch dies Leid für mich durch die Liebe zum Selbst schwer zu ertragen. Und wenn auch des anderen Leid von mir selbst nicht gespürt werden kann, so ist doch dies Leid für ihn durch die Liebe zum Selbst schwer zu ertragen. Des anderen Leid muß ich beseitigen, weil es Leid ist wie mein eigenes Leid. Und ich muß den anderen helfen, weil sie Wesen sind, wie ich selbst ein Wesen bin.

Santiveda: Bodhicaryavatara[21]

Diese Welt ward von Grausamkeit erbaut, damit sie lieben könne. Willst du die Grausamkeit abschaffen? Dann geht auch die Liebe zugrunde. Du kannst Grausamkeit nicht abschaffen, aber sie in ihr Gegenteil verkehren, in glühende Liebe und Ergötzlichkeit.

Aurobindo: Gedanken und Aphorismen[22]

Ich bitte alle jene, die um die Notwendigkeit der inneren Reinigung wissen, mit mir darum zu beten, daß wir die Absicht erkennen mögen, die Gott mit jeder... Heimsuchung verfolgt, damit uns dieses Heimsuchungen demütig machen und uns darauf vorbereiten, unserem Schöpfer gegenüberzutreten, sobald Er uns ruft, und damit wir immer bereit sind, am Leid unserer Mitmenschen Anteil zu nehmen, wer diese auch sein mögen.

Mahatma Gandhi: Harijan[23]

Sich aufzulehnen oder ein vermeintlich ungerechtes Schicksal zu verfluchen ist die denkbar schlechteste Antwort auf das Leiden. Eine solche Einstellung ist im Gegenteil das beste Mittel, um das Leiden zu verstärken, um die Pein richtig spürbar zu machen. Der die Erlösung Suchende ist vielmehr aufgefordert, das Leiden anzunehmen und den Sinn auf das Göttliche zu richten.

Wer mir nachfolgen will, der verleugne sich selbst und nehme sein Kreuz auf sich und folge mir nach.

Jesus Christus: Markus-Evangelium[24]

Gäbe es für die Menschen einen mehr sicheren und besseren Weg zum Heil als den Weg des Leidens, so hätte Christus mit Wort und Beispiel sicher ihn gewiesen. Hat er doch alle Jünger, die ihm nachfolgten, auch jene, die ihm nachfolgen wollen, so klar wie möglich angewiesen, das Kreuz zu tragen.

«Der Frankfurter»: Theologia Deutsch[25]

Wie steht es nun aber mit der endgültigen Erlösung vom Leiden? Was geschieht, wenn wir außerstande sind, Buddhas achtteiligen Pfad zur Aufhebung des Leidens bis zum Ende zu gehen und wenn wir uns unablässig wieder neues schlechtes Karma aufladen? Angesichts dieser Frage könnte uns Resignation, wenn nicht Verzweiflung befallen, wüßten wir nicht um den heilbringenden Akt der göttlichen Gnade und um die Kraft seiner Barmherzigkeit. Die Leidenden sind Gott wohlgefällig, und das Leiden führt zu Ihm.

Derr Herr ist nahe denen, die zerbrochenen Herzens sind,
und hilft denen, die ein zerschlagenes Gemüt haben.

David: Psalm[26]

Du, Herr, bist unser Vater; «Unser Erlöser», das ist von alters her
dein Name.

Jesaja[27]

Ich rief zu dem Herrn in meiner Not, und Er antwortete mir. Ich
schrie aus dem Rachen des Todes, und du hörtest meine Stimme.

Jona[28]

Selig sind, die da Leid tragen, denn sie sollen getröstet werden.

Jesus Christus: Matthäus-Evangelium[29]

Selig seid ihr, die ihr hier hungert; denn ihr sollt satt werden. Selig
seid ihr, die ihr hier weinet; denn ihr werdet lachen. Selig seid ihr, so
euch die Menschen hassen und euch ausstoßen und schelten euch und
verwerfen euren Namen als einen bösen um des Menschensohn willen ... denn siehe, euer Lohn ist groß im Himmel.

Jesus Christus: Lukas-Evangelium[30]

Gesegnet sind, die viele Erfahrungen durchmachen, denn sie werden
durch Leiden vollkommen werden.

Jesus Christus: Evangelium des vollkommenen Lebens[31]

Leiden macht uns für die volle Gewalt des Herrn der Wonne tauglich;
es befähigt uns auch, das andere Spiel, das der Herrn der Macht, zu
ertragen. Schmerz ist der Schlüssel, der die Tore der Stärke öffnet; er
ist die Heerstraße, die zur Stadt der Glückseligkeit führt.

Aurobindo: Gedanken und Aphorismen[32]

O Unglück, gesegnet seist du, denn durch dich habe ich das Antlitz
meines Geliebten erblickt.

Aurobindo: Gedanken und Aphorismen[33]

Der Schmerz ist besser als des Weltreichs Macht,
Damit du Gott rufst heimlich in der Nacht.

Dschelaleddin Rumi: Mathnawi[34]

Wer nicht zu Gott geht durch die Zärtlichkeiten der Wohltat, wird zu
Ihm geführt durch die Ketten der Prüfung.

Ibn 'Ata 'Ullah: Hikam[35]

Es kann nicht genug betont werden, daß es keinen Widerspruch gibt
zwischen der Erlösungssuche durch ethisches Verhalten und Streben
nach einigender Erleuchtung auf der einen und der Erlösungshilfe
durch göttliche Gnade auf der anderen Seite. Es gibt nicht – wie vielfach behauptet worden ist – den unüberbrückbaren Gegensatz zwischen
der sogenannten «östlichen Doktrin der Selbsterlösung» und der «westlichen Doktrin der Erlösung durch Gottes Gnade». Wohl heben die
«östlichen» Religionen (Taoismus, Hinduismus, Buddhismus) den einen Aspekt und die «westlichen» Religionen (Judentum, Christentum,
Islam) den anderen besonders hervor, aber es gibt keine Religion, die
ethisches Verhalten als wertlos, und keine (inklusive die buddhistische,
wie die Aussagen der Mahayana-Mystiker belegen), welche die erlö-
sungsfördernde göttliche Barmherzigkeit (beziehungsweise jene der
Buddhas und Bodhisattvas) geleugnet hätte. Es sind zwar zwei Wege,
aber sie führen nicht nur zum gleichen Ziel, sondern sie sind zudem
komplementär – sie ergänzen sich auf höchst wirksame Weise.

Das Leiden hat eine Schwester, die an dieser Stelle nicht unerwähnt
bleiben darf, weil sie den Menschen ebenso nachhaltig heimsuchen
kann wie das Leiden und weil sie eine ebenso unausweichliche menschliche Erfahrung ist – die Angst. Man kann den Standpunkt vertreten,
daß die Angst ebenfalls ein Leiden ist; so spricht die Psychiatrie von
psychotischen oder neurotischen Patienten, die unter Angstzuständen
leiden. Die Angst ist aber insofern eine besondere Art von Leiden, als
eigentliches Leiden nicht vorliegt, sondern nur potentiell vorhanden ist.
Obwohl nicht objektbezogen scheint die Angst doch einen globalen
Gegenstand oder Inhalt zu haben, nämlich das Leiden. Man könnte in
der Tat allgemein formulieren, daß der Mensch im Grunde Angst hat
vor dem Leiden, Angst, noch nicht konkretisierte Leiden erdulden zu
müssen. Die erste heilige Wahrheit des Buddha über das Leiden ließe

sich ohne weiteres sinngemäß auf die Angst anwenden: Der Mensch hat
Angst vor Krankheit, vor dem Alter, vor dem Tod, vor dem Getrennt-
sein von Liebem, vor dem Vereintsein mit Unliebem usw. Weil nun aber
das Leiden ein unabdingbarer Bestandteil des Daseins ist, läßt sich
leicht folgern, daß die Wurzel der Angst im menschlichen Dasein selbst
liegt; Angst ist letztendlich Angst vor dem Dasein, oder wie der Philosoph Martin Heidegger es ausdrückt: «Wovor die Angst sich ängstigt ist
das Inderweltsein selbst.» Diese Wahrheit hat Christus mit ganz ähnlichen Worten verkündet:

> In der Welt habt ihr Angst; aber seid getrost, ich habe die Welt
> überwunden.
>
> Jesus Christus: Johannes-Evangelium[36]

So wie der Mensch sich nach Erlösung vom Leiden sehnt, so sehnt er
sich auch nach Erlösung von der Angst. Und so wie die Garantie für die
Erlösung vom Leiden in der göttlichen Gnade begründet ist, so ist die
Garantie für die Erlösung von der Angst in seiner Barmherzigkeit und
in seinem Gebot der Liebe zu suchen.

> Wenn ich mitten in der Angst wandle,
> so erquickest du mich.
>
> David: Psalm[37]

> Der Herr ist mein Licht und mein Heil: vor wem sollte ich mich
> fürchten?
> Der Herr ist meines Lebens Kraft; vor wem sollte mir grauen?
>
> David: Psalm[38]

> (So spricht der Herr:) Fürchte dich nicht, ich bin mit dir; weiche
> nicht, denn ich bin dein Gott.
>
> Jesaja[39]

> (So spricht der Herr:) Fürchte dich nicht, denn ich habe dich erlöst;
> ich habe dich bei deinem Namen gerufen; du bist mein.
>
> Jesaja[40]

Furcht ist nicht in der Liebe, sondern die völlige Liebe treibt die Furcht aus.

Johannes: Der erste Brief[41]

Besonders bedeutsam ist das weiter oben wiedergegebene Christuswort (Zitat 36). Zunächst fällt auf, daß Christus betont «In der *Welt* habt ihr Angst» und daß er nicht fortfährt «. . . seid getrost, Ich habe die Angst überwunden», sondern «. . . seid getrost, Ich habe die *Welt* überwunden». Damit bestätigt er, daß die Angst zu den Grundelementen menschlichen Daseins in dieser Welt gehört und daß diese Angst in der Welt durch kein einfaches Rezept überwunden werden kann. Seine Aussage hat, wie so viele Christusworte, drei Bedeutungsebenen.

Vordergründig heißt sie wohl, daß wir von der Angst nicht frei werden, solange wir uns der Welt zuwenden; für das Überwinden der Angst müssen wir – wie er – gedanklich von der Welt abrücken. Dies mag sicher hilfreich sein, aber eine vollständige Erlösung von der Angst ist auf diese Weise nicht zu erreichen.

Im *symbolischen Sinn* bedeutet die «Überwindung der Welt» nach Christus seine Erlösermission und sein schon vorbestimmter Opfer- und Sühnetod, womit dem Menschen die Verheißung auf eine definitive Erlösung von Leiden und Angst gegeben wird.

Für das Verständnis des *esoterischen Gehalts* der Aussage müssen wir uns von neuem vor Augen führen, daß, wenn Christus ICH sagt, das Selbst aus ihm spricht. Das göttliche Selbst, das er verkörpert, das aber auch in uns allen verborgen ist, stellt die Erlösung von der Angst sicher, denn das Selbst hat nicht nur die Welt «überwunden», es *ist* schon jenseits dieser Welt, wo die Angst nicht mehr regieren kann. Und wenn in den Upanischaden steht, daß, wer den Atman als das Selbst erkennt, alles Leiden überwunden hat (Zitate 13 und 14), so gilt diese Wahrheit vorbehaltlos auch für die Angst.

Solange wir uns von Gott auch nur im mindesten getrennt sehen, beherrscht uns Furcht. Haben wir uns aber als den Einen erkannt, so schwindet alle Furcht.

Vivekananda: Jnana-Yoga[42]

TEIL DREI

DAS HEIL FÜR DIE MENSCHEN

Vollendung! Vollendung!
O du, der Geister heiliges Ziel!
Wann werd ich siegestrunken
dich umfahn und ewig ruhn?

Friedrich Hölderlin: An die Vollendung

14. Vervollkommnung – Vollendung

Die Mystik hat es offenbart: Die Schöpfung ist aus Gott hervorgegangen, um seiner Selbsterkenntnis und Selbstverwirklichung zu dienen, und in der Schöpfung spielt der Mensch bei diesem Vorgang eine zentrale Rolle; darin liegt seine Bestimmung. Der Mensch ist sozusagen ein Werkzeug Gottes oder, besser gesagt, ein Mitarbeiter Gottes, ausgerüstet aber mit einem freien Willen, der ihm gestattet, sich entweder für eine positive und aktive Mitarbeit zu entscheiden oder diese zu verweigern. Ohne diesen freien Willen käme die Mitarbeit des Menschen am göttlichen Plan einem bloßen Automatismus gleich, und es könnte sich nicht mehr um jenen schließlichen «Sieg» des Göttlichen über das Ungöttliche handeln, der ein wesentlicher Aspekt der göttlichen Absicht ist.

Die menschliche Mitarbeit besteht, wie wir inzwischen wissen, in der Pilgerfahrt des Ich zum Selbst und in der letztendlichen Identifikation des Ich mit dem Selbst, die gleichbedeutend ist mit der einigenden Erkenntnis des Urgrundes und damit zugleich mit der Selbsterkenntnis Gottes. Dies also ist das Ziel des Menschen – aus der Sicht des Göttlichen.

Aus dem Blickwinkel des (suchenden) Menschen steht indessen die Erlösung von Leiden, Angst und jeglichen Übeln im Vordergrund, letztlich auch die Erlösung von der «Sünde», wobei letztere nichts anderes ist als die Entfernung von Gott, das Nichts-wissen-Wollen vom Weg des Geistigen, vom «Sichgeistigen», wie Hölderlin es einmal ausgedrückt hat; und diese Sünde wiederum ist es, die uns durch Anhäufung schlechten Karmas stets neues Leiden beschert. Wonach der Mensch sich aber eigentlich sehnt, ist sein persönliches Heil, und das bedeutet noch mehr als bloße Erlösung vom Leiden: Es ist das Erreichen eines Zustandes, der den absoluten Frieden, das absolute Glück, die Unvergänglichkeit, den verstehenden Einblick in alle Dinge der Welt und des Himmels beinhaltet, kurz: die Seligkeit, das Paradies.

Es bedarf wohl kaum noch des besonderen Hinweises, daß die Erfüllung seiner Mission gemäß dem göttlichen Plan und das Erlangen des persönlichen Heils nicht zwei verschiedene oder gar einander entgegengesetzte Ziele für den Menschen sind; sie sind vielmehr ein und dasselbe. Denn die Identifikation des Ich mit dem Selbst, die einigende Erkenntnis des Urgrundes läßt den Menschen an der Sein/Wissen/Wonne-Gestalt Gottes teilhaben, und gerade das ist seine Seligkeit, der Inhalt seines Heils. Der Mensch hat theoretisch die Möglichkeit, dieses Heil noch in diesem, seinem irdischen Leben zu erlangen. Aus diesem Grund haben die Mystiker stets betont, daß es ein besonderer Vorteil und eine besondere Gnade ist, als Mensch (und nicht als irgendein anderes lebendes Geschöpf) geboren zu werden, daß unser menschliches Dasein ein höchst wertvolles und kostbares Geschenk ist.

Wenn er zur Geburt in Menschenform, einer seltenen und gesegneten Inkarnation, gelangt ist, sollte der Weise, indem er alle Eitelkeit den Eiteln überläßt, sich anstrengen, Gott und Gott allein zu erkennen, bevor das Leben vom Tod abgelöst wird.

Srimad-Bhagavatam[1]

Das Heil des Menschen, und zwar das ganz persönliche Heil eines jeden, kann mit *einem* Wort kurz zusammengefaßt werden; es lautet: Gott.

Mögen erlangen wir den herrlichen Glanz Gottes.

Rigveda[2]

Das Ewige ist der Quell aller Freude. Nicht gibt es Freude im Vergänglichen.

Chandogya-Upanischad[3]

(Anrufung der Gottheit)
Führ mich vom Wahn zur Wirklichkeit!
Führ aus dem Dunkel mich zum Licht!
Führ aus dem Tod mich zur Unsterblichkeit!

Brihadaranyaka-Upanischad[4]

Paramahamsas, Gottgeweihte, die sich dem Wichtigsten des Lebens zugewandt haben, sind bis ins Innerste ihres Herzens Krischna angehaftet, und Er ist das Ziel ihres Lebens.

Srimad-Bhagavatam[5]

Der höchste Mensch wendet seinen Geist zurück zur Ewigkeit und genießt die Geheimnisse des Jenseits.

Dschuang Dsi: Das wahre Buch vom südlichen Blütenland[6]

Ich bin, wahrhaftig, ein glücklicher Mensch!
Ich suche, sooft ich mag, das Reine Land auf:
bin dort und bin hier,
bin dort und bin hier,
dort und hier.
«Namu-amida-butsu! Namu-amida-butsu!»

Saichi: Spruchgedichte[7]

Für euch ist die Zeit gekommen, den Sinn auf Gott zu richten. Habt ihr Gott gefunden, dann wird euch alles andere von selbst zufallen.

Ramakrischna: Worte[8]

Das ist das letzte Ziel des Menschen, das Eine zu finden, das in ihm ist, das sein wahres Wesen, das seine Seele ist, der Schlüssel zu der Tür des geistlichen Lebens, zum himmlischen Reich.

Rabindranath Tagore: Sadhana[9]

Glückseligkeit ist Gottes Ziel für die Menschheit; gewinne dies höchste Gut erst für dich selbst, damit du es ganz und gar an deine Mitgeschöpfe austeilen kannst.

Aurobindo: Gedanken und Aphorismen[10]

Es ist nicht die Pflicht des Menschen, alle seine Fähigkeiten zur Vollkommenheit zu bringen, aber es ist seine Pflicht, alle jene Fähigkeiten zu vervollkommnen, die zu Gott hinführen, und alle dem entgegengesetzten Neigungen zu überwinden.

Mahatma Gandhi: Young India[11]

Wenn ihr den Blick darauf richtet, ihr Menschen,
das Ewige nicht vergessend über dem Vergänglichen,
wie jenes allein wirklich ist,
und danach lebt:
geboren seid ihr!

Zarathustra: Avesta[12]

Habe deine Lust an dem Herrn; der wird dir geben, was dein Herz wünscht.
Befiehl dem Herrn deine Wege und hoffe auf ihn, er wird's wohl machen.

David: Psalm[13]

Aber die auf den Herrn harren, kriegen neue Kraft, daß sie auffahren mit Flügeln wie Adler, daß sie laufen und nicht matt werden, daß sie wandeln und nicht müde werden.

Jesaja[14]

Und so ist denn dieses, ihr Männer, wohl wert, bemerkt zu werden, daß, wenn die Seele unsterblich ist, sie auch der Sorgfalt bedarf, nicht nur für diese Zeit allein, welche wir das Leben nennen, sondern für die ganze Zeit, und das Wagnis zeigt sich nun erst recht fruchtbar, wenn jemand sie vernachlässigen wollte.

Platon: Phaidon[15]

Denn das allein würdige Ziel, der Gegenstand unserer Sehnsucht, das ist Er durch sich selbst, in sich selbst.

Dionysios Areopagita: Die Namen Gottes[16]

Und bleibest du (Gott) nicht unendlich, so bleibest du nicht das Ziel unserer Sehnsucht. Du bist unendlich, um unserer Sehnsucht Ziel zu sein. Du, Herr, bist die Unendlichkeit selbst, die ich ersehne in all meinen Sehnsüchten.

Nikolaus von Cues: Gottesschau[17]

(Allah spricht:) Ich schuf die Geister und Menschen nur, daß sie Mir dienen.

Mohammed: Koran[18]

Du, o beruhigte Seele, kehre zurück zu deinem Herrn, befriedigt in Zufriedenheit.

Mohammed: Koran[19]

Dein Schmerz und Flehn ist Botschaft doch von Mir,
Und all dein Streben, um Mich zu erreichen –
Daß Ich zu Mir dich ziehe, ist's ein Zeichen!
Dein Liebesschmerz ist Meine Huld für dich –
Im Ruf «O Gott!» sind hundert «Hier bin Ich!»

Dschelaleddin Rumi: Mathnawi[20]

So wenig der Mensch ohne Anstrengung, ohne beharrliches und unbeirrtes Beschreiten des Heilsweges sein Ziel erreichen kann, so wenig wird er es ohne die Unterstützung durch die göttliche Gnade erlangen, denn schon ohne die göttliche Anleitung (die ihm durch Gnade zuteil wird), auf welche Weise dieser Weg beschritten werden soll, wäre der Mensch rat- und richtungslos. In der Tat können die Grundwahrheiten hinsichtlich des einzuschlagenden und zum Erfolg führenden Heilswegs nicht einfach von einem «gewöhnlichen» Menschen erdacht werden und unfehlbare Richtigkeit beanspruchen. Zu sehr weichen verschiedene solcher Heilslehren voneinander ab, zu groß wird die Gefahr, daß sie dem Menschen eher zum Unheil gereichen können. Natürlich sind solche Heilslehren verkündet worden, aber es dürfte zur Genüge bekannt sein, was für verheerende Ergebnisse sie oft zeitigten. Beim menschlichen Heil geht es aber um ein göttliches Ziel, und es ist daher nur logisch, in diesem Zusammenhang nach göttlichen Anweisungen Ausschau zu halten. Einmal mehr finden wir diese in der mystischen Wahrheit, und einmal mehr ist die grundsätzliche Übereinstimmung dessen, was die Gottesmänner, Menschheitslehrer, Propheten, die Gottgesandten und Erleuchteten über das Heil und die Heilswege verkündet haben, ein Beweis dafür, daß diese Auserwählten wirklich die göttliche Wahrheit gelehrt und die gute und richtige Botschaft gebracht haben.

Nun will ich auch verkündigen, was der Heiligste gesagt hat, das *Wort*, das für die Sterblichen am besten zu hören ist. Alle, die mir diesem Wort Gehorsam leisten, werden durch ihre Werke der guten Gesinnung hineingehen in die Vollkommenheit und die Unsterblichkeit.

Zarathustra: Avesta[21]

Die Worte, die Ich zu euch spreche, spreche Ich nicht selbst. Denn das Vater-Mutter, das in mir wohnt, tuet alle Werke.

Jesus Christus: Evangelium des vollkommenen Lebens[22]

Ich tue euch aber kund, liebe Brüder, daß das Evangelium, das von mir gepredigt ist, nicht menschlicher Art ist. Denn ich habe es von keinem Menschen empfangen noch gelernt, sondern durch eine Offenbarung Jesu Christi.

Paulus: Der Brief an die Galater[23]

(Allah spricht:) Und Wir haben dich (Mohammed) entsandt nur als einen Bringer froher Botschaft und einen Warner für die ganze Menschheit; jedoch die meisten Menschen verstehen es nicht.

Mohammed: Koran[24]

Da das von diesen Wahrheitsverkündern gelehrte Wort nicht menschlicher, sondern göttlicher Natur ist, wird es auch ewig Bestand haben, über das Bestehen von «Himmel und Erde» hinaus.

Sonne und Mond, diese beiden mächtigen und hochgeehrten Himmelslichter, könnten auf die Erde herabfallen, Sumeru, der König der

Berge, könnte sich von seinem Ort fortbewegen – aber das Wort des Buddha ändert sich nicht.

Santideva: Siksasamuccaya[25]

Das Gras verdorrt, die Blume verwelkt, aber das Wort unseres Gottes bleibt ewiglich.

Jesaja[26]

Himmel und Erde werden vergehen; aber meine Worte werden nicht vergehen.

Jesus Christus: Matthäus-Evangelium[27]

Weil nun aber der Kern der Menschenseele, das Selbst, göttlich ist, ist der Mensch imstande, die Göttlichkeit der Heilsbotschaft als solche zu erkennen, und erst dadurch kann diese voll wirksam werden.

Nicht weil Gott es gesprochen, sondern weil die Seele es vernommen hat, ist das Wort der Schriften unsere höchste Autorität.

Aurobindo: Gedanken und Aphorismen[28]

Es sei nochmals betont, daß die Heilsbotschaft nicht bloß einmal, sondern wiederholt verkündet worden ist, an verschiedenen Orten, von verschiedenen Gesandten, in verschiedenen Kulturkreisen und zu verschiedenen Zeiten. Es scheint – und darauf gibt es in der Mystik viele Hinweise – daß Gott bestrebt ist, die Heilswahrheit, wenn erforderlich, den Menschen immer wieder von neuem nahezubringen. Nach der christlichen Lehre ist bekanntlich Gott beziehungsweise der Logos selber Fleisch geworden, um in der Gestalt Jesu Christi die Heilsbotschaft zu übermitteln, da Gottvater selber nicht «gesehen» werden kann. Ähnliches gilt für die hinduistische Tradition: Sogar wiederholt nimmt Krischna Menschengestalt an, um das Wort zu verkünden. Im Buddhismus schließlich ist es der Buddha selbst, der zu diesem Zweck stets von neuem in der Welt der Lebewesen entsteht.

Zwar ungeboren, ewig auch und aller Wesen Herr bin ich,
Und doch entsteh' ich oftmals neu durch meines Wesens Wunderkraft.
Denn immer, wenn die Frömmigkeit hinschwinden will, o Bharata,

215

Ruchlosigkeit ihr Haupt erhebt, dann schaffe ich mich selber neu.

Krischna: Bhagavadgita[29]

Unausdenkbare tausend Millionen von Weltzeitaltern, deren Dauer niemals ergründet werden kann, ist es her, daß ich zuerst die Erleuchtung erlangt habe; ständig lege ich (seitdem) die Lehre dar ...
Wieder und wieder entstehe ich in der Welt der Lebewesen.

Gautama Buddha: Saddharmapundarika-Sutra[30]

Erkenne, Vasetha, daß von Zeit zu Zeit ein «Thathagata» (Buddha) zur Welt gebracht wird, ein völlig Erleuchteter, selig und würdig, reich an Weisheit und Güte, glücklich in der Erkenntnis der Welten, unübertroffen als Führer der sündigen Menschheit ... Von der Wahrheit, lieblich in ihrem Ursprung, lieblich in ihrem Fortschritt, lieblich in ihrer Vollendung, verkündet er sowohl den Buchstaben wie den Geist. Ein höheres Leben in all seiner Reinheit und all seiner Vollkommenheit macht er bekannt.

Gautama Buddha: Tevigga-Sutra[31]

Und das Wort ward Fleisch und wohnete unter uns,
und wir sahen seine Herrlichkeit,
eine Herrlichkeit als des eingeborenen Sohnes vom Vater,
voller Gnade und Wahrheit.

Johannes-Evangelium[32]

Niemand hat Gott je gesehen; der eingeborene Sohn, der in des Vaters Schoß ist, der hat ihn uns verkündigt.

Johannes-Evangelium[33]

Gott hat Zeugen erwecket für die Wahrheit in allen Völkern und jeglichen Alters, daß alle den Willen des Ewigen hören und ihn erfüllen sollten als Herrscher und Mitarbeiter des Ewigen.

Jesus Christus: Evangelium des vollkommenen Lebens[34]

Höre, o Israel, Jahwe, dein Gott ist eins; meiner Seher und Propheten sind viele. In mir leben und bewegen sich alle und haben ihr Leben.

Jesus Christus: Evangelium des vollkommenen Lebens[35]

Doch sind verschiedene Völker, und den verschiedenen hast Du (Gott) verschiedene Propheten und Lehrer zu verschiedenen Zeiten gesandt ... Möchten doch alle erkennen, daß in der Vielheit der Religionsformen nur *eine* Religion sich kundgibt.

Nikolaus von Cues: Frieden der Religion[36]

Das Beschreiten des Heilswegs stellt an den Menschen keine geringen Ansprüche, verlangen doch die Mystiker und Religionsstifter nichts weniger als Nachfolge im Sinne eines Nachvollzugs ihres eigenen Lebens und Handelns. Die Aufforderung der großen geistigen Menschheitsführer zur Nachfolge ist verständlich, wenn man bedenkt, daß ebendiese Heiligen aus eigener Erfahrung wissen, daß ihr Weg zu Gott führt, daß auf ihm das Ziel der einigenden Erkenntnis des Urgrunds erreicht werden und man so zur Vollkommenheit gelangen kann; ihre Seelen haben ihre Aufgabe erfüllt und zur Vollendung gefunden.

Hole dir Kraft vom lebendigen Gott.
Er gab dir den Geist, darum erkenne ihn;
Er gab dir die Seele, darum liebe ihn.
Er wartet deiner, ewig Vollkommenheit.

Zarathustra: Avesta[37]

O Sohn der Unsterblichkeit, lebe nicht der Natur gemäß, sondern Gott gemäß, und bringe auch sie dazu, gemäß der Gottheit in dir zu leben.

Aurobindo: Gedanken und Aphorismen[38]

(Der Herr redete mit Mose und sprach:) Ihr sollt heilig sein, denn ich bin heilig, der Herr, euer Gott.

Mose: Das dritte Buch[39]

Ein Beispiel habe ich euch gegeben, daß ihr tut, wie ich euch getan habe.

Jesus Christus: Johannes-Evangelium[40]

Darum sollt ihr vollkommen sein, gleich wie euer Vater im Himmel vollkommen ist.

Jesus Christus: Matthäus-Evangelium[41]

Wahrlich, mit Osiris zu einem Wesen verschmolzen,
Werd ich vollkommen, wie Osiris vollkommen ist...

Ägyptisches Totenbuch[42]

Auf dem Heilsweg der Nachfolge kann jeder den höchsten Gipfel erreichen: die Gotteserkenntnis, die die Seligkeit verleiht.

Erleuchtung heißt: das eigene Selbst im ganzen Weltall finden. Überwunden hat Wahn und Sorge, wer überall die Einheit sieht.

Ischa-Upanischad[43]

Wer bei allem, was er tut, fühlt, wahrnimmt oder denkt, im Hinter-
grunde Brahmans Sein erkennt, der allein erlangt Unsterblichkeit.

Kena-Upanischad[44]

Ihr, die ihr umherzieht auf den Marktplätzen der Existenzen, greift
ganz fest nach dem Juwel des Erleuchtungsdenkens, das die uner-
meßlich klugen einzigen Karawanenführer der Welt für überaus wert-
voll geschätzt haben.

Santideva: Bodhicaryavatara[45]

Verwirkliche Gott in dir selbst. Erkenn den Atman als das eine un-
teilbare Sein und erlange Vollkommenheit.

Shankara: Viveka-Chudamami[46]

Und dies ist einzig und allein des Menschen Heil, wenn er Gott
erkennt; es ist die Auffahrt zum Himmel.

Hermes Trismegistos: Die 17 Bücher[47]

Wahrlich, wahrlich, ich sage euch: Ihr werdet den Himmel offen sehen...

Jesus Christus: Johannes-Evangelium[48]

Und das ist das wahrhafte Endziel für die Seele: Jenes (göttliche)
Licht anzurühren und es kraft dieses Lichts zu erschauen, nicht in
einem fremden Licht, sondern in eben dem, durch welches sie überhaupt sieht.

Plotinos: Enneaden[49]

218

Man hat der Mystik oft vorgeworfen, daß sie etwas Ungeheuerliches, ja Gotteslästerliches anstrebe, nämlich dem Menschen beizubringen, er könne und solle selber Gott werden. Wenn man an den Ozean des Bösen und der Sünde denkt, den die Menschheit zu verschulden hat, dann müßte dieses Heilsziel tatsächlich als Vermessenheit bezeichnet werden. Nichtsdestoweniger bleibt es dabei, daß in unabsehbarer Zukunft dieser Ozean durch das Feuer menschlicher Wahrheitssuche und menschlichen Tugendstrebens, unterstützt durch die Sonne der göttlichen Gnade zum Austrocknen gebracht und auch die letzte Seele zu Gott gefunden haben wird. Und inzwischen wird es immer wieder Menschen geben, die das hohe Ziel erreichen oder denen es gelingt, es wenigstens für Augenblicke zu schauen.

Wenn die Gotteserkenntnis nach mystischem Verständnis darin besteht, daß sich das Ich mit dem göttlichen Selbst identifiziert, dann können wir nicht umhin zu akzeptieren, daß in solchen Momenten der Mensch Gott geworden ist. Und wenn selbst Christus sagt, wir sollen vollkommen werden, wie der Vater im Himmel vollkommen ist, dann dürfen wir daraus folgern, daß diese Vollkommenheit, welche allein die einigende Gotteserkenntnis ermöglicht, keine Utopie oder Anmaßung ist, sondern das anzustrebende heilige Ziel.

(Der Umfassend-Vollendete sprach:) Wer mein Tao erlangt, der ist aufsteigend ein Gott...

Dschuang Dsi: Das wahre Buch vom südlichen Blütenland[50]

Wandle das gesonderte Einzelwesen in die Allperson, sei ganz und gar Göttlichkeit. Das ist dein Ziel.

Aurobindo: Gedanken und Aphorismen[51]

Was gibt es Neues, das wir noch zu erlangen hätten? ... In einem Wort: Gottheit; uns neu zu schaffen nach dem göttlichen Bild.

Aurobindo: Gedanken und Aphorismen[52]

Der Mensch ist nicht im Frieden mit sich selbst, bevor er nicht geworden ist wie Gott. Seine Bemühungen, diesen Zustand zu erreichen, sind sein höchstes Streben, das einzig Lohnende in seinem Leben. In diesem Streben liegt die Selbstverwirklichung des Menschen.

Mahatma Gandhi: Young India[53]

In diesem göttlichen Bilde denn haben alle Geschöpfe ein ewiges Leben, ohne sich: weil in dem ewigen Urbild. Und nach diesem ewigen Bilde und nach seiner Ähnlichkeit hat uns die heilige Dreifaltigkeit gemacht. Darum will Gott, daß wir aus uns hinausgehen in diesem göttlichen Lichte und daß wir dies Bild, das unser eigenes Leben ist, übernatürlicherweise erstreben und mit Ihm wirkend und genießend es besitzen in ewiger Seligkeit.

Johann van Ruysbroek: Zierde der geistlichen Hochzeit[54]

Erst wenn wir zum Himmel eingegangen sind, ist die Feier jener göttlichen Vereinigung. Erst dann ist das Band, das unsere Seele mit ihrem ersten Ursprung vereint, ein ewiges, unzertrennliches.

Franz von Sales: Theotimus[55]

Mensch, werde Gott verwandt aus Wasser, Blut und Geist,
auf daß du Gott in Gott, aus Gott durch Gotte seist!

Angelus Silesius: Der Cherubinische Wandersmann[56]

Soll ich mein letztes End und ersten Anfang finden,
So muß ich mich in Gott und Gott in mir ergründen
Und werden das, was er: Ich muß ein Schein im Schein,
Ich muß ein Wort im Wort, ein Gott im Gotte sein.

Angelus Silesius: Der Cherubinische Wandersmann[57]

Ich selbst bin Ewigkeit, wann ich die Zeit verlasse,
Und mich in Gott und Gott in mich zusammenfasse.

Angelus Silesius: Der Cherubinische Wandersmann[58]

Was im Zusammenhang mit der Erörterung des Leidens sowie dessen Aufhebung und der Erlösung des Menschen – aber auch schon an anderer Stelle – ausgeführt wurde, muß hier noch einmal mit allem Nachdruck wiederholt werden, denn eines ist für den Heilsweg unabdingbar: die Mitwirkung der göttlichen Gnade. Ohne diese gäbe es niemals eine Möglichkeit, das Heilsziel zu erreichen.

Der Herr, die höchste Persönlichkeit Gottes, handelt durch Seine materielle Energie in der Schöpfung, Erhaltung und Vernichtung der kosmischen Manifestation nur, um das Lebewesen durch Sein Mitleid zu befreien und um die Geburt, den Tod und die Dauer des materialistischen Lebens des Lebewesens zu beenden. Auf diese Weise versetzt Er das Lebewesen in die Lage, nach Hause, zu Gott, zurückzukehren.

Srimad-Bhagavatam[59]

Die ganz seltenen Vorzüge – menschliche Geburt, Sehnsucht nach Befreiung und Unterweisung durch einen erleuchteten Lehrer – sind nur durch Gottes Gnade zu erlangen

Shankara: Viveka-Chudamami[60]

Der Vollendete bin ich, der Beste der Menschen, der Sieger, der in der Welt erschienen ist wie eine Wolke. – Alle Wesen werde ich erfrischen . . . Die durch das Leid dahinwelken, die will ich ins Glück führen; ihnen werde ich die Wünsche erfüllen und Ruhe geben.

Gautama Buddha: Saddharmapundarika-Sutra[61]

Lobe den Herrn, meine Seele,
und vergiß nicht, was er dir Gutes getan hat:
der dir alle deine Sünden vergibt
und heilet alle deine Gebrechen,
der dein Leben vom Verderben erlöst,
der dich krönet mit Gnade und Barmherzigkeit.

David: Psalm[62]

(So spricht der Herr:) Kehre dich zu mir, denn ich erlöse dich!

Jesaja[63]

All dein Leben muß immerdar in Sehnsucht stehen, so daß du fortschreiten willst in Vollkommenheit, und diese Sehnsucht muß allerwegen gewandelt werden in Wollen durch die Kraft des allmächtigen Gottes und deine Zustimmung.

Die Wolke des Nichterkennens[64]

Gekommen ist zu euch fürwahr ein Licht von Gott und ein klares Buch. Damit leitet Gott jene, die Sein Wohlgefallen suchen, auf den Pfaden des Friedens, und Er führt sie aus der Finsternis zum Licht nach Seinem Willen und leitet sie auf den rechten Weg.

Mohammed: Koran[65]

Auch wenn die wenigsten Menschen im Laufe ihres irdischen Daseins das hohe und letzte Ziel des Heils erreichen, ist schon das Beschreiten des Heilsweges und das Sichbemühen, wenigstens ein Stück weit darauf voranzukommen, eine entscheidende Bereicherung und Sinnerfüllung des Lebens. Es ist das, was man religiöse Erfahrung nennt und worüber C. G. Jung sagt: «Es ist gleichgültig, was die Welt über religiöse Erfahrung denkt; derjenige, der sie hat, besitzt den großen Schatz einer Sache, die ihm zu einer Quelle von Leben, Sinn und Schönheit wurde und die der Welt und der Menschheit einen neuen Glanz gegeben hat. Er hat Pistis und Frieden. Wo ist das Kriterium, welches zu sagen erlaubte, daß solch ein Leben nicht legitim, daß solch eine Erfahrung nicht gültig und solch eine Pistis bloße Illusion sei? Gibt es tatsächlich irgendeine bessere Wahrheit über letzte Dinge als diejenige, die einem hilft zu leben?»[66]

Und der zeitgenössische Physiker Jean Charon äußert über den unschätzbaren Wert des Heilsweges: «Jeder von uns müßte sich darüber bemühen, dieser inneren Stimme (des Geistes) mehr Geltung zu verschaffen; sie weiß den Weg, denn dieser Weg ist der ihre. Es ist ein Weg, den uns, genau genommen, die Propheten aller Religionen zu gehen rieten. Ohne Zweifel haben sie die Stimme des universalen Psychismus deutlicher vernommen als die meisten anderen Menschen; darüber hinaus haben sie es verstanden, deren Offenbarungen in die Sprache der Menschen zu übersetzen. Jenen Stimmen, die im tiefsten Inneren des Selbst laut werden *zuzuhören lernen*, bevor man selbst zur Außenwelt zu sprechen beginnt: Darin liegt die Weisheit jedes Prophetenwortes.»[67]

In den folgenden Kapiteln soll nun noch auf die detaillierten Anleitungen zum Beschreiten des Heilsweges eingegangen werden, wie sie von der mystischen Wahrheit offenbart worden sind. Wesentlich dabei ist die Tatsache, daß das Ziel, die schon des öfteren erwähnte einigende Erkenntnis des Urgrunds, auf verschiedenen – direkten oder weniger direkten – Wegen erreicht werden kann, wobei sich für einen bestimmten Menschen, je nach Anlage und Neigung, einige als zweckmäßiger erweisen können als andere. Die Mystiker versichern uns jedenfalls, daß Gott nicht darauf schaut, auf welchem Weg oder über welche Religion der Mensch zu ihm gelangt.

Wie sie zu mir kommen, so nehme ich sie auf; überall folgen Menschen meinem Pfade.

Krischna: Bhagavadgita[68]

Und welche Gottheit einer auch im Glauben zu verehren strebt –
Ich sehe seinen Glauben an und weis' ihm zu den rechten Platz.

Krischna: Bhagavadgita[69]

Alle Wege, wenn sie nur gut sind, führen zu Gott.
Gehe jeder den seinen!
Gebe Gott ihm Kraft und Beharren!
So gib auch mir ein Leben in Deinem Geiste,
in niemals versagender Demut!

Zarathustra: Avesta[70]

Denn, wie es im Himmel viele Wohnungen gibt, so gibt es auch viele Wege dahin.

Theresia von Avila: Schriften[71]

Besonders klar hat sich der indische Weisheitslehrer Vivekananda, der durch sein Wirken und seine Vortragstätigkeit in den Vereinigten Staaten von Amerika sowie in Europa auch im Westen bestens bekannt geworden ist, zum Heilsweg geäußert und die vier wesentlichen Kategorien von Pfaden verdeutlicht, die zur Gotteserkenntnis und damit zur großen Befreiung führen.

Jede Seele ist ihrem Wesen und Vermögen nach göttlich.
Das Ziel ist die Offenbarung dieses innewohnenden Göttlichen durch Beherrschung der äußeren und der inneren Natur.
Erreiche dies entweder durch Arbeit (Pfad der Tat) oder durch Andacht (Pfad der Liebe) oder durch Kontrolle der seelischen Vorgänge (Pfad der Verinnerlichung) oder durch Philosophie (Pfad der Erkenntnis), durch eines oder einige oder alle – und sei frei.
Das ist das Ganze der Religion. Lehrsätze oder Dogmen oder Riten oder Bücher oder Tempel oder Bräuche sind nur nebensächliches Beiwerk.

Vivekananda: Raja-Yoga[72]

Bei solch einer Einteilung (der vier verschiedenen Pfade zum Heil) darf man aber nicht glauben, diese Wege seien deutlich voneinander abgegrenzt und einer schließe den anderen aus. Ganz im Gegenteil: einer geht in den anderen über.

Vivekananda: Karma-Yoga[73]

Aber der Weg zu dir ist furchtbar weit
und, weil ihn lange keiner ging, verweht.
O du bist einsam. Du bist Einsamkeit,
du Herz, das zu entfernten Talen geht

Rainer Maria Rilke: Das Stundenbuch

15. Voraussetzungen und Vorbereitungen

Es kann keinen Zweifel daran geben: Kein Mensch gerät durch Zufall
oder automatisch auf den Heilsweg; kein Mensch ist imstande, ohne
aktiv und angestrengt hinzuhören, jene innere Stimme zu vernehmen,
durch welche das Selbst versucht, ihn zum Beschreiten dieses Weges
aufzufordern; kein Mensch vermag Gott zu finden, ohne ihn zu suchen.
In der Tat ist für den «gewöhnlichen» Menschen Gott zunächst ein
Verborgener.

Fürwahr, du bist ein verborgener Gott, du Gott Israels, der Heiland.
Jesaja[1]

Es kommt nicht von ungefähr, daß Gott für uns verborgen ist. Er ist es
nicht in erster Linie darum, weil wir ihn nicht «sehen» können, sondern
vor allem weil wir ihn suchen sollen, ja suchen müssen, und dieses Gott-
suchen-Müssen ist, wie wir gesehen haben, der Motor für die geistige
Evolution der Menschenseele und eine wesentliche Zielsetzung im göttlichen Heilsplan. Für den jüdischen Religionsphilosophen Friedrich
Weinreb ist diese Suche sogar der substantielle Inhalt und Sinn des
Menschenlebens: «Gott hält sich wirklich verborgen, damit wir ihn suchen. Die Suche nach Gott ist das wahre Leben. Das ist die eigentliche

Ursache des Lebens.»[2] Wer diese Suche mit Beharrlichkeit betreibt, wer sich nicht entmutigen läßt, wenn ein Erfolg sich nicht gleich einstellt, wer den Willen aufbringt, in diesem Bestreben niemals nachzulassen, der wird auf den Heilsweg gelangen und zum Göttlichen finden, so versichern uns die Mystiker.

Nur wer sich nach ihm (dem Selbst) sehnt, kann es erkennen; ihm wird sein wahres Wesen es enthüllen.

Katha-Upanischad[3]

Unser Leben ist eine lange und sehnsuchtsvolle Suche nach der Wahrheit, und die Seele braucht innere Ruhe, um sich darin voll zu entfalten.

Mahatma Gandhi: Harijan[4]

Suche zuerst das Königreich des Himmels, und alles andere wird dir dazugegeben werden.

Mahatma Gandhi: Young India[5]

Trachtet vielmehr nach seinem (Gottes) Reich, so wird euch das alles zufallen.

Jesus Christus: Lukas-Evangelium[6]

(Gott spricht:)
Willst du Mich sehen,
zieh aus in die Welt,
und du wirst Mich erkennen,
daß Ich der Anfang bin von deinem Weg,
und das Ende.

Zarathustra: Avesta[7]

Ich frage dich, mein Gott,
gib du mir Antwort und Verstehen:
meine Sehnsucht läßt mich rufen,
und deine Güte wird mich hören.

Zarathustra: Avesta[8]

Denkt nach über den Herrn in Güte, und in Einfalt des Herzens sucht ihn.

Salomo: Buch der Weisheit[9]

Suchet den Herrn, weil er zu finden ist; rufet ihn an, weil er nahe ist.

Jesaja[10]

Denn so ihr mich von ganzem Herzen suchen werdet, so will ich mich von euch finden lassen, spricht der Herr.

Jeremia[11]

So spricht der Herr: Ich gehe wieder an meinen Ort, bis sie ihre Schuld erkennen und mein Angesicht suchen; wenn es ihnen übel ergeht, so werden sie mich suchen und sagen: «Kommt, wir wollen wieder zum Herrn kehren.»

Hosea[12]

So spricht der Herr: Suchet mich, so werdet ihr leben.

Amos[13]

Bittet, so wird euch gegeben; suchet, so werdet ihr finden; klopfet an, so wird euch aufgetan.

Jesus Christus: Lukas-Evangelium[14]

Wer bittet, der empfängt; wer Sünden hat, dem werden sie vergeben.

Laotse: Taoteking[15]

Und laß es dich nicht verdrießen und mühe dich, bis du Genüge findest! Denn in der ersten Zeit, da du darangehst, findest du nur Finsternis: eben die Wolke des Unwissens. Du weißt nicht was, nur spürst du in deinem Willen die lautere Richtung auf Gott.

Die Wolke des Nichterkennens[16]

(Allah spricht:) «Ich bin nahe. Ich antworte dem Gebet des Bittenden, wenn er zu Mir betet.»

Mohammed: Koran[17]

Wenn ich Dich (Gott) rief, so hast Du geantwortet; wenn ich Dich bat, so hast Du mir gegeben; wenn ich Dich lobte, so hast Du mir gedankt, und wenn ich Dir dankte, so hast Du mir noch mehr geschenkt.

Dhu'N-Nun: Gebete[18]

Das Geheimnis für den schließlichen Erfolg auf dem Weg zu Gott besteht darin, daß nicht nur der Mensch Gott, sondern auch Gott den Menschen sucht.

Nicht nur die Durst'gen suchen Wasser –
das Wasser sucht die Durstigen!

Dschelaleddin Rumi: Mathnawi[19]

Die Suche nach dem Einstieg in den Heilsweg, der zu Gott führt, erfordert in den meisten Fällen eine mehr oder weniger radikale Änderung der Marschrichtung in der Lebensführung. Außer den Menschen, die planlos in den Gefilden des Lebens umherirren, gibt es viele, die mit Stolz darauf hinweisen, daß sie ihr Leben auf ein ganz bestimmtes, in der Regel hochgestecktes Ziel hin ausgerichtet haben; doch wie banal, wie materialistisch, wie kurzsichtig sind diese Ziele oft und wie selten haben sie das Heil zum Inhalt, obwohl doch eigentlich alle in dessen Genuß kommen möchten. In den allermeisten Fällen ist jedoch das anvisierte Ziel mit dem Heil nicht einmal vereinbar, und infolgedessen kann der eingeschlagene Weg nicht zu ihm führen. Wer daher den Weg des Heils beschreiten will, muß umkehren, nichtige Ziele aufgeben und sein Leben ändern.

Es ist tragisch, daß viele Menschen, die durchaus guten Willens sind, meinen, eine solche Umkehr sei für sie unmöglich, weil sie die irrige Ansicht hegen, daß ihnen die dazu nötigen Kräfte fehlen und ohnehin nur Heilige zu einem solchen Akt fähig seien. Dabei wird für das Verfolgen von weltlichen Zielen oft viel mehr Energie aufgewendet, als für die besagte Umkehr erforderlich wäre.

Bekehret euch doch, ihr, die ihr mit dem Irrsal seid umgeben und mit der Unwissenheit verfinstert worden! Weicht vor dem dunklen Licht, werdet der Unsterblichkeit teilhaftig, verlaßt die Verderblichkeit.

Hermes Trismegistos: Die 17 Bücher[20]

Wenn ihr umkehret und stille bliebet, so würde euch geholfen; durch Stillesein und Hoffen würdet ihr stark sein.

Jesaja[21]

Wenn ihr nicht umkehret und werdet wie die Kinder, so werdet ihr nicht ins Himmelreich kommen.

Jesus Christus: Matthäus-Evangelium[22]

Umkehren heißt eigentlich, ein neues Leben anfangen, und das wiederum heißt Wiedergeburt im Geiste (aber im alten Leib), heißt – in christlicher Sprache – den Christusgeist im Herzen aufkeimen lassen.

Es sei denn, daß jemand von neuem geboren werde, so kann er das Reich Gottes nicht sehen.

Jesus Christus: Johannes-Evangelium[23]

Wird Christus tausendmal zu Bethlehem geboren
und nicht in dir: du bleibst noch ewiglich verloren.

Angelus Silesius: Der Cherubinische Wandersmann[24]

Welches sind nun die fundamentalen Voraussetzungen, um auf den Heilsweg zu gelangen und von diesem nicht mehr abzuweichen? Ihre Essenz läßt sich in drei Begriffen zusammenfassen: Nicht-Haften, Reinheit, Demut. Wir erkennen darin Elemente von Buddhas achtteiligem Pfad zur Aufhebung des Leidens sowie die Ermahnungen anderer Mystiker im Hinblick auf die Erlösung von Übel und Sünde. Es versteht sich von selbst, daß der Heilsweg mit dem Weg zur Erlösung parallel geht, da ja das Heil auch die Erlösung umfaßt.

Man mag unter den genannten Voraussetzungen den Glauben vermissen, denn im landläufigen Sinn steht am Anfang jedes religiösen Lebens der Glaube. Nun, die Mystiker haben sich über den Glauben eher sparsam geäußert, und das hat zwei Gründe: Erstens hat der Mystiker selber die Stufe des Glaubens längst hinter sich gelassen; durch seine unmittelbare Gotteserfahrung sind für ihn die höchsten (religiösen) Wahrheiten nicht mehr Gegenstand des Glaubens, sondern Gegenstand seines Wissens. Zweitens, was den «gewöhnlichen» Menschen betrifft, muß auch für ihn der Glaube an die Wahrheit der mystischen Botschaft eine Selbstverständlichkeit sein, vorausgesetzt natürlich, daß

229

er bereit ist, diese zu vernehmen. Wie schon im einleitenden Kapitel über das Wesen der Mystik erläutert, gibt es im Grunde überhaupt kein Wissen ohne stillschweigend vorausgegangenen Glaubensakt, denn zunächst müssen wir einfach glauben, daß der Weg, auf dem wir zu diesem Wissen gelangen wollen, geeignet ist, uns eine die Wirklichkeit wiedergebende Erkenntnis zu vermitteln. Das gilt für die wissenschaftliche Wahrheit ebensogut wie für die mystische.

Nicht-Haften bedeutet, daß der Mensch sich nicht an Dinge, Besitz, Personen und Begierden klammern soll, denn die Sorge um diese Belange, vor allem um den Erhalt oder die Vermehrung des Besitzes, verschlingt soviel Energie, daß für den Aufstieg auf dem Heilsweg nichts oder zuwenig übrigbleibt. Trotz der zum Teil extremen Formulierungen, welche die Mystiker hinsichtlich des Nicht-Haftens verwendet haben, sind die Empfehlungen nicht unrealisierbar. Es geht nämlich primär nicht darum, auf jeglichen Besitz zu verzichten, sondern darum, ihm den richtigen, untergeordneten Stellenwert beizumessen. Für den Mönch oder den Eremiten bedeutet es keine große Anstrengung, das Nicht-Haften zu verwirklichen, weil er praktisch keinen Besitz mehr sein eigen nennt. So gesehen ist es verdienstvoller, wenn ein Mensch mit einem mehr oder weniger großen Besitz die Einstellung des Nicht-Haftens erreicht, was besagen will, daß ein allfälliger erzwungener Verzicht oder der Verlust des Besitzes ihm nicht als existentielle Katastrophe erscheint und ihn nicht am Sinn des Lebens irre werden läßt. Es bedeutet aber auch, daß die Anstrengungen für den Erwerb und die Bewahrung dieses Eigentums im bescheidenen Rahmen bleiben und gegenüber unerfüllten Wünschen Gleichmut geübt werden soll.

Es gibt keine größere Sünde als viele Wünsche.
Es gibt kein größeres Übel als kein Genüge kennen.
Es gibt keinen größeren Fehler als haben wollen.

Laotse: Taoteking[25]

Der höchste Mensch gebraucht sein Herz wie einen Spiegel. Er geht den Dingen nicht nach und geht ihnen nicht entgegen; er spiegelt sie wider, aber er hält sie nicht fest. Darum kann er die Welt überwinden, und er wird nicht verwundet ... Er beachtet das Kleinste und ist doch unerschöpflich und weilt jenseits des Ichs. Bis aufs letzte nimmt er entgegen, was der Himmel gibt, was der Himmel spendet, und hat doch, als hätte er nichts.

Dschuang Dsi: Das wahre Buch vom südlichen Blütenland[26]

Große Weise, die von jeglichen materiellen Begierden befreit sind, konzentrieren sich auf ihren Geist ganz im Dienst des Herrn. Solche Personen werden mühelos von materiellen Bindungen befreit und erreichen die transzendentale Ebene, wodurch sie das spirituelle Wesen des Herrn erwerben.

Srimad-Bhagavatam[27]

(Krischna spricht:) Reine Gottgeweihte geben ihr Zuhause, ihre Frau, ihre Kinder, Verwandten und Reichtümer auf und geben sogar ihr Leben hin, nur um Mir zu dienen, ohne sich dabei in irgendeiner Weise materiellen Gewinn in diesem Leben oder im nächsten zu wünschen; wie könnte Ich also solche Gottgeweihten jemals im Stich lassen?

Srimad-Bhagavatam[28]

Wahrlich, ich sage euch: Es ist niemand, der sein Haus verläßt oder Weib oder Brüder oder Eltern oder Kinder um des Reiches Gottes willen, der es nicht vielfältig wieder empfange in dieser Zeit, und in der zukünftigen Welt das ewige Leben.

Jesus Christus: Lukas-Evangelium[29]

Die Giergebundenen leben in den Fluten,
Wie in dem selbstgewirkten Netz die Spinne;
Durchreißend dieses schreiten hin die Weisen,
Die Wunschlosen, das ganze Leid verlassend.

Gautama Buddha: Dhammapada[30]

Wie die Sonne sich nicht in einem vom Sturme aufgepeitschen Wasser spiegeln kann, so kann sich Gott nicht in einem vom Sturme der Begierden aufgewühlten Herzen offenbaren.

Ramakrischna: Worte[31]

Wer alles auf sich nur bezieht,
und es dann Leben nennt,

wenn er nur seinen eigenen Wünschen nachgeht:
an seiner Einsamkeit
arbeitet er, an seiner Verlassenheit,
und er schließt sich aus
von dir und von allen.

Zarathustra: Avesta[32]

Ihr sollt euch nicht Schätze sammeln auf Erden, wo sie die Motten
und der Rost fressen und wo die Diebe nachgraben und stehlen.
Sammelt euch aber Schätze im Himmel, wo sie weder Motten noch
Rost fressen und wo die Diebe nicht nachgraben noch stehlen. Denn
wo euer Schatz ist, da ist auch euer Herz.

Jesus Christus: Matthäus-Evangelium[33]

Es ist aber ein großer Gewinn, wer gottselig ist und lässet sich genügen. Denn wir haben nichts in die Welt gebracht; darum werden wir
auch nichts hinausbringen. Wenn wir aber Nahrung und Kleider haben, so lasset uns genügen.

Paulus: Der erste Brief an Timotheus[34]

Und wie kann dieses Ziel (das Heil) Wirklichkeit werden? – Tu alle
Dinge fort!

Plotinos: Enneaden[35]

Nun sei es, Menschlein, fliehe ein wenig die Beschäftigung mit dem
Irdischen, verbirg dich ein wenig vor deinen lärmenden Gedanken,
wirf deine lästigen Sorgen weg und setze deine mühseligen Zerstreuungen beiseite! Sei ein wenig für Gott da, ruhe dich ein wenig in Ihm
aus! Gehe in das Gemach deines Geistes hinein, schließe alles aus
außer Gott und dem, was dir Ihn suchen hilft.

Anselm von Canterbury: Opera[36]

Denn ich sage dir, das Werk des Geistes kennt kein Oben noch Unten, noch ein Rechts oder Links, noch ein Vorn und Hinten, wie es im
Leiblichen ist. Zeit, Raum und Leib, diese drei müssen vergessen sein
in allem geistlichen Werk.

Die Wolke des Nichterkennens[37]

Drei Dinge sind es, die uns hindern, so daß wir das ewige Wort nicht hören. Das erste ist Körperlichkeit, das zweite Vielheit, das dritte ist Zeitlichkeit.

Meister Eckhart: Predigten[38]

Und was euch auch an Dingen gegeben ward, es ist nur ein zeitweiliger Genuß dieses Lebens und sein Schmuck; und das, was bei Allah ist, ist besser und bleibender. Wollt ihr es denn nicht begreifen?

Mohammed: Koran[39]

Die ganze Lebensführung soll gekennzeichnet sein durch Nicht-Haften an den vergänglichen Dingen des Lebens und durch Haften am wahren Leben, am Weg zum Heil. Dabei sind Askese und Kasteiung nicht nur nicht erforderlich, wie auch Gautama Buddha aus tiefer Kenntnis der Dinge sagt, sondern ebenso hinderlich wie Luxus und Überfluß.

Wer das Leben hochhält,
weiß nichts vom Leben;
darum hat er Leben.
Wer das Leben nicht hochhält,
sucht das Leben nicht zu verlieren;
darum hat er kein Leben.

Laotse: Taoteking[40]

Denn wer sein Leben erhalten will, der wird's verlieren; und wer sein Leben verliert um meinetwillen und um des Evangeliums willen, der wird's erhalten. Denn was hülfe es dem Menschen, wenn er die ganze Welt gewönne und nähme Schaden an seiner Seele?

Jesus Christus: Markus-Evangelium[41]

Es bedarf kaum einer langen Begründung, warum *Reinheit* des Herzens eine weitere entscheidende Vorbedingung für das Beschreiten des Weges zum Heil ist. Es ist in der Tat nicht möglich, daß eine von negativen Gefühlen, schlechten Gedanken und bösen Absichten erfüllte Seele zum Göttlichen aufsteigt, auch wenn nach außen hin noch keine argen Taten sichtbar wurden und die Fassade gewahrt bleibt. So wird ein von Mißgunst, Neid oder Eifersucht zerfressenes, ein von Leidenschaften hin und her gerissenes oder von Haß und Arglist vergiftetes Herz nie zum Heil gelangen können. Vielmehr sind Ausgeglichenheit, Lauterkeit, Wohlwollen, innerer Friede und Stille vonnöten, um auf dem Heilsweg mit Erfolg zu bestehen.

Schaffe Leere bis zum Höchsten!
Wahre die Stille bis zum Völligsten!

Laotse: Taoteking[42]

Nur durch Forschen kann es (das Selbst) keiner finden, es sei denn, er läßt ab vom Bösen, er meistert seine Sinne und widmet sich, erfüllt von innerem Frieden, der frommen Andacht.

Katha-Upanischad[43]

Doch wer Einsicht hat, wer lauteren Sinns und friedvollen Herzens ist, der wird das Ziel erreichen.

Katha-Upanischad[44]

Für den im Herzen Reinen ist's erkennbar:
Das Selbst, es lebt im Menschen, in des Herzens Lotos
Und ist der Meister über Leib und Leben.

Mundaka-Upanischad[45]

Herzensheiterkeit und Milde, Schweigen, Bezähmung seiner selbst, Reinheit des Wesens – dieses ist des Herzens Buße.

Krischna: Bhagavadgita[46]

Vier Kampfeslieder der Reinheit... wurden von ihm (Buddha)... verkündet... Der Kampf um Reinheit des Wandels, der Kampf um Reinheit des Geistes, der Kampf um Reinheit der Erkenntnis, der Kampf um Reinheit der Erlösung.

Ananda: Anguttaranikaya[47]

Das Gemüt eines von den Dingen der Welt berührten Menschen, welches nicht erzittert und kummerlos, leidenschaftslos und frei von Furcht ist: Dieses ist das höchste Heil.

Gautama Buddha: Suttanipata[48]

Wisse, o Weiser, daß der Mensch der Leidenschaftslosigkeit und Unterscheidung bedarf, wie der Vogel seiner beiden Flügel. Ohne sie kann der Mensch nicht den Gipfel des Weinstockes erreichen, an dem der Nektar der Befreiung fließt. Auf andere Weise kann man nicht dort hinaufgelangen.

Shankara: Viveka-Chudamami[49]

Läutert das Herz! Nur das reine Herz ist Gottes Thron.

Ramakrischna: Worte[50]

Gott kann niemals von einem erkannt werden, der nicht reinen Herzens ist. Selbstreinigung muß daher Reinigung in jeder Hinsicht des Lebens bedeuten.

Mahatma Gandhi: Autobiography[51]

Und wird nicht eben das die Reinigung sein, was schon immer in unserer Rede vorgekommen ist, daß man die Seele möglichst vom Leibe absondere und sie gewöhne, sich von allen Seiten her aus dem Leibe für sich zu sammeln und zusammenzuziehen, und soviel als möglich . . . für sich allein zu bestehen, befreit von Banden, von dem Leibe?

Platon: Phaidon[52]

Schaffe in mir, Gott, ein reines Herz,
und gib mir einen neuen, beständigen Geist.
Verwirf mich nicht von deinem Angesicht,
und nimm deinen heiligen Geist nicht von mir.

David: Psalm[53]

Selig sind, die reinen Herzens sind; denn sie werden Gott schauen.

Jesus Christus: Matthäus-Evangelium[54]

Darum so leget ab alle Unsauberkeit und alle Bosheit und nehmet das Wort an mit Sanftmut, das in euch gepflanzt ist, welches kann eure Seelen selig machen.

Jakobus: Der Brief[55]

Wahrlich, dem ergeht es wohl, der sich reinigt.

Mohammed: Koran[56]

Die *Demut* bezieht sich zunächst und in erster Linie auf die Haltung, die der Mensch Gott gegenüber einzunehmen hat. Man kann sich dem Göttlichen nicht anders als in tiefster Ehrfurcht vor dessen unsagbaren Größe und Erhabenheit, vor dessen strahlender Herrlichkeit und Vollkommenheit nähern. Ein Mensch, der es mit dem Heilsstreben ernst meint, wird sich zwangsläufig der eigenen Unvollkommenheit und Nichtigkeit bewußt werden und von tiefempfundener Dankbarkeit erfüllt sein, daß sich ihm ein Weg zur Erlösung und Seligkeit eröffnet.

Für gewöhnlich ist jedoch der Mensch von einer solchen Haltung weit entfernt. Er neigt ganz im Gegenteil dazu, seine eigene Größe und Glorie zu feiern, und spätestens seit dem Turmbau zu Babel ist er ständig darauf erpicht zu zeigen, daß auch er Wunderbares vollbringen kann, ganz ohne Gottes Hilfe, ja gelegentlich sogar im Hochgefühl, Gott auf diese Weise herauszufordern. Und wie sollten sein Übermut und Überlegenheitsgefühl nicht stets neue Nahrung erhalten angesichts der Tatsache, daß es ihm immer besser zu gelingen scheint, Gott auf die (Schöpfungs-)Schliche zu kommen? Ist er nicht ins All vorgestoßen? Hat er nicht die Atomkraft enträtselt und entfesselt? Hat er nicht zahllose Krankheiten besiegt? Hat er nicht den genetischen Code geknackt und sich damit in die Lage versetzt, neue Lebewesen nach eigenem Geschmack entstehen zu lassen, «verbesserte» Lebewesen, wohlverstanden? Bei allem Respekt vor diesen Errungenschaften täte man jedoch gut daran, sich vor Augen zu führen, daß der Mensch weder ein Wunder wie die Schöpfung des Alls noch wie die Schöpfung des Lebens oder gar wie die Schöpfung der Seele vollbracht hat oder je wird vollbringen können; er hat es nicht einmal verstanden, sich auf diesem Planeten so zu organisieren, daß alle in Freiheit und Frieden, ohne Armut und Elend darauf leben können, und zwar ohne die natürlichen Lebensgrundlagen fortlaufend zu zerstören. Es wäre daher etwas Besinnung und Bescheidenheit angezeigt, wie die Mystiker immer gefordert haben, und die Demut vor dem Göttlichen ist bestimmt nicht fehl am Platze.

Allerdings könnte man hinsichtlich der Forderung nach Demut der Mystik auch einen gewissen Mangel an Logik vorwerfen. Wenn nämlich das Heil die Identifikation des Menschen mit dem Göttlichen ist, wenn der Mensch aufgerufen ist, vollkommen zu werden wie Gott, dann muß dieses Ziel offenbar grundsätzlich erreichbar sein. Wenn also der Mensch selber Gott werden kann und sollte, ist diese Demut dann noch angebracht und hat sie überhaupt noch einen Sinn? Offensichtlich stehen wir wieder vor einem der nicht seltenen Paradoxa der Mystik, aber wiederum handelt es sich nur um ein scheinbares.

Nach der einigenden Erkenntnis des Urgrundes, nach der Einswerdung mit dem Göttlichen hat das menschliche Ich seine Ichheit hinter sich gelassen und ist etwas Neues geworden, das für den Menschen unvorstellbar bleibt, solange dieser Akt nicht stattgefunden hat. Bis dahin regiert aber unser Ich unser ganzes Leben, und es ist dieses Ich, das den Heilsweg erst noch abschreiten muß, dem die Demut so not tut.

Das Starke und Große ist unten.
Das Weiche und Schwache ist oben.

Laotse: Taoteking[57]

Was aber, ihr Mönche, obliegt den Büßern, obliegt den Heiligen? «Schamhaft und demütig wollen wir sein»: also habt ihr euch, meine Mönche, wohl zu üben.

Gautama Buddha: Majjhimanikaya[58]

Ehrfurcht und Bescheidenheit, Zufriedenheit und Dankbarkeit und rechtzeitiges Anhören der Lehre, das ist das glückverheißendste Ding.

Gautama Buddha: Suttanipata[59]

Wer die Wahrheit sucht, sollte demütiger sein als Staub. Die Welt zerdrückt den Staub unter ihren Füßen, aber wer die Wahrheit sucht, sollte so demütig sein, daß der Staub ihn zerdrücken kann. Erst dann wird er einen Lichtblick der Wahrheit erhaschen.

Mahatma Gandhi: Autobiography[60]

Gott über allem,
und uns die Demut!

Zarathustra: Avesta[61]

So spricht der Herr: Ein Weiser rühme sich nicht seiner Weisheit, ein Starker rühme sich nicht seiner Stärke, ein Reicher rühme sich nicht seines Reichtums. Sondern wer sich rühmen will, der rühme sich dessen, daß er klug sei und mich kenne, daß ich der Herr bin, der Barmherzigkeit, Recht und Gerechtigkeit übt auf Erden; denn solches gefällt mir, spricht der Herr.

Jeremia[62]

Es ist dir gesagt, Mensch, was gut ist, und was der Herr von dir fordert, nämlich Gottes Wort halten und Liebe üben und demütig sein vor deinem Gott.

Micha[63]

So jemand will der Erste sein, der soll der Letzte sein von allen und aller Diener.

Jesus Christus: Markus-Evangelium[64]

Erinnere dich mit Demut, wieviel dir unbekannt ist, ja, unsichtbar. Und wenn du also tuest, dann wirst du klarer sehen.

Jesus Christus: Evangelium des vollkommenen Lebens[65]

Allesamt aber miteinander haltet fest an der Demut. Denn Gott widersteht den Hoffärtigen, aber den Demütigen gibt er Gnade.

Petrus: Der erste Brief[66]

Die Diener des Gnadenvollen aber sind diejenigen, die da demütig auf Erden wandeln, und wie die Unwissenden sie anreden, sprechen sie: «Frieden»!

Mohammed: Koran[67]

Wie aus diesen Zitaten hervorgeht, ist Demut nicht nur gegenüber Gott, sondern auch gegenüber den Mitmenschen geboten. Demut muß eine Grundeinstellung der auf den Heilsweg ausgerichteten Lebensführung sein, ohne die es auch keine Demut gegenüber dem Göttlichen gibt, denn wer ständig Überheblichkeit an den Tag legt, wird schwerlich zur Ergebenheit gegenüber Gott fähig sein. Aber Demut im täglichen Leben zu üben bedeutet für den Menschen eine außerordentlich harte Prüfung. Wie soll man sich im Lebenskampf behaupten ohne Durchsetzungswillen, wie soll man in unserer Leistungsgesellschaft beruflich oder gesellschaftlich Erfolg haben ohne Streben nach Überlegenheit? Wie soll man den Verlockungen der Domination und der Macht widerstehen?

Es braucht wahrhaftig viel, um einzusehen, daß Macht und Hochmut Hindernisse sind auf dem Weg zum Heil, und es braucht noch viel mehr, um eine entsprechende Gesinnungsänderung in die Tat umzusetzen. Und trotzdem geht es leider nicht anders, aber wenn es gelingt, werden der befreiende Seelenfriede und die förderliche Wirkung für den Heilsweg nicht ausbleiben.

Nur in der grenzenlosen Ethik hat unser
Tun die Richtung auf die Unendlichkeit hin.
Nur in ihr ist es als Auswirkung und stete
Erneuerung des Erlebnisses des geistigen
Eins-Werdens mit dem unendlichen Sein
begreiflich.

*Albert Schweitzer: Die Weltanschauung
der indischen Denker*

16. Der Pfad der Tat

Von den vier Hauptpfaden, die zum Heil führen, scheint der Pfad der
Tat der gangbarste und völlig unproblematisch zu sein. Das ganze Leben praktisch aller Menschen ist von Handeln, Wirken und Arbeit erfüllt, und es sieht so aus, als würde es keiner besonderen Motivation
und keiner außerordentlichen Anstrengung bedürfen, um Tätigkeit als
obersten Grundsatz für unser Leben zu akzeptieren. Aber es führen
nicht alle Taten dem Heilsziel entgegen; erwartungsgemäß vermögen
dies nur die guten Taten und solche, die Gutes bewirken. Was aber ist
eine gute Tat? Wir haben schon im Kapitel «Das Gute und das Böse»
darauf hingewiesen, daß die Mystik und die Religionen das Gute ver-
bindlich definiert haben.

Es gibt keine Religion, die nicht eine Ethik formuliert hätte, die
letztlich in der mystischen Wahrheit wurzelt. Diese Lehren finden wir in
allen heiligen Schriften in mehr oder weniger detaillierter Ausformung
und meist verstreut an vielen Stellen, deren Kern jedoch oft in kurzen,
prägnanten Lehrsätzen zusammengefaßt wurde, die in der praktischen
Religion immer wieder zitiert und herangezogen werden. Man könnte
diese Zusammenfassungen als ethischen Code der betreffenden Religionen bezeichnen. Sie enthalten allerdings auch Elemente dessen, was
wir unter «Voraussetzungen und Vorbereitungen» erörtert haben, näm-

lich die Forderungen nach Nicht-Haften, Reinheit und Demut, die eher zur seelischen Verfassung, zur inneren Haltung des Menschen gehören. Die eigentliche Ethik befaßt sich mehr mit der Wirkung des Menschen nach außen, mit seiner Handlungsweise, mit seinem Verhalten gegenüber der Gesellschaft, gegenüber seinen Mitmenschen und gegenüber jeglicher Kreatur.

Beispiele für solche ethischen Codes sind in der altindisch-vedischen Religion die «Weisungen für Laienschüler» in der Taittiriya-Upanischad[1], in der «neuen» hinduistischen Religion ein Abschnitt der Bhagavadgita[2], im Buddhismus der schon mehrfach erwähnte achtteilige Pfad des Buddha zur Aufhebung des Leidens, der zugleich auch ein Pfad zum Heil ist, sowie die Mettasutta (Sutta von der Güte)[3], in der altägyptischen Religion das sogenannte negative Glaubensbekenntnis in den Papyri Nu und Nebseni des Totenbuches[4], in der jüdischen und christlichen Religion schließlich die Zehn Gebote, die laut Überlieferung Mose als Gesetzestafeln auf dem Sinai von Gott empfangen hat[5] und die im Christentum durch die erhabenen Worte Jesu Christi in der Bergpredigt ausgelegt, ergänzt und vervollkommnet worden sind[6].

Die genannten ethischen Codes enthalten in der Regel ein Konglomerat von Verboten und Geboten und stimmen in den wesentlichen Punkten – als Produkt der mystischen Wahrheit – auf beeindruckende Weise überein. Wenn wir versuchen, eine integrierte Synthese des ethischen Codes der Mystik zu formulieren, müßte diese etwa wie folgt aussehen:

Unsere Taten sollen unter allen Umständen frei sein von:
– Unehrlichkeit, Falschheit, Lug und Trug,
– Gier nach fremdem Gut jeglicher Art,
– Gewalttätigkeit und Vernichtung von Leben,
– Schmähung und Verachtung der Mitmenschen,
– Entweihung des Heiligen;
vielmehr soll unser gesamtes Handeln bestimmt sein von:
– Wahrhaftigkeit, Aufrichtigkeit, Redlichkeit,
– Hilfsbereitschaft und Wohltätigkeit,
– Gewaltlosigkeit und Ehrfurcht vor dem Leben,
– Nachsicht, Milde und Wohlwollen gegenüber dem Nächsten,
– Ehrfurcht vor dem Göttlichen.

Eine Tat vermag vor allem dann Gutes zu bewirken, wenn sie dem Mitmenschen zum Wohl gereicht; Gutes tun ist vornehmlich Dienst am Nächsten. Dieser Dienst kann sowohl in einer materiellen als auch in einer ideellen Hilfeleistung bestehen. Mindestens jenes Wohl, das wir für uns selbst beanspruchen, sollten wir auch unseren Mitmenschen angedeihen lassen.

Möge ich den bedürftigen Wesen ein unerschöpflicher Schatz sein. Möge ich ihnen in mannigfachen Arten der Unterstützung beistehen.

Santideva: Bodhicaryavatara[7]

Möge ich den Schutzlosen ein Beschützer sein, ein Führer den Reisenden, denen, die zum anderen Ufer wollen, ein Boot, ein Damm, eine Brücke, eine Lampe für die, die eine Lampe brauchen, ein Bett für die, die ein Bett brauchen, ein Diener für alle Lebewesen, die einen Diener brauchen.

Santideva: Bodhicaryavatara[8]

Und wie ihr wollt, daß euch die Leute tun, also tut ihnen auch.

Jesus Christus: Lukas-Evangelium[9]

O die ihr glaubt, spendet von dem Guten, das ihr erwarbt, und von dem, was Wir für euch aus der Erde hervorbringen.

Mohammed: Koran[10]

Ein gütiges Wort und Verzeihung sind besser als ein Almosen.

Mohammed: Koran[11]

Soll der Pfad der Tat zum Heilsziel führen, müssen die guten Werke den höchsten Grad der Vollkommenheit erreichen. Für das Handeln gegenüber den Mitmenschen heißt dies, daß nicht bloß Gutes mit Gutem, sondern auch Schlechtes mit Gutem vergolten werden soll, was zum hohen Ethos der Feindesliebe führt. An diesem Punkt berühren sich der Pfad der Tat und der Pfad der Liebe.

Zu den Guten bin ich gut,
Zu den Nichtguten bin ich auch gut,
Denn das Leben ist die Güte.

Laotse: Taoteking[12]

Bezwinge den Zorn durch Nichtzürnen, durch Gutes besiege den Bösen; den Geizigen überwinde durch Gaben und den Lügner durch Wahrheit.

Gautama Buddha: Dhammapada[13]

Auch in diesem Falle (d. h. auch gegenüber dem Feind und Widersacher), ihr Mönche, müßt ihr euch also üben: «Nicht soll unser Geist erregt werden, kein böses Wort wollen wir ausstoßen, freundlich und mitleidsvoll wollen wir bleiben, gütig gesinnt und ohne Haß im Innern, und diesen Menschen wollen wir mit gütigem Geiste durchdringen, und von ihm ausgehend wollen wir die ganze weite Welt mit gütigem Geiste durchdringen, mit schrankenlosem, weitem, unermeßlichem, frei von Feindseligkeit und Übelwollen.» So also, ihr Mönche, müßt ihr euch üben.

Gautama Buddha: Majjhimanikaya[14]

Die mich verleumden und die mir schaden, die mich verspotten, mögen sie alle die Erleuchtung erlangen.

Santideva: Bodhicaryavatara[15]

Liebet eure Feinde; segnet, die euch fluchen; tut wohl denen, die euch hassen; bittet für die, so euch beleidigen und verfolgen.

Jesus Christus: Matthäus-Evangelium[16]

Seinem Unterdrücker zu verzeihen und dem wohl zu tun, der einem Böses tut, das ist die Sinnesart der Frommen.

al-Ghasali: Das Elixier der Glückseligkeit[17]

Diese sehr anspruchsvollen Forderungen des Dienstes am Mitmenschen sind leichter zu erfüllen eingedenk der Tatsache, daß der Mensch gemäß seinem Wesenskern, dem Selbst, göttlich ist, und daher Dienst am Menschen auch Dienst an Gott ist. Mit solchem Tun können wir der Erkenntnis Gottes näherkommen.

Seien wir demjenigen, dem wir helfen, dankbar, laßt uns in ihm Gott sehen. Und ist es nicht eine große Gunst, Gott dienen zu dürfen? Unseren Mitmenschen helfen, ist Gott dienen.

Vivekananda: Karma-Yoga[18]

Ich bin bemüht, Gott im Dienst an der Menschheit zu erfahren.

Mahatma Gandhi: Young India[19]

Im Nächsten hat Gott uns ein Mittel gegeben, daß wir die Liebe, die wir Ihm entgegenbringen, bezeugen können.

Katharina von Siena: Briefe[20]

Hinter uns allen ist *ein* Geist und *ein* Leben; wie können wir da glücklich sein, wenn unser Nachbar trauert?

Inayat Khan: Aphorismen[21]

Natürlich haben die Handlungen eines auf dem Pfad der Tat wandelnden Menschen auch Auswirkungen auf sein Karma. Nicht umsonst wird in der indischen Mystik dieser Pfad als Karma-Pfad (Karma-marga) bezeichnet und die dazu erforderlichen Bemühungen als Karma-Yoga.

Hier ist eine Bemerkung zum Begriff «Yoga» angezeigt, weil Nicht-Inder darunter vielfach nur exotische Körperübungen oder allenfalls skurrile okkulte Praktiken verstehen. Es gibt zwar ein Yoga, Hatha-Yoga genannt, das physische Entspannung und körperliche Stärkung zum Ziel hat, was sich wiederum positiv auf das seelisch-geistige Leben auswirken kann. Trotzdem ist dies nur ein eher nebensächlicher Aspekt des Yoga. Ein Yogin (ein Yoga ausübender Mensch) ist nichts anderes als ein dem Heil entgegenstrebender Mensch, der sich aus diesem Grunde einer gewissen Disziplin unterwirft und sich einem bestimmten Ideal verschrieben hat. Das Wort «Yoga» stammt aus der gleichen Wurzel wie unser deutsches Wort «Joch»; ein Yogin hat also freiwillig das «Joch» des Aufstiegs auf dem Heilsweg auf sich genommen. Kurz gesagt ist ein Yogin das, was wir als religiösen Menschen bezeichnen, nicht mehr und nicht weniger.

Um nun auf die karmischen Folgen des Pfades der Tat zurückzukommen: Karma geht auf das Sanskritwort *kri* (= tun) zurück. Da nun dieses vom Menschen auf dem Pfad der Tat dem Heil gewidmete Tun ein gutes Tun ist, wird damit gutes Karma angehäuft, ganz im Sinn des Näherrückens an das Ziel.

Wer seine frühere Übeltat durch gute Taten ganz bedeckt, der leuchtet in die Welt hinein, gleich wie der wolkenlose Mond.

Gautama Buddha: Dhammapada[22]

Wer das Gute stärkt, wo er es findet,
ob bei Hoch oder Niedrig,
der allein tat wirkliche Arbeit auf Erden,
und diese Arbeit gilt auch im Himmel.

Zarathustra: Avesta[23]

Wer da kärglich sät, der wird auch kärglich ernten; und wer da sät im Segen, der wird auch ernten im Segen.

Paulus: Der zweite Brief an die Korinther[24]

Eine unmittelbare Auswirkung des guten Tuns sind innerer Friede und ein Gefühl von Glück, das einem also Handelnden zuteil wird.

Die unglücklich sind in der Welt, sie alle sind es durch das Verlangen nach eigenem Glück. Die glücklich sind in der Welt, sie alle sind es durch das Verlangen nach dem Glück der anderen.

Santideva: Bodhicaryavatara[25]

Wie wohl fühle ich mich!
Was ich auch tue in dieser Welt –
mein Tagewerk zur Erhaltung des Lebens –
alles hilft mir, das Reine Land zu schaffen.

Saichi: Spruchgedichte[26]

Nur im Guten
wohnet der Friede!

Zarathustra: Avesta[27]

Der auf das Gute hinwirkende Mensch braucht sich der aus diesem Wirken resultierenden Beglückung und Bereicherung nicht zu schämen, doch muß er sich gleichzeitig vor Selbstgefälligkeit hüten und diese meiden wie die Pest.

Damit kommen wir zu einer entscheidenden Auflage, die der Pfad der Tat beinhaltet, nämlich den völligen Verzicht auf jegliche Spekulation und auf jegliches Kalkül darüber, welchen eigenen Nutzen das gute Handeln – auf Erden und im «Himmel» – einbringen könnte. Wer gute Werke nur im Hinblick auf einen guten Platz im Himmel tut, der tut in Wirklichkeit ein schlechtes Werk, und alle Anstrengungen, dem Heil entgegenzugehen, werden auf diese Weise zunichte gemacht. Daher haben die Mystiker mit größtem Nachdruck gelehrt, sich allein und ausschließlich auf die Tat zu konzentrieren und sich auch um die Früchte dieser Tat nicht zu kümmern.

Dies ist zunächst nicht leicht einzusehen und scheint auf Anhieb nicht akzeptabel zu sein, denn wir möchten doch zum Beispiel wissen, ob die Hilfe, die wir einem bedürftigen Menschen geleistet haben, auch etwas genützt hat. Trotzdem ist es wahr, daß diese Neugierde die Gefahr der Selbstgefälligkeit, der Eitelkeit und der eigenen Befriedigung in sich birgt und daß aus diesem Grund die Forderung, von vornherein auf alle Früchte der Tat zu verzichten, nur in der strengsten Formulierung und als absolutes Gebot sinnvoll und wirksam sein kann. Nur wer auf diese Art handelt, ist wirklich frei.

Erzeugen und nicht besitzen,
Wirken und nicht behalten,
Fördern und nicht beherrschen:
Das ist geheimes Leben.

Laotse: Taoteking[28]

Bemühe nur dich um die Tat, doch niemals um Erfolg der Tat!
Nie sei Erfolg dir Grund des Tuns – doch meid' auch Tatenlosigkeit!

Krischna: Bhagavadgita[29]

Außer dem Opfer steckt die Welt ganz in den Fesseln ihres Tuns,
Darum vollbring du solche Tat, doch ohne dran zu hängen je.

Krischna: Bhagavadgita[30]

Gebt hin alle Früchte eurer Arbeit! Tut Gutes um des Guten willen! Dann allein wird euch die gänzliche Loslösung zuteil. Die Fesseln des Herzens springen auf, und die vollkommene Freiheit ist euer.

Vivekananda: Karma-Yoga[31]

Kümmere dich nicht um Zeit und Erfolg. Tue das Deinige, sei's zum
Scheitern, sei's zum Gelingen.

Aurobindo: Gedanken und Aphorismen[32]

Arbeitet wie der «Meister» und nicht wie der «Sklave»; arbeitet
unaufhörlich und verrichtet dennoch nicht Sklavenwerk! Seht ihr
denn nicht, wie sie alle arbeiten? Niemand findet dabei die innere
Ruhe. Nahezu die gesamte Menschheit plagt sich wie ein Sklave, und
das Ergebnis davon ist Not. Denn das alles ist Arbeit aus Eigennutz.
Arbeitet aus Freiheit! Arbeitet aus Liebe!

Vivekananda: Karma-Yoga[33]

Nur das, was aus Liebe getan wird, wird frei getan, wieviel Schmerz es
auch verursachen mag. Daher bedeutet aus Liebe handeln in Freiheit
handeln.

Rabindranath Tagore: Sadhana[34]

Gott schätzt nicht *was* du Guts, nur *wie* du es getan,
Er schaut die Früchte nicht, nur Kern und Wurzel an.

Angelus Silesius: Der Cherubinische Wandersmann[35]

Meister Eckhart hat für diese Art von Wirken, die einzige, die zum Heil
führt, die berühmte Formel vom «Wirken ohne Warum» (*sunder war-
umbe!*) geprägt.

Aus diesem innersten (göttlichen) Grunde sollst du alle deine Werke
wirken ohne Warum. Ich sage fürwahr: Solange du deine Werke
wirkst um des Himmelreiches oder um Gottes oder um deiner ewigen
Seligkeit willen, (also) von außen her, so ist es wahrlich nicht recht
um dich bestellt ...
Wer nun einen wahrhaftigen Menschen, der aus seinem eigenen
Grunde wirkt, fragte: «Warum wirkst du deine Werke?» – sollte er
recht antworten, er spräche nicht anderes als: «Ich wirke darum, *daß*
ich wirke.»

Meister Eckhart: Predigten[36]

Nicht wissen, warum – nicht wissen, warum:
Das ist mein Halt.

Nicht wissen, warum:
Das ist «Namu-amida-butsu».

Saichi: Spruchgedichte[37]

Wie führt nun der Pfad der Tat zum Heil? Auf welche Weise vermag ethisches Handeln die einigende Erkenntnis des Urgrundes herbeizuführen? Es sind zwei Komponenten, die dabei wirksam werden: erstens der Gewinn von gutem Karma, aber nur insofern, als die guten Taten nicht in dieser Absicht vollbracht werden; zweitens und vor allem aber ist es die seelische Wandlung, die durch das konsequente und kompromißlose ethische Handeln unter völligem Verzicht auf dessen Früchte erzielt wird. Durch diese im höchsten Grad veredelte Art des Wirkens erreicht der Mensch schließlich den Gipfel der völligen Selbstlosigkeit, was bedeutet, daß die Belange seines Ich gänzlich in den Hintergrund treten und zur Nebensache werden, so daß das Selbst von seinem Wesen immer mehr Besitz ergreifen kann.

Nach dem Verständnis der konsequenten mystischen Terminologie, wie der Leser sie im vorliegenden Buch bereits kennengelernt hat, ist für diesen Zustand der Begriff «Selbstlosigkeit» allerdings verwirrend und unzutreffend; man sollte korrekterweise von «Ichlosigkeit» sprechen, die sich gerade dadurch auszeichnet, daß das göttliche Selbst anstelle des Ich zum lebensbestimmenden Zentrum des vollkommenen ethischen Menschen geworden ist. Wenn also in den diesbezüglichen Aussagen der Mystiker der Ausdruck «Selbstlosigkeit» auftaucht, muß er als «Ichlosigkeit» verstanden werden.

Wir müssen die Aufgaben hinnehmen, wie sie uns entgegenkommen, und darauf achten, daß wir uns mit jedem Tag immer selbstloser machen. Wir müssen unsere Arbeit tun und die bewegende Kraft zu erkennen suchen, die uns antreibt. Und fast ausnahmslos werden wir in der ersten Zeit entdecken, daß unsere sämtlichen Motive selbstsüchtig sind. Doch allmählich wird diese Selbstsucht an der Glut unserer Beharrlichkeit schmelzen, und wir werden fähig sein, wirklich uneigennützige Werke zu verrichten. Ja, wir dürfen, wenn wir uns auf den verschlungenen Pfaden des Lebens vorwärtskämpfen, mit Recht hoffen, daß, eines fernen oder nahen Tages vielleicht, auch für uns die Zeit der völligen Selbstlosigkeit kommen wird. Und im gleichen Augenblick, da wir solches erreicht haben, vereinen sich alle Kraftströme in uns, und die Erkenntnis, die unser eigen geworden ist, wird sich offenbaren.

Vivekananda: Karma-Yoga[38]

Ethik ist jene Lehre, die Selbstsucht ablehnt, Selbstlosigkeit bejaht.

Vivekananda: Karma-Yoga[39]

Wenn du das Selbst liebst, darfst du dich selbst nicht lieben.

Santideva: Bodhicaryavatara[40]

«Ichlosigkeit» ist eine der höchsten Formen der Entsagung, denn nichts geben wir so ungern hin wie unser Ich. Es ist oft gesagt worden, daß Tun und Entsagen zwei ganz entgegengesetzte Geisteshaltungen und Praktiken auf dem Weg zum Heil sind. Nach den obigen Ausführungen handelt es sich aber um ein und dasselbe, wie auch Krischna in der Bhagavadgita ausdrücklich betont.

Die Unwissenden sprechen von der Entsagung und der Werkbetätigung als von zwei verschiedenen Dingen, nicht aber der Weise.

Krischna: Bhagavadgita[41]

«Ichlosigkeit» bedeutet zwar nicht, daß das Ich, das unsere Individualität repräsentiert, völlig ausgelöscht werden muß, aber es muß sich dem Selbst gänzlich unterordnen, es muß in allen Belangen in den Dienst des Selbst treten, und weil das Selbst mit Gott eins ist («der Atman ist Brahman, und das Brahman ist Atman»), heißt dies auch Gott dienen. «Ichlosigkeit» ist eine Art des Gottesdienstes, indem der Mensch, der sich von den Fesseln des Ich befreit hat, all sein Tun Gott als Opfer darbringt und ihm sein ganzes Handeln unterordnet, entsprechend dem «*Dein* Wille geschehe» im Vaterunser, das bekanntlich auf Christus zurückgeht.[42]

Mein Sinnen und Tun,
Nimm es hin, Du mein Gott,
Alles zu Dir, und ich finde das Leben!

Zarathustra: Avesta[43]

Es ist überhaupt unmöglich, ganz untätig zu sein. Deshalb sage ich, arbeitet, aber bringt die Früchte der Arbeit dem Herrn dar.

Ramakrischna: Worte[44]

Und alles, was ihr tut mit Worten oder mit Werken, das tut alles in dem Namen des Herrn Jesus und danket Gott, dem Vater, durch ihn.

Paulus: Der Brief an die Kolosser[45]

Fragst du, was Gott mehr liebt, ihm wirken oder ruhn?
Ich sage, daß der Mensch, wie Gott, soll beides tun.

Angelus Silesius: Der Cherubinische Wandersmann[46]

Ich bin ein Knecht, der sich selbst vergißt, beständig an seinen Herrn denkt, die Verpflichtungen gegen ihn erfüllt, mit seinem Herzen auf ihn schaut.

Abu'l Qasim al-Junaid[47]

Der zunächst anscheinend so leicht zu beschreitende Pfad der Tat ist in Wirklichkeit für jene, die sich für diesen Heilsweg entschieden haben, eine echte Herausforderung, aber er erweist sich à la longue als äußerst fruchtbar. Wenn er auch nicht unbedingt und in jedem Fall das Erreichen des Endziels – die einigende Erkenntnis des Urgrunds – zu garantieren vermag, wird er doch ohne Ausnahme den Menschen, der ihn verfolgt, ganz in dessen Nähe bringen. Es ist wohl überflüssig hinzuzufügen, daß Menschen, die einen der anderen Heilswege gewählt haben, ihr Ziel nie erreichen können, wenn sie nicht gewillt und imstande sind, wenigstens die grundsätzlichen Gebote des ethischen Handelns zu beachten.

Ich habe den *Menschen* gesehen in seiner tiefsten Gestalt,
ich kenne die Welt bis auf den Grundgehalt.
Ich weiß, daß Liebe, Liebe ihr tiefster Sinn,
und daß ich da, um immer mehr zu lieben, bin.

Christian Morgenstern: Späte Gedichte

17. Der Pfad der Liebe

Für viele Heilsuchende führt der Weg zum Ziel über die Liebe zu Gott. Für den Menschen, der diesen Weg beschreitet, steht von den Aspekten des Göttlichen das höchste Wesen im Vordergrund, im Unterschied etwa zu jenen, die auf dem Pfad der Erkenntnis oder der Verinnerlichung wandeln und dabei das Selbst und das Absolute vor Augen haben.

Wie aber ist es möglich, das höchste Wesen, Gott, zu lieben, den wir ja doch nie «gesehen» haben? Wir wissen von zahllosen Mystikern, Heiligen und frommen Menschen, daß die Liebe zu Gott keine Utopie ist, sondern daß sie diese als etwas unendlich Erhabenes, Erfüllendes und Beglückendes erleben. Es besteht kein Zweifel, daß sie auf diesem Pfad, den die Inder Bhakti-Marga nennen, ihrem Heil entgegengehen, denn Gott nimmt diese vom Menschen dargebrachte Liebe bereitwillig an.

(So spricht der Herr:) Denn ich habe Lust an der Liebe und nicht am Opfer (d. h. an kultischen Opfergaben).

Hosea[1]

Und doch ist ein allgemeines, allen gebotenes Mittel des Heils: Liebe.
Franz von Sales: Theotimus[2]

Doch besitzt Bhakti den einen unschätzbaren Vorteil, der leichteste und natürlichste Weg zu sein, der uns an das vor uns liegende, große, göttliche Ziel geleitet; andererseits hat er den Nachteil, in seiner niedrigsten Form oft zum furchtbarsten Fanatismus auszuarten.
Vivekananda: Bhakti-Yoga[3]

Die Warnung Vivekanandas kann nicht ernst genug genommen werden, denn nichts ist dem Heil abträglicher und darüber hinaus für die menschliche Gesellschaft verheerender als religiöser Fanatismus und dogmatischer Absolutismus, wie die zahllosen Opfer der im Namen der Religion verübten Gewalttaten und das aus der Intoleranz resultierende namenlose Elend, das durch die ganze Menschheitsgeschichte bis in unsere Zeit zu verfolgen ist, mit erschreckender Deutlichkeit zeigen. Dabei bräuchte es nur wenig für die Einsicht, daß jede Liebe zu Gott ein und dasselbe höchste Wesen meint und von ein und demselben Gott entgegengenommen wird; es sollte eigentlich den Menschenverstand nicht überfordern, zu begreifen, daß es *der* einzige Gott ist, der durch verschiedene Zungen dem Menschen die Liebe zu ihm als ein Gebot erlassen hat und dem das ihn liebende Herz tausendmal mehr wert ist als jenes eines stur die Vorschriften seiner institutionalisierten Religion befolgenden und entsprechend praktizierenden Menschen.

Höher steht der andächt'ge Mann als die Büßer und Weisen gar,
Höher auch als die Werkfrommen – drum sei andächtig, Arjuna!
Krischna: Bhagavadgita[4]

Du sollst den Herrn, deinen Gott, lieben von ganzem Herzen, von ganzer Seele und aus allen deinen Kräften.
Mose: Das fünfte Buch[5]

(Allah spricht:) O Ahmed! Unentbehrlich ist die Liebe zu mir für diejenigen, die einander lieben um meinetwillen; unentbehrlich ist die Liebe zu mir für diejenigen, die sich absondern um meinetwillen, unentbehrlich ist die Liebe zu mir für diejenigen, die sich vereinigen um meinetwillen, unentbehrlich ist die Liebe zu mir für diejenigen, die ihr Vertrauen auf mich setzen. Die Liebe zu mir ist ohne Schranken, ohne Grenzen und ohne Ende; denn ich habe ihnen ein Wissen verliehen und eine Einsicht gegeben, die den Herzen der übrigen Menschen nicht zuteil geworden ist.

Abu Laith-As-Samarkandi: Die Geheimnisse der Offenbarung[6]

Die Liebe zu Gott fängt bei der Liebe zum Mitmenschen an. Die Mystiker haben unmißverständlich klargemacht, daß es keine Gottesliebe gibt ohne Nächstenliebe; Liebe zu Gott setzt Nächstenliebe voraus, denn es ist unmöglich, je zur Erkenntnis des Selbst vorzudringen, ohne dieses Selbst, das in allen Wesen ist, zu lieben beziehungsweise die Wesen um dieses Selbst willen zu lieben. Was wir am meisten liebhaben, ist zwar unser Ich, aber noch viel mehr als unser Ich sollten wir unser Selbst lieben, das das gleiche göttliche Selbst ist, welches wir mit unseren Mitmenschen teilen und das letztlich Gott selber ist.

(Der Herr redete mit Mose und sprach:) Du sollst deinen Nächsten lieben wie dich selbst.

Mose: Das dritte Buch[7]

Du sollst den Herrn, deinen Gott, lieben von ganzem Herzen, von ganzer Seele und von ganzem Gemüte. Das ist das vornehmste und größte Gebot. Das andere aber ist dem gleich: Du sollst deinen Nächsten lieben wie dich selbst.

Jesus Christus: Matthäus-Evangelium[8]

Ein neues Gebot gebe ich euch, daß ihr euch untereinander liebet, wie ich euch geliebt habe ... Daran wird jedermann erkennen, daß ihr meine Jünger seid, so ihr Liebe untereinander habt.

Jesus Christus: Johannes-Evangelium[9]

Und einer sprach: «Zeige uns deinen Vater, zeige uns deine Mutter, und wir wollen dir glauben.» Und er (Christus) antwortete und sprach: «Wenn du deinen Bruder gesehen hast und seine Liebe gefühlt hast, hast du den Vater gesehen, und wenn du deine Schwester gesehen hast und ihre Liebe gefühlt hast, hast du die Mutter gesehen.»

Evangelium des vollkommenen Lebens[10]

Ihr Lieben, laßt uns einander liebhaben; denn die Liebe ist von Gott, und wer liebhat, der ist von Gott geboren und kennt Gott.

Johannes: Der erste Brief[11]

Denn wer seinen Bruder nicht liebt, den er sieht, wie kann er Gott lieben, den er nicht sieht?

Johannes: Der erste Brief[12]

Die Nächstenliebe aber umfaßt alle Wesen und beruht auf der Erkenntnis: Gott wohnt jedem Wesen inne.

Ramakrischna: Worte[13]

Nächst der Liebe zu Gott ist das größte Enzücken die Liebe zu Gott in den Menschen; dort hat man auch die Freude an der Vielfältigkeit.

Aurobindo: Gedanken und Aphorismen[14]

In der Regel meint der Mensch zu wissen, was Liebe ist, und er läßt sich nur ungern darüber belehren. Auch ist es natürlich, daß er im allgemeinen diesen Begriff zunächst mit der Liebe zwischen den Geschlechtern, der erotischen Liebe, assoziiert. Selbst im Licht der mystischen Wahrheit darf diese Liebe nicht von vornherein als minderwertig betrachtet werden. Neben ihrer zentralen Rolle im menschlichen Leben und der durch sie bewirkten immensen Bereicherung unseres Daseins besitzt sie noch eine tiefere metaphysische Bedeutung; sie symbolisiert nämlich die Aspekte und Wirkungen der göttlichen Liebeskräfte, die den Schöpfungsakt begründen, und stellt sozusagen dessen Nachvollzug dar (vgl. Kapitel 7 und 8). Dies ist auch der Ursprung der Riten verschiedener Religionen, in welchen die erotische Liebe mit einbezogen wird. Zwar kann diese Art menschlicher Liebe, gemessen an ihrem göttlichen Urbild, immer nur unvollkommen bleiben, aber es ist doch eine psychologische Tatsache, daß der Mensch in der Verbindung mit seinem Liebespartner – meist unbewußt – Vollkommenheit sucht und dazu neigt, in ihn jene Vollkommenheit hineinzuprojizieren, die er selbst nicht besitzt, nach der er sich jedoch stets sehnt.

Zu dieser ersehnten Vollkommenheit gehören übrigens auch die Ideale der Schönheit und der Güte, in genauer Entsprechung zur göttlichen Dreiheit vom Wahren, Guten und Schönen, die in der Liebe ihre Einheit findet. Die zum Heil führende Liebe muß aber über die erotische Liebe hinausgehen. Als Nächstenliebe kann und sollte sie bis zur Feindesliebe gelangen, der höchsten Form ethischen Handelns (vgl. Kapitel 16); als Gottesliebe kann sie sich bis zu jener Trunkenheit und Ekstase steigern, die zur einigenden Erkenntnis des Urgrunds führt.

> Alle durch das Dasein bedingten Handlungen, durch die man Verdienst erwirbt, ihr Mönche, sie alle sind nicht wert den sechzehnten Teil der Liebe, die den Geist befreit; sondern die Liebe strahlt, glänzt und leuchtet, indem sie als Geistesbefreiung jene übertrifft.
>
> Gautama Buddha: Ittivuttaka[15]

> Leben, Leben, Leben, höre ich die Leidenschaften rufen; Gott, Gott, Gott ist der Seele Antwort. Bis du es einzig als Gott siehst und liebst, bleibt auch das Leben für dich eine versiegelte Freude.
>
> Aurobindo: Gedanken und Aphorismen[16]

> Die Liebe ist langmütig und freundlich, die Liebe eifert nicht, die Liebe treibt nicht Mutwillen, sie blähet sich nicht auf, sie stellet sich nicht ungebärdig, sie suchet nicht das Ihre, sie läßt sich nicht erbittern, sie rechnet das Böse nicht zu, sie freuet sich nicht der Ungerechtigkeit, sie freuet sich aber der Wahrheit, sie verträgt alles, sie glaubet alles, sie hofft alles, sie duldet alles.
>
> Paulus: Der erste Brief an die Korinther[17]

> Denn die Liebe geht... auf das Zeugen und Gebären im Schönen... Weil eben das Zeugen das Ewige und Unsterbliche im Sterblichen ist. Nach der Unsterblichkeit aber zu streben samt dem Guten, ist notwendig auf Grund des schon Eingestandenen, wenn doch die Liebe darauf geht, das Gute immer zu haben. Notwendig also geht nach dem Gesagten die Liebe auch auf die Unsterblichkeit.
>
> Platon: Symposion[18]

> Liebe ist Himmelfahrt zum Dach des Schönheitsfürsten.
>
> Dschelaleddin Rumi: Diwan[19]

Ein Mensch, der ernsthaft gewillt ist, den Heilspfad der Liebe zu beschreiten, muß zur bedingungslosen Hingabe an Gott bereit sein. Er wird Gott darum bitten, seine Liebe anzunehmen, denn er weiß, daß dieses Annehmen ein Akt der göttlichen Gnade ist.

Dein Wille geschehe wie im Himmel also auch auf Erden: auf daß wir Dich lieben aus ganzem Herzen, Dich immer im Sinn; aus ganzer Seele, Dich immer in unserer Sehnsucht; aus ganzem Gemüte, auf Dich immer lenkend all unser Streben und Deine Ehre nur suchend in allem; aus allen Kräften, alle Kräfte der Seele und alle Sinne des Leibes weihend dem Dienst Deiner Liebe allein, und daß wir auch lieben unsere Nächsten wie uns selbst, alle hinziehend nach Kräften zu Deiner Liebe, uns freuend über ihr Gutes wie über das eigene, teilnehmend an ihrem Unglück und niemand schadend.

Franziskus von Assisi: Opuscula[20]

O Gott, wenn ich Dich aus Angst vor der Hölle anbete, so laß mich in der Hölle verbrennen. Und wenn ich Dich in der Hoffnung auf das Paradies anbete, schließe mich aus dem Paradiese aus. Aber wenn ich Dich um Deinetwillen anbete, enthalte mir nicht Deine immerwährende Schönheit vor.

Rabi'a al-Adawiyya: Gebet[21]

O Herr, ich, ein Bettler, verlange von Dir mehr als tausend Könige von Dir verlangen dürfen. Jeder hat es nötig, etwas von Dir zu verlangen; ich bin gekommen, um Dich zu bitten, mir Dich selbst zu geben.

'Abdallah-i Ansari: Munadschat[22]

Jener Teil der Mystik, welcher sich mit dem Heilspfad der Liebe beschäftigt, die sogenannte Liebesmystik, hat in einem umfangreichen Schrifttum seinen Niederschlag gefunden, in dem mit ergreifenden Worten und oft in wunderbarer poetischer Ausschmückung die liebende Hingabe an Gott besungen wird. Dabei wird vielfach Gott als Geliebter (oder als Geliebte) angerufen, unter Verwendung einer Sprache, die der Mensch für seine irdische Liebe entwickelt hat. Wie seine Dichtungen zeigen, hat er für die höchsten Gefühle der erotischen Liebe aller Schattierungen ein Vokabular geschaffen, das auch für die Gottesliebe an Ausdruckskraft nicht übertroffen werden kann. Vivekananda bemerkt dazu, daß Menschen mit verschlossenen Herzen und Toren diese Worte nie werden verstehen können.

(Ein Bhakta spricht:) Wie noch nicht flügge Vögel nach der Mutter rufen, wie junge Kälber nach der Muttermilch verlangen, wie die Geliebte, die Verlassene, nach dem Geliebten, der in der Ferne weilt, sich sehnt, so begehrt meine Seele, o Lotosäugiger, Dich (Gott) zu sehen.

Srimad-Bhagavatam[23]

Während ich über Seine Lotusfüße meditierte
und mein Geist von Liebe völlig überwältigt war,
und meine Augen in großer Sehnsucht von Tränen überschwemmt
    waren,
erschien in meinem Herzen langsam *Hari*, Gott.
Fast zerbrach ich unter der Last unermeßlicher Liebe,
alles Haar auf meinem Leib war gesträubt.
Ich schmolz hin in die Flut der göttlichen Wonne...

Srimad-Bhagavatam[24]

Er küsse mich mit dem Kusse seines Mundes; denn deine Liebe ist lieblicher als Wein.
Es riechen deine Salben köstlich; denn dein Name ist eine ausgeschüttete Salbe, darum lieben dich die Mädchen.

Salomo: Das Hohelied[25]

Lege mich wie ein Siegel auf dein Herz, wie ein Siegel auf deinen
    Arm.
Denn Liebe ist stark wie der Tod und Leidenschaft unwiderstehlich
    wie das Totenreich.
Ihre Glut ist feurig und eine Flamme des Herrn,
so daß auch viele Wasser die Liebe nicht auslöschen und Ströme sie
    nicht ertränken können.
Wenn einer alles Gut aus seinem Hause um die Liebe geben wollte,
    so könnte das alles nicht genügen.

Salomo: Das Hohelied[26]

Wie im Srimad-Bhagavatam Gott (unter dem Namen Krischna) als Geliebter besungen wird, so auch – gemäß der allegorisierenden Interpretation – im Hohenlied Salomos; und wie in der Bhakti-Mystik Gott auch in seinem ewig-weiblichen Prinzip als Geliebte angebetet wird (im folgenden als Radha oder Radharani, dem weiblichen Aspekt Krischnas), findet man auch eine Entsprechung im Hohenlied Salomos. In beiden heiligen Schriften kommt die Sprache der erotischen Liebe deutlich zum Ausdruck.

Meine liebe glückspendende Radharani, Dein Körper ist der Ursprung aller Schönheit. Deine roten Lippen sind weicher als der Nektar unsterblicher Süße. Dein Gesicht duftet wie eine Lotosblüte; Deine süßen Worte besiegen die Töne des Kuckucks, und Deine Glieder sind kühler als Sandelholzpaste. All meine transzendentalen Sinne sind von ekstatischer Freude überwältigt, wenn sie Dich kosten, die Du durch wunderbare Eigenschaften geschmückt bist.

Chaitanya: Charitam-Rita[27]

Siehe, meine Freundin, du bist schön! Siehe, schön bist du!
Deine Augen sind wie Taubenaugen hinter deinem Schleier.
Dein Haar ist wie eine Herde von Ziegen, die herabsteigen vom
 Gebirge Gilead.
Deine Zähne sind wie eine Herde geschorener Schafe, die aus der
 Schwemme kommen;
alle haben sie Zwillinge, und keines unter ihnen ist unfruchtbar.
Deine Lippen sind wie eine scharlachfarbene Schnur, und dein Mund
 ist lieblich.

Salomo: Das Hohelied[28]

Liebesmystik ist in den religiösen Traditionen aller Kulturkreise vertreten. Die größte Vertiefung hat sie aber im indischen Bhakti, im Christentum und im islamischen Sufismus erfahren.

In unserem Zeitalter ist ein Leben in der steten Gegenwart Gottes am leichtesten durch Liebe, restlose Hingabe und Gottesergebenheit zu verwirklichen.

Ramakrischna: Worte[29]

Die Menschen vergießen Ströme von Tränen, um Kinder und Reichtum zu haben. Wer aber weint nur eine einzige Träne, weil er des Glückes verlustig ging, Gott zu schauen oder Ihn lieben zu können?

Ramakrischna: Worte[30]

Dem Dich Liebenden, o Herr, ist das Gespött der Welt wilder Honig, und das Steingeprassel des Pöbels ist Sommerregen auf den Leib.

Aurobindo: Gedanken und Aphorismen[31]

«Er liebt sie», sagen die Sinne, die Seele aber sagt: «Gott, Gott, Gott.»
Dies ist des Daseins allumfassende Formel.

Aurobindo: Gedanken und Aphorismen[32]

Nimm auf (o Gott) das vernünftige und reine Opfer von meiner Seele und von meinem Herzen.

Hermes Trismegistos: Die 17 Bücher[33]

Sehnsucht im Herzen
und Andacht auf den Lippen,
so laßt uns klopfen an Seine Pforten,
dann wird die Wahrheit uns öffnen.

Zarathustra: Avesta[34]

Herzlich lieb habe ich Dich, Herr, meine Stärke!
Herr mein Fels, meine Burg, mein Erretter;
mein Gott, mein Hort, auf den ich traue,
mein Schild und Berg meines Heiles und mein Schutz!

David: Psalm[35]

Wenn ich mich zu Bett lege, so denke ich an dich,
wenn ich wach liege, sinne ich über dich nach.

David: Psalm[36]

O mein Herr, wie sehnt sich jetzt meine Seele nach Deiner Umarmung und Deinem Kusse! Nichts suche ich als Dich selbst; und würde mir auch kein Lohn verheißen und gäbe es keine Hölle und keinen Himmel, ich wollte doch Dir anhangen um Deiner Güte, um Deiner selbst willen.

Anselm von Canterbury: Opera[37]

Denn was du nicht liebtest, würdest du nicht suchen; wer aber liebt, will immer vereinigt sein mit dem Gegenstand seiner Liebe, mit Gott. Im Gebet eröffne Ihm deine Sehnsucht!

Katharina von Siena: Briefe[38]

Fühlbare Minne und Liebe, das ist ein begehrendes, schmeckbares Gelüste, das man nach Gott als dem ewigen Gut empfindet, in dem alles Gute enthalten ist.

Johann van Ruysbroek: Zierde der geistlichen Hochzeit[39]

Erhebe dein Herz zu Gott in sanftem Zug der Liebe: *Ihn* sollst du meinen – nicht eines seiner Güter; auf Ihn schauen, so daß du an nichts anderes denken magst als nur an Ihn und nichts in deinem Geiste oder deinem Willen wirksam sei als nur Er selbst.

Die Wolke des Nichterkennens[40]

Ich lebe, doch nicht mehr in mir.
Der ewigen Liebe reiches Erbe
hat's meiner Seele angetan,
so daß ich vor Verlangen sterbe,
weil ich nicht sogleich sterben kann.

Theresia von Avila: Gedichte[41]

Ich will Dich lieben, meine Stärke,
ich will Dich lieben, meine Zier;
ich will Dich lieben mit dem Werke
und immerwährender Begier;
ich will Dich lieben, schönstes Licht,
bis mir das Herze bricht.

Angelus Silesius: Heilige Seelenlust[42]

Und wenn ihr das Gebet beendet habt, dann gedenket Allahs im Stehen, Sitzen und wenn ihr auf eurer Seite liegt.

Mohammed: Koran[43]

In meinem Herzen kreisen alle Gedanken um Dich,
Anderes nicht spricht die Zunge, als meine Liebe zu Dir.

Husain al-Halladsch: Diwan[44]

Wie Blut pulsiert die Liebe im Körper hin und her,
Erfüllt mich mit dem Freunde, macht von mir selbst mich leer.
Die Teile meines Körpers ergriff der holde Freund;
Von mir blieb nur der Körper, das andere ist ER!

'Abdallah-i Ansari: Munadschat[45]

Schlaf' ich, sitz' ich, stehe ich, rede oder singe:
Immer ist mein Herz bei Dir, daß zu Dir ich ginge!

Qadi Qadan: Gedichte[46]

Unser Geliebter ist der, der unser Ursprung und unser Ziel ist; und
was wir von unserem Geliebten mit unseren physischen Augen erblicken können, ist die Schönheit, die uns umgibt. Und jener Teil
unseres Geliebten, der nicht für unsere Augen erkennbar ist, ist jene
innere Schönheit, von der unser Geliebter zu uns spricht.

Inayat Khan: Die Sufi-Botschaft[47]

Jede Gestalt, die ich sehe, ist Deine eigene Gestalt, Herr.
Jeder Laut, den ich vernehme, ist Deine eigene Stimme:
Im Wohlgeruch der Blumen verspüre ich Deines Geistes Duft;
Aus jedem zu mir gesprochenen Wort höre ich Deine Stimme, Herr!
Alles, was mich berührt, ist Berührung von Dir;
Bei allem, was ich koste, schmecke ich die Süße Deines Geistes:
Allüberall fühle ich Deine Gegenwart, Geliebter.
Aus jedem Wort, das an mein Ohr dringt, höre ich Deine Botschaft.
Alles, was mich berührt, erfüllt mich mit der Wonne Deines Kusses;
Wohin ich schweife, treffe ich Dich;
Wohin ich gelange, finde ich Dich;
Wohin ich schaue, erblicke ich Dein strahlendes Bild;
Was immer ich anfasse, ich berühre Deine geliebte Hand.
Was ich auch sehe, ich sehe Dich in seiner Seele;
Wer mir auch etwas gibt, ich nehme es von Dir entgegen.
Wem ich auch gebe, ich biete es Dir in Demut dar, Herr;
Wer auch zu mir kommen mag, Du selber bist es ja, der kommt;

An wen ich mich auch wende, ich wende mich an Dich.

Inayat Khan: Gebet (aus den Aphorismen)[48]

Wie kann nun ein Heilsuchender auf dem Pfad der Liebe seine Liebe zu Gott üben? Auf welche Weise kann er sie wahrnehmbar zum Ausdruck bringen? Womit kann er sie erfüllen? Natürlich kann er sie zunächst in Form von Nächstenliebe in die Tat umsetzen; man kann Gott im Menschen (und in jeglicher Kreatur) lieben, und wir wissen, daß diese Art der Liebe eine unerläßliche Komponente der Gottesliebe ist. Es gibt aber auch Wege, auf denen Gottesliebe direkt praktiziert werden kann. Dazu zählen das Gebet, der Lobpreis Gottes in der Gemeinschaft sowie alle religiösen Rituale und Kulthandlungen.

Letztere gehören allerdings zu dem, was Vivekananda als nebensächliches Beiwerk bezeichnet hat. Darunter ist wohl zu verstehen, daß Riten und Kulte keine Conditio sine qua non zur Erreichung des Heils darstellen; sie haben zwar eine tiefe symbolische Bedeutung, sind aber selber nicht eigentlich ein Akt der Liebe zu Gott, sondern letztlich Hilfsmittel zur Förderung dieser Liebe. Wenn ein Mensch Kulthandlungen gedankenlos und ohne innere Beteiligung ausführt, nur um den Vorschriften seiner Religion Genüge zu tun, dann bringt ihn dies auf dem Heilsweg nicht einen Millimeter weiter, obwohl solches Tun «Gottesdienst» genannt wird. Auf der anderen Seite sind Rituale und Kulte zweifellos geeignet, das menschliche Herz zu erheben und es damit auf die eigentliche Gottesliebe vorzubereiten. Wenn eine Seele beispielsweise vom Zauber der großartigen Osterliturgie der christlichen Ostkirchen ergriffen oder von der geheimnisvoll-feierlichen Stille einer buddhistischen Meditationshalle oder vom eindringlichen Singsang eines Priesters in einem hinduistischen Tempel berührt wird, dann haben diese «Hilfsmittel» auf jeden Fall eine segensreiche Wirkung entfaltet und ihren Zweck erfüllt. Auch Vivekananda würde unter diesem Gesichtspunkt das Positive solcher Einflüsse auf die menschliche Seele nicht in Abrede stellen.

Es muß hier aber nochmals ausdrücklich betont werden: Mystik ist kein Religionsersatz, sondern der Wahrheitskern *aller* Religionen; sie ist in keiner Weise mit dem Bekenntnis zu einer bestimmten Religion unvereinbar.

Das Gebet ist ein höchst wirksamer Zugang zu Gott und zugleich

Ausdruck der Liebe zu ihm. Durch das Gebet rückt Gott ganz in die Nähe des Betenden. Man könnte auf die Frage: «Wie weit ist der Mensch von Gott entfernt?» antworten: «Um die Länge eines Gebets» oder auch nur um die Länge der zwei Silben: «O Herr!». Natürlich trifft dies nur zu, wenn die Anrufung Gottes nicht mechanisch erfolgt, sondern mit echter seelischer Beteiligung oder, nach den Worten Christi, «im Geist und in der Wahrheit».

Betet zu Ihm aus aufrichtigem Herzen mit Ernst und Ausharren, und Er wird sich euch gewiß offenbaren.

Ramakrischna: Worte[49]

Gott ist euer Nächstes, Er ist ganz euer Eigen. Betet zu Ihm mit innigem Glauben, öffnet Ihm euer Herz und – angezogen von so großer Hingabe – wird Er herbeieilen. Wer sich aufrichtig nach Gott sehnt, vor dem kann er sich nicht länger verbergen, Er muß sich ihm offenbaren.

Ramakrischna: Worte[50]

Der göttliche Geist ist unveränderlich, aber diese Göttlichkeit ist in jedem und in allem – sei es belebt oder unbelebt. Beten heißt, daß ich diese Göttlichkeit in mir erwecken möchte. Ich erbitte sie von mir selbst, von meinem höheren Selbst, jenem wahren Selbst, mit dem ich die vollständige Identifizierung noch nicht erlangt habe. Man kann das Gebet deshalb als fortwährende Sehnsucht beschreiben, sich selbst in der allumfassenden Göttlichkeit zu verlieren.

Mahatma Gandhi: Harijan[51]

Der Herr hört mein Flehen; mein Gebet nimmt der Herr an.

David: Psalm[52]

Gott ist Geist, und die ihn anbeten, die müssen ihn im Geist und in der Wahrheit anbeten.

Jesus Christus: Johannes-Evangelium[53]

Sooft ich Dich (Gott) anrufe, bist Du mir nahe. Denn Dich anrufen heißt, sich zu Dir wenden, und wer sich zu Dir wendet, den kannst Du nicht verlassen, und es kann niemand sich zu Dir hinkehren, Du seist denn zuvor schon bei ihm.

Nikolaus von Cues: Gottesschau[54]

Dem Gebet steht inhaltlich ein breites Spektrum offen; es kann Bitte, Buße, Dank oder Lobpreisung sein. Bei Bittgebeten ist Vorsicht am Platze, denn sie können den Bittenden von Gott eher entfernen als ihn näher bringen, dann nämlich, wenn es sich um die Erfüllung materieller und egoistischer Wünsche handelt.

Der Lobpreis Gottes ist ein besonders deutliches Zeichen der Liebe zu ihm. Er gewinnt noch an Gewicht, wenn er von den Gläubigen kollektiv dargebracht wird, etwa in Form eines gemeinsamen Gesangs, wie es in vielen Religionsgemeinschaften üblich ist; aber auch das persönliche Lobpreisungs- und Dankgebet kann – immer unter der Voraussetzung der absoluten Aufrichtigkeit – als Bezeugung der Gottesliebe dienen.

Denn ich will den Namen des Herrn preisen.
Gebt unserem Gott allein die Ehre.

Mose: Das fünfte Buch[55]

Ich will den Namen Gottes loben mit einem Lied
und will ihn hoch ehren mit Dank.

David: Psalm[56]

Lobe den Herrn, meine Seele,
   und was in mir ist, seinen heiligen Namen.
Lobe den Herrn, meine Seele,
   und vergiß nicht, was er dir Gutes getan hat.

David: Psalm[57]

Danket dem Herrn, rufet an seinen Namen!

Jesaja[58]

Redet untereinander in Psalmen und Lobgesängen und geistlichen Liedern, singet und spielet dem Herrn in euren Herzen und saget Dank allezeit für alles Gott, dem Vater.

Paulus: Der Brief an die Epheser[59]

Herr, ich bekenne und danke Dir, daß Du mich nach Deinem Eben-
bilde erschaffen, damit ich Deiner eingedenk sei und Dich liebe.

Anselm von Canterbury: Opera[60]

Nichts also soll uns hindern, nichts stören, nichts trennen – überall
wollen wir alle zu allen Zeiten und Stunden und Orten, täglich und
ohne Unterlaß, wahrhaft und demütig und von Herzen glauben, festhalten und lieben, ehren, anbeten, dienen, loben und preisen, rühmen
und verherrlichen, Huldigung und Dank erstatten dem erhabenen,
großen, ewigen Gott, der Dreiheit und Einheit, dem Vater und Sohne
und heiligen Geist, dem Schöpfer des Alls, dem Erlöser der Glauben-
den, Hoffenden, Liebenden.

Franziskus von Assisi: Opuscula[61]

O Du brennender Berg, o Du auserwählte Sonnen,
O Du voller Mond, o Du tiefer Bronnen,
O unerreichte Höhe, o Klarheit sonder Maßen,
O Weisheit ohne Grund, o Milde ohne Hinderung,
O Stärke ohne Widerstand, o Krone aller Ehren:
Dich lobt der Kleinste, den Du je geschaffen hast!
O Du gießender Gott an Deiner Gabe,
O Du fließender Gott an Deiner Minne,
O Du brennender Gott an Deiner Sehnsucht,
O Du inniger Gott an Deiner Einung,
O Du ruhender Gott an meiner Liebe –
ohne die ich nicht am Leben bliebe.

Mechthild von Magdeburg: Offenbarungen[62]

Es lobe Dich, Herr, mein Verstand und Wille,
Gott, mein Gedächtnis lobe Dich!
Zu Deinem Lob meine Bildung stille,
mein Geist erheb' sich über sich!
Mein Atem lob' Dich für und für,
mein Puls schlag' stets das Sanctus Dir,
es singen alle meine Glieder
zu Deinen Ehren tausend Lieder!

Angelus Silesius: Heilige Seelenlust[63]

Wer Gott in allem Tun von Herzen loben kann,
Dem hebt schon in der Zeit das ew'ge Leben an.

Angelus Silesius: Der cherubinische Wandersmann[64]

O mein Gott, welche Deiner Wohltaten könnte ich aufzählen,
und für welche Deiner Gaben könnte ich Dir genug danken.

Dhu'N-Nun: Gebete[65]

Gäbst Du mir Millionen Körper, jedem Leib Millionen Köpfe,
Jedem Kopf Millionen Münder, jedem Mund Millionen Zungen,
Und wenn alle diese Zungen einer Stimme, laut und deutlich
Dein Lob kündeten, o König, könnt' ich's nicht genügend singen.

Qadi Qadan: Gedichte[66]

Das Sprechen oder Singen des Gottesnamens oder einer heiligen For-
mel gehört ebenfalls zu den Liebesbezeugungen gegenüber Gott. Dabei
ist die häufige Wiederholung dieser Formeln von ausschlaggebender
Bedeutung, weil damit die durch allerhand Zerstreuungen abgelenkte
Seele immer wieder auf den Gegenstand der Verehrung und Anbetung,
Gott, zurückgeführt wird.

Solche Formeln – in der indischen Mystik «Mantra» genannt – sind in
fast allen Religionen bekannt. Beispiele hierfür sind im Hinduismus das
große Hare-Krischna-Mantra und besonders die heilige Silbe «OM»
(A-U-M ausgesprochen; man beachte die Dreiheit der Laute!), im tibetischen Buddhismus die Formel «OM MANI PADME HUM» («das
Absolute-das Juwel im Lotos-das Opfer»), im Christentum das *Kyrie
eleison* beziehungsweise *Miserere nobis domine* («Herr erbarme
dich unser») oder das *Christos woskresi* («Christus ist auferstanden»)
der russisch-orthodoxen Osterliturgie, im Islam das *Allah-u akbar*
(«Gott ist groß»). Auch im Judentum ist das Sprechen oder Singen des
Gottesnamens im Sinne eines Mantras bekannt, wie schon aus bestimmten Psalmen Davids hervorgeht. Die Mantras sind zwar wiederum
«nur» Hilfsmittel (obwohl für den engagierten Bhakta Gott in der fei-
erlich ausgesprochenen Silbe OM direkt anwesend ist), aber die beharr-
liche Wiederholung dieser Formeln bleibt nicht ohne die beabsichtigte
Wirkung.

Durch die Wiederholung des Mantra wird die ... Gottheit verwirklicht.

Patanjali: Yoga-Sutras[67]

Seid lieber besessen von dem Namen (Buddhas) als den Namen besitzend.

Ippen: Reden[68]

Ich will dich täglich loben
und deinen Namen rühmen immer und ewiglich.

David: Psalm[69]

Die Liebe zu Gott ist vor allem deshalb ein äußerst sinnvoller Zugang zu ihm, weil er selber liebt – die Menschen, seine Schöpfung – und weil sein innerstes Gesetz die Liebe ist. Durch die Liebe, insbesondere die Gottesliebe, entspricht der Mensch gänzlich diesem Gesetz und wird der Segnungen der göttlichen Liebe teilhaftig. Wem Gott die Gnade der Liebe zu ihm gewährt – und er wird dies, wenn an der Aufrichtigkeit dieser Liebe nicht zu zweifeln ist, immer tun –, mit dem knüpft er ein unauflösbares Liebesband. Ein von Gottesliebe erfüllter Mensch ist in Gott und Gott ist in ihm – nicht mehr verschüttet oder hinter dicken Mauern verborgen, sondern offenbar.

Wie diese (Menschen) mir sich wenden zu, so liebe Ich hinwiederum sie.

Krischna: Bhagavadgita[70]

Gleich bin zu allen Wesen Ich, Ich habe weder Feind noch Freund,
Doch die liebend Mich verehren, die sind in Mir, in ihnen Ich.

Krischna: Bhagavadgita[71]

(Krischna spricht:) Die Mich lieben sind Mein Herz, und Ich bin das Herz derer, die Mich lieben. Sie kennen nichts anderes als Mich, und Ich kenne nichts anderes als sie.

Srimad-Bhagavatam[72]

Lasset uns lieben, denn er (Gott) hat uns zuerst geliebt.

Johannes: Der erste Brief[73]

O heilige Seele, was ist dir dein Geliebter, was bist du Ihm? Was ist dieser traute, holdselige Austausch unter euch? Er ist dein, und du bist sein.

Bernhard von Clairvaux: Predigten[74]

Es ist aber eine Bedingung der Liebe, daß man, wenn man liebt, alles liebt, was der Geliebte liebt. Sowie denn die Seele die Liebe des Schöpfers zu ihr erkennt, liebt sie Ihn wieder, und Ihn liebend liebt sie auch alles, was Er liebt.

Katharina von Siena: Briefe[75]

Erreicht ein auf dem Pfad der Liebe wandelnder Mensch unweigerlich das Heilsziel? Verschiedene Kommentatoren der mystischen Wahrheit haben Zweifel daran geäußert, denn wie soll ein Mensch, dessen höchste Seligkeit die Liebe zu Gott ist, diese Liebe noch kosten oder überhaupt erfahren können, wenn seine Seele in der einigenden Erkenntnis ganz in Gott aufgegangen ist? In der mystischen Einswerdung gibt es in der Tat weder Subjekt noch Objekt mehr, und Liebe scheint ein Subjekt/Objekt-Verhältnis vorauszusetzen. Trotz dieser offensichtlichen Unvereinbarkeit der Ziele ist, wie uns die Mystiker versichern, die vollständige Heilserfüllung durch vollkommene Gottesliebe möglich.

Dieses Paradoxon – nicht das erste in der Mystik, wie wir gesehen haben – braucht uns nicht zu beunruhigen. Tatsächlich ist die einigende Erkenntnis des Urgrunds für den «gewöhnlichen» Menschen derart unfaßbar, daß er gar nicht entscheiden kann, ob in diesem Zustand überhaupt noch irgend etwas unseren logischen Denkgesetzen entspricht. Zudem ist zu bedenken, daß ein Mensch, der (wie die Mystiker) schon während seines irdischen Lebens bis zur mystischen Einswerdung mit dem göttlichen Urgrund gelangt, in diesem Zustand nur für relativ kurze Augenblicke verharren kann. In der übrigen Zeit wird er wieder aus der Identifikation heraustreten und damit zu seiner anbetenden Liebe zu Gott zurückkehren können.

Der höchste Urgeist wird erlangt durch Liebe, die nichts andres sucht.

Krischna: Bhagavadgita[76]

An Mich denkend, Mich verehrend, Mir opfernd, huld'ge Mir allein!
Gibst du in Andacht Mir dich hin, dann gehst du einstmals ein zu Mir.

Krischna: Bhagavadgita[77]

Durch die Liebe erkennt er (der Mensch) Mich in Wahrheit, wer und
wie Ich bin.

Krischna: Bhagavadgita[78]

Durch völlige Hingabe an Gott entsteht Samadhi (die einigende Erkenntnis des Urgrunds).

Patanjali: Yoga-Sutras[79]

Wir alle beginnen mit Selbstliebe, und das kleine Ich mit seinen unbilligen Ansprüchen macht sogar die Liebe selbstsüchtig, bis am Ende der helle Strahl des Lichtes hervorbricht, in dem das kleine Ich eins geworden ist mit dem Unendlichen. Den Menschen selber verklärt dieser lichte Glanz der Liebe, und er wird der herrlichen Wahrheit inne: Liebe, Liebender und Geliebter sind eins.

Vivekananda: Bhakti-Yoga[80]

In der Liebe ist das Gefühl der Verschiedenheit ausgelöscht, und die menschliche Seele hat ihr letztes Ziel erreicht, indem sie aus den Schranken des Ichs hinaustritt und die Schwelle der Unendlichkeit überschreitet. Daher ist die Liebe die höchste Seligkeit, die der Mensch erlangen kann, denn durch sie allein erkennt er, daß er mehr als er selbst, daß er eins mit dem All ist.

Rabindranath Tagore: Sadhana[81]

Gott kann nur durch Liebe gefunden werden, nicht durch irdische Liebe, sondern durch göttliche Liebe.

Mahatma Gandhi: Harijan[82]

Soll ich dir verkünden,
was daraus folgen muß,
ein Wort nur,
aber das Beste der Menschen:
Sich geben in Gott!
Dann wirst du auch gut,

Und wenn du gut bist,
vollkommen und ewig.

Zarathustra: Avesta[83]

Wer nicht liebhat, der kennt Gott nicht; denn Gott ist Liebe.

Johannes: Der erste Brief[84]

Durch die Liebe gehe ich in Gott ein.

Meister Eckhart: Predigten[85]

Dann könnte ich in einem tausendfachen
Gedanken bis an deinen Rand dich denken
und dich besitzen (nur ein Lächeln lang),
um dich an alles Leben zu verschenken
wie einen Dank.

Rainer Maria Rilke: Das Stundenbuch

18. Der Pfad der Erkenntnis

So wie – stark vereinfacht ausgedrückt – der Pfad der Tat der Heilsweg
des vorwiegend aktiv handelnden Menschen ist und der Pfad der Liebe
jener des Gefühlsmenschen, ist der Pfad der Erkenntnis der Weg der
überwiegend intellektuell Orientierten, der Weg des Verstandesmen-
schen. Aber im Gegensatz zur Liebe, welche die Bemühungen des auf
dem betreffenden Pfad voranschreitenden Menschen kennzeichnet, hat
die Erkenntnis des den Erkenntnispfad wählenden Heilsuchenden
nicht direkt Gott zum Gegenstand, denn die Gotteserkenntnis ist ja das
Ziel *aller* Heilswege. Die Erkenntnisbemühungen zielen vielmehr in
erster Linie darauf ab, den Wahrheitsgehalt der Botschaft der Mystik
immer besser zu verstehen und immer klarer zu sehen, daß es nur *eine*
Wahrheit geben kann, weil es nur *eine* Wirklichkeit gibt. Diese Einsicht
in die Wahrheit der Mystik und in die absolute Wirklichkeit des Göttlichen ist also die Essenz des Erkenntnispfades, des indischen Jnana-
Marga.

Was der Mensch erkennen kann, ist nur weniges, aber es bedarf des
Unerkennbaren, um zu erkennen die Gedanken des Himmels. Ihn
erkennen als das große Eine, ihn erkennen als das große Geheimnis,
ihn erkennen als die große Unterschiedenheit, ihn erkennen als die

große Übereinstimmung, ihn erkennen als die große Möglichkeit, ihn erkennen als die große Wahrheit, ihn erkennen als die große Bestimmtheit: Das ist das Höchste.

Dschuang Dsi: Das wahre Buch vom südlichen Blütenland[1]

Solange wir die Welt als solche sehen, bleibt sie für uns die Welt, aber sobald wir sie als Gott fühlen, wird sie Gott für uns sein. In diesem Sinne sollten wir alles und jedes betrachten, Eltern, Kinder, Gatten, Gattinnen, Freunde und Feinde. Die ganze Welt würde sich verwandeln, wenn wir sie bewußt mit Gott ausfüllten. Seht nichts anderes als Gott; und Sorgen, Streit und Kummer sind auf immer dahin.

Vivekananda: Jnana-Yoga[2]

Oft habe ich beim Vorwärtsschreiten kurze Lichtblicke von Gott, der absoluten Wahrheit, erhalten, und jeden Tag wächst die Überzeugung in mir, daß Er allein wirklich und alles andere unwirklich ist.

Mahatma Gandhi: Autobiography[3]

Stärke mich durch Deine Wahrheit,
denn Du gabst mir den Geist,
um sie zu begreifen!

Zarathustra: Avesta[4]

Der menschliche Geist hat ein Verlangen nach Wissen. Doch ist ihm dieses Verlangen nicht anerschaffen zur Erkenntnis des Wesens der Gottheit, sondern nur zur Erkenntnis der Unendlichkeit der göttlichen Größe, die allen Begriff und alles Wissen übersteigt.

Nikolaus von Cues: Jagd auf Weisheit[5]

Und die, denen das Wissen gegeben ward, sehen, daß das, was dir von deinem Herrn offenbart worden, die Wahrheit selbst ist und zu dem Pfade des Mächtigen, des Preiswürdigen leitet.

Mohammed: Koran[6]

Bald werden wir sie Unsere Zeichen sehen lassen überall auf Erden und an ihnen selbst, bis ihnen deutlich wird, daß es die Wahrheit ist.

Mohammed: Koran[7]

Den hohen Stellenwert solcher Erkenntnis hat auch C. G. Jung betont: «Ich bin Gott jeden Tag dankbar, daß ich die Wirklichkeit der Imago Dei in mir erfahren durfte.»[8]

Die angestrebte Erkenntnis ist nur erreichbar, wenn die letzten Zweifel an der absoluten Wahrheit ausgeräumt sind, wenn – in der Sprache Buddhas – das Nichtwissen restlos ausgemerzt ist.

Zerschneide mit des Wissens Schwert den Zweifel, der aus Torheit stammt.

Krischna: Bhagavadgita[9]

Wer intelligent und gelehrt, von großer Verständniskraft und fähig ist, mit Hilfe seiner Vernunft Zweifel zu überwinden, ist für die Erkenntnis des Atman geeignet.

Shankara: Viveka-Chudamami[10]

Der wahrhaft Weise verbrennt seine Unwissenheit mit allen ihren Auswirkungen im Feuer Brahmans, des Absoluten, des Ewigen, des wahren Selbst. Dann bleibt er festgegründet in der Erkenntnis des Atman, des ewigen reinen Bewußtseins, der Seligkeit.

Shankara: Viveka-Chudamami[11]

Durch das Hindernis des Nichtwissens gehemmt, ihr Mönche, wandern, den Lauf der Geburten durcheilend, die Geschöpfe für lange Zeit.

Gautama Buddha: Ittivuttaka[12]

Bei einer oberflächlichen Interpretation der obigen Aussagen Shankaras könnte man meinen, daß jeder Mensch, der über eine ausreichende Intelligenz verfügt, imstande ist, den Pfad der Erkenntnis ohne weiteres zu beschreiten. Das wäre zu einfach und trifft keineswegs zu. Intelligenz und logisches Denken sind zwar unentbehrliche Voraussetzungen dazu, aber sie reichen zum Erfolg nicht aus. Gefordert wird vielmehr eine Art zusätzlicher höherer Intelligenz, die Entwicklung einer Ratio hinter und über dem gewöhnlichen Verstand. Diese ist zwar in jedem Menschen prinzipiell vorhanden, aber sie schlummert normalerweise im Unbewußten, wie auch die Tiefenpsychologie lehrt. Der große indische Philosoph Sarvepalli Radhakrishnan, ein hervorragender Kenner auch der westlichen Philosophien und der wissenschaftlichen Denkweise, hat das höhere Wissen und die besondere, auf dem Gebrauch der «Überintelligenz» beruhende Erkenntnisart, durch welche man zu diesem Wissen gelangt, auf kompetente und verständliche Art beschrieben:

«Das reine und transzendentale Wissen unterscheidet sich von dem wissenschaftlichen Denken, obgleich zwischen beiden Zusammenhänge bestehen. Jede Wissenschaft spiegelt in der ihr eigenen Weise innerhalb einer bestimmten Ordnung der Dinge die höhere, unwandelbare Wahrheit wider, an der jeder Teil der Wirklichkeit teilhaben muß. Wissenschaftliches oder unterscheidendes Erkennen bereitet uns für das höhere Wissen vor. Die Teilwahrheiten der Wissenschaft sind von der ganzen Wahrheit des Geistes verschieden. Wissenschaftliches Erkennen ist nutzbringend, da es die den Geist bedrängende Dunkelheit zerstreut, die Unvollkommenheiten seiner eigenen Welt bloßlegt und den Geist für etwas vorbereitet, das jenseits derselben liegt. Um die Wahrheit erkennen zu können, bedarf es einer Bekehrung der Seele, der Entfaltung geistiger Schau.»[13]

Statt die Erkenntnis, wie üblich, durch Sinneserfahrungen und deren rationale Verarbeitung zu gewinnen, muß auf dem Erkenntnispfad eine Art intuitiver Erkenntnisprozeß, aber nicht etwa ein irrationaler, ablaufen. Auf diese Weise, so verheißt uns die Mystik, werden wir zum höheren Wissen vorstoßen können.

Das höhere Wissen ist jenes, wodurch man die unwandelbare Wirklichkeit erkennt. Durch dieses Wissen wird dem Weisen enthüllt, was jenseits aller Sinnesgrenzen liegt; was ursachlos und unerklärbar ist.

Mundaka-Upanischad[14]

Nur der kennt wirklich Brahman, der ihn unerkennbar weiß.

Kena-Upanischad[15]

Wir müssen erkennen, was wir wirklich sind, daß wir jenseits von Furcht, jenseits von Geburt und Tod stehen. Um das höchste Gut, das Gotteserlebnis, zu erlangen, müssen wir die Grenzen der Sinne und Gedanken überschreiten.

Vivekananda: Jnana-Yoga[16]

Jnana kann niemals Sinneserkenntnis sein. Wir können Brahman nicht *kennen*, sondern wir *sind* Brahman, das ganze Brahman, nicht ein Teil davon. Das Unendliche kann niemals geteilt werden. Die scheinbare Verschiedenheit ist nur der Abglanz des Einen, wie wir es in Zeit und Raum wahrnehmen, genau wie wir die Widerspiegelung der Sonne in einer Million von Tautropfen sehen und trotzdem wissen, daß es nur eine Sonne und nicht viele gibt.

Vivekananda: Jnana-Yoga[17]

Sind wir über Kenntnisse hinaus, dann haben wir Wissen. Denken ist das Mittel, Denken ist die Schranke... Wandle die Vernunft in geordnete Intuition, sei ganz und gar Licht. Das ist dein Ziel.

Aurobindo: Gedanken und Aphorismen[18]

Wenn die Weisheit kommt, ist ihre erste Lektion: «So etwas wie Wissen gibt es nicht; es gibt nur Einblicke in die Unendliche Gottheit.»

Aurobindo: Gedanken und Aphorismen[19]

Die geistige Wirklichkeit entzieht sich dem (gewöhnlichen) Intellekt, und nur sie allein kann uns befriedigen.

Mahatma Gandhi: Harijan[20]

Buddha-Weisheit übersteigt unser Denken,
führt mich ins reine Land!

Saichi: Spruchgedichte[21]

Ich versuche nicht, Herr, zu Deiner Höhe zu dringen, weil mein Verstand mit ihr in keinen Vergleich zu bringen ist; ich wünsche nur einigermaßen Deine Wahrheit zu begreifen, die mein Herz glaubt und liebt. Denn ich suche nicht zu begreifen, um zu glauben, sondern glaube, um zu begreifen.

Anselm von Canterbury: Opera[22]

Wie man sieht, rückt in der christlichen Mystik die höhere Erkenntnis in die Nähe des Glaubens. Es handelt sich dabei aber keinesfalls um einen aufgezwungenen, dogmatischen, unantastbaren Glauben, sondern um einen Glauben in Freiheit, um einen «wissenden» Glauben oder, besser gesagt, um einen Glauben, der Wissen überhaupt erst möglich macht. Gerade darauf beruht die hervorragende Bedeutung des Satzes Anselms vom *«Credo ut intellegam»* («Ich glaube, um zu erkennen»).

Wie dem Heilssuchenden auf dem Pfad der Liebe stehen auch jenem auf dem Pfad der Erkenntnis einige Hilfsmittel zur Verfügung. Es sind dies vor allem das intensive Studium der Texte von Mystikern und von heiligen Schriften sowie vielleicht noch die Unterweisung durch einen ausgewiesenen, in den Belangen der Mystik bewanderten geistlichen Lehrer. Doch gehört auch all dies letztendlich laut Vivekananda zum «nebensächlichen Beiwerk» und ist für das Erreichen des Heilsziels auf dem Erkenntnispfad nicht entscheidend; denn mitgeteilte Weisheit nützt nichts, wenn sie nicht selber erfahren wird, und alle dozierte Wahrheit führt nicht weiter, wenn sie nicht selber gelebt wird.

> Von alters her bis heute
> sind die Namen nicht zu entbehren,
> um zu überschauen alle Dinge.
> Woher weiß ich aller Dinge Art?
> Eben durch sie.
>
> Laotse: Taoteking[23]

> Ihn (Brahman) in diesem Leben zu kennen, heißt in der Wahrheit sein;
> Ihn in diesem Leben nicht zu kennen, ist tödliches Verderben.
>
> Kena-Upanischad[24]

> Die Wahrheit ist tatsächlich vom Buddha nie gepredigt worden, denn man muß sie selbst erfahren.
>
> Sutralamkara[25]

> Wer aber hat Deinen Plan erkannt außer dem, dem Du Weisheit gegeben und Deinen heiligen Geist aus der Höhe geschickt hast?
>
> Salomo: Das Buch der Weisheit[26]

> Werde und lebe das Wissen, das du hast; dann ist dein Wissen der lebendige Gott in dir.
>
> Aurobindo: Gedanken und Aphorismen[27]

Das aber ist das ewige Leben, daß sie dich, der du allein wahrer Gott bist, und den du gesandt hast, Jesus Christus, erkennen.

Jesus Christus: Johannes-Evangelium[28]

Es gibt zweierlei: Wissen und Sein. Es ist leicht, die Wahrheit zu wissen, aber sehr schwer, Wahrheit zu sein. Nicht im Wissen der Wahrheit erfüllt sich der Zweck des Lebens; er erfüllt sich dadurch, daß man Wahrheit ist.

Inayat Khan: Die Sufi-Botschaft[29]

Die Wahrheit leben heißt unter anderem, die Wahrheit bekennen und für sie einstehen, nicht in blindem Fanatismus, sondern mit der Stärke der Überzeugung und dem Vorbild der Güte, unter Inkaufnahme des Gespötts jener, denen bis dahin noch jede Spur der höheren Erkenntnis versagt geblieben ist.

Eine der großen mystischen Wahrheiten lautet: Es gibt keine höhere Erkenntnis ohne Selbsterkenntnis. Nicht von ungefähr stand schon am Apollotempel in Delphi die Inschrift *«gnothi seauton»* («Erkenne dich selbst»); die Selbsterkenntnis stand am Anfang der Einweihung in die Mysterien beziehungsweise in die mystische Wahrheit.

Erkenne dich selbst, und du wirst Gott erkennen.

Ramakrischna: Worte[30]

Wisse: Der Schlüssel zur Erkenntnis Gottes ist die Selbsterkenntnis.

al-Ghasali: Das Elixier der Glückseligkeit[31]

Wer sich selbst kennt, kennt seinen Herrn.

Dschelaleddin Rumi: Mathnawi[32]

Selbsterkenntnis ist deshalb besonders geeignet, auf dem Pfad der Erkenntnis voranzubringen, weil der Mensch nach dem Ebenbild Gottes geformt ist; wenn der Heilsuchende seinen Blick auf seine innere Gestalt konzentriert, wird er infolgedessen einen Abglanz des Göttlichen erhaschen können. Im fortgeschrittenen Stadium, wenn der Mensch schon bald am Ende des Erkenntnispfades angelangt ist, wird die Selbsterkenntnis zur Erkenntnis des wahren Selbst, des reinen göttlichen Kerns führen und zu der Einsicht, daß dieser die einzige Wirklichkeit und von der Gottheit nicht verschieden ist.

In Wahrheit bist du immer mit dem Herrn vereint. Jedoch du mußt es *wissen*. Nichts anderes ist wert, gewußt zu werden.

Svetasvatara-Upanischad[33]

Doch wem Ungewißheit zerstört durch Erkenntnis des Atman ist, Dess Wissen läßt der Sonne gleich helleuchtend schaun das höchste Heil.

Krischna: Bhagavadgita[34]

Denke: «Ich bin Brahman, ich bin nicht die individuelle Seele», und verwirf alles, was nicht der Atman ist. Suche hierdurch diese Täuschung zu vernichten, die in der Vergangenheit durch dein Verlangen nach den Dingen der Sinne entstanden ist.

Shankara: Viveka-Chudamami[35]

Wir müssen uns von dem üblen Traume befreien, wir seien Körper. Wir müssen die Wahrheit erkennen: «Ich bin Er.» Wir sind nicht Tropfen, die in den Ozean fallen und sich dort verlieren; jeder einzelne ist der *ganze*, unendliche Ozean, und jeder einzelne, der die Täuschung erkannt hat, wird es erfahren. Das Unendliche ist unteilbar; das «Eine ohne ein Zweites» kann kein Zweites neben sich haben, alles *ist* dieses Eine. Alle werden dieses Wissen erlangen, aber wir sollten darum ringen, es jetzt zu erreichen, denn erst wenn wir es haben, können wir der Menschheit wahrhaft dienen.

Vivekananda: Jnana-Yoga[36]

Unsere Körper sind Wahrzeichen des hinter ihnen stehenden Gedankens, und die Gedanken ihrerseits sind Wahrzeichen des hinter ihnen stehenden einen, wahren Seins, der Seele unserer Seele, des Selbst des Weltalls, des Lebens unseres Lebens, unseres eigenen Selbst.

Vivekananda: Jnana-Yoga[37]

Mit den Augen wird er (der Fortgeschrittene auf dem Erkenntnispfad) weiterhin die Erscheinung wahrnehmen, aber er wird sie als das erkennen, was sie wirklich ist und ihre wahre Natur durchschauen. Es ist die «Wand», die das unwandelbare Selbst verdeckt. Wenn die Wand niedergelegt wird, kommt das Selbst zum Vorschein, es ist die Wand, die sich verändert. Beim Heiligen ist die Wand so dünn, daß die Wirklichkeit beinahe durchscheint; beim Sünder ist sie dick, und daher neigen wir dazu, die Tatsache zu vergessen, daß auch hinter ihr, genau wie beim Heiligen, der Atman steht.

Vivekananda: Jnana-Yoga[38]

Das Selbe, was da hört, ist das Selbe, was da gehört wird in dem ewigen Worte.

Meister Eckhart: Predigten[39]

Die Mystiker haben immer wieder betont, daß höhere Erkenntnis und das gelebte höhere Wissen die große Befreiung bewirken. Befreiung wovon? Es ist die Befreiung von den zahllosen Fesseln, die unser Ich davon abhalten, dem Selbst entgegenzugehen, um mit diesem eins zu werden. Höhere Erkenntnis, das heißt Erkenntnis der Existenz einer absoluten Wirklichkeit, ist das sicherste Mittel für eine solche Befreiung.

Kein Läutrungsmittel gibts ja hier, das der Erkenntnis sich vergleicht.

Krischna: Bhagavadgita[40]

Die Erkenntnis, daß Atman der Grund aller Erscheinungen ist, bedeutet den Weg zur Befreiung von aller Bindung. Es gibt keine höhere Erkenntnis als das Wissen, daß der Atman ungeteilt und allgegenwärtig ist. Wer die Erscheinungen ablehnt und sich unerschütterlich dem Atman, dem ewigen Sein, hingibt, erfährt, daß der Atman überall und in allen Dingen ist.

Shankara: Viveka-Chudamami[41]

Wenn man alles von sich geworfen hat, bis man zu dem kommt, was man nicht von sich werfen kann, dann bleibt das Selbst.

Vivekananda: Jnana-Yoga[42]

So ihr bleiben werdet in meiner Rede, so seid ihr meine echten Jünger, und ihr werdet die Wahrheit erkennen, und die Wahrheit wird euch frei machen.

Jesus Christus: Johannes-Evangelium[43]

Der konsequent und bis zum Ende verfolgte Erkenntnispfad führt zum Heilsziel; er mündet in die Erkenntnis des Göttlichen und macht die Einswerdung mit ihm möglich.

Hast du's (das Wahre) erkannt, o Pandu-Sohn, wirst du nicht wiederum betört,
Dadurch wirst alle Wesen du in dir erschaun und dann in Mir.

Krischna: Bhagavadgita[44]

O welch eine Tiefe des Reichtums, beides, der Weisheit und der Erkenntnis Gottes.

Paulus: Der Brief an die Römer[45]

Eine Richtung unter den Meistern lehrt, nichts einige die Seele so sehr mit Gott wie das Erkennen, die anderen sagen, daß sie nichts so sehr einige wie die Liebe, und eine dritte Richtung lehrt, daß sie nichts so sehr einige wie das wirkliche Erfühlen. Nun hat gewiß eine jede von diesen Kräften zunächst ihren besonderen Stand für sich. Aber in der höchsten Betätigung ihrer Sondereigenschaft, da ist jede der anderen so nahe gerückt, als wären sie *ein* Ding, dreifaltig und doch von einer Natur.

Meister Eckhart: Predigten[46]

Davon allein bin ich selig, daß Gott vernünftig ist und ich dies erkenne.

Meister Eckhart: Predigten[47]

Der Erkenntnispfad kann über den leiblichen Tod hinausführen und seinen krönenden Abschluß in einer transzendenten, immateriellen Daseinsform der Seele finden; es ist gut vorstellbar, daß die einigende Erkenntnis des Ursprungs nach der Befreiung von den körperlichen Fesseln entscheidend erleichtert wird. Vergessen wir nicht, daß die Erreichung dieses Heilsziels schließlich die Bestimmung aller Menschen ist.

Die Seele ist ein Kreis, dessen Umfang nirgends und dessen Zentrum in einem Körper liegt. Der sogenannte Tod ist nur die Verlegung dieses Zentrums. Gott ist ein Kreis, dessen Umfang nirgends und dessen Zentrum überall ist, und sobald wir dem engen Zentrum im Körper entweichen können, werden wir Gott, unser wahres Selbst, erkennen.

Vivekananda: Jnana-Yoga[48]

Der Erkenntnispfad führt zum Heilsziel, weil er zum höchsten Wissen führt und weil Gott nicht nur die Liebe, sondern auch das Wissen ist, besteht doch seine Gestalt aus Sein–Wissen–Wonne. Und so, wie der Heilsuchende auf dem Pfad der Liebe am Ende seiner Pilgerfahrt erfährt, daß der Liebende, die Liebe und der Geliebte eins sind, so wird der Adept auf dem Erkenntnispfad schließlich gewahr werden, daß der Erkennende, die Erkenntnis und das Erkannte, nämlich Gott, ebenfalls eins sind.

Brahman kann nur als die Erkenntnis selbst begriffen werden, die Erkenntnis, die eins ist mit der Wirklichkeit und untrennbar von dieser.

Brihadaranyaka-Upanischad[49]

Wer den Weg nach innen fand,
Wer in glühendem Sichversenken
Je der Weisheit Kern geahnt,
Daß sein Sinn sich Gott und Welt
Nur als Bild und Gleichnis wähle:
Ihm wird jedes Tun und Denken
Zwiegespräch mit seiner eignen Seele,
Welche Gott und Welt enthält.

Hermann Hesse: Weg nach innen

19. Der Pfad der Verinnerlichung

Der Pfad der Verinnerlichung ist der Königsweg zum Heil – die indische
Bezeichnung Raja-Marga heißt wörtlich: «Königsweg». Damit soll ausgedrückt werden, daß es sich um den direktesten und sichersten Heilsweg handelt, wenn auch um den schwierigsten, steilsten und anspruch-
vollsten. Die gewählte deutsche Umschreibung «Pfad der Verinnerlichung», mit der versucht werden soll, die wesentliche Eigenschaft dieses Pfades zum Ausdruck zu bringen, vermag zwar nicht völlig zu befriedigen, doch wurde nichts Passenderes gefunden. Natürlich beruht
auch das Üben ethischer Tugenden, ebenso wie das der Gottesliebe und
der höheren Erkenntnis, auf «inneren» Vorgängen, auf bestimmten
seelischen Verhaltensweisen. Aber der Weg der Verinnerlichung wurzelt sozusagen in noch größerer Tiefe; er basiert auf der Mobilisierung
von Kräften, die beim gewöhnlichen Menschen im Unbewußten
schlummern und normalerweise nicht ins Bewußtsein gehoben werden.
Die Freisetzung und Nutzung dieser Energien, zusammen mit der Beherrschung aller übrigen psychischen Funktionen, versetzt den Heilssuchenden in die Lage, auf dem Pfad der Verinnerlichung voranzukommen.

Man kann, grob verallgemeinernd, sagen, daß die Pfade der Tat und
der Liebe vorwiegend die Wege der «westlichen» Menschen, die Pfade

der Erkenntnis und der Verinnerlichung vorwiegend jene der «östlichen» Menschen sind, obwohl letztere vielfach auch den Pfad der Liebe beschreiten. Hinsichtlich des Erkenntnispfades ist zu bemerken, daß der westliche Mensch selbstverständlich auch seinen Intellekt zu gebrauchen versteht – was ja eine Voraussetzung für das Beschreiten dieses Pfades ist –, aber in der Regel hat er diesen nicht zu jenem «Überintellekt» weiterentwickelt, der für die höhere Erkenntnis erforderlich ist.

Die Pfade der Erkenntnis und der Verinnerlichung sind einander nahe verwandt; für letztere sind aber noch zusätzlich psychische Kräfte erforderlich, die von der Wissenschaft bisher kaum zur Kenntnis genommen und praktisch noch nicht erforscht worden sind, wenn nicht gar deren Existenz, trotz ausreichender Beweise, einfach geleugnet wird. Der westliche Mensch, sofern er überhaupt etwas über den Pfad der Verinnerlichung weiß oder zu wissen glaubt, setzt diesen in der Regel dem pauschalen Begriff «Yoga» gleich, obwohl Yoga sämtliche Heilsbemühungen umfaßt, sei es auf dem Pfad der Tat, der Liebe, der Erkenntnis oder eben auf jenem der Verinnerlichung.

Es sei nochmals betont: Jeder religiöse Mensch ist ein Yogin, und die Mystiker, Heiligen und Gottesmenschen aller Zeiten sind nichts anderes als besonders begnadete Yogins. Der auf dem Pfad der Verinnerlichung fortgeschrittene Raja-Yogin hat nun allerdings Fähigkeiten entwickelt, denen für den nüchternen westlichen Menschen der Hautgout des Okkulten und der Magie anhaftet und die vom Skeptiker als Hokuspokus und Scharlatanerie abgetan werden. Dabei wird über kurz oder lang die Schulpsychologie wissenschaftlich bewiesen haben, daß in den Seelengründen des Unbewußten nicht nur Symbole, Bilder und Archetypen beheimatet sind, sondern auch jene besagten Kräfte, die unter geeigneten Bedingungen aktiviert und verfügbar gemacht werden können; vorläufig befaßt sich die noch nicht allgemein als Wissenschaft akzeptierte Parapsychologie damit.

Dem Weg der Verinnerlichung ist trotz der Rolle dieser tieferen seelischen Kräfte nichts Geheimnisvolles oder Magisches eigen; er beruht in Wirklichkeit ganz und gar auf Erfahrung. Trotzdem sind und bleiben die ihn kennzeichnenden Praktiken Humbug oder zumindest sehr fragwürdige Angelegenheiten für jeden, der deren Wirkungen nicht selber erfahren hat – was den Mystikern seit jeher sehr wohl bewußt war. So hat Vivekananda die Heilsuchenden aufgefordert, diesen Dingen keinen blinden Glauben zu schenken, sondern ihre Zweifel aufgrund eigener erfolgreicher Versuche zu zerstreuen. Und unter der Voraussetzung der Gewissenhaftigkeit und Beharrlichkeit sowie der Beachtung der relevanten Anweisungen wird sich der Erfolg mit an Sicherheit grenzender Wahrscheinlichkeit einstellen.

«Glauben Sie nichts, bevor Sie es nicht selber entdecken», das ist seine (des Raja-Yoga) Lehre. Die Wahrheit bedarf keiner äußeren Stütze.

Vivekananda: Raja-Yoga[1]

Was sollen nun diese aus der Tiefe der Psyche kommenden Kräfte, die für den Pfad der Verinnerlichung freigesetzt werden, bewirken? Sie sollen dazu dienen, die Hürden zu bezwingen, die dem Heilsuchenden im Weg stehen, sie sollen helfen, die Mauer zu durchbrechen, die sich zwischen unserem Ich und dem Selbst befindet.

Nun wird die Frage aufgeworfen, worauf denn die Seligkeit vor allen Dingen beruhe? Etliche Meister haben gesagt, sie beruhe auf der Liebe, andere sagen, sie beruhe auf der Erkenntnis und auf Liebe, und sprechen schon besser. Wir aber sagen, daß sie weder auf der Erkenntnis noch auf der Liebe beruht, sondern daß es ein Etwas in der Seele gibt, aus dem Erkenntnis und Liebe entspringen; es selbst erkennt und liebt nicht – das tun die *Kräfte* der Seele.

Meister Eckhart: Predigten[2]

Auch für Meister Eckhart gibt es noch etwas Tieferes in der Psyche als die «gewöhnlichen» Kräfte der Seele, und dieses Tiefere vermag offenbar das Erlangen der Seligkeit merklich zu fördern.

Diese drei Stücke bedeuten dreierlei Erkenntnis. Die eine ist sinnlich: Das Auge sieht gar weiterhin die Dinge, die außerhalb seiner sind. Die zweite ist vernünftig und ist viel höher. Mit der dritten ist eine edle Kraft der Seele gemeint, die so hoch und so edel ist, daß sie Gott in seinem bloßen, eigenen Sein erfaßt. Diese Kraft hat mit nichts etwas gemein, die macht aus nichts etwas und alles.

Meister Eckhart: Predigten[3]

Die Inspiration ist ein schmaler Strom leuchtender Klarheit, der einem weiten und ewigen Wissen entspringt; sie übertrifft den Verstand vollständiger als der Verstand die Erkenntnis der Sinne.

Aurobindo: Gedanken und Aphorismen[4]

Aurobindo gebraucht den Begriff «Inspiration» abweichend von unserem normalen Anwendungsbereich für dieses Wort, um offensichtlich ebenfalls diese speziellen Seelenkräfte zu bezeichnen.

Die außergewöhnlichen psychischen Kräfte, die auf dem Pfad der Verinnerlichung im fortgeschrittenen Stadium freigesetzt werden, lassen sich auch für andere Zwecke als das direkte Erreichen des Heilsziels verwenden. So haben Raja-Yogins gelegentlich «übernatürliche» Aktivitäten entfaltet, wie man sie von medial veranlagten Personen her kennt – sie reichen von Hellsehen, Telepathie, Psychokinese, Levitationen bis hin zu Materialisationen, Entmaterialisationen und ähnlichen Phänomenen; zudem existieren beglaubigte Berichte über Geistheilungen und Auferweckung von gerade Verstorbenen.

Es besteht kein prinzipieller Unterschied zwischen derartigen Taten indischer Raja-Yogins und entsprechenden Handlungen Jesu Christi und seiner Jünger. In religiösem Zusammenhang werden solche Taten bekanntlich als Wunder bezeichnet und von den gläubigen Anhängern der betreffenden Gemeinschaft oft als Beweis für den Wahrheitsgehalt ihrer Religion herangezogen. Die meisten Mystiker haben sich gegen diese Interpretation gewehrt, und auch Christus hat bei Gelegenheit die «Wundergläubigen» gescholten, die derartiger Krücken bedürfen, um die mystische Wahrheit als solche zu erkennen! Niemals aber hat ein auf dem Pfad der Verinnerlichung vorangekommener Adept oder ein am Ziel angelangter Mystiker diese Kräfte dazu verwendet, sich egoistische materielle oder spirituelle Vorteile zu verschaffen oder gar den Mitmenschen damit zu schaden. Doch haben sie zum Beispiel gelegentlich Geistheilungen aus Mitleid und zum Wohl bedürftiger und kranker Menschen vorgenommen.

Der Pfad der Verinnerlichung wird, wie gesagt, vornehmlich im Osten beschritten, doch finden sich Hinweise auf diesen Heilsweg auch bei Mystikern anderer Religionen und Kulturkreise, so zum Beispiel sehr ausgeprägt bei Meister Eckhart. Empfehlungen, diesen Weg zu beschreiten, werden zwar mehr und mehr auch im Westen verbreitet, vorwiegend durch Lehrer indischer Herkunft oder durch solche, die sich in Indien oder fernöstlichen Ländern entsprechend haben unterrichten lassen. In zunehmendem Maße werden dem westlichen Menschen Einführungen und Lehrgänge in «transzendentaler Meditation», «Entwicklung des Überbewußtseins» und dergleichen angeboten. Man kann sich des Eindrucks nicht erwehren, daß es sich dabei oft nur um eine Modeerscheinung handelt. Es ist zwar unbestritten, daß grundsätzlich jeder Mensch die Anlagen besitzt, die das Begehen des Pfades der Verinnerlichung und die Entwicklung der genannten Seelenkräfte ermöglichen sollen, doch fehlen dem westlichen Menschen im allgemeinen die geistigen Voraussetzungen und weltanschaulichen Grundlagen, ohne die ein Vorwärtskommen auf diesem Pfad kaum möglich ist. Diesem Umstand tragen die Lehrer oder «Gurus», die häufig nur den raschen Erfolg ihrer Schüler anstreben (nicht selten, um sich damit zu brüsten), meist zu wenig Rechnung. Der schnellebige westliche Mensch möchte nun einmal ohne langwierige Vorbereitungen und Anstrengungen gleich mit den obersten Stufen dieses Heilswegs beginnen, was zum Mißlingen führen muß.

Die wichtigsten Schulen oder Lehrsysteme, die Anleitungen für das Beschreiten dieses Heilspfads vermitteln, finden sich in der Mystik des Vedismus-Brahmanismus-Hinduismus als Raja-Yoga sowie des Buddhismus in der Zen-Schule und in gewissem Sinn auch in der Jodo-Schule (wörtl.: «Schule des Reinen Landes»).

Raja-Yoga ist eine relativ komplizierte Lehre, und es liegt nicht in der Absicht dieses Buches, auf deren Details einzugehen. Die indische Religionswissenschaft führt die Anfänge dieser Lehre auf Patanjali zurück, der im zweiten vorchristlichen Jahrhundert gelebt hat. Seine berühmten Sutras (Aphorismen) sind für den Nicht-Eingeweihten außerordentlich schwer zu verstehen und für einen westlichen Leser ohne ausführlichen Kommentar (wie den des Vivekananda), der oft die mehrfache Länge des eigentlichen Sutra-Textes ausmacht, kaum faßbar. Kein Raja-Yoga-Lehrer kommt aber an diesen Sutras vorbei, die das eigentliche Fundament dieser Lehre bilden.

Raja-Yoga besteht aus acht Stufen. Die beiden ersten beinhalten das Üben von Verhaltensweisen, die wir schon als allgemeine Vorbereitungen für den Heilsweg kennengelernt haben (vgl. Kapitel 15); diese sind für den Raja-Yoga besonders unerläßlich, zum Teil spielen sie auch für den Pfad der Tat eine Rolle (vgl. Kapitel 16). Es handelt sich um das Einhalten der Gebote Nichttöten, Nichtstehlen, Wahrhaftigkeit, Enthaltsamkeit, Unbestechlichkeit, Reinlichkeit, Zufriedenheit, Strenge, Studium und Selbsthingabe.

Auf der dritten und vierten Stufe kommen die Elemente der rechten Körperhaltung (Asana) und der Atemregulierung (Pranayama) dazu, die üblicherweise dem physischen Yoga (Hatha-Yoga) zugerechnet werden. Während aber Hatha-Yoga der körperlichen Stärkung und der Förderung der Gesundheit dient, stehen die Asanas und das Pranayama im Raja-Yoga ganz im Dienst der höheren geistigen Ziele. Im besonderen profitiert der Raja-Yogin bei der Kontrolle und der genau nach Vorschrift zu absolvierenden Tiefatmung von deren bekannten physiologischen Wirkungen (wie Beruhigung, Regulierung des Kreislaufs, Normalisierung des Blutdrucks usw.), aber sie bedeutet für ihn noch viel mehr: Der Atem ist für ihn nur der äußere Ausdruck der allgemeinen göttlichen Lebenskraft (Prana), die – bewußt gehandhabt – in wunderbarer Weise Körper und Seele durchdringt und erfüllt und das Auge für die höheren Wahrheiten öffnet.

Dadurch (durch Pranayama) wird das den Glanz des höheren Wissens Verhüllende fortgezogen.

Patanjali: Yoga-Sutras[5]

An diesem Punkt beginnt also die Mobilisierung der besprochenen tieferen Seelenkräfte, die auf den nächsten Stufen des Raja-Yoga noch weiter aktiviert werden. Die fünfte Stufe ist das gänzliche Zurückziehen der Sinne von der Außenwelt (Pratyahara) zugunsten der inneren Kontemplation, worauf die Konzentration (Dharana) und die Meditation (Dhyana) als sechste und siebente Stufe folgen.

Das Zurückziehen der Sinnesorgane (Pratyahara) vollzieht sich durch ihr Preisgeben der eigenen Objekte und durch ihr Anehmen gleichsam der Gestalt der Denksubstanz.

Patanjali: Yoga-Sutras[6]

Konzentration (Dharana) ist das Gerichtethalten der Denksubstanz auf einen bestimmten Gegenstand.

Patanjali: Yoga-Sutras[7]

Bildet dies einen ununterbrochenen Erkenntnisstrom, so ist dies Meditation (Dhyana).

Patanjali: Yoga-Sutras[8]

Wie schwer verständlich die Sutras sind, kommt in diesen Aussagen voll zum Ausdruck. Die achte Stufe des Raja-Yoga, die Erleuchtung (Samadhi), ist bereits das Heilsziel: die einigende Erkenntnis des Urgrunds. Die Meditation wird oft als entscheidender Bestandteil des Raja-Yoga betrachtet, und sie verdient in der Tat besondere Beachtung. Der gebildete westliche Mensch glaubt zu wissen, was Meditation ist, doch würde er sich vermutlich schwertun, sollte er zu einer Charakterisierung dieses Vorgangs aufgefordert werden. Sinnvollerweise überlassen wir dies daher dem Religionsphilosophen Sarvepalli Radhakrishnan:

«Der Weg zur Selbstentfaltung ist die Meditation. Durch sie wenden wir unseren Sinn heimwärts und errichten eine Verbindung zum Zentrum des Schöpferischen. Um die Wahrheit zu erkennen, müssen wir uns in uns vertiefen und uns nicht nur oberflächlich einen weiteren Gesichtskreis geben. Stille und Ruhe sind notwendig für die tiefe Erneuerung unseres Seins, und die erlangen wir nicht leicht in unserer Zeit. Disziplin und angestrengter Wille helfen uns, unser Bewußtsein mit dem Höchsten in Beziehung zu setzen ... Es ist ein Zusammenfassen aller Kräfte, der intellektuellen Fähigkeiten, der Regungen des Herzens, der vitalen Sehnsüchte und sogar des rein physischen Seins, um sie alle auf das Ziel auszurichten.»[9] Und weiter: «Wenn wir aufgefordert werden, von der Oberfläche unseres Bewußtseins in seine Tiefen zu sinken, indem wir unser Tun beherrschen, dann heißt dies, daß nun der Geist, groß, machtvoll und leuchtend, seine Natur geltend macht. Durch die Methode der Meditation durchdringen unsere Überzeugungen uns ganz und gar, sie werden unser Lebensatem und wachsen, ohne daß es eines bewußten Eingreifens bedürfte.»[10]

Auch die christliche Mystik kennt die Meditation, doch handelt es sich dabei eher um ein langes und konzentriertes Gebet, eine besonders intensive und innige Zwiesprache mit Gott; diese Art der Meditation gehört daher eher zum Pfad der Liebe. Im Raja-Yoga ist vordergründig das Selbst, bildlich zum Beispiel als «Herzenslotos» verdeutlicht, Gegenstand und Inhalt der Meditation. Wenn in dieser die höchste Wahrheit auch beinahe ganz entschleiert wird, ist sie doch erst auf der Stufe der Erleuchtung im vollen Umfang offenbar.

Es ist hundertmal besser, über die Wahrheit Brahmans nachzusinnen, als nur aus den Schriften davon zu hören. Noch hunderttausendmal besser als Überlegung ist Meditation. Aber Samadhi ist das Allerbeste. – In diesem Samadhi – und in keinem anderen Zustand – wird das wahre Wesen Brahmans klar und deutlich offenbar.

Shankara: Viveka-Chudamami[11]

In der buddhistischen Mystik ist der Weg der Verinnerlichung in erster Linie jener des *Zen*, eine Lehre, die zunächst in China und später auch in Japan große Verbreitung gefunden hat. Ohne im Rahmen dieses Buches auf die interessante Entstehungs- und Entwicklungsgeschichte des Zen näher eingehen zu können, sei als Wichtigstes hervorgehoben, daß auch hier die eigene Erfahrung, ein inneres Erlebnis das entscheidende Charakteristikum ist. Dazu der Zen-Gelehrte Daisetz Taitaro Suzuki:

«Es versteht sich von selbst, daß Zen weder Psychologie noch Philosophie ist, sondern daß es eine mit tiefem Sinn erfüllte und mit lebendigen erhebenden Inhalten beladene Erfahrung ist. Die Erfahrung trägt ihr Ziel in sich und besitzt ihre eigene Autorität. Es ist die letzte Wahrheit, nicht das Erzeugnis relativer Erkenntnis, was allen menschlichen Bedürfnissen volle Erfüllung gibt. Sie muß unmittelbar in einem selbst verwirklicht werden; auf keinerlei äußere Autorität kann man sich dabei verlassen.»[12]

Zen kulminiert in einem überwältigenden Erleuchtungserlebnis, Satori genannt, das dem Samadhi des Raja-Yoga sehr ähnlich ist und letztlich auch als das Heilsziel angesprochen werden muß. Im Unterschied zu Samadhi tritt Satori jedoch nicht langsam, als Folge eines systematischen Aufbaus eines höheren Bewußtseinszustandes auf, sondern unmittelbar, abrupt, gleichsam wie ein Blitz aus heiterem Himmel, jedoch nicht ohne Übung in Meditation, die auch im Zen eine zentrale Rolle spielt.

Während aber im Raja-Yoga der Adept einigermaßen abschätzen kann, wie weit er noch vom Ziel, dem Samadhi-Zustand entfernt ist, und ob oder wann ungefähr er dieses erreichen wird, ist für den Zen-Schüler der Eintritt des Satori-Zustandes völlig unvermutet und unberechenbar. Ein Zen-Adept kann sich jahrzehntelang auf das intensivste mit Meditation abmühen, ohne je Satori zu erleben, während ein anderer in relativ kurzer Zeit und anscheinend mühelos dahin gelangt. Man ist versucht, darin ein Mitwirken göttlicher Gnade zu erblicken, obwohl ein solcher Gedanke dem Zen-Buddhismus eher fremd ist.

Das Üben der Zen-Meditation erfolgt üblicherweise unter Anleitung und Überwachung durch einen Lehrer. Ihre Methodik ist gekennzeichnet durch das Sich-Versenken in die Bedeutung einiger weniger Sätze (japan.: Koan; chin.: Kung-an), die vom Lehrer vorgegeben werden. Koan heißt eigentlich «öffentlich beglaubigte Urkunde» oder «öffentlicher Aushang». Es werden immer wieder die gleichen «klassischen» Koan verwendet – es soll siebzehnhundert davon geben. Das Koan ist für den Außenstehenden eine perfekte Absurdität; dazu nur zwei Beispiele[13]:

– Ein Mönch fragte Tung-shan: «Wer ist der Buddha?»
  Antwort: «Drei Pfund Flachs.»
– Ein Mönch fragte Chao-chou: «Was ist die Bedeutung des China-Besuches des ersten Patriarchen?»
  Antwort: «Der Zypressenbaum im vorderen Hof.»

Es ist schwer vorstellbar, wie jemand monate- oder gar jahrelang über ein derartiges Koan meditieren kann. Und doch ist es gerade die Anti-Logik, die den Adepten nicht mehr losläßt und seinen Willen, zur Einsicht in die Bedeutung des Koan zu gelangen, bis zum Äußersten anspornt. Der große Zen-Meister Chao-chou ermahnte seine Schüler folgendermaßen:

«Widmet euch bei Tag und bei Nacht, im Sitzen oder Liegen, im Gehen oder Stehen eurem Koan; widmet euch ihm während der ganzen Dauer der zwölf Perioden! Sogar beim Anziehen oder bei der Mahlzeit oder bei der Verrichtung eurer natürlichen Bedürfnisse haltet jeden eurer Gedanken auf das Koan gerichtet! Macht entschlossene Anstrengungen, es stets eurem Geiste gegenwärtig zu halten! Tage vergehen, Jahre rollen dahin, doch wenn die Zeit erfüllt, wenn euer Geist ganz mit der Aufgabe in Einklang gebracht und gesammelt ist, dann wird es plötzlich in euch selbst ein Erwachen geben – ein Erwachen zur Geisteshaltung der Buddhas und der Patriarchen.»[14]

Ähnlich äußert sich der koreanische Meister T'ui-yin: «Was von Zen-Anhängern gefordert wird, ist die Erkenntnis des Ausdrucks, der lebt, und nicht jenes, der tot ist. Versucht, die Bedeutung des Koan, das ihr erhalten habt, herauszufinden, indem ihr eure ganze Geisteskraft in die

Aufgabe hineinwerft, wie die Mutterhenne, die auf ihren Eiern brütet, wie eine Katze, die eine Ratte zu fangen sucht, wie ein Hungriger, der überall gierig nach Nahrung ausschaut, wie ein Durstiger, der nach Wasser sucht, wie ein Kind, das nach seiner Mutter verlangt. Wenn ihr euch mit ebenso verzweifeltem Ernst anstrengt wie diese, wird bestimmt die Zeit kommen, da euch die Bedeutung des Koan aufdämmert.»[15]

Realiter ist jedoch die Lösung des Koan mit Hilfe der Logik nicht möglich. Dies zwingt den Adepten zu einer Art intellektueller Kapitulation, zur Selbstaufgabe, einem völligen Sich-Loslassen, einem Sich-in-den-Abgrund-Stürzen. Genau das ist der bodenlose, unendliche Grund, aus dem schließlich Satori, die Erleuchtung, hervorschießen kann. Man kann folglich sagen, daß für diesen Vorgang ebenfalls jene tieferen Seelenkräfte beansprucht werden, die für den Pfad der Verinnerlichung so typisch sind.

Der buddhistische Gelehrte Daisetz Taitaro Suzuki hat darauf hingewiesen, daß trotz bedeutender äußerlicher Unterschiede hinsichtlich der methodischen Grundprinzipien die *Jodo*-Schule der Zen-Schule recht nahesteht. Der Adept der Jodo-Schule strebt allerdings kein Erleuchtungserlebnis während des irdischen Lebens an, sondern das Eingehen in das «Reine Land» des Buddha Amitabha (oder Amida Buddha) nach dem Tod. Er sucht dies durch das «*Nembutsu*», das wiederholte Anrufen des Buddha-Namens zu erreichen. Die Formel «*Namu-amida-butsu*» («Huldigung dem Amida-Buddha») hat zwar einerseits den Aspekt des Mantras, das wir als Hilfsmittel auf dem Pfad der Liebe bezeichnet haben. Auf der anderen Seite schafft die endlose Wiederholung des «*Namu-amida-butsu*» einen Bewußtseinszustand, welcher jenem, der aus der Meditation über das Koan resultiert, nicht unähnlich ist. Tatsächlich ist dem Jodo-Adepten bekannt, daß damit ein Samadhi, das Nembutsu-Samadhi, erreicht werden kann, in welchem für kurze Momente jener Grad der Erleuchtung und Vervollkommnung erlangt wird, der nach der von Buddha verheißenen Wiedergeburt im Reinen Land zum Dauerzustand wird.[16]

Empor mein Geist! Wirf ab die Menschenhülle!
Stürz jauchzend in die hingeworfne Fülle!
Ergreif den Mantel dort! Mensch! Werde Gott!

Karl Stamm: Das Hohelied

20. Am Ziel

Alle Heilswege treffen sich an ihrem Ende, denn sie führen zum gleichen Ziel. Es gibt nur *ein* Ziel und *ein* Heil, wie immer man es benennen mag, ob Gottesschau, Erkenntnis der höchsten Wahrheit, Erleuchtung, Samadhi, Satori, Erlangung der Seligkeit, Einswerden mit Gott, Identifikation, Unio mystica, Eingehen in das Nirvana, in das Reine Land, in den Himmel, in das Paradies. Es gibt zwar Unterschiede, wie man sich in den verschiedenen Religionen diesen Endzustand der menschlichen Seele vorstellt, aber schon der Begriff «vorstellen» macht deutlich, daß man – im Grunde ungebührlicherweise – versucht, sich ein Bild von etwas zu machen, was durch kein Bild darzustellen und durch keine Worte auszudrücken ist. Strenggenommen läßt sich über dieses Heilsziel nichts sagen, denn «Worüber man nicht sprechen kann, darüber muß man schweigen», wie Ludwig Wittgenstein in seinem *Tractatus logico-philosophicus*[1] so treffend feststellt.

Die Mystiker haben sich nicht an dieses Diktum gehalten, wie die nachfolgenden Aussagen zeigen; zu groß war ihr Bedürfnis, den Menschen das unsagbare Wunder, das heilige Geheimnis wenigstens andeutungsweise zu verkünden, zu existentiell wichtig erschien ihnen das Heil der Menschenseele, um nicht wenigstens den Versuch zu wagen, ihre eigene Gotteserfahrung auf die bestmögliche Art und Weise in Worte zu kleiden. Bevor wir aber die Stimmen der Mystiker darüber hören, scheint es angezeigt, zwei wesentliche Dinge, die schon zur Sprache kamen, in Erinnerung zu rufen.

Der erste Punkt betrifft die eminente Bedeutung der göttlichen Gnade, die bei allen eigenen – und notwendigen – Bemühungen um das Heil unerläßlich erscheint. Ihre Wirkung beginnt schon damit, daß ein Mensch sich überhaupt entschließt, einen Weg zum Heil zu beschreiten. Ohne einen Gnadenimpuls käme ein solcher Entschluß nie zustande; ohne einen Fingerzeig welcher Art auch immer würde sich kein Mensch je aufraffen, die über seine täglichen Bedürfnisse erhabene göttliche Wahrheit zu suchen, und er sähe keinen Anlaß, der Botschaft der Mystik auch nur die geringste Beachtung zu schenken.

Das Zweite ist die naheliegende Frage, in welchem Verhältnis das schon in diesem irdischen Leben, wenn auch nur von den wenigsten Menschen erreichbare Heil (oder besser die Momente der Einswerdung), und jenes nach dem Tod beziehungsweise das für den Endzustand der Menschenseele relevante Heil zueinander stehen. Es ist nämlich gelegentlich nicht ganz klar, welches in einer bestimmten mystischen Aussage gerade gemeint ist. Dies spielt aber deshalb keine Rolle, weil es sich um ein und dasselbe Heil handelt. Um zwei Beispiele zu nennen: Es besteht kein grundsätzlicher Unterschied, ob ein buddhistischer Heilssucher das «aktive» Nirvana im Leben erreicht hat, aus dem er handelnd in die Welt «zurückkehren» kann, oder ob er sich im definitiven Nirvana (dem Parinirvana) nach dem Tod befindet, denn der Zustand ist der gleiche; ebensowenig unterscheidet sich die Unio mystica des christlichen Gottsuchers im Prinzip vom Eingehen der erlösten Seele in das Paradies. Das Dasein als Mensch ist und bleibt jedoch die einzigartige Chance, das Heil zu erreichen oder dessen späteres Erreichen wirksam vorzubereiten.

Nun aber soll die Botschaft der mystischen Wahrheit von der Erlangung des Heilsziels erklingen:

Schaffe Leere bis zum Höchsten!
Wahre die Stille bis zum Völligsten!
Alle Dinge mögen sich dann zugleich erheben.
Ich schaue, wie sie sich wenden.
Die Dinge in all ihrer Menge,
ein jedes kehrt zurück zu seiner Wurzel.

Rückkehr zur Wurzel heißt Stille.
Stille heißt Wendung zum Schicksal.
Wendung zum Schicksal heißt Ewigkeit.

Laotse: Taoteking[2]

Der Zustand, wo Ich und Nicht-Ich keinen Gegensatz mehr bilden, heißt der Angelpunkt des Tao.

Dschuang Dsi: Das wahre Buch vom südlichen Blütenland[3]

Wenn der Geist alles durchdringt und durchströmt und nichts ihm unerreichbar bleibt; wenn er hinaufdringt zum Himmel und unten die Erde umschlingt; wenn er alle Wesen wandelt und nährt und ohne Gleichnis noch Bildnis ist: Das heißt eins sein mit Gott.

Dschuang Dsi: Das wahre Buch vom südlichen Blütenland[4]

Ich bin dieses Selbst! Ich bin das ewige Leben! Ich überwinde die Welt, ich, der ich mit goldenem Glanze leuchte.

Taittiriya-Upanischad[5]

Der Yogin schaut das Licht des Selbst im Herzen und erfährt so unmittelbar die Wahrheit Brahmans, des Reinen, Leuchtenden.

Svetasvatara-Upanischad[6]

Wer das aus sich leuchtende Wesen, das Herr ist über Vergangenheit, Gegenwart und Zukunft, mit dem geistigen Auge wahrnimmt, der ist furchtlos und erweckt nicht Furcht in anderen.

Brihadaranyaka-Upanischad[7]

Ein himmlisch Auge geb' Ich dir – schau Mein, des Herren, Wundermacht!

Krischna: Bhagavadgita[8]

Wer Mich überall erblickt und Alles auch in Mir erblickt,
Dem kann niemals entschwinden Ich, und er entschwindet
    niemals Mir.

Krischna: Bhagavadgita[9]

Es wird zerschnitten der Knoten des Herzens. Alle Zweifel sind ausgerodet. Es schwinden dahin alle Karmas, wenn im Herzen, im Atman, Gott geschaut wurde.

Srimad-Bhagavatam[10]

(Im Zustand der Erleuchtung) besteht das unaufhörliche Bewußtsein der Einheit von Atman und Brahman, und jede Identifizierung des Atman mit seinen Hüllen ist vergangen. Ebenso ist jede Empfindung einer Dualität aufgehoben. Es herrscht nur noch das reine, eins gewordene Bewußtsein. Wer festgegründet in diesem Bewußtsein ist, wird erleuchtet genannt.

Shankara: Viveka-Chudamami[11]

Man kann Gott schauen und zu Ihm sprechen, so wie ich jetzt zu euch spreche.

Ramakrischna: Worte[12]

Sobald es einem gelungen ist, Gott zu schauen, hat alles Diskutieren über die Auslegung der heiligen Schriften ein Ende. Summend umkreist die Biene die Blüte, bevor sie sich auf ihr niederläßt, aber lautlos trinkt sie den Honig.

Ramakrischna: Worte[13]

Erst nachdem man Gott geschaut hat, schwindet aller Zweifel. Über Gott sprechen hören ist ganz etwas anderes als Ihn schauen. Hören allein kann uns niemals vollkommen überzeugen. Wer aber Gott im eigenen Herzen erlebt und Ihn von Angesicht zu Angesicht schaut, dessen Überzeugung ist nicht mehr zu erschüttern.

Ramakrischna: Worte[14]

Schließlich öffnet sich das «Auge der Weisheit», und das Unendliche wird unmittelbar wahrgenommen. Ah, hier ist ein anderes Reich, jenseits des Universums! Die Welt versinkt in nichts. Der Geist scheint sich aufzulösen und fließt über... Dann kommt... Samadhi, das höchste, überbewußte Erlebnis – die absolute Vereinigung. Diese Erfahrung ist jenseits von Gedanken und Worten. Nichts ist zu sehen! Nichts ist zu hören! Unendlichkeit! Unendlichkeit allein! Es ist ein unmittelbares Erlebnis. Dieser Bewußtseinszustand ist «jenseits von

Dualität und Nicht-Dualität». Wer ihn erreicht, kann nur mit großer Anstrengung in die ihm unwirklich dünkende Welt der Erscheinungen zurückkehren.

Brahmananda: Worte an seine Schüler[15]

Entschwunden die Schleier von Licht und Schatten,
zerflossen die Nebel all meiner Schmerzen,
verblichen des Morgenrots flüchtige Freuden,
zerronnen die Fata Morgana der Sinne...
Gegenwart, Vergangenheit, Zukunft,
sie existieren nicht mehr...
Erkennen, Erkennender und Erkannter sind Eins!
Ruhige, unverminderte Seligkeit – ewiges Leben –
ewig neuer Friede.
Freude jenseits aller Vorstellungskraft, Samadhi, Seligkeit!
Aus Freude bin ich gekommen,
aus Freude lebe ich,
in heilige Freude gehe ich wieder ein.

Yogananda: Aus dem Gedicht «Samadhi»[16]

Die Vision des Höchsten in unserer Seele ist unmittelbares Schauen und gründet sich auf keine Überlegung oder Beweisführung der Vernunft.

Rabindranath Tagore: Sadhana[17]

Sie bewiesen mir mit überzeugenden Gründen, daß es Gott nicht gebe, und ich glaubte ihnen. Nachher sah ich Gott, denn Er kam und umarmte mich. Wem soll ich nun glauben, den Beweisführungen anderer oder meiner eigenen Erfahrung?

Aurobindo: Gedanken und Aphorismen[18]

Jene vorübergehenden Lichtblicke, die ich von der Wahrheit erhaschen konnte, können vom ganzen unbeschreiblichen Glanz der Wahrheit kaum einen Eindruck geben. Dieser Glanz ist eine Million mal heller als der der Sonne, die wir täglich mit unseren Augen sehen. Tatsächlich ist das, was ich gesehen habe, nur ein zarter Schimmer von diesem mächtigen Glanz. Und doch fühle ich die Wärme und den Sonnenschein Seiner Gegenwart.

Mahatma Gandhi: Autobiography[19]

Ich kann sagen, daß mich auch das einmütige gegenteilige Urteil der ganzen Welt nicht in dem Glauben erschüttern könnte, daß das, was ich gehört habe, wirklich die Stimme Gottes war. Denn für mich war diese Stimme mehr wirklich als meine eigene Existenz.

Mahatma Gandhi: Worte[20]

Ich glaube daran, daß jeder Mensch jenen gesegneten und unbeschreiblichen Zustand erlangen kann, in der er die Gegenwart Gottes in sich fühlt und nichts sonst.

Mahatma Gandhi: Harijan[21]

Wo Wasser, Erde, Feuer und Luft keinen Boden findet – dort leuchten Lichter nicht, nicht strahlt die Sonne, dort scheint der Mond nicht, nicht findet dort sich Dunkelheit. Und wenn der Weise durch sich selbst in der Stille zum Wissen gelangt ist, dann wird er frei von Gestalt und Nicht-Gestalt, von Glück und Leid.

Gautama Buddha: Udana[22]

Kein Maß gibt's mehr für ihn, der hingeschieden,
es gibt kein Wort, mit dem man ihn begreift;
wenn alle Dinge völlig abgelegt sind,
sind auch Bezeichnungsweisen abgestreift.

Gautama Buddha: Suttanipata[23]

Das Nirvana ist die höchste Wonne.

Gautama Buddha: Majjhimanikaya[24]

Kann einer, der das Nirvana nicht erlangt hat, wissen, daß es ein Glück ist? Gewiß, so wie man wissen kann, daß das Abschneiden der Hände, Füße usw. Leid ist, wenn man die Schmerzensschreie eines so Behandelten gehört hat. Genauso weiß man, daß das Nirvana Glück bedeutet, wenn man den Freudenruf derer vernommen hat, die es erfahren haben.

Nagasena: Milindapanha[25]

Wer nun einmal diese lobpreiswürdige Wahrheit
Vernimmt und heilige Wonne fühlt,
Dem wird ein unermeßliches Glück zuteil;
Noch mehr, wenn er sich hingibt
Und unmittelbar seine eigene Natur erlebt.
Dann ist sein eigenes Wesen nichts anderes
Als die Natur des vollendeten Nichts,
Und er ist erhaben über des Denkens Spiel.
Weit öffnet sich das Tor der Einheit
Von Ursache und Wirkung;
Und der einzige Weg tut sich auf, geradeaus-hin,
Kein zweiter und dritter.
Wer ihn beschreitet, der nimmt an als Gestalt
Die Gestalt des Gestaltlosen;
Und weder sein Gehen noch Kommen
Sind ihr fremd.
Der nimmt als sein Denken das Denken des Nicht-Denkens,
Und sein Singen und auch sein Tanzen
Sind Stimme der Wahrheit.
Der Himmel des Samadhi
Ist unbehindert ausgespannt,
Und es leuchtet der volle Mond
Der vierfachen Weisheit.

Hakuin: Aus dem Chorgesang[26]

Das Wunderbarste ist dies:
daß Buddhas unsichtbares mitfühlendes Herz sichtbar ist,
während ich *hier* bin –
Daß das Reine Land, Millionen und Abermillionen von Welten ent-
    fernt, sichtbar ist,
während ich *hier* bin.
«Namu-amida-butsu!»

Saichi: Spruchgedichte[27]

Ja, ich sehe Dich, mein Gott, ich bin bei Dir,
und Antwort hallt von tausend Stimmen,
alles Rufen der heilig Vollendeten
aus der Jahrtausende Schoß.

Soll ich Dir weniger trauen als sie? . . .
Ja, ich sehe Dich, mein Gott, ich bin bei Dir;
wenn ich mit tiefstem Herzen das meine tue.
so bin ich auch Dein.
Das ist das Geheimnis
Deiner unendlichen Güte,
daß in dieser Zeitlichkeit
das Ewige uns erblühen kann.

Zarathustra: Avesta[28]

Denn ruhend in Dir,
wird mir licht, was so dunkel,
und wie ein Feuer schlägt es heraus.
und mit sicherem Griff
erfaß' ich das Wahre.

Zarathustra: Avesta[29]

Seht wie Horus glorreicher Leib meine Glieder bekleidet!
Und während sich meine Seele mit Seiner vereint,
Erschau ich in Ihm das göttliche Sein.

Ägyptisches Totenbuch[30]

Die Wahrheit ist keineswegs von der Erde . . . kann auch nicht geboren werden; es kann aber geschehen, daß etliche Menschen, welchen Gott die Macht, Gott zu sehen, gibt, die Wahrheit mit dem Geist begreifen können.

Hermes Trismegistos: Die 17 Bücher[31]

Und an dieser Stelle des Lebens . . . ist es dem Menschen erst lebenswert, wo er das Schöne selbst schaut, welches du, wenn du es je erblickst, nicht wirst vergleichen können mit Gold und Gewändern oder mit schönen Knaben und Jünglingen . . . Was also würden wir erst sagen, wenn einer dazu gelangte, jenes Schöne selbst rein, lauter und unvermischt zu sehn, das nicht erst voll menschlichen Fleisches ist und Farben und anderen sterblichen Flitterkrams, sondern das göttliche Schöne selbst in seiner Einartigkeit zu schauen?

Platon: Symposion[32]

Man muß aber annehmen, daß man Jenen (Gott) in dem Augenblick gesehen hat, wo die Seele mit eins von einem Licht erfüllt wird, denn das kommt von Ihm, das ist Er selbst.

Plotinos: Enneaden[33]

Und dort kam die Hand des Herrn über mich und Er sprach zu mir: «Mach dich auf und geh' hinaus in die Ebene, da will Ich mit dir reden.» Und ich machte mich auf und ging hinaus in die Ebene; und siehe, dort stand die Herrlichkeit des Herrn, wie ich sie am Fluß Kebar gesehen hatte; und ich fiel nieder auf mein Angesicht, und der Geist kam in mich und stellte mich auf meine Füße. Und Er redete mit mir und sprach zu mir.

Hesekiel[34]

ICH bin das Licht der Welt; wer mir nachfolgt, der wird nicht wandeln in der Finsternis, sondern wird das Licht des Lebens haben.

Jesus Christus: Johannes-Evangelium[35]

Und ich habe ihnen gegeben die Herrlichkeit, die du mir gegeben hast, daß sie eins seien, gleichwie wir eins sind, ich in ihnen und du in mir, auf daß sie vollkommen eins seien und die Welt erkenne, daß du mich gesandt hast und liebst sie, gleichwie du mich liebst.

Jesus Christus: Johannes-Evangelium[36]

Nur ein höherer unirdischer Glanz kann uns zu demütig-schlichter Schau des Unschaubaren befähigen, indem er uns zu heiliger Scheu vor dem Göttlichen stimmt.

Dionysios Areopagita: Die Namen Gottes[37]

So wird geheiligten Geistern auf erlaubte und heilige Weise eine Berührung des Unendlichen zuteil, die sie nicht über ihr Können erhebt, sie auch nicht vermessentlich nach einem höheren Grad der Gottesschau streben läßt als der Theophanie, die eben ihrer eigenen Ordnung gewährt werden kann.

Dionysios Areopagita: Die Namen Gottes[38]

Die Verzückung des reinen Geistes in Gott – oder das liebreiche Neigen Gottes zur Seele – können wir nur mit menschlichen Worten

schildern. Aber was wir meinen, ist ganz geistig. Im Geist also fasse
die Einigung!

Bernhard von Clairvaux: Predigten[39]

O Ort des wahren Friedens, dich möchte ich meine Wohnung nennen! O selige Kammer, wo Gott nicht geschaut wird wie im aufge-
brachten Zorne oder in sorgender Herrschaft Gewalt, sondern wo
sein Wille ganz Heilswille ist, wohltätig und vollkommen! Schauung
nicht des Schreckens, sondern liebreicher Kosung, wo nicht ermatten
die Sinne, sondern ruhig schlummern, in wahrhafter Ruhe. Der ruhige Gott gibt allem Ruhe. Und ein ruhiges Schauen heißt ruhen.

Bernhard von Clairvaux: Predigten[40]

Da wird sie (die Seele) über sich selbst erhoben, über das alltägliche
persönliche Bewußtsein, und engelsgleich vereint sich ihr Geist im
Liebesdrang mit Gott, und mit dem Lichte des Geistes schaut und
ergreift und erkennt sie die Wahrheit.

Katharina von Siena: Briefe[41]

...da enthüllte mir Gott seine Geheimnisse und offenbarte seine
Wunderwerke in solcher Weise, daß meine Seele nicht in dem Leibe
zu sein schien und solcher Freude und Fülle teilhaft wurde, daß keine
Zunge es auszusprechen vermöchte.

Katharina von Siena: Briefe[42]

Aber Gott hütete meiner und gab mir so süßes Entzücken, so herrliche Erkenntnis und Wunder so unbegreiflich, daß ich irdischer Dinge
nur wenig genießen konnte. Er nahm meinem Geist sein Lager der
Ruhe und geleitete ihn zur Höhe zwischen Himmel und Luft.

Mechthild von Magdeburg: Offenbarungen[43]

Trost, Freude und Friede, Schönheit und Reichtum und alles, was da
erfreuen kann, wird der erleuchteten Vernunft in Gott gezeigt, maß-
los und in geistigen Bildern.

Johann van Ruysbroek: Zierde der geistlichen Hochzeit[44]

Und so folgen die schauenden Menschen ihrem ewigen Bilde, zu dem sie gemacht sind, und schauen Gott und alle Dinge ohne Unterscheidung in einem einfachen Sehen in göttlicher Klarheit.

Johann van Ruysbroek: Zierde der geistlichen Hochzeit[45]

In der lauteren freien Seele, da wird Gott geboren, indem er sich ihr offenbart in einer Weise, die ohne alle Weise, in einer Erleuchtung, die nicht mehr «Erleuchtung», sondern das göttliche Licht selber ist.

Meister Eckhart: Predigten[46]

Der Seele Willen und der Wille Gottes fließen ineinander und umschlingen sich in rechter Einigung. Es ist eine Berührung, ein Umfangen in innigster Einigkeit. Gott berührt die Seele nach seinem Wesen; er sieht die Kreatur an und gibt ihr sein Wesen, und sie sieht Gott an und empfängt ihr Wesen.

Meister Eckhart: Predigten[47]

So wahr, wie der Vater in seiner einfachen Natur auf natürliche Weise seinen Sohn gebiert, so gebiert er ihn in des Geistes Allerinnigstem; und dies ist die innere Welt. Hier ist Gottes Grund mein Grund und mein Grund Gottes Grund. Hier lebe ich aus meinem Eigenen heraus, so wie Gott aus seinem Eigenen heraus lebt. Wer immer in diesen Grund geschaut hat einen einzigen Augenblick, dem Menschen sind tausend Mark roten, geprägten Goldes wie ein falscher Heller.

Meister Eckhart: Predigten[48]

Du sollst ihn (Gott) bildlos erkennen, unmittelbar und ohne Gleichnis. – Soll ich aber Gott auf solche Weise unmittelbar erkennen, so muß *ich* schlechthin *er*, und *er* muß *ich* werden. Genauerhin sage ich: Gott muß schlechthin *ich* werden und *ich* schlechthin *Gott*, so völlig eins, daß dieses ER und dieses ICH Eins ist, werden und sind und in dieser Seinsheit ewig *ein* Werk wirken.

Meister Eckhart: Predigten[49]

Diese geheimnisvolle Vereinigung geht im innersten Mittelpunkt der Seele vor sich, an dem Orte, wo Gott selber wohnen muß.

Theresia von Avila: Schriften[50]

Gott drückt sich dem Inneren der Seele dabei in einer Weise ein, daß sie, wieder zu sich gekommen, durchaus nicht daran zweifeln kann, sie sei in Gott und Gott in ihr gewesen. Diese Wahrheit bleibt ihr mit einer solchen Festigkeit, daß sie es nicht vergessen und nie daran zweifeln kann.

Theresia von Avila: Schriften[51]

Süßer Tausch: Der Herr ist mein,
und ich bin jetzt völlig sein!

Theresia von Avila: Gedichte[52]

Was aber da ein Triumphieren im Geiste sei gewesen, kann ich nicht schreiben oder reden; es läßt sich auch mit nichts vergleichen als nur mit deme, wo mitten im Tode das Leben geboren wird, und vergleicht sich der Auferstehung von den Toten. In diesem Licht hat mein Geist bald durch alles gesehen und an allen Creaturen, sowohl auch an Kraut und Gras, Gott erkannt, und wer der sei, wie er sei und was sein Willen sei.

Jakob Böhme: Aurora[53]

In meinen eigenen Kräften bin ich so ein blinder Mensch als irgendeiner ist, und vermag nichts; aber im Geiste Gottes siehet mein eingeborener Geist durch alles, aber nicht immerdar beharrlich; sondern wenn der Geist der Liebe Gottes durch meinen Geist durchbricht, alsdann ist die animalische (seelische) Geburt und die Gottheit ein Wesen, eine Begreiflichkeit und ein Licht.

Jakob Böhme: Aurora[54]

Wenn der Mensch seiner Selbheit entsinkt, ist er selbst das Nichts, in dem sich Gott zu Etwas setzt.

Jakob Böhme: Mysterium Magnum[55]

Wahrlich, die Tugendhaften werden in Wonne sein . . . Erkennen wirst du auf ihren Gesichtern den Glanz der Seligkeit.

Mohammed: Koran[56]

Sähe ich Ihn (Gott) nicht, so würde ich Ihn nicht anbeten.

Rabi'a al-Adawiyya: Legenden[57]

Wer in das wahre Wesen kommt, geht in Gott auf, ist Gott.

Bayazid Bistami: Aussprüche[58]

Wer zur Schau gelangt, bedarf nicht mehr der Kunde;
Wer zum Geschauten gelangt, bedarf nicht mehr der Schau.

Husain al-Halladsch: Kitab at-Tawasin[59]

Und denke so inständig Gottes, bis selber du ganz dich vergißt,
Daß du im Gerufenen aufgehst, wo Rufer und Ruf nicht mehr ist.

Dschelaleddin Rumi: Gedichte[60]

Den Schluß mögen einige Worte von Robert Muller bilden, dem lang-
jährigen stellvertretenden Generalsekretär der Vereinten Nationen, der
oft auch als deren Philosoph bezeichnet worden ist und als geistiger
Schüler der bedeutenden Uno-Generalsekretäre Dag Hammarskjöld
und U Thant gilt. Er schließt sein von großem Enthusiasmus und uner-
schütterlichem Glauben an die spirituelle Evolution getragenes Buch
*Die Neuerschaffung der Welt. Auf dem Weg zu einer globalen Spirituali-
tät*[61] mit einem eindringlichen Appell an die Menschheit, deren Heil er
– ganz im Sinne der mystischen Wahrheit – allem anderen gegenüber als
vorrangig betrachtete:

Entschließt euch, von nun an ein spirituelles Leben zu führen.
Vermittelt auch anderen eure Spiritualität.
Strahlt eure Spiritualität aus.
Seid in jedem Augenblick eures Lebens erfüllt von der Ehrfurcht vor
    Gott.
Liebt mit aller Leidenschaft das euch von Gott geschenkte, wunder-
    bare Leben.
Seid ergriffen angesichts eures atemberaubenden Bewußtseins, mit
    dem ihr das Universum durchdringt.
Dankt Gott jeden Augenblick für das kostbare Geschenk des Lebens.
Erhebt eure Herzen zum Himmel ...

Bibliographie

A. Quellenverzeichnis

Allgemeine Literatur und Textsammlungen

Q- 1 Bernhard Bavink: *Die Naturwissenschaft auf dem Wege zur Religion*, Thomas Morus, Basel 1948.

Q- 2 I. M. Bochenski: *Europäische Philosophie der Gegenwart*, Franke, Bern 1947 (Dalp).

Q- 3 Michael von Brück (Hrsg.): *Dialog der Religionen*, Goldmann, München 1987.

Q- 4 Rudolf Bultmann: *Das Urchristentum im Rahmen der antiken Religionen*, Artemis, Zürich 1949.

Q- 5 Fritjof Capra: *Wendezeit*, Scherz, Bern/München/Wien, [6]1983.

Q- 6 Richard Cavendish/Trevor O. Ling: *Mythologie*, Christian, München 1981.

Q- 7 Jean E. Charon: *Der Geist der Materie*, Ullstein, Frankfurt M./Berlin/ Wien 1984.

Q- 8 Hoimar von Ditfurth: *Wir sind nicht nur von dieser Welt*, Hoffmann und Campe, Hamburg [3]1982.

Q- 9 Hans-Peter Dürr (Hrsg.): *Physik und Transzendenz. Die großen Physiker unseres Jahrhunderts über ihre Begegnung mit dem Wunderbaren*, Scherz, Bern/München/Wien 1986.

Q-10 Sir Arthur Eddington: *Philosophie der Naturwissenschaften*, Franke, Bern 1939 (Dalp).

Q-11 Mircea Eliade: *Ewige Bilder und Sinnbilder*, Walter, Olten/Freiburg Br. 1958.

Q-12 Alexander Eliot: *Mythen der Welt*, C. J. Bucher, Luzern/Frankfurt M. 1976.

Q-13 Ernst Frauchiger: *Auf Spuren des Geistes*, Huber, Bern/Stuttgart/Wien 1974.

Q-14 Heinz Gstrein: *Alle meinen den einen Gott* (Lesungen aus den heiligen Büchern der Weltreligionen), Herder, Wien/Freiburg/Basel 1981.

Q-15 Hellmuth Hecker: *Asiatische Mystiker*, Octopus, Wien 1981.

Q-16 Aldous Huxley: *Die Ewige Philosophie*, Steinberg, Zürich 1949.

Q-17 Christopher Isherwood: *Vedanta und wir*, Rascher, Zürich 1949.

Q-18 Jolande Jacobi: *Die Psychologie von C.G. Jung*, Rascher, Zürich/Stuttgart 1959.

Q–19 Aniela Jaffé: *C.G. Jung – Bild und Wort. Eine Biographie*, Walter, Olten/Freiburg Br. 1977 (Sonderausgabe 1983).

Q–20 Karl Jaspers: *Der philosophische Glaube*, Artemis, Zürich 1948.

Q–21 Carl Gustav Jung: *Mensch und Seele*, Walter, Olten 1971 (Lizenzausgabe für den Buchclub Ex Libris, Zürich 1976).

Q–22 Wolfgang Kretschmer: *Psychologische Weisheit der Bibel*, Lehnen, München 1955 (Dalp).

Q–23 Konrad Lorenz: *Das sogenannte Böse*, Borotha-Schoeler, Wien [5]1964.

Q–24 Max Luginbühl: *Das Geheimnis des Dreikräftespiels*, Baum, Pfullingen/Württ. 1961.

Q–25 Aage Marcus: *Der blaue Drache*, Atlantis, Zürich 1949.

Q–26 Gustav Mensching: *Das lebendige Wort* (Texte aus den Religionen der Völker), Holle, Darmstadt/Genf 1952.

Q–27 Robert Muller: *Die Neuerschaffung der Welt. Auf dem Weg zu einer globalen Spiritualität*, Goldmann, München 1982.

Q–28 René Oth: *Gott auf dem Prüfstand*, Scherz, Bern/München 1982.

Q–29 Karl R. Popper/John C. Eccles: *Das Ich und sein Gehirn*, Piper, München 1982.

Q–30 Sarvepalli Radhakrishnan: *Meine Suche nach Wahrheit*, Bertelsmann, Gütersloh 1961 (Lizenzausgabe für Buchclub Ex Libris, Zürich).

Q–31 Milan Rýzl: *Der Tod und was danach kommt*, Ariston, Genf 1981.

Q–32 Robert Saitschick: *Schöpfer höchster Lebenswerte*, Rascher, Zürich 1945.

Q–33 Edith B. Schnapper: *Religion ist Einheit*, Rascher, Zürich 1954.

Q–34 Eduard Schuré: *Die großen Eingeweihten*, O.W. Barth, München [16]1979.

Q–35 Albert Schweitzer: *Die Weltanschauung der indischen Denker*, Deutscher Taschenbuchverlag, München [2]1982.

Q–36 Jan Sperna-Weiland: *Antworten. Ein Vergleich der großen Weltreligionen*, Benziger, Zürich/Köln und Ernst Kaufmann/Lahr 1977.

Q–37 Daisetz Taitaro Suzuki: *Der westliche und der östliche Weg*, Ullstein, Frankfurt M./Berlin/Wien 1980.

Q–38 Gordon Rattray Taylor: *Das Geheimnis der Evolution*, Fischer, Frankfurt M. 1983.

Q–39 Werner Trautmann: *Naturwissenschaftler bestätigen Re-Inkarnation*, Walter, Olten/Freiburg Br. 1983.

Q–40 Alan Watts: *Die sanfte Befreiung. Moderne Psychologie und östliche Weisheit*, Goldmann, München 1985.

Q–41 Selva Raja Yesudian/Elisabeth Haich: *Yoga in den zwei Welten*, Eduard Frankhauser, Zielbrücke/Thielle [2]1955.

Q–42 Heinrich Zimmer: *Indische Mythen und Symbole*, Diederichs, Düsseldorf/Köln 1972 (Lizenzausgabe für Buchclub Ex Libris, Zürich).

Q–43 Hans Dieter Zimmermann: *Rationalität und Mystik*, Insel, Frankfurt M. 1981.

Taoismus

Q–44 Laotse (in der Übers. v. Richard Wilhelm): *Taoteking*, Diederichs, Düsseldorf/Köln 1980. (Mit wenigen Ausnahmen wurden alle Zitate aus dem *Taoteking* dieser Ausgabe entnommen.)

Q–45 Dschuang Dsi (in der Übers. v. Richard Wilhelm): *Das wahre Buch vom südlichen Blütenland*, Diederichs, Düsseldorf/Köln 1969.

Vedismus – Brahmanismus – Hinduismus

Q–46 Sri Aurobindo: *Gedanken und Aphorismen*, Sri Aurobindo Ashram Publication Departement, Pondicherry 1979.

Q–47 *Bhagavadgita. Des Erhabenen Sang* (in der Übers. v. Leopold von Schroeder), Diederichs, Jena 1922. (Mit wenigen Ausnahmen wurden alle Zitate aus der *Bhagavadgita* dieser Ausgabe entnommen.)

Q–48 Die *Bhagavadgita* (in der Übers. v. S. Radhakrishnan/Siegfried Lienhard), Holle, Baden-Baden 1958. (Diese *Bhagavadgita*-Ausgabe wurde vor allem wegen des Kommentars von S. Radhakrishnan konsultiert.)

Q–49 *Sri Chaitanya-Charitamrita* (hrsg. u. übers. v. A. C. Bhaktivedanta Swami Praphupada und Christian Jansen), Bhaktivedanta Book Trust, New York/Los Angeles/London/Bombay 1977.

Q–50 Walther Eidlitz: *Die Indische Gottesliebe*, Walter, Olten/Fr. Br. 1955.

Q–51 Mahatma Gandhi (hrsg. u. übers. v. M. S. Deshpande/R. K. Prabhu/Franz Langmayr): *Die Religion der Wahrheit*, Perlinger, Wörgl 1982.

Q–52 Sri Ramakrischna (hrsg. u. übers. v. Svami Nikhilananda und Frank Dispeker): *Ewige Botschaft*, Rascher, Zürich 1955.

Q–53 Sri Ramakrischna (hrsg. u. übers. v. Svami Brahmananda und Frank Dispeker): *Worte des Meisters* (Lehren, Sinnsprüche und Gleichnisse), Rascher, Zürich 1949.

Q–54 Shankara: *Das Kleinod der Unterscheidung (Viveka-Chudamami)*, O.W. Barth/Scherz, Bern/München/Wien o. J.

Q–55 *Srimad Bhagavatam* (hrsg. u. übers. v. A.C. Bhaktivedanta Swami Praphupada und Arno Holzmann), Bhaktivedanta Book Trust, Vaduz 1984 (S. B.).

Q–56 Rabindranath Tagore: *Sadhana*, Kurt Wolff, München 1921.

Q–57 Swami Vivekananda (in der Übers. v. Ilse Krämer und Frank Dispeker): *Karma-Yoga und Bhakti-Yoga*, Hermann Bauer, Freiburg Br. [3]1973.

Q–58 Swami Vivekananda (in der Übers. v. Frank Dispeker): *Jnana-Yoga I + II*, Hermann Bauer, Freiburg Br. [5]1973.

Q–59 Swami Vivekananda (in der Übers. v. Emma von Pelet): *Raja-Yoga*, Hermann Bauer, Freiburg Br. [5]1978.

Q–60 Die schönsten *Upanischaden* (hrsg. u. übers. v. Swami Prabhavananda und Franz Dispeker), Rascher, Zürich 1951.

Buddhismus

Q-61 Helmuth von Glasenapp: *Pfad zur Erleuchtung. Buddhistische Grundtexte*, Diederichs, Düsseldorf/Köln 1980.

Q-62 Lama Anagarika Govinda: *Grundlagen tibetischer Mystik*, Rascher, Zürich/Stuttgart 1957.

Q-63 Santideva (in der Übers. v. Ernst Steinkeller): *Eintritt in das Leben zur Erleuchtung*, Diederichs, Düsseldorf/Köln 1981.

Q-64 Hans Wolfgang Schumann: *Buddhismus*, Walter, Olten/Freiburg Br. 1976 (Lizenzausgabe für Buchclub Ex Libris, Zürich).

Q-65 Karl Seidenstücker: *Pali-Buddhismus*, Oskar Schloß, München-Neubiberg 1923.

Q-66 Daisetz Taitaro Suzuki (in der Übers. v. Fritz Kraus): *Der Weg zur Erleuchtung*, Holle, Baden-Baden 1957.

Q-67 *Das tibetanische Totenbuch* (hrsg. u. übers. v. Lama Kazi Dawa Samdup und W.Y. Evans-Wentz und Louise Göpfert-March), Rascher, Zürich 1948.

Altägypten und Altgriechenland

Q-68 *Ägyptisches Totenbuch* (hrsg. u. übers. v. Gregoire Kolpaktchy), O.W. Barth, München-Planegg 1955.

Q-69 *Die XVII Bücher des Hermes Trismegistos*, Ora, Icking 1964 (Lizenzausgabe für «Akasha» Verlag, Haar).

Q-70 Martin P. Nilsson: *Griechischer Glaube*, Francke, Bern 1959.

Q-71 *Orpheus – Altgriechische Mysterien* (hrsg. v. J. O. Plassmann), Diederichs, Köln 1982.

Q-72 Platon: *Über Liebe und Unsterblichkeit* (Gastmahl, Phaidros, Phaidon), Rascher, Zürich 1946.

Judentum

Q-73 Die *Bibel*, Württembergische Bibelanstalt Stuttgart, 1967. (Mit wenigen Ausnahmen wurden alle Zitate aus dem Alten Testament dieser Bibelausgabe entnommen.)

Q-74 Erich Bischoff: *Die Elemente der Kabbalah*, Schikowski, Berlin o.J.

Q-75 Henri Sérouya: *La Kabbale*, Grasset, Paris 1947.

Q-76 Friedrich Weinreb: *Die Rolle Esther*, Origo, Zürich 1968.

Q-77 *Weisheit Salomos* (hrsg. v. Dieter Georgi), Gütersloher Verlagshaus, Gütersloh 1980.

Christentum

Q–78 Angelus Silesius: *Geistreiche Sinn- und Schlußreime aus dem Cherubini-schen Wandersmann* (Sammlg. Klosterberg), Benno Schwabe, Basel 1955.

Q–79 (= Q–73) Die *Bibel*, Württembergische Bibelanstalt Stuttgart, 1967. (Mit wenigen Ausnahmen wurden alle Zitate aus dem Neuen Testament dieser Bibelausgabe entnommen.)

Q–80 *Das Evangelium des vollkommenen Lebens* (hrsg. v. Rev. G. J. Ouseley und Rudolf Müller), Humata/Harold S. Blume, Bern ⁵1974.

Q–81 Dionysios Areopagita (hrsg. u. übers. v. Walther Tritsch): *Mystische Theologie und andere Schriften*, O.W. Barth, München-Planegg 1956.

Q–82 Meister Eckhart: *Deutsche Predigten und Traktate* (hrsg. v. Josef Quint), Carl Hanser, München ⁴1977.

Q–83 Meister Eckhart: *Vom mystischen Leben* (Sammlg. Klosterberg), Benno Schwabe, Basel 1951.

Q–84 Otto Karrer: *Der mystische Strom* (Textgeschichte der Mystik I), Ars Sacra Josef Müller, München ²1977.

Q–85 Otto Karrer: *Die große Glut* (Textgeschichte der Mystik II), Ars Sacra Josef Müller, München ²1978.

Q–86 Otto Karrer: *Gott in uns* (Textgeschichte der Mystik III), Ars Sacra Josef Müller, München ²1978.

Q–87 Christian Morgenstern (hrsg. v. Margareta Morgenstern und Michael Bauer): *Stufen*, Piper, München 1951.

Q–88 Victor Weiss: *Die Gnosis Jakob Böhmes*, Origo, Zürich 1955.

Islam

Q–89 Al Ghasali (Hellmut Ritter): *Das Elixier der Glückseligkeit*, Diederichs, Düsseldorf/Köln, Neuausgabe 1979.

Q–90 Hazrat Inayat Khan (Karima Sen Gupta): *Vom Glück der Harmonie*, Herder, Freiburg/Basel/Wien 1979.

Q–91 Der Heilige *Qur-an*, Ahmadiyya-Mission des Islams in Zürich und Hamburg, Harrassowitz, Wiesbaden 1954. (Praktisch alle Zitate aus dem *Koran* wurden dieser Ausgabe entnommen.)

Q–92 Annemarie Schimmel: *Gärten der Erkenntnis. Texte aus der islamischen Mystik*, Diederichs, Düsseldorf/Köln 1982.

Q–93 Annemarie Schimmel: *Rumi. Leben und Werk des großen Mystikers*, Diederichs, Düsseldorf/Köln ²1980.

B. Zitatennachweis

Zur Einführung: Was ist Mystik?

1 Zit. nach Q–10, S. 115
2   Q–10, S. 29/30
3   Q–39, S. 128
4   Q– 9, S. 159
5   Q–28, S. 253
6 *Immunological Reviews*,
   Nr. 79, S. 151 (1984)
7 Zit. nach Q–21, S. 302
8   Q–43, S. 114
9   Q– 8, S. 272
10   Q– 9, S. 38
11   Q– 9, S.113
12   Q–10, S. 277–78
13   Q–28, S. 291
14 Pater Bede Griffiths,
   zit. nach Q– 3, S. 77
15 Zit. nach Q– 3, S. 141
16   Q–21, S. 42
17   Q–31, S. 185/86
18   Q–31, S. 180
19   Q– 8, S. 230
20 Zit. nach Q– 8, S. 189
21 Siehe z. B. Q– 2
22 Zit. nach Q–66, S. 218
23   Q–21, S. 360
24   Q–20, S. 158
25   Q–10, S. 278
26   Q–51, S. 168–69
27   Q– 6, S. 12
28   Q– 8, S. 215–16
29   Q– 9, S. 102
30   Q–35, S. 205
31   Q–35, S.   8–9
32   Q–35, S.   9
33   Q–51, S. 212
34   Q–35, S. 50
35   Q–33, S. XIII
36   Q–51, S. 76
37   Q–51, S. 72
38   Q–53, S. 96
39 Siehe Q–34
40 Zit. nach Q–21, S. 377

1. Aspekte des Göttlichen

1 Zit. nach Q–81, S. 161
2   Q–51, S. 37
3   Q–28, S. 106
4   Q–81, S. 175
5   Q–51, S. 19
6   Q–51, S. 168
7   Q–19, S. 209
8   Q–43, S. 115
9   Q–53, S.   7
10 Zit. nach Q–53, S.   6
11   Q–74, S. 93
12   Q–51, S. 54
13   Q–18, S. 222
14   Q– 9, S. 64
15   Q–60, S. 144
16   Q–50, S. 40
17 Adi-lila, 2, 10; zit. nach Q–49

2. Das Absolute

1 Zit. nach Q–26, S. 176–77
2 Taoteking 1
3 Zit. nach Q–45, S. 232
4 Q–45, S. 47
5 Q–54, S. 132
6 Q–52, S. 159–60
7 Q–53, S. 31
8 Q–51, S. 177
9 Q–63, S. 114
10 Buch *1*, 87; zit. nach Q–69
11 Zit. nach Q–43, S. 241
12 Q–74, S. 90
13 Q–81, S. 221
14 Q–81, S. 35
15 Q–81, S. 155
16 Q–81, S. 155
17 Q–85, S. 354
18 Q–85, S. 414
19 Q–78, S. 21
20 Q–92, S. 249
21 Q–65, S. 131
22 Q–50, S. 28
23 Q–60, S. 130–34
24 Q–60, S. 93
25 Q–60, S. 3
26 Bhagavadgita, *13*, 12
27 Zit. nach Q–54, S. 67
28 Zit. nach Q–53, S. 2
29 Q–51, S. 53
30 Q–26, S. 114
31 Bhagavadgita, 7, 6–7
32 Buch *13*, 79; zit. nach Q–69
33 Zit. nach Q–43, S. 244
34 Q–75, S. 224
35 Evangelium des vollkommenen
    Lebens, *64*, 4; zit. nach Q–80
36 Ibid., *57*, 10
37 Taoteking 25
38 Zit. nach Q–45, S. 185
39 Q–65, S. 125
40 Q–15, S. 256
41 Q–35, S. 401
42 Q–60, S. 145
43 S. B. 10.Canto, *13*, 57;
    Zit. nach Q–55
44 Zit. nach Q–82, S. 305
45 Q–92, S. 208
46 Taoteking 37
47 Zit. nach Q–45, S. 87
48 Q–74, S. 94
49 Q–82, S. 273
50 Q–45, S. 262
51 Q–26, S. 360–61

3. Das Selbst

1 Zit. nach Q–28, S. 260
2 Q–18, S. 198
3 Q–68, S. 66
4 Q–68, S. 70
5 Buch *13*, 1–3; zit. nach Q–69
6 Zit. nach Q–60, S. 24
7 Q–60, S. 128
8 Bhagavadgita, *13*, 22
9 Zit. nach Q–54, S. 39
10 Q–46, S. 2
11 Q–56, S. 217
12 Q–16, S. 26
13 Zit. nach Q–45, S. 129
14 Q–43, S. 235
15 Q–74, S. 105
16 Q–26, S. 346
17 Q–82, S. 215
18 Q–82, S. 164
19 Q–82, S. 163
20 Q–85, S. 351
21 Q–85, S. 402
22 Q–86, S. 156–57
23 Q–78, S. 24
24 Koran: Sura *50*, 17

25 Ibid. Sura *57*, 5
26 Zit. nach Q–92, S. 123
27 Q–32, S. 124
28 Q–32, S. 213
29 Q–60, S. 11
30 Q–60, S. 118
31 Q–60, S. 109
32 Q–54, S. 82
33 Q–68, S. 256
34 Q–78, S. 20
35 Q–78, S. 35
36 Bibel: Luk *17*, 21
37 Ibid. Matth *28*, 20
38 Ibid. Joh *14*, 6
39 Ibid. Joh *15*, 5
40 Ibid. Joh *11*, 25
41 Bhagavadgita, *15*, 15
42 Ibid. *10*, 20
43 Ibid. *15*, 7
44 Bibel: Joh *10*, 30
45 Zit. nach Q–60, S. 26
46 Q–53, S. 1
47 Q–72, S. 164
48 Q–56, S. 217
49 Q–52, S. 163
50 Q–53, S. 4
51 Q–74, S. 85
52 Q–40, S. 172
53 Q–92, S. 52
54 Q–92, S. 248
55 Q–92, S. 42

56 Zit. nach Q–25, S. 102
57 Q–37, S. 146
58 Q–85, S. 323
59 Q–88, S. 28
60 Evangelium des vollkommenen
   Lebens, *49*, 3; zit. nach Q–80
61 Bibel: 1.Kor *6*, 19
62 Zit. nach Q–52, S. 319
63 Q–35, S. 26
64 Q–15, S. 252
65 Bibel: 1.Kor *12*, 12–13
66 Zit. nach Q–75, S. 356
67 Q–68, S. 238
68 Q–60, S. 25
69 Bhagavadgita, *2*, 12
70 Zit. nach Q–54, S. 38
71 Bibel: Joh *8*, 58
72 Zit. nach Q–40, S. 102
73 Q–26, S. 358
74 Q–60, S. 147–48
75 Bhagavadgita, *6*, 30
76 Zit. nach Q–51, S. 49
77 Salomo: Buch der Weisheit,
   12, 1; zit. nach Q–77
78 Evangelium des vollkommenen
   Lebens, *36*, 6; zit. nach Q–80
79 Zit. nach Q–81, S. 131
80 Q–81, S. 132
81 Q–85, S. 194–95
82 Q–90, S. 123

4. Das höchste Wesen

1 Zit. nach Q–25, S. 39;
  vgl. auch Q–45, S. 94
2 Zit. nach Q–45, S. 86
3 Bhagavadgita *15*, 18
4 Ibid. *11*, 9 + 13
5 Ibid. *14*, 27
6 S. B. 10. Canto, *10*, 33;
  zit. nach Q–55
7 Zit. nach Q–51, S. 54
8 Bibel: 1. Mose *17*, 1

9 Ibid. Jes *42*, 8
10 Zit. nach Q–74, S. 81
11 Bibel: Matth *6*, 9–10
12 Zit. nach Q–26, S. 349
13 Koran: Sura *1*, 2
14 Ibid. Sura *7*, 173
15 Zit. nach Q–92, S. 25
16 Q–92, S. 121
17 Q–92, S. 235
18 Q–92, S. 230

19 Bibel: 1. Mose *1*, 27
20 Ibid. 2. Mose *20*, 1–3
21 Ibid. Jes *43*, 10–12
22 Ibid. 1. Kor *12*, 6
23 Koran: Sura *112*, 2
24 Ibid. Sura *47*, 20 u. a.
25 Zit. nach Q–26, S. 112
26 Q–26, S. 112
27 Bhagavadgita *11*, 15
28 Zit. nach Q–33, S. 167
29 Bibel: Ps *30*, 2

30 Ibid. Dan *6*, 27
31 Ibid. Matth *22*, 32
32 Ibid. Joh *4*, 24
33 Ibid. Joh *18*, 36
34 Zit. nach Q–26, S. 112
35 Bibel: Jes *63*, 16
36 Ibid. Jes *45*, 6
37 Zit. nach Q–81, S. 30
38 Q–85, S. 29
39 Q–74, S. 84–85
40 Q–60, S. 188

5. Sein – Wissen – Wonne

1 Zit. nach Q–50, S. 176
2 Q–50, S. 169
3 Adi-lila, *4*, 61; zit. nach Q–49
4 Zit. nach Q–60, S. 35
5 Q–60, S. 105
6 Bhagavadgita *11*, 18
7 Zit. nach Q–52, S. 99
8 Q–33, S. 167
9 Bibel: 2. Mose *3*, 14–15
10 Zit. nach Q–81, S. 101
11 Q–81, S. 101
12 Q–84, S. 336
13 Q–82, S. 192
14 Q–85, S. 309
15 Q–85, S. 397
16 Q–43, S. 332
17 Q–89, S. 26
18 Q–92, S. 122
19 Q–60, S. 56
20 Bhagavadgita *10*, 38
21 Bibel: Ps *139*, 4–6
22 Zit. nach Q–81, S. 112

23 Zit. nach Q–81, S. 116
24 Koran: Sura *43*, 85
25 Zit. nach Q–92, S. 72
26 Q–92, S. 231
27 Q–60, S. 81
28 Bhagavadgita *11*, 12
29 Zit. nach Q–46, S. 7
30 Q–37, S. 172
31 Bibel: Ps *16*, 11
32 Ibid. Jes *60*, 1
33 Zit. nach Q–26, S. 346
34 Q–84, S. 336
35 Q–82, S. 279
36 Q–78, S. 31
37 Q–92, S. 122
38 Q–92, S. 208
39 Q–82, S. 319
40 Q–33, S. 145
41 Buch *2*, 5; zit. nach Q–69
42 Zit. nach Q–52, S. 203
43 Q–46, S. 4
44 Q–3, S. 86

6. Die drei göttlichen Prinzipien

1 Zit. nach Q–22, S. 45–46
2 Q–65, S. 254
3 Q–61, S. 203
4 Q–71, S. 35

5 Siehe Q–34, S. 162
6 Zit. nach Q–74, S. 100
7 Q–80, S. 55
8 Evangelium des vollkommenen

Lebens *19*, 2–3; zit. nach Q–80
9 Ibid., *72*, 10; zit. nach Q–80
10 Zit. nach Q–93, S. 184
11 Buch *1*, 18–19; zit. nach Q–69
12 Buch *14*, 74; zit. nach Q–69
13 Bibel: Jes *40*, 8
14 Bibel: Joh *1*, 1–5 + 14
15 Zit. nach Q–68, S. 251
16 Buch *1*, 30; Zit. nach Q–69
17 Taoteking 42

18 Zit. nach Q–60, S. 69–71
19 Bhagavadgita *9*, 17
20 Zit. nach Q–34, S. 232
21 Q–72, S. 163
22 Q–74, S. 92
23 Evangelium des vollkommenen
Lebens *66*, 2; zit. nach Q–80
24 Bibel: Joh *12*, 46
25 Zit. nach Q–85, S. 490–91
26 Q–86, S. 97

7. Das göttliche Gesetz

1 Bibel: Jer *3*, 12
2 Koran: Sura *7*, 157
3 Zit. nach Q–60, S. 87
4 Q–33, S. 144
5 Bibel: Jer *31*, 2–3
6 Ibid. Joh *17*, 26
7 Zit. nach Q–60, S. 185
8 Q–60, S. 137–38
9 Q–50, S. 195
10 Q–16, S. 123
11 Q–85, S. 84
12 Q–85, S. 402–03
13 Q–86, S. 76
14 Q–86, S. 163
15 Bibel: Röm *13*, 10
16 Zit. nach Q–33, S. 14
17 Q–81, S. 75
18 Q–82, S. 125
19 Q–82, S. 313

20 Koran: Sura *6*, 55
21 Zit. nach Q–84, S. 276
22 Q–85, S. 427
23 Q–92, S. 20
24 Q–92, S. 210
25 Q–56, S. 146
26 Q–51, S. 135
27 Bibel: 1. Joh. *4*, 16
28 Evangelium des vollkommenen
Lebens *76*, 5;
zit. nach Q–80
29 Zit. nach Q–81, S. 32
30 Q–81, S. 72
31 Q–82, S. 271–72
32 Q–16, S. 124
33 Q–51, S. 41
34 Q–90, S. 37
35 Q–90, S. 72
36 Q–16, S. 119

8. Die Entfaltung Gottes

1 Taoteking 34
2 Buch *2*, 9; Zit. nach Q–69
3 Bibel: 1. Mose *1*, 1
4 Zit. nach Q–74, S. 82
5 Q–54, S. 64
6 Q–26, S. 89
7 Q–81, S. 214
8 Koran: Sura *4*, 79
9 Zit. nach Q–1, S. 159

10 Zit. nach Q–28, S. 101
11 Zit. nach Q–60, S. 85
12 Bhagavadgita *7*, 6–7
13 Zit. nach Q–50, S. 194
14 S. B. 9. Canto *18*, 49,
zit. nach Q–55
15 S. B. 10. Canto *3*, 31,
zit. nach Q–55
16 Bibel: Sach *14*, 9

17 Zit. nach Q–74, S. 92
18 Q–81, S. 218
19 Koran: Sura 57, 4
20 Ibid. Sura 11, 124
21 Zit. nach Q–92, S. 121
22 Q–60, S. 81
23 Q–60, S. 58
24 Bhagavadgita 10, 42
25 Zit. nach Q–75, S. 333
26 Q–43, S. 115
27 Q–28, S. 36–37
28 «Tagebuch eines Mystikers», aus
   Stufen, Piper, München 1951,
   S. 287
29 Zit. nach Q–37, S. 50–51
30 Taoteking 32
31 Zit. nach Q–83, S. 68
32 Q–82, S. 305
33 De signatura rerum, Kap. 16

34 Zit. nach Q–90, S. 91
35 Q–85, S. 310
36 Q–56, S. 192–93
37 Q–56, S. 158–59
38 Buch 7, 1; zit. nach Q–69
39 Salomo: Buch der Weisheit
   9, 1; zit. nach Q–77
40 Bibel: Joh 1, 3
41 Zit. nach Q–81, S. 214
42 Q–85, S. 400
43 Taoteking 42
44 Q–43, S. 310
45 Q–78, S. 52
46 Q–60, S. 3
47 Q–60, S. 128
48 Q–52, S. 179
49 Bibel: Jer 23, 24
50 Zit. nach Q–85, S. 312

9. Das All

1 Zit. nach Q–43, S. 117
2 Q–60, S. 34
3 Q–60, S. 3
4 Q–60, S. 182
5 Bhagavadgita 9, 4
6 S. B. 9. Canto 9, 7; zit. nach Q–55
7 Buch 2, 70; zit. nach Q–69
8 Evangelium des vollkommenen
  Lebens 64, 4; zit. nach Q–80
9 Bibel: Kol 1, 16–17
10 Zit. nach Q–81, S. 138
11 Evangelium des vollkommenen
   Lebens 75, 14; zit. nach Q–80
12 Zit. nach Q–78, S. 56
13 Q–85, S. 415
14 Q–74, S. 99
15 Q–60, S. 30
16 Evangelium des vollkommenen
   Lebens 52, 9; zit. nach Q–80
17 Zit. nach Q–84, S. 358
18 Bibel: 1. Mose 1, 1
19 Ibid. Joh 3, 6

20 Evangelium des vollkommenen
   Lebens 31, 7; zit. nach Q–80
21 Zit. nach Q–60, S. 33
22 Taoteking 25
23 Zit. nach Q– 7, S. 9
24 Q–28, S. 256–57
25 Q–45, S. 128–29
26 Q–43, S. 244
27 Q–81, S. 213
28 Buch 2, 4; zit. nach Q–69
29 Zit. nach Q–16, S. 253
30 Q–82, S. 206
31 Q–82, S. 195
32 Q–78, S. 22
33 Q–85, S. 416
34 Bibel: Mark 13, 31
35 Evangelium des vollkommenen
   Lebens 64, 5; zit. nach Q–80
36 Koran: Sura 11, 108
37 Zit. nach Q–46, S. 2
38 Bibel: Joh 5, 17
39 Zit. nach Q–85, S. 311

40 Zit. nach Q-38, S. 15
41   Q-38, S. 327-28
42   Q-38, S. 327
43 *Die Weltwoche*, Nr. 16 (1987)
44 Zit. nach Q-28, S. 58
45 Evangelium des vollkommenen
    Lebens *14*, 6; zit. nach Q-80
46 Ibid. *88*, 12
47 Zit. nach Q-81, S. 214
48   Q-89, S. 75
49   Q-93, S. 89
50   Q-56, S. 54
51 Bibel: 1. Mose *2*, 7
52 Zit. nach Q- 7, S. 20
53   Q-28, S. 261
54   Q- 8, S. 288-89
55   Q- 8, S. 147
56 Buch *17*, 14; zit. nach Q-69
57 Zit. nach Q-45, S. 44

58 Zit. nach Q-60, S. 144-45
59 Bhagavadgita *7*, 14
60 Zit. nach Q-50, S. 120
61   Q-54, S. 11
62   Q-54, S. 31
63   Q-65, S. 16
64   Q-52, S. 71
65   Q-53, S. 11
66   Q-72, S. 277
67   Q-84, S. 357
68   Q-93, S. 95
69   Q-92, S. 248
70   Q-28, S. 171
71   Q-28, S. 58
72 Buch *8*, 31; zit. nach Q-69
73 Zit. nach Q-52, S. 284
74   Q-37, S. 158
75   Q-92, S. 166
76   Q-92, S. 166

10. Der Mensch und seine Bestimmung

1 Zit. nach Q-89, S. 26
2 Bibel: 3. Mose *26*, 11
3 Ibid. Ps *139*, 5
4 Ibid. Phil *3*, 20
5 Buch *5*, 17; zit. nach Q-69
6 Zit. nach Q-29, S. 656
7   Q-45, S. 49
8 Bhagavadgita *13*, 1
9 Zit. nach Q-89, S. 37
10   Q-64, S. 62
11   Q-64, S. 63
12   Q-54, S. 29
13   Q-75, S. 366
14   Q-21, S. 27-28
15   Q-21, S. 34
16   Q-29, S. 658
17 Buch *1*, 21; zit. nach Q-69
18 Buch *2*; ibid.
19 Zit. nach Q-81, S. 214
20   Q-13, S. 222
21 Bibel: 1. Mose *1*, 27
22 Buch *1*, 36; zit. nach Q-69

23 Zit. nach Q-64, S. 70
24   Q-92, S. 200
25 Bibel: Jer *31*, 33
26 Zit. nach Q-81, S. 68
27   Q-84, S. 335
28   Q-85, S. 314
29   Q-43, S. 291
30   Q-85, S. 313
31   Q-88, S. 80
32 Taoteking 10
33 Zit. nach Q-56, S. 145
34   Q-56, S. 97-98
35   Q-46, S. 360
36   Q-56, S. 154
37   Q-82, S. 308
38 Bibel: Ps *103*, 8
39 Ibid. Joh *1*, 16
40 Zit. nach Q-53, S. 86
41   Q-60, S. 98
42   Q-78, S. 22
43 Bibel: Röm *3*, 28
44 Ibid. Jak *2*, 17

45 Zit. nach Q–16, S. 233
46   Q–16, S. 238
47   Q–16, S. 238–39

48 Zit. nach Q–46, S. 297
49   Q–16. S. 234
50   Q–30, S. 285

11. Die Existenzweise der Seele

 1 Zit. nach Q–39, S. 125
 2   Q–28, S. 133
 3 Taoteking 52
 4 Bhagavadgita 2, 18
 5 Ibid. 8, 20
 6 Zit. nach Q–52, S. 181
 7   Q–46, S. 352
 8   Q–26, S. 92–93
 9   Q–68, S. 100
10 Buch 1, 44; zit. nach Q–69
11 Zit. nach Q–72, S. 257
12   Q–72, S. 161
13 Bibel: Matth 10, 28
14 Ibid. 1. Kor 15, 53
15 Zit. nach Q–86, S. 166
16   Q–43, S. 332
17   Q–78, S. 64
18 Koran: Sura 32, 12
19 Ibid. Sura 64, 4
20 Taoteking 59
21 S. B. 10. Canto 3, 27;
    zit. nach Q–55
22 Zit. nach Q–51, S. 21
23   Q–68, S. 238
24 Salomo: Buch der Weisheit
    2, 23; zit. nach Q–77
25 Bibel: Joh 14, 19
26 Zit. nach Q–81, S. 110
27   Q–85, S. 351
28   Q–78, S. 27
29 Bhagavadgita 2, 12
30 Zit. nach Q–58 I, S. 22
31 Bibel: Jer 1, 4–5
32 Zit. nach Q–72, S. 169
33   Q–82, S. 308
34   Q–85, S. 417
35   Q–85, S. 417
36   Q–92, S. 237

37 Zit. nach Q–19, S. 213
38   Q–60, S. 18
39   Q–60, S. 170
40 S. B. 10. Canto 1, 4;
    zit. nach Q–55
41 Zit. nach Q–52, S. 202
42   Q–61, S. 29
43   Q–63, S. 95
44   Q–26, S. 185
45   Q–64, S. 88
46   Q–68, S. 115
47 Buch 7, 26; zit. nach Q–69
48 Zit. nach Q–74, S. 114
49   Q–74, S. 142
50 Bibel: Joh 14, 2
51 Evangelium des vollkommenen
    Lebens 16, 10; zit. nach Q–80
52 Ibid. 37, 8
53 Bibel: 1. Kor 15, 51
54 Zit. nach Q–82, S. 352
55 Koran: Sura 84, 20
56 Zit. nach Q–93, S. 43
57   Q–39, Umschl. S.
58   Q–39, S. 41
59   Q–39, S. 18–40
60 Bhagavadgita 2, 27
61 Zit. nach Q–51, S. 88–89
62   Q–51, S. 89
63   Q–37, S. 94
64   Q–68, S. 101
65   Q–43, S. 297–98
66 Koran: Sura 30, 20
67 Zit. nach Q–93, S. 146
68   Q–19, S. 214
69   Q–45, S. 199
70   Q–60, S. 34
71 Bhagavadgita 7, 19
72 Zit. nach Q–68, S. 71

73 Buch *1*, 74; zit. nach Q–69
74 Bibel: Joh *11*, 26
75 Evangelium des vollkommenen
   Lebens *37*, 2; zit. nach Q–80
76 Zit. nach Q–32, S. 63
77 Bibel: Ps *90*, 3
78 Ibid. 1. Mose *25*, 8
79 Ibid. Jes *25*, 8

80 Ibid. Jes *26*, 19
81 Ibid. Hes *37*, 14
82 Evangelium des vollkommenen
   Lebens *53*, 12; zit. nach Q–80
83 Bibel: 1. Kor *15*, 36–42
84 Zit. nach Q–43, S. 315
85 Bibel: Joh *10*, 14–16
86 Ibid. Matth *18*, 12–14

12. Das Gute und das Böse

1 Zit. nach Q–13, S. 196
2 Q– 8, S. 146
3 Bibel: 1.Mose *1*, 31
4 Ibid. Jes *45*, 6–7
5 Zit. nach Q–81, S. 92
6 Q–56, S. 67
7 Q–23
8 Q–16, S. 245
9 Bibel: Mark *7*, 23
10 Zit. nach Q–16, S. 244
11 Buch *10*, 1; zit. nach Q–6
12 Zit. nach Q–81, S. 93
13 Q–81, S. 93
14 Q–74, S. 78
15 Q–74, S. 116–17
16 Q–46, S. 320
17 Q–46, S. 151
18 Q–56, S. 192
19 Q–54, S. 120
20 Q–60, S. 4
21 Bhagavadgita *13*, 28
22 Bibel: Matth *25*, 40

23 Zit. nach Q–60, S. 171
24 Q–60, S. 172
25 Q–61, S. 60
26 Q–61, S. 59–60
27 Q–53, S. 100
28 Q–68, S. 120
29 Q–75, S. 249
30 Evangelium des vollkommenen
   Lebens *18*, 12; zit. nach Q–80
31 Bibel: Gal *6*, 7
32 Zit. nach Q–74, S. 113
33 Q–74, S. 138
34 Koran: Sura *99*, 8
35 Ibid. Sura *3*, 26
36 Zit. nach Q–64, S. 143–44
37 Q–26, S. 151
38 Q–37, S. 148
39 Bibel: Ps *103*, 8
40 Ibid. Jes *43*, 25
41 Ibid. Mark *3*, 28
42 Koran: Sura *18*, 59
43 Ibid. Sura *39*, 54

13. Das Leiden

1 Zit. nach Q–64, S. 105
2 Q–65, S. 5
3 Q–45, S. 134
4 Q–65, S. 5
5 Q–65, S. 10
6 Q–63, S. 68
7 S. B. 9. Canto *19*, 16;

   zit. nach Q–55
8 Zit. nach Q–56, S. 57
9 Q–65, S. 5
10 Q–65, S. 5
11 Q–65, S. 12 ff
12 Q–63, S. 23
13 Q–60, S. 14

14 Zit. nach Q–60, S. 29
15 Q–54, S. 122
16 Mysterium magnum, Kap. 28
17 Zit. nach Q–37, S. 181
18 Q–46, S. 9–10
19 Bhagavadgita 2, 14–15
20 Zit. nach Q–63, S. 64
21 Q–63, S. 102
22 Q–46, S. 210
23 Q–51, S. 102
24 Bibel: Mark 8, 34
25 Zit. nach Q–26, S. 359
26 Bibel: Ps 34, 19
27 Ibid. Jes 63, 16
28 Ibid. Jona 2, 3

29 Ibid. Matth 5, 4
30 Ibid. Luk 6, 21–23
31 Evangelium des vollkommenen
   Lebens 37, 2; zit. nach Q–80
32 Zit. nach Q–46, S. 421
33 Q–46, S. 84
34 Q–93, S. 160
35 Q–92, S. 164
36 Bibel: Joh 16, 33
37 Ibid. Ps 138, 7
38 Ibid. Ps 27, 1
39 Ibid. Jes 41, 9
40 Ibid. Jes 43, 1
41 Ibid. 1.Joh 4, 18
42 Zit. nach Q–58 II, 207

14. Vervollkommnung – Vollendung

1 Zit. nach Q–16, S. 290
2 Q–56, S. 15
3 Q–60, S. 113
4 Q–60, S. 127
5 S. B. 10. Canto 13, 2;
  zit. nach Q–55
6 Zit. nach Q–45, S. 290
7 Q–37, S. 145
8 Q–52, S. 250
9 Q–56, S. 53
10 Q–46, S. 332
11 Q–51, S. 93
12 Q–33, S. 53–54
13 Bibel: Ps 37, 4–5
14 Ibid. Jes 40, 31
15 Zit. nach Q–72, S. 323
16 Q–81, S. 75
17 Q–85, S. 409
18 Koran: Sura 51, 57
19 Ibid. Sura 89, 28–29
20 Zit. nach Q–93, S. 152–53
21 Q–26, S. 92
22 Evangelium des vollkommenen
   Lebens 72, 3; zit. nach Q–80
23 Bibel: Gal 1, 11–12
24 Koran: Sura 39, 29

25 Zit. nach Q–61, S. 153
26 Bibel: Jes 40, 8
27 Ibid. Matth 24, 35
28 Zit. nach Q–46, S. 230
29 Bhagavadgita 4, 6–7
30 Zit. nach Q–64, S. 132–33
31 Q–16, S. 80–81
32 Bibel: Joh 1, 14
33 Ibid. Joh 1, 18
34 Evangelium des vollkommenen
   Lebens 66, 1; zit. nach Q–80
35 Ibid. 46, 9
36 Zit. nach Q–85, S. 399
37 Q–33, S. 77
38 Q–46, S. 296
39 Bibel: 3. Mose 19, 2
40 Ibid. Joh 13, 15
41 Ibid. Matth 5, 48
42 Zit. nach Q–68, S. 185
43 Q–60, S.   4
44 Q–60, S. 11
45 Q–63, S. 23
46 Q–54, S. 134
47 Buch 12, 52; zit. nach Q–69
48 Bibel: Joh 1, 58
49 Zit. nach Q–43, S. 248

50 Q–45, S. 122
51 Q–46, S.   1
52 Q–46, S.   3
53 Q–51, S. 68
54 Q–85, S. 352
55 Q–86, S. 164
56 Q–85, S. 419
57 Q–78, S. 19
58 Q–78, S. 20
59 S. B. 9. Canto 24, 58:
    zit. nach Q–55
60 Zit. nach Q–54, S.   8
61 Q–64, S. 132

62 Bibel: Ps 103, 2–4
63 Ibid. Jes 44, 22
64 Zit. nach Q–85, S. 445
65 Koran: Sura 5, 16–17
66 Zit. nach Q–21, S. 370–71
67 Q– 7, S. 248
68 Bhagavadgita 4, 11
69 Ibid. 7, 21
70 Zit. nach Q–33, S. 98
71 Q–86, S. 80
72 Q–59, Einleitung
73 Q–57, S. 104

15. Voraussetzungen und Vorbereitungen

1 Bibel: Jes 45, 15
2 Zit. nach Q–76, S. 90
3 Q–60, S. 26
4 Q–51, S. 194–95
5 Q–51, S. 188
6 Bibel: Luk 12, 31
7 Zit. nach Q–33, S. 192
8 Q–33, S. 13
9 Salomo: Buch der Weisheit
   1, 1; zit. nach Q–77
10 Bibel: Jes 55, 6
11 Ibid. Jer 29, 13
12 Ibid. Hos 5, 15
13 Ibid. Amos 5, 4
14 Ibid. Luk 11, 9
15 Taoteking 62
16 Zit. nach Q–85, S. 448
17 Koran: Sura 2, 187
18 Zit. nach Q–92, S. 26
19 Q–93, S. 22
20 Buch 1, 78; zit. nach Q–69
21 Bibel: Jes 30, 15
22 Ibid. Matth 18, 3
23 Ibid. Joh 3, 3
24 Zit. nach Q–78, S. 23
25 Taoteking 42
26 Zit. nach Q–45, S. 99
27 S. B. 9. Canto 9, 15;

zit. nach Q–55
28 Ibid. 9. Canto 4, 65
29 Bibel: Luk 18, 29
30 Zit. nach Q–33, S. 45
31 Q–53, S. 50
32 Q–33, S. 54
33 Bibel: Matth 6, 19–21
34 Ibid. 1. Tim 6, 6–8
35 Zit. nach Q–43, S. 248
36 Q–84, S. 334
37 Q–85, S. 453
38 Q–82, S. 213
39 Koran: Sura 28, 61
40 Taoteking 38
41 Bibel: Mark 8, 35–36
42 Taoteking 16
43 Zit. nach Q–60, S. 26
44 Q–60, S. 27
45 Q–60, S. 62
46 Bhagavadgita 17, 16
47 Zit. nach Q–33, S. 26–27
48 Q–65, S. 259
49 Q–54, S. 107
50 Q–52, S. 99
51 Q–51, S. 203
52 Q–72, S. 247
53 Bibel: Ps 51, 12–13
54 Ibid. Matth 5, 8

55 Bibel: Jak *1*, 21
56 Koran: Sura *87*, 15
57 Taoteking 76
58 Zit. nach Q–33, S. 91
59 Q–33, S. 90
60 Q–51, S. 122
61 Q–33, S. 99

62 Bibel: Jer *9*, 22–23
63 Ibid. Micha *6*, 8
64 Ibid. Mark *9*, 35
65 Evangelium des vollkommenen
   Lebens *41*, 13; zit. nach Q–80
66 Bibel: 1. Petr *5*, 5
67 Koran: Sura *25*, 64

16. Der Pfad der Tat

1 Zit. nach Q–60, S. 78–79
2 Bhagavadgita *16*, 1–5
3 Zit. nach Q–64, S. 100–01
4 Q–68, S. 188 ff
5 Bibel: 2. Mose *20*, 3–17
6 Ibid. Matth *5*, 3–10
7 Zit. nach Q–63, S. 38
8 Q–63, S. 39
9 Bibel: Luk *6*, 31
10 Koran: Sura *2*, 268
11 Ibid. Sura *2*, 264
12 Taoteking 42
13 Zit. nach Q–65, S. 270
14 Q–65, S. 320
15 Q–63, S. 39
16 Bibel: Matth *5*, 44
17 Zit. nach Q–89, S. 98
18 Q–57, S. 79
19 Q–51, S. 154
20 Q–85, S. 85
21 Q–90, S. 68
22 Q–65, S. 269
23 Q–33, S. 35
24 Bibel: 2. Kor *9*, 6

25 Zit. nach Q–63, S. 107
26 Q–37, S. 146
27 Q–33, S. 15
28 Taoteking 10
29 Bhagavadgita *2*, 47
30 Ibid. *3*, 9
31 Zit. nach Q–57, S. 140
32 Q–45, S. 347
33 Q–57, S. 48
34 Q–55, S. 108
35 Q–85, S. 426
36 Q–82, S. 180
37 Q–37, S. 133
38 Q–57, S. 13–14
39 Q–57, S. 120
40 Q–63, S. 112
41 Bhagavadgita *5*, 4
42 Bibel: Matth *6*, 10
43 Zit. nach Q–33, S. 16
44 Q–52, S. 87–88
54 Bibel: Kol *3*, 17
45 Zit. nach Q–78, S. 32
47 Q–15, S. 53

17. Der Pfad der Liebe

1 Bibel: Hos *6*, 6
2 Zit. nach Q–86, S. 159
3 Q–57, S. 146
4 Bhagavadgita *6*, 46
5 Bibel: 5. Mose *6*, 4
6 Zit. nach Q–33, S. 86

7 Bibel: 3. Mose *19*, 18
8 Ibid. Matth *22*, 37–39
9 Ibid. Joh *13*, 34–35
10 Evangelium des vollkommenen
   Lebens *50*, 7;
   zit. nach Q–80

11 Bibel: 1. Joh *4*, 7
12 Ibid. 1. Joh *4*, 20
13 Zit. nach Q–53, S. 10
14 Q–46, S. 402
15 Q–33, S. 68
16 Q–46, S. 407
17 Bibel: 1. Kor *13*, 4–7
18 Zit. nach Q–72, S. 95
19 Q–93, S. 177
20 Q–85, S. 28
21 Q–16, S. 300
22 Q–16, S. 146
23 Q–50, S. 70
24 Q–50, S. 93–94
25 Bibel: Hohelied *1*, 2–4
26 Ibid. Hohelied *8*, 6–7
27 Adi-lila *4*, 259; zit. nach Q–49
28 Bibel: Hohelied *4*, 1–3
29 Zit. nach Q–53, S. 102
30 Q–53, S. 75
31 Q–46, S. 406
32 Q–46, S. 407
33 Buch *1*, 87; zit. nach Q–69
34 Zit. nach Q–33, S. 98
35 Bibel: Ps *18*, 2–3
36 Ibid. Ps *63*, 7
37 Zit. nach Q–84, S. 339
38 Q–85, S. 92
39 Q–85, S. 345
40 Q–85, S. 445
41 Q–86, S. 106
42 Q–85, S. 295
43 Koran: Sura *4*, 104
44 Zit. nach Q–92, S. 55
45 Q–92, S. 74
46 Q–92, S. 212
47 Q–90, S. 98
48 Q–90, S. 99

49 Zit. nach Q–52, S. 114
50 Q–53, S. 64
51 Q–51, S. 173
52 Bibel: Ps *6*, 10
53 Ibid. Joh *4*, 24
54 Zit. nach Q–85, S. 408
55 Bibel: 5. Mose *32*, 3
56 Ibid. Ps *69*, 31
57 Ibid. Ps *103*, 1–2
58 Ibid. Jes *12*, 4
59 Ibid. Eph *5*, 19
60 Zit. nach Q–84, S. 335
61 Q–85, S. 27
62 Q–85, S. 200
63 Q–85, S. 297
64 Q–78, S. 49
65 Q–92, S. 26
66 Q–92, S. 213
67 Q–59, S. 220
68 Q–66, S. 213
69 Bibel: Ps *145*, 2
70 Bhagavadgita *4*, 11
71 Ibid. *9*, 29
72 S. B. 9. Canto *4*, 68;
   zit. nach Q–50, S. 41
73 Bibel: 1. Joh *4*, 19
74 Zit. nach Q–84, S. 351–52
75 Q–85, S. 84
76 Bhagavadgita *8*, 22
77 Ibid. *9*, 34
78 Ibid. *18*, 55
79 Zit. nach Q–59, S. 221
80 Q–57, S. 252
81 Q–56, S. 42
82 Q–51, S. 202
83 Q–33, S. 120
84 Bibel: 1. Joh *4*, 8
85 Zit. nach Q–82, S. 186

18. Der Pfad der Erkenntnis

1 Zit. nach Q–45, S. 262
2 Q–58, S. II/204
3 Q–51, S. 122

4 Zit. nach Q–33, S. 13
5 Q–85, S. 396
6 Koran: Sura *34*, 7

7 Koran: Sura *41*, 54
8 Zit. nach Q–19, S. 209
9 Bhagavadgita *4*, 42
10 Zit. nach Q–54, S. 11
11 Q–54, S. 118
12 Q–65, S. 61
13 Q–48, S. 62–63
14 Q–60, S. 56
15 Q–60, S. 15
16 Q–58, S. II/197
17 Q–58, S. II/225
18 Q–46, S. 1
19 Q–46, S. 176
20 Q–51, S. 166
21 Q–37, S. 136
22 Q–84, S. 335
23 Taoteking 21
24 Zit. nach Q–56, S. 32
25 Q–16, S. 178
26 Salomo: Buch der Weisheit
   9, 17; zit. nach Q–77
27 Zit. nach Q–46, S. 309

28 Bibel: Joh *17*, 3
29 Zit. nach Q–90, S. 32
30 Q–53, S. 1
31 Q–89, S. 35
32 Q–93, S. 88
33 Q–60, S. 183
34 Bhagavadgita *5*, 16
35 Zit. nach Q–54, S. 80
36 Q–53, S. II/202
37 Q–53, S. II/207
38 Q–58, S. II/210
39 Q–83, S. 42
40 Bhagavadgita *4*, 38
41 Zit. nach Q–54, S. 97
42 Q–58, S. 209
43 Bibel: Joh *8*, 31–32
44 Bhagavadgita *4*, 35
45 Bibel: Röm *11*, 33
46 Zit. nach Q–85, S. 315
47 Q–82, S. 199
48 Q–58, S. II/205
49 Q–60, S. 174–75

19. Der Pfad der Verinnerlichung

1 Zit. nach Q–59, S. 11
2 Q–43, S. 295
3 Q–82, S. 210
4 Q–46, S. 24
5 Q–59, S. 224
6 Q–59, S. 225
7 Q–59, S. 227
8 Q–59, S. 227

9 Zit. nach Q–30, S. 135
10 Q–30, S. 222
11 Q–54, S. 104–05
12 Q–66, S. 127
13 Q–66, S. 108–09
14 Q–66, S. 115
15 Q–66, S. 121
16 Q–66, S. 167 ff

20. Am Ziel

1 Zit. nach Q–43, S. 118
2 Taoteking 16
3 Zit. nach Q–45, S. 43
4 Q–45, S. 172
5 Q–60, S. 88
6 Q–60, S. 187
7 Q–60, S. 174

8 Bhagavadgita *12*, 8
9 Ibid. *6*, 30
10 S. B. 1. Canto *2*, 21
11 Zit. nach Q–54, S. 122
12 Q–52, S. 80
13 Q–53, S. 28
14 Q–52, S. 198

15   Q–15, S. 107
16   Q–15, S. 154
17   Q–56, S. 55
18   Q–46, S. 56
19   Q–51, S. 216
20   Q–51, S. 31–32
21   Q–51, S. 210
22   Q–65, S. 130
23   Q–64, S. 106–07
24   Q–61, S. 103
25   Q–61, S. 103
26   Q–33, S. 189–90
27   Q–37, S. 173
28   Q–33, S. 191–92
29   Q–33, S. 146
30   Q–68, S. 137
31   Buch 17, 9; zit. nach Q–69
32   Zit. nach Q–72, S. 103–04
33   Q–43, S. 248
34   Bibel: Hes 3, 22–24
35   Ibid. Joh 8, 12
36   Ibid. Joh 17, 22–23
37   Zit. nach Q–81, S. 28
38   Q–81, S. 29

39   Zit. nach Q–84, S. 353–54
40   Q–84, S. 350
41   Q–85, S. 91
42   Q–85, S. 78
43   Q–85, S. 192
44   Q–85, S. 348–49
45   Q–85, S. 353
46   Q–85, S. 321
47   Q–85, S. 322–23
48   Q–83, S. 80–81
49   Q–82, S. 354
50   Q–86, S. 98
51   Q–86, S. 91–92
52   Q–86, S. 110
53   Aurora, Kap. 19
54   Zit. nach Q–43, S. 311
55   Q–88, S. 66–67
56   Koran: Sura 83, 23 + 25
57   Zit. nach Q–92, S. 20
58   Q–33, S. 200
59   Q–92, S. 54
60   Q–93, S. 167
61   Q–27, S. 84–85

Die zitierten Mystiker, mystischen Texte und heiligen Schriften

Bei Namen und Begriffen, die aus einem anderen Sprach- und Schriftsystem ins Deutsche transkribiert werden müssen, findet man in der Literatur verschiedene Schreibweisen (z. B. Laotse bzw. Lao-tzu, Krischna bzw. Krishna, Bhagavadgita bzw. Bhagavad-Gītā). Im vorliegenden Buch wurde stets die Umschrift gewählt, die den vom Autor zitierten Werken entspricht.

Taoismus

DSCHUANG DSI, taoistischer Weiser; er stammte aus der heutigen Provinz Ho-nan und lebte etwa 369–286 v. Chr.; gemeinsam mit → Laotse, Begründer des philosophischen Taoismus. Sein Hauptwerk, *Das wahre Buch vom südlichen Blütenland*, erfuhr durch Go Siang (ca. 312 n. Chr.) die endgültige Redaktion und Kommentierung. Dschuang Dsi gilt als einer der gedankenreichsten und glänzendsten Schriftsteller Chinas; er hat die Mystik des Taoismus zur vollen Blüte gebracht.

LAOTSE (wörtl: «Alter Meister»), geb. gegen Ende des 7. Jh. v. Chr. in der Provinz Ho-nan; gilt als «Stifter» der taoistischen Religion, die jedoch in Ansätzen viel weiter zurückreicht und zusammen mit dem Konfuzianismus und dem später importierten Buddhismus die drei großen Religionen bzw. geistigen Strömungen Chinas bildet. Nach traditioneller Auffassung war er der Autor des *Taoteking*, der heiligen Schrift bzw. des Kanons des Taoismus, der seinem Wesen nach zutiefst mystisch ist. Sein Hauptthema ist die ewige Harmonie von Makrokosmos und Mikrokosmos, die im heiligen Urprinzip (Tao) gründet, das der Mensch zu seinem Heil erkennen und zur Richtschnur seines Denkens und Handelns machen soll.

Vedismus – Brahmanismus – Hinduismus

Sri AUROBINDO Ghose, indischer Heiliger, Philosoph und Mystiker (1872–1950), Verfasser zahlreicher Werke, die sich mit dem Yoga und der Weisheit der *Bhagavadgita* befassen. Er war zunächst politisch tätig (er engagierte sich für die Befreiung Indiens von der englischen Kolonialherrschaft), wurde deswegen inhaftiert und hatte 1909 im Gefängnis eine Gottesvision. Daraufhin zog er sich nach Pondicherry zurück, um sich ganz dem geistigen Leben und Wirken zu widmen. Er hat die brahmanische Mystik im Sinn einer ethischen Weltschau und Lebensbejahung gedeutet. Seine *Gedanken und Aphorismen* stammen aus den Jahren 1914–1915; sie wurden 1958 von der «Mutter», einer zentralen Figur des Schülerkreises, ausführlich kommentiert.

Svami BRAHMANANDA, mit bürgerlichem Namen Rakhal Chandra Gosh (1863–1922), wuchs in Kalkutta auf und wurde als 18jähriger der erste Jünger von → Ramakrischna in Dakshinesvara. Er unternahm viele Wallfahrten zu heiligen Stätten der Hindus und kehrte schließlich nach Kalkutta zurück, wo er nach dem Tod → Vivekanandas 1897 Leiter des Hauptklosters des Ramakrischna-Ordens wurde. Er führte das Leben eines Heiligen und machte zahlreiche Gottesschau-Erfahrungen.

BRAHMA-SAMHITA (Sammlung der Worte Brahmas) ist eine heilige Schrift, die zum weiteren Umkreis der → Veden-Literatur gehört.

Sri Krischna CHAITANYA, auch Mahaprabu («großer Meister») genannt, einer der größten indischen Mystiker, Heiliger und Lehrer der höchsten Wahrheit, lebte von 1485–1534 in Bengalen. Als wandernder Bettelmönch verbreitete er die Lehre der umfassenden Gottesliebe (Bhakti) und leitete eine umwälzende religiöse Erneuerung des Hinduismus ein. Er verstand sich als Gottgesandter, ja sogar als Reinkarnation → Krischnas und wurde von seinen Anhängern als Gott verehrt. Seine Lehren wurden von verschiedenen Biographen aufgezeichnet; am bekanntesten ist das *Sri Chaitanya-Charitam-Rita* («Nektar des Lebens Chaitanyas») des Krischnadasa Kaviraya Gosvami.

Mohandas K. GANDHI, genannt Mahatma («große Seele»), geb. 1869 in Porbandar (Indien), Rechtsanwalt und Politiker, Wegbereiter der Unabhängigkeit Indiens von der britischen Kolonialherrschaft durch gewaltlosen Widerstand, 1948 in Delhi von einem Fanatiker ermordet. Er genoß allgemeine Achtung, ja Verehrung wegen seines hohen Ethos und seiner umfassenden religiösen Toleranz. Zeugnisse seiner tiefen Religiosität und Gotteserfahrung finden sich in zahlreichen Schriften, u. a. in der *Autobiography*, im *Harijan* und in der von ihm herausgegebenen Wochenzeitschrift *Young India*.

Sri KRISCHNA, für die Hindus das Mensch gewordene höchste göttliche Wesen (auch als Inkarnation Vischnus gedeutet), das in grauer Vorzeit auf die Erde herabgekommen ist, um den Menschen die Botschaft der göttlichen Wahrheit und des Heils zu bringen. Zur Frage des historischen Krischna äußerte sich der Religionsphilosoph S. Radhakrishnan (vgl. Q–48, S. 33 ff.). Die Essenz von Krischnas Lehre findet sich in der *Bhagavadgita* («Gesang des Erhabenen»), ein philosophisches Lehrgedicht, das als «Evangelium» der Hindus gilt; Teil des indischen Nationalepos *Mahabharata*. Die *Bhagavadgita*, worin Krischna seinen Freund und Schüler Arjuna unterweist, gilt als die kostbarste heilige Schrift der Hindus. Die Niederschrift erfolgte laut Überlieferung durch Vyasadeva, ihre endgültige Form fand sie zwischen dem 5. Jh. v. Chr und dem 2. Jh. n. Chr. Die *Bhagavadgita*, auch im Westen bekannt und geschätzt, ist eine der lautersten Quellen der mystischen Wahrheit.

PATANJALI, lebte vermutlich im 2. Jh. v. Chr. Er gilt als höchste Autorität, ja als Begründer des Raja-Yoga, d. h. des «Beschreitens des Pfades der Verinnerlichung», der als «Königsweg zum Heil» bezeichnet wird, weil er am sichersten zum Ziel führt; allerdings werden dabei an den Adepten große Anforderungen gestellt. Die Methode beruht auf der Kontrolle der seelischen Vorgänge, auf Kontemplation, Konzentration und Meditation, was zur einigenden Erkenntnis der Urgrunds führt. Seine Lehre hat er im *Yoga-Sutra* dargelegt (dt.: *Die Wurzeln des Yoga*, Bern/München 1976).

Sri RAMAKRISCHNA, mit bürgerlichem Namen Gadadhar Chattopadhyaya (1836–1886), entstammte einer armen bengalischen Brahmanenfamilie und genoß kaum eine Schulbildung. Zuerst als Tempeldiener tätig, vertiefte er sich in die mystischen Lehren seiner Religion und hatte schon in jungen Jahren die erste Gottesvision. Er fing an zu lehren, versammelte in Dakshinesvara Schüler um sich und wurde der größte indische Mystiker und Heilige der Neuzeit. Er verharrte oft tagelang in der direkten Gottesschau und wurde bald selber wie ein Gott verehrt. Seine einfachen, aber um so packenderen und eindringlicheren Lehrsätze verkünden das absolute Primat des Göttlichen und die Anerkennung aller Religionen als Wege zum Heil. Die *Worte des Meisters* wurden von seinem Schüler → Brahmananda und von einem bengalischen Intellektuellen, Mahendra Nath Gupta (Pseudonym: «M»), aufgezeichnet.

SHANKARA (auch Shankaracharya) entstammte einer südindischen brahmanischen Familie und lebte von 788–820. Er gilt als einer der größten Heiligen und Philosophen Indiens. Er vertrat die sogenannte Advaita-Lehre von der Nicht-Zweiheit, nach welcher nur die absolute Gottheit (das Brahman) effektive Wirklichkeit besitzt; der Mensch muß sich bemühen, diese Wahrheit zu seinem Heil zu erkennen. Er wirkte als Wanderprediger und verfaßte verschiedene Schriften; sein Hauptwerk ist das *Viveka-Chudamami* (dt.: *Das Kleinod der Unterscheidung*, Bern/München 1981), das von der Unterscheidung zwischen der Wirklichkeit und der Erscheinungswelt handelt.

SRIMAD-BHAGAVATAM (auch: *Bhagavata Purana*) ist eine umfangreiche, aus 18 000 Strophen bestehende heilige Schrift der Hindus, die nach der Tradition von Vyasadeva als Kommentar zu seinen eigenen Vedanta-Sutras verfaßt worden ist. Die Schrift gehört zu den sogenannten Puranas (von *purna* = Fülle,

d. h. auch Vollendung), in denen das Wissen der → Veden vollendet und zur letzten Erfüllung gebracht ist. Das *Srimad-Bhagavatam* wird aufgrund seiner kunstvollen Sprache und philosophischen Tiefe von vielen mit der → *Bhagavadgita* und den → *Upanischaden* auf eine Stufe gestellt. Es beinhaltet zahllose allegorische Erzählungen, nicht zuletzt Geschichten über das «Leben und Wirken» Sri → Krischnas, vor allem aber – als «Ergänzung» zur *Bhagavadgita* – dessen zentrale Unterweisung über die göttliche Liebe.

Rabindranath TAGORE (1861–1941), der bedeutendste indische Dichter der Neuzeit; Sohn von Debendranath T., einem bedeutenden religiösen Führer und Weisen. Rabindranath wirkte als religiöser Schriftsteller, Dichter und Erzieher und erhielt 1913 den Nobelpreis für Literatur. Sein Werk ist von mystischer Wahrheit durchdrungen, namentlich seine wichtigste Schrift *Sadhana* («Der Weg zur Vollendung»), die auf einer Reihe von in Bengalen gehaltenen Vorträgen basiert. Er sagt darin, daß die mystischen Wahrheiten «von einem individuellen Sinn erfüllt sind, die zu ihrer Bestätigung des persönlichen Zeugnisses bedürfen».

UPANISCHADEN (etwa: «in Ergebenheit danebensitzend»), heilige Schriften, die als Fortsetzung und Vertiefung der → Veden betrachtet werden können und vermutlich auf das 6. Jh. v. Chr. zurückgehen. Von den 108 erhaltenen hat → Shankara 16 als authentisch anerkannt. Besonders erwähnt seien die *Ischa-, Kena-, Katha-, Mundaka-, Mandukya-, Taittiriya-, Aitereya-, Brihadaranyaka- und Svetasvatara-Upanischad*. Sie sind zumeist dialogisch aufgebaut und beinhalten vor allem das Wissen um die Gotteserkenntnis bzw. die mystische Wahrheit vom absoluten Göttlichen (Brahman) und dessen Identität mit dem Seelengrund, dem Selbst (Atman).

VEDEN (wörtl.: «Wissen», «heilige Lehre»), die ältesten heiligen Texte der Inder, deren Ursprung bis in das 2. Jahrtausend v. Chr. zurückreicht. Die vier Veden heißen *Rigveda, Samaveda, Yajurveda und Atharvaveda*. Es sind schriftliche Zeugnisse der vedischen Religion (die dem Brahmanismus-Hinduismus vorangegangen ist) und gelten als göttliche Offenbarungen. Sie enthalten Hymnen, Opferformeln, Gebete sowie religiöse Liedertexte und sind eine der ältesten Quellen der mystischen Wahrheit. Schon in den Veden werden die vielen damals bekannten und verehrten Götter als göttliche Kräfte des einen und alleinigen Gottes gedeutet.

Svami VIVEKANANDA, mit bürgerlichem Namen Narendranath Datta (1863–1902), bedeutendster Schüler → Ramakrischnas. Er war von Kindheit an auf der Suche nach Gott und glaubte als echter Mystiker nur, was er selber erfahren hatte. Er besaß eine hervorragende Bildung und war mit dem abendländischen wissenschaftlichen Denken bestens vertraut, was ihm erlaubte, auf seinen zahlreichen Vortragsreisen (so nach England, Frankreich und in die

USA) seine Lehre in einer für den westlichen Menschen verständlichen Sprache vorzutragen. 1887 gründete er den Ramakrischna-Orden und 1897 die Ramakrischna-Mission, um notleidenden Mitmenschen zu helfen. Von seinen vier Hauptwerken, *Karma-Yoga, Bhakti-Yoga, Jnana-Yoga und Raja-Yoga* sind die ersten drei Aufzeichnungen seiner Vorträge, erstellt unter der Aufsicht seines Schülers Svami Prabhavananda; nur *Raja-Yoga* hat er selber verfaßt.

Svami YOGANANDA, Paramahamsa (wörtl.: «die Seligkeit des Yoga»), mit bürgerlichem Namen Mukunda Lal Ghos (1893–1952), stammte von religiösen Eltern aus Bengalen ab. Er absolvierte eine höhere Schule und ein Universitätsstudium, ließ sich aber daneben von verschiedenen geistlichen Lehrern unterweisen, wobei Sri Yukteshvar den größten Einfluß auf ihn hatte. Er wurde Mönch, gründete 1917 eine Yoga-Schule in Ranchi sowie verschiedene Lehrzentren und unternahm mehrere längere Reisen, so nach England, Deutschland und die USA, wo er sich viele Jahre aufhielt und schließlich in Los Angeles starb. Er hatte eine große Zahl von Gotteserlebnissen, worüber er in seiner *Autobiographie eines Yogi* (Bern/München 1975) ausführlich berichtet.

Buddhismus

(Hinweis: Lehrsätze oder -reden der Pali-Literatur sind *Suttas*, solche der Sanskritliteratur werden *Sutras* genannt.)

ANANDA (wörtl.: «Seligkeit»), Vetter des → Gautama Buddha sowie dessen Lieblingsschüler und jahrelanger ständiger Begleiter; Interpret der Lehrreden seines Meisters, die er aufgrund seines überragenden Gedächtnisses festzuhalten vermochte. Nach Gautamas Tod wurde er beim ersten buddhistischen Konzil für die Kodifizierung der Reden des Meisters als maßgebende Autorität konsultiert; entsprechend kommt auch er im Pali-kanon (so im *Anguttara-Nikaya*) zu Wort.

Das DIAMANTFAHRZEUG (Vajrayana), neben Hinayana und Mahayana eine dritte Richtung des Buddhismus, kann auch (nebst dem Mantrayana) als Teil des sogenannten Tantrayana aufgefaßt werden; sie entstand im 2. Jh. n. Chr., gelangte um 700 zur vollen Blüte, vor allem in Tibet. Für das Vajrayana sind die heiligen Worte des Buddhismus hart wie Diamant (daher der Name); sie sind ebenso unerschütterlich, unteilbar, unzerstörbar und absolut wie die Buddha-Natur selbst. Die Bezeichnung *Diamantfahrzeug* steht auch als Sammelbegriff für die Vajrayana-Texte.

GAUTAMA BUDDHA, der historische Buddha (wörtl.: «der Erwachte») und Religionsstifter (ca. 563–483 v. Chr.), entstammte einem Fürstengeschlecht aus

Kapilavastu (dem heutigen Nepal). Als Prinz Siddhartha wurde er «zufällig» mehrfach Zeuge der Leiden dieser Welt, woraufhin er sich für ein mönchisch-asketisches Leben entschied und später das große Erleuchtungserlebnis hatte, durch welches ihm die ganze mystische Wahrheit offenbar wurde. Er setzte daraufhin «das Rad der Lehre in Bewegung» und zog als Bettelmönch predigend durch das Land; die Zahl seiner Anhänger wuchs rasch. Später breitete sich der Buddhismus von Indien nach China, Japan und ganz Südostasien aus, wobei sich aus der «alten Lehre» (Hinayana) die «neue Lehre» (Mahayana) entwickelte. Buddhas Lehrreden finden sich in den zahlreichen heiligen Schriften des Pali-Kanons, insbesondere in dessen 2. Teil (*Suttapikata*) mit den 5 Sammlungen *Dighanikaya, Majjhimanikaya, Samjuttanikaya, Anguttaranikaya und Khuddakanikaya* (enthaltend u. a. das *Dhammapada, Udana, Ittivutaka* und *Suttanipata*) – um nur die wichtigsten Schriften zu nennen!

HAKUIN *Iwajiro* (1686–1769), einer der bedeutendsten japanischen Zen-Meister, las in der Jugend viele heilige buddhistische Schriften und ließ sich von verschiedenen Meistern in die Zen-Lehre einführen, bis er selber wiederholt Erleuchtungs-(Satori-)erfahrungen machte. Nach langen Wanderjahren ließ er sich 1716 im bedeutenden Kloster Shoinji ordinieren und wurde ein berühmter Lehrer und Prediger. Er systematisierte die Koan-Schulung und betonte wieder die Bedeutung des Zazen («Sitzens in Versunkenheit»). Die von ihm hinterlassenen Schriften gehören zu den inspirierendsten der japanischen Zen-Literatur.

HUANG-PO (768–850), einer der größten chinesischen Zen-Meister, trat als Jüngling in ein Kloster der Provinz Fukien ein und ging als ordinierter Mönch auf Wanderschaft, wobei er bei mehreren großen Meistern Station machte und sich unterweisen ließ. In der Folge lehrte er in mehreren Klöstern, zum Schluß auf Veranlassung des mit ihm befreundeten Gouverneurs P'ei Hsiu im Hauptkloster der Provinz Anhui. Zahlreiche, von mystischer Erkenntnis zeugende Lehrreden wurden von diesem P'ei Hsiu aufzeichnet.

HUI-NENG, der 6. Patriarch des Zen in China (638 –713). Er trat als Jüngling in ein Kloster (in Kanton) ein und wurde von dessen Abt, dem 5. Patriarchen, schon früh als Nachfolger auserkoren, mußte sich aber fünfzehn Jahre lang vor Neidern verborgen halten; diese Zeit nutzte er zur Meditation. Erst als 39jähriger wurde er als 6. Patriarch ordiniert und entfaltete von da an eine lange und fruchtbare Lehrtätigkeit. Eine ganze Reihe seiner Aussagen, die von seiner tiefen mystischen Einsicht zeugen, ist der Nachwelt erhalten geblieben.

IPPEN (1229–1289), Vertreter des japanischen Mahayana-Buddhismus; er gründete die sogenannte Ji-Bewegung. Die von ihm überlieferten Reden sind voll mystischer Erkenntnis.

LANKAVATARA-SUTRA (wörtl.: «Sutra über das Herabsteigen nach Sri Lanka») gehört zu jenen Lehrschriften des Mahayana-Buddhismus, die zwischen dem 1. Jh. v. Chr. und 6. Jh. n. Chr., wahrscheinlich in Mittel- und Südindien, entstanden sind. Diese Sutras befassen sich vorwiegend mit dem Absoluten, das als das Essentielle aller Buddhas und Geschöpfe geahnt wird.

NAGARJUNA, einer der bedeutendsten Philosophen des Mahayana-Buddhismus und Begründer der Madhyamika-Schule («Schule des mittleren Weges», d. h. zwischen Sein und Nicht-Sein). Über sein Leben ist fast nichts bekannt, außer daß er aus Südindien stammte und vermutlich im 2. Jh. n. Chr. lebte. Dafür kennt man ihn als Verfasser von mindestens 7 größeren Werken, darunter das *Madhyamaka-Shastra*. Seine Lehre besagt, daß es zwei Wahrheiten gibt: Die eine bezieht sich auf das Relative (die Welt der Erscheinungen im umfassendsten Sinn), die andere auf das Absolute, das adäquat nur als «Leere» bezeichnet werden kann.

NAGASENA (wahrscheinlich 1. Jh. n. Chr.), Vertreter des Hinayana-Buddhismus, Mönch und Weiser, dessen Gespräch mit dem am Buddhismus interessierten griechischen Fürsten Menandros (König Milanda, ca. 125–95 v. Chr.) über schwierige Fragen der buddhistischen Lehre im *Milindapandha* («Fragen des Milinda») in Dialogform schriftlich festgehalten wurde.

SAICHI, bedeutender japanischer Mystiker, Vertreter des von Shinran Shonin (1173–1262) gegründeten Shin-Zweigs der Jodo-Schule des japanischen Mahayana-Buddhismus, laut welcher die heilbringende Gnade Amida-Buddhas, die den Eintritt in das «Reine Land» ermöglicht, durch das «Nembutsu» (s. Text, 19. Kap.) erwirkt werden kann.

SANTIDEVA, nach der Legende ein Königssohn, der in der 1. Hälfte des 8. Jh. n. Chr. als Mönch im Kloster Nalanda (südlich des heutigen Patna, Indien) lebte und wirkte. Er hat zwei bedeutende Werke hinterlassen, den *Siksasamuccaya* und den *Bodhicaryavatara*. Besonders letzterer gilt als exemplarischer Ausdruck der Spiritualität des Mahayana-Buddhismus; er besticht durch die Klarheit, Anschaulichkeit und poetische Kraft der Sprache, mit welcher das Bodhisattva-Ideal und der Pfad der Erleuchtung verkündet wird.

Parsismus

ZARATHUSTRA (Zoroaster), eigtl. Spitama, große prophetische Gestalt des Altertums, Stifter der parsischen Religion, lebte und wirkte (vermutlich im 8. Jh. v. Chr., manchmal wird auch die Zeit von ca. 630–553 angegeben) im

Gebiet des heutigen Iran. Im Zentrum der auf seiner tiefen Gotteserfahrung beruhenden Lehre steht das höchste Wesen, der «weiße Herr», der Schöpfer und einzige Gott; der Mensch muß ganz in dessen Dienst stehen, um durch hohes Ethos das Böse endgültig zu besiegen und das Gottesreich vorzubereiten. Jamaspa, ein Verwandter Zarathustras, soll nach dessen Ableben die Lehre im *Avesta* («Wissen») niedergeschrieben haben; diese heilige Schrift der Parsen enthält als wichtigsten (und wahrscheinlich ältesten) Teil den *Yasna* mit den *Gathas* (Hymnen) des Zarathustra.

Altägypten und Altgriechenland

ÄGYPTISCHES TOTENBUCH, eigtl. Titel: «Das Heraustreten ans Tageslicht», darf als Bibel des alten Ägypten bezeichnet werden. Sein Ursprung reicht bis ins 3. Jahrtausend v. Chr. zurück. Es enthält das durch Offenbarungen und Visionen altägyptischer Priester erworbene mystische Wissen und soll, laut altägyptischer Tradition, durch → Hermes Trismegistos bzw. Thot inspiriert worden sein. Es wurde nie kodifiziert, im 7. bis 6. Jh. v. Chr. wurde jedoch eine in Kapitel unterteilte Fassung erstellt. Sein Inhalt kreist in erster Linie um das Weiterleben und das Schicksal der Seele nach dem Tod, geschildert vor dem Hintergrund der altägyptischen Mythologie und beseelt von der göttlichen Kraft der Verwandlung und Läuterung. Der Titel der Schrift nimmt darauf Bezug, daß die Texte den Verstorbenen als «Verhaltensmaßregeln» fürs Jenseits in die Särge und Grabkammern mitgegeben wurden.

HERMES TRISMEGISTOS («Hermes der dreimal Große»), legendäre Gestalt aus dem alten Ägypten, angeblich aus der Zeit der 1. Dynastie, nach der Tradition Begründer der altägyptischen monotheistisch/trinitären Religion bzw. Geheimlehre, in der Folge in Ägypten unter dem Namen Thot als Gott verehrt, später ebenfalls in Griechenland als Gott der Weisheit (Hermes). Mindestens *17 Bücher* (evtl. aber über 40) mystischen Inhalts werden ihm als Autor zugesprochen, darunter das berümte 1. Buch *Der Poimandres*; sie traten aber erst zur Zeit der alexandrinischen Schule (erste Jh.e n. Chr.) als griechisch oder lateinisch redigierte Werke zutage und stammen vermutlich von mehreren Autoren.

PLATON (Athen, 427–347 v. Chr.), einer der bedeutendsten Philosophen der Antike (und der Geistesgeschichte überhaupt), Schüler des Sokrates, Gründer der Akademie; er soll in die Mysterien von Eleusis eingeweiht gewesen sein (vgl. Q–34) und darf auch als Verkünder mystischer Wahrheiten angesprochen werden. Seine Ideenlehre besagt, daß hinter der Erscheinungswelt eine geistige Welt des Ewigen und Unveränderlichen existiert (Ideenwelt), welche die Welt der Dinge nur unvollkommen widerspiegelt; die Seele bezieht ihre Erlösungssehnsucht aus der Präexistenz in jener Welt und wird, da unsterblich, dorthin zurückkehren. Diese Lehre findet sich (in Form von Dialogen) in den sogenannten Sokratischen Gesprächen, dem *Symposion* («Gastmahl»), *Phaidros* und *Phaidon*, welche zu seinen wichtigsten Schriften gehören; die darin verkündeten Wahrheiten wirken bis heute nach.

PLOTINOS, griechischer Philosoph und Mystiker, geb. 205 in Lykopolis (Ägypten), gest. 270 in Campanien (Rom); bedeutender Vertreter des sogenannten Neuplatonismus (Weiterführung der Philosophie Platons). Seine Lehre befaßt sich vornehmlich mit der Entfaltung des Göttlichen, des All-Einen, bis hin zur Entstehung der Materie und definiert diesen Prozeß als «Emanation». Das Ziel und Heil für die in die Materie involvierte Seele ist ihre geistige Evolution, ihr Wiederaufstieg zu Gott. Die Lehre wurde durch seinen Schüler Porphyrios in Form der *Enneaden* («6 mal 9 Schriften») niedergeschrieben.

PROKLUS (Proklos), griechischer Philosoph und Mystiker, geb. 410 in Konstantinopel, gest. 485 in Athen; Haupt der athenischen Schule der Neuplatoniker → Plotinos, gilt als «der große Scholastiker» der Spätantike. Er ist der eigentliche Ausgestalter der Lehre von der Emanation und der Rückkehr der Seelen zum All-Einen. Sein berühmtes Werk *Initia Theologiae* («Theologische Elementarlehre») hatte auf die sich entwickelnde christliche Theologie einen großen Einfluß.

PYTHAGORAS, griechischer Philosoph, Astronom und Mathematiker, geb. um 580 v. Chr. auf Samos, gest. 496 in Kroton (Kalabrien); war vermutlich in die Mysterien von Delphi eingeweiht (vgl. Q-34) und darf auch als Mystiker betrachtet werden. Er verkündete die Wahrheit von der Rückkehr der Seelen zu ihrem göttlichen Ursprung auf dem Weg der Seelenwanderung. Er gründete in Kroton eine Ordensbruderschaft, deren Regel die sittlich-religiöse Lebensreform war. Er gilt als Autor der sogenannten *Goldenen Verse*.

Judentum

AMOS, jüdischer Prophet des 8. Jh. v. Chr., prophezeite den Untergang des Volkes Israel als Folge der Abkehr von der Religion. Seine Schrift (im Tenach bzw. Alten Testament) zeigt vor allem, daß er die Ethik über den Kultus stellte.

DANIEL, Verfasser des gleichnamigen Buchs im Ketuwim des Tenach (Altes Testament). Er gibt sich als Zeitgenosse des Königs Nebukadnezar (604–562 v. Chr.) aus und erzählt in den Kap. 1–6 die Geschichte des gerechten und weisen Daniel und seiner Genossen, in den Kap. 7–12 schildert er seine Visionen vom Reich Gottes und vom «Menschensohn».

DAVID, in der 1. Hälfte des 10. Jh. v. Chr. König von Juda, später auch von Israel; machte Jerusalem zur Hauptstadt beider Reiche und zum religiösen Mittelpunkt der Juden. Der bedeutende Staatsmann war auch als Harfenspieler und Verfasser von Klageliedern berühmt, aber kaum als Psalmendichter; 73 der schönsten *Psalmen* des Tenach (bzw. Alten Testaments), die ihm zu Ehren seinen Namen tragen, stammen von anonymen, mystisch inspirierten Psalmendichtern.

HESEKIEL, jüdischer Prophet aus priesterlichem Geschlecht, lebte und predigte zu Beginn des 6. Jh. v. Chr. in Jerusalem (vermutlich bis zu dessen Fall) und wirkte später im Exil weiter. Er hatte mehrere mystische Visionen und wurde ein Verkünder der Heilsverheißung. Seine Schrift (wohl später überarbeitet) ist im Tenach (bzw. Alten Testament) enthalten.

HOSEA, jüdischer Prophet (s. Tenach bzw. Altes Testament) aus Nordisrael, lebte in der 2. Hälfte des 8. Jh. v. Chr. In seiner Schrift wird vor allem Gottes Treue und Seine heilige Liebe gepriesen.

JEREMIA, einer der größten und der «innerlichste» der jüdischen Propheten; er lebte zur Zeit der Eroberung Jerusalems durch den babylonischen König Nebukadnezar II. (587 v. Chr.) und hatte, von Gott dazu ausersehen, die schmerzliche Aufgabe, sein Volk auf den bevorstehenden Untergang vorzubereiten. Seine Lehre zeichnet sich durch die Betonung der entscheidenden Rolle des Individuums als Träger der Religion aus. Das Buch Jeremia gehört zu den Newiim des Tenach (bzw. Alten Testaments).

JESAJA, Name von drei der bedeutendsten jüdischen Propheten, deren Schriften im Buch Jesaja des Tenach (bzw. Alten Testaments), zusammengestellt sind. Der erste Jesaja lebte von 740 bis ca. 700 v. Chr. in Jerusalem und erfuhr im dortigen Tempel durch ein mystisches Gotteserlebnis seine Berufung; Gottes Tun «sehen» und Ihm vertrauen wurde zum Mittelpunkt seiner Lehre (Jes 1–35). Der zweite Jesaja (Deuterojesaja) ist der Verfasser von Trostschriften vor dem Hintergrund der Babylonischen Gefangenschaft des Volkes Israel (Jes 40–55). Der dritte Jesaja (Tritojesaja; 6. oder 5. Jh. v. Chr.) stellt vor allem den Frommen den Anbruch heilbringender Zeiten in Aussicht (Jes 56–66).

JONA, jüdischer Prophet des 8. Jh. v. Chr. (s. Tenach bzw. Altes Testament); wurde von Gott zum Prediger in Ninive berufen; berühmt durch jene Erzählung von der Errettung aus Seenot durch «einen großen Fisch», welche die erbarmungsvolle Güte Gottes bezeugt.

Isaak LURIA (geb. 1534 in Jerusalem, gest. 1572 in Safed), stammte von einer deutschen jüdischen Familie ab. Der hochintelligente junge Mann ließ sich zum Rabbiner ausbilden, wandte sich aber bald der Mystik (Kabbala) zu und hatte verschiedene Visionen von Gott und jüdischen Heiligen (Elia). Er gründete in Palästina eine Schule, die sich u. a. mit der Herkunft und der Weiterexistenz der Seelen befaßte. Das ihm zugeschriebene Werk *Das Buch von der Seelenwanderung* ist wahrscheinlich von einem seiner Schüler verfaßt worden.

MICHA, jüdischer Prophet aus der 2. Hälfte des 8. Jh. v. Chr. Im Mittelpunkt seiner Schrift (s. Tenach bzw. Altes Testament) stehen vor allem die Bedeutung der Ethik sowie eine Messiasprophetie.

MOSE, der Stifter der jüdischen (israelischen) Religion im 13. Jh. v. Chr. Er wuchs in Ägypten auf (wo er möglicherweise von den dortigen Priestern in die mystischen Wahrheiten eingeweiht wurde) und hatte am Berg Sinai ein entscheidendes Gotteserlebnis, woraufhin er sich aufmachte, sein in ägyptischer Knechtschaft lebendes Volk in das «gelobte Land» (Westjordanland) zu führen; gleichzeitig verkündete er diesem das von Gott (JHVH) empfangene Gesetz. Mose ist jedoch höchstens der geistige Vater, nicht aber der Verfasser der *Fünf Bücher Mose*, die hebräisch Thora («Gesetz») heißen und zusammen mit den Newiim («Propheten») und den Ketuwim («Schriften») das heilige Tenach (die jüdische Bibel, entsprechend dem Alten Testament) bilden. Die Bücher Mose enthalten mystische Wahrheit in Form von Worten, die Mose «Angesicht zu Angesicht von Gott, dem Herrn» empfangen hat.

SACHARJA, jüdischer Prophet aus priesterlichem Geschlecht, um 520 v. Chr. in Jerusalem wirkend. Seine Schrift (s. Tenach bzw. Altes Testament) enthält die Beschreibung einer Reihe von Visionen des Göttlichen, von Worten Gottes und von Heilsverheißungen.

SALOMO, Sohn des → David und dessen Nachfolger als König des Großreichs (2. Hälfte des 10. Jh. v. Chr.); festigte durch den Tempelbau die Bedeutung Jerusalems als religiöses Zentrum; berühmt für seine großen geistigen Fähigkeiten und seine Weisheit. Er gilt als Verfasser verschiedener Schriften des Tenach (bzw. Alten Testaments): *Sprüche, Prediger, Hohes Lied, Psalmen*. Das *Buch der Weisheit Salomos* hingegen ist eine hellenistisch geprägte, von mystischer Wahrheit getragene Schrift; sie enthält (gemäß dem Kanon Muratori) «die Weisheit, die von Freunden Salomos zu dessen Ehren geschrieben ist».

SEFER JEZIRAH, das «Buch der Entstehung», ist ein zum Schrifttum der Kabbala gehörendes, dem → *Sohar* vorangegangenes Werk. Es befaßt sich, unter Benutzung einer Zahlen- und Buchstabensymbolik, mit der Entstehung der (geistigen) Grundelemente, auf welchen die nachfolgende Schöpfung der materiellen Welt beruht. Sein Ursprung soll bis auf Abraham zurückgehen, doch dürfte seine definitive Niederschrift im 7. oder 8. Jh. n. Chr. erfolgt sein.

SEFER HA SOHAR, das «Buch vom Glanz», ist die fundamentale Schrift, der Kanon der Kabbala («Überlieferung»), d. h. des neben den heiligen Schriften mündlich überlieferten Wissens, der jüdischen Mystik. Das Werk enthält die höchsten mystischen Wahrheiten, zum Teil eingekleidet in eine nicht leicht durchschaubare Symbolik. Die Tradition führt seine Entstehung auf Simon ben Joschai (2. Jh. n. Chr.) zurück, doch gilt als gesichert, daß es sich um eine Sammlung von Schriften verschiedener Autoren handelt, die vermutlich von Mose ben schem tob de Leon (der von 1250–1305 in Spanien lebte) endgültig zusammengestellt worden sind.

Christentum

(Weitgehend nach O. Karrer, Q–84, Q–85 und Q–86)

ANGELUS Silesius («Schlesischer Engel»), mit bürgerlichem Namen Johann Scheffler (1624–1677), aus Breslau stammend. Der Doktor der Philosophie und Medizin entwickelte sich zu einem der ganz großen mystischen Dichter deutscher Sprache. Ursprünglich protestantisch (lutherisch), konvertierte er 1663 zum römisch-katholischen Bekenntnis; die von ihm verkündete mystische Wahrheit überschreitet jedoch alle konfessionellen Grenzen. Von seinen Dichtungen und Schriften sind vor allem die *Heilige Seelenlust* und der bekannte *Cherubinische Wandersmann* zu nennen; letzterer besteht aus zwei- bis vierzeiligen gereimten Spruchgedichten, die Aussagen von großer Prägnanz in konzentrierter Form enthalten.

ANSELM von Canterbury, hl. (1033–1109); der Sohn eines Grafen aus Aosta (Piemont), wirkte zuerst als Prior im Kloster von Bet (Normandie), später als Erzbischof von Canterbury (England) und verstand es, wissenschaftlichen Geist mit mystischer Frömmigkeit zu verbinden. Er verkündete Gott als ewiges Sein und das allein Wahre im absoluten Sinn; die Bestimmung des Menschen bestehe in der Erkenntnis Gottes und in der Liebe zu Ihm. Seine Schriften (*Opera*) zeugen von seiner tiefen Gotteserfahrung.

BERNHARD von Clairvaux, hl., geb. 1090 auf Schloß Fontaines bei Dijon, Mönch und später Abt von Clairvaux, gest. 1153, war einer der größten christlichen Mystiker. Dabei handelt es sich um eine Mystik des Herzens und nicht des Denkens («Glühen ist mehr als Wissen»). Die Leidenschaft seiner Gottessehnsucht, die Tiefe seines religiösen Erlebens, die Kraft seiner Menschenliebe chrakterisieren seine edle Persönlichkeit. Von seinem schriftlichen Nachlaß sind vor allem seine *Predigten* hervorzuheben.

BOETHIUS (ca. 480–524), aufgrund politischer Intrigen auf Anordnung des Ostgotenkönigs Theoderich in Pavia unschuldig verurteilt und hingerichtet, stammte aus einer adligen römischen Familie. Er war Staatsmann, Philosoph, Theologe, Musikologe, Dichter und Mystiker. Er hinterließ ein bedeutendes Werk, worunter die *Gesänge* und vor allem das später weitverbreitete und geschätzte Buch *Trost der Philosophie* hervorzuheben sind; letzteres schrieb er während der langen Kerkerhaft vor seiner Hinrichtung – ein in formvollendeter Sprache verfaßtes philosophisch-mystisches Werk.

Jakob BÖHME (1575–1624). Aufgrund mehrerer visionärer Gotteserfahrungen begann der in Görlitz lebende Schuhmachermeister mystische Schriften zu verfassen, die ihm bis zu seinem Lebensende Streitigkeiten mit der (lutherischen) Kirche eintrugen. Die Intensität seiner Erleuchtungserfahrungen, die existentielle Kraft seiner Verkündigungen und die Gewalt seiner (allerdings nicht leicht verständlichen) Sprache machen ihn zu einem der ganz großen christlichen Mystiker. Von seinem umfangreichen Schrifttum seien lediglich *Aurora* («Die Morgenröte im Aufgang»), *De Signatura Rerum* («Von der Geburt und Bezeichnung aller Wesen»), *Mysterium Magnum* («Erklärung des ersten Buchs Mosis») und *Epistolae Theosophicae* («Briefe») erwähnt.

DIONYSIOS **Areopagita** ist der Name des vom Apostel Paulus in Athen bekehrten Areopag-(Rats-)mitglieds (Apostelg. *17*, 34), der laut Überlieferung als Verfasser der berühmten Schrift *Die Namen Gottes* gilt. Das Werk stammt in Wirklichkeit von einem anonymen Priester und Mystiker, der um die Wende des 5. zum 6. Jh. n. Chr. (in Syrien?) gelebt hat. Es verschmilzt neuplatonisches mit christlichem Gedankengut und war im Mittelalter sehr einflußreich, nachdem es auf dem Laterankonzil von 649 als rechtgläubig anerkannt worden war. Es besagt, daß Gott (als Emanation) aus der namenlosen Gottheit hervortritt und *alle* Namen beansprucht, da Er in *allem* Seienden ist. Weitere diesem Autor zugeschriebene Werke sind die *Mystische Theologie* und die *Hirtenbriefe* (u. a. *An Gaios, den Mönch*).

Meister ECKHART (auch: Eckehart), geb. um 1260 in Hochheim (Thüringen), gest. 1327 in Köln, Dominikanermönch, 1290 Prior in Erfurt, 1302 Magister der Universität Paris, schließlich «Lesemeister» des Dominikanerordens in Köln, gilt als der größte deutsche Mystiker. Seine Lehre ist ein Zeugnis tiefer mystischer Erkenntnis; so hat er die drei göttlichen Aspekte (Gottheit, Gott und das göttliche «Fünklein» in der Menschenseele) klar geschaut. Er hat durch seine geniale Sprache, unter Verwendung der Analogie, der Abstraktion und des Paradoxons, die mystische Wahrheit «meisterlich» verkündet, wodurch er in Widerspruch zur Kirche geriet, die ihn 1326 anklagte und Teile seiner Schriften verdammte. Berühmt sind vor allem seine *Predigten*, die von seinen Hörerinnen und Hörern niedergeschrieben worden sind.

EVANGELIEN (vom griech. *evangelion* = frohe Botschaft), zunächst 4 Schriften des Neuen Testaments, welche die einzigen von der Kirche als authentisch anerkannten Worte Jesu Christi enthalten. Die drei sogenannten Synoptiker *Markus, Matthäus* und *Lukas* verfaßten ihre Evangelien zwischen 50 und 100 n. Chr. aufgrund mündlicher Überlieferungen. Das spätere Evangelium des → Johannes enthält zusätzliche Christusworte, die als «geheime Botschaft Christi» bezeichnet worden sind. Die im Urchristentum sich langsam formierende Kirche hat eine Reihe von weiteren Evangelien (u. a. das Nazaräerev., das Hebräerev., die Evangelien des Petrus und des Thomas) nicht kanonisiert; sie gelten daher als apokryphe («verborgene») Schriften. Das in diesem Buch zitierte *Evangelium des vollkommenen Lebens* basiert auf einem aramäischen Urtext, der um 1880 von einem englischen Geistlichen in einem tibetischen Kloster entdeckt worden ist; es enthält Worte Christi, die seine mystische Botschaft in bedeutsamer Weise vervollständigen.

Der FRANKFURTER ist die Bezeichnung für einen anonymen deutschen Mystiker, der um 1400 lebte und eine durch kernige Schlichtheit bestechende Schrift, die *Theologia Deutsch* verfaßte, deren Inhalt ganz den Geist → Meister Eckharts atmet. Sie wurde erstmals von Luther herausgegeben, ist aber über konfessionelle Lehrmeinungen erhaben.

FRANZ **von Sales**, hl. (1567–1622), ein Vertreter der französischen Mystik, war Bischof von Genf und später Stifter des Ordens «Frauen von der Heimsuchung». Er glaubte an die hohe Sendung des Menschen und lehrte, daß es nur der wärmenden Sonne der Liebe bedarf, um «das göttliche Leben» in ihm zu wecken («Man muß alles aus Liebe tun und nicht aus Zwang»). Seine mystische Lehre legte er im *Theotimus* nieder.

FRANZISKUS **von Assisi**, hl. (1182–1226), italienischer Kaufmannssohn, entschloß sich zu einem «Leben in der Nachfolge Christi», wurde ein Wanderprediger der Bedürfnislosigkeit und schließlich geistiger Vater des «Ordens der Minderbrüder» (Franziskaner). Die Glut seiner mystischen Liebe äußert sich bald in innigen Bitten, bald in begeisterten Lobgesängen, bald in wehmütigen Klagen. Sein literarisches Testament (auch als *Opuscula* bezeichnet) zeugt von seiner Einfachheit, Lauterkeit, Demut, Sanftmut und Milde sowie von seinem religiösen Naturgefühl.

JAKOBUS, Bruder des → Johannes, Jünger und später Apostel → Jesu Christi, gehörte zu dessen engerem Kreis. Er gilt als Verfasser des *Jakobus-Briefs* im Neuen Testament.

JESUS **Christus** («der Gesalbte») von Nazareth; für die Christen der verheißene Erlöser, das fleischgewordene Wort, der Gottessohn, nach Jesu eigenen Worten der «Menschensohn». Die Stiftung einer neuen Religion (Christentum) jenseits des Judentums geht weniger auf ihn selbst zurück als vielmehr auf das Wirken seiner Apostel, vor allem die Mission des → Paulus. Offene (wahrscheinlich nie abschließend beantwortbare) Fragen hinsichtlich des historischen Jesus, u. a. über sein Leben zwischen den Knabenjahren und dem Beginn der Verkündigungstätigkeit (möglicher Aufenthalt bei der jüdischen Bruderschaft der Essener oder gar in Indien) sowie rund um die Geburt, die Kreuzigung und die Auferstehung, sind für die von ihm überbrachte «frohe Botschaft», voll von tiefster mystischer Wahrheit, nicht von entscheidender Bedeutung. Seine Worte finden sich in den *Evangelien* des Neuen Testaments sowie in einer Reihe von nichtkanonisierten apokryphen Schriften.

JOHANNES, Jünger und später Apostel, zusammen mit Petrus wohl der engste Vertraute → Jesu Christi. Er muß als Verfasser des stark philosophisch gefärbten *Johannes-Evangeliums* praktisch ausgeschlossen werden, obwohl sich der Autor selbst als Jesu Lieblingsjünger ausgibt. Dieses Evangelium sowie die *Johannesbriefe* stammen vermutlich eher aus dem Kreis des sogenannten Johannes des Älteren von Ephesus.

JULIANA von Norwich (1343–1413), englische Nonne und Mystikerin, machte Gotteserfahrungen, die sie in den *Offenbarungen* («Revelations of Divine Love») verarbeitete. Ihre Visionen bezeichnete sie als zum Teil «geistige», zum Teil «sinnenhafte» Erlebnisse. Bezeichnend für sie ist ihr Wahlspruch «Zuversicht mit Ehrfurcht und Demut».

KATHARINA von Genua (1447–1510), einer angesehenen italienischen Familie entstammend, lebte zunächst in einer ihr aufgezwungenen, unglücklichen Ehe. Nachdem sie eines Tages ganz unverhofft in einer Kirche vom «Blitz der göttlichen Macht» getroffen worden war, wurde sie Schwester des Annunziatenordens und wirkte jahrzehntelang voll aufopfernder Nächstenliebe als Krankenpflegerin. Aus ihren Schriften geht die Kraft und Größe ihrer häufigen Gottesvisionen und ihres «Vergehens in Gott» hervor.

KATHARINA von Siena, hl. (1347–1380), hatte schon als Sechsjährige eine göttliche Vision und ging später zu den Dominikanerinnen; sie gilt als die größte italienische Mystikerin. Zahlreiche visionäre Gotteserfahrungen sowie das Erlebnis der Stigmatisation kennzeichnen ihr der Askese und der Andacht geweihtes Leben. Sie zog auch predigend und mahnend durch das Land, wobei Tausende gebannt ihren Worten lauschten. Sie litt unter dem Schisma der Kirche und konnte Papst Gregor XI. bewegen, aus Avignon nach Rom zurückzukehren. Ihre *Briefe* sind ein eindrucksvolles Zeugnis ihres tiefen mystischen Bekenntnisses.

MECHTILD von Magdeburg (ca. 1212–1282/97) wurde bereits als Zwölfjährige «vom heiligen Geist gegrüßt»; sie wirkte zunächst als Begine in Magdeburg und fand erst später den Weg ins Kloster der Zisterzienserinnen in Helfta. Sie machte zahlreiche weitere Gotteserfahrungen, die sie in ihren Schriften (*Offenbarungen*), vor allem im Buch *Das fließende Licht der Gottheit* festhielt. Ihr Werk spiegelt sowohl prophetische Schaumystik als auch glühende Liebesmystik wider.

NIKOLAUS **von Cues** (eigtl. Nikolaus Krebs), geb. 1401 in Cues (an der Mosel), gest. 1464 in Italien. Der Philosoph, Theologe, Naturwissenschaftler, Stiftsdekan in Koblenz und spätere Kardinal war ein Universalgenie und ein Mystiker. Sein Denken kreiste vor allem um das Mysterium der gleichzeitigen Immanenz und Transzendenz Gottes. Das Göttliche erkennt er als Sein und Nicht-Sein, als Licht und Nicht-Licht, denn es ist jenseits der Gegensätze. Von seinen zahlreichen Schriften seien *Wissendes Nichtwissen, Gottesschau, Jagd auf Weisheit* und *Frieden der Religion* erwähnt.

PAULUS, hl., der eigenwilligste und einflußreichste Apostel → Jesu Christi. Als hellenistisch gebildeter Pharisäer (namens Saul) bekämpfte er zunächst das aufkommende Christentum, wurde dann aber vor Damaskus durch eine Christusvision bekehrt und nahm als neuer Apostel den Namen Paulus an. Er darf als eigentlicher Begründer der christlichen Theologie betrachtet werden, wobei in seiner Lehre der Glaube an die Erlösermission Christi die zentrale Rolle spielt (Paulinismus). Durch seine ausgedehnten Missionsreisen in Kleinasien und Griechenland (ca. 49–58) und sein Auftreten und Sterben in Rom (ca. 61–67) wurde er zum wichtigsten Wegbereiter des Christentums. Im Zuge dieser Tätigkeit entstanden mehrere Lehr-*Briefe* an die von ihm gegründeten Gemeinden, so an die *Korinther*, die *Galater*, die *Epheser*, die *Philipper*, die *Kolosser*, die *Thessalonicher*, an die *Römer* und an seinen Schützling *Thimoteus*.

PETRUS, hl. (vom griech. *petros* = Fels), eigtl. Simon, Jünger und später Apostel → Jesu Christi; verstand sich als Führer der 12 Apostel und verschaffte sich in der Urgemeinde eine hervorragende Stellung, die er aus einem Auftrag Christi (Matth *16*, 18; Joh *21*, 15 ff) ableitete. Die römisch-katholische Kirche begründet die Institution des Papsttums mit dieser Sonderstellung des Petrus. Er hat durch Lehrtätigkeit und Missionsreisen innerhalb und außerhalb Palästinas entscheidend zur Ausbreitung des Christentums beigetragen, davon zeugen auch die *Petrusbriefe*.

Johann van RUYSBROEK, sel., geb. 1293 in Ruysbroek (Brabant), genannt «Ruysbroek admirabilis, doctor ecstaticus», Augustiner, Kapellan von Brüssel, gest. 1381. Er gilt als kontemplativer Mystiker und einer der genialsten Darsteller des mystischen Weges. Er gehört zur Schule → Meister Eckharts. Sein Hauptwerk *Die Zierde der geistlichen Hochzeit* darf als kunstvollste Schrift der deutschen Mystik des Mittelalters bezeichnet werden.

SYMEON der neue Theologe (949–1022) gilt als der größte Mystiker der orthodoxen Kirche. 1009 wurde der Abt eines Klosters in Konstantinopel verbannt und zog sich dann ganz in die Einsamkeit zurück. Er verfaßte u. a. die *Liebesgesänge an Gott*, eine Dichtung von großer religiöser Tiefe und poetischer Ausdruckskraft.

THERESIA von Ávila, hl. (oder: Theresia von Jesus), geb. 1515 in Ávila, gest. 1582 in Alba. Die Begründerin einer reformierten Richtung des Karmeliterordens (Unbeschuhte Karmeliter) wurde später Schutzpatronin Spaniens. Sie war eine Schülerin des großen spanischen Mystikers Johannes vom Kreuz. Sie hatte zahlreiche göttliche Visionen, über die sie in ihren *Schriften* ausführlich berichtete und denen sie auch in *Gedichten* Ausdruck verlieh. Das Originellste an ihrer Lehre sind die vier Stufen des «Herzensgebets» – von der Betrachtung zum Gebet der Ruhe bis zur Verzückung und Vereinigung in Gott. Nirgends tritt die Psychologie dieses mystischen Pfades klarer zutage als bei ihr.

Die WOLKE DES NICHTERKENNENS (Nichtwissens) – Originaltitel: *The Cloud of Unknowing* – ist das Werk eines unbekannten englischen Mystikers (Mönch?), entstanden um 1350. Die Schrift zeugt von großen Geistesgaben, tiefer religiöser Erfahrung und beachtlicher poetischer Ausdruckskraft des Verfassers. Inhaltlich steht sie den Schriften des → Dionysios Areopagita und → Meister Eckharts nahe.

Islam/Sufismus

(Weitgehend nach A. Schimmel Q–92 und Q–93)

'Abdallah-i ANSARI (1006–1089) aus Herat (Iran) war ein bekannter Sufi-Mystiker, der u. a. die Stufen der mystischen Wahrheitserkenntnis beschrieben hat. Durch religiöse Wirren zeitweise aus seiner Heimat vertrieben, kehrte er als Greis nach Herat zurück. Seine tief empfundenen Gebete (*Munadschat*), in gereimter Prosa mit Versen vermischt geschrieben, haben vielen Tausende von Gläubigen begeistert und beflügelt.

Ibn 'ATA'ULLAH lebte gegen Ende des 13. Jh. n. Chr. in Ägypten und stammte aus der Sufi-Schule, die vom großen Meister Abu'l-Hasan asch-Schadhili gegründet worden war; er wurde später selber Leiter dieser Schule. Er verfaßte eine weithin berühmte Reihe von mystischen Aphorismen, die *Hikam*, die im Laufe der Jahrhunderte von Spanien bis Indien immer wieder kommentiert wurden und ein kostbares Gut des Schadiliyya-Ordens bilden.

Fariduddin 'ATTAR lebte um die Wende vom 12. zum 13. Jh. n. Chr. in Nischa-
pur (Ostiran) als Drogist. Er wurde von der Sehnsucht nach Gott ergriffen und
nannte sich dementsprechend selbst «die Stimme der Sehnsucht». In seinen
Schriften, vor allem im *Ilahinama* («Gespräch eines Königs mit seinen sechs
Söhnen») findet seine mystische Erkenntnis auf bewunderswerte Weise Ausdruck.

Rahman BABA gehörte dem Volk der Pathanen (im weitesten Sinn der Afgha-
nen) an und lebte Ende des 17. Jh./Anfang 18. Jh.; er starb 1711 in Peschawar
(heutiges Nordpakistan). Er gilt als bedeutender Mystiker und religiöser Dichter
und hinterließ durch Harmonie, Einfachheit und Klarheit bestechende psalmen-
artige Gedichte (*Diwan*).

BAYAZID **Bistami** (804–874) stammte aus dem nordiranischen Bistam und
hieß eigentlich Yazid Taifur ibn'Isa. In der Einsamkeit der nahen Steppe hatte er
ein entscheidendes ekstatisches Gotteserlebnis und verließ seine Stadt, um über
30 Jahre von Land zu Land zu wandern und mehr als 100 Lehrer aufzusuchen.
Er war einer der größten und kühnsten islamischen Mystiker und verlieh seinem
Eins-Sein mit Gott mit dem Satz «Ruhm sei mir – wie groß ist meine Macht»
Ausdruck. Viele seiner Aussprüche sind der Nachwelt erhalten geblieben.

Khwaja Mir DARD (1719–1785) lebte in Delhi und weihte sein Leben ganz
der Mystik, genau wie sein Vater, den er wie einen Heiligen verehrte und als
Nachfolger des Propheten Mohammed betrachtete. Er hat seine mystische
Theologie in seinem Hauptwerk *'Ilum ul-Kitab* niedergelegt; daneben verfaßte
er – sowohl auf Persisch wie auch in Urdu – religiöse Gedichte (gesammelt im
Diwan) von großer Zartheit und Schönheit.

DHU'N-NUN, geboren in Oberägypten, gest. 859, war ein Mystiker, um dessen
Leben sich zahlreiche Legenden ranken. Er soll erstmals im Sufismus die intuiti-
ve Gotteserfahrung (*ma'rifa*) definiert haben. Er vernahm, getreu dem Wort des
Koran, den Lobpreis Gottes aus allem Geschaffenen und brachte seine mysti-
schen Erfahrungen in kurzen Anekdoten zum Ausdruck; auch eine Reihe seiner
Gebete ist überliefert.

'Abdur Rahman DSCHAMI lebte im 15. Jh. in Herat (Iran) und starb 1492. Er
war Philosoph, Mystiker und vor allem ein begnadeter Dichter, der viele Schriften hinterließ, in denen auch seine Gotteserfahrung zum Ausdruck kommt. Von
den vielen Werken seien erwähnt: *Lawa'ih*, *Yusuf* und *Zulaicha* (eine poetische
Version der Geschichte von Joseph und seinem Weib Potiphar) sowie die Gedichtsammlung des *Diwan*.

Abu Hamid ibn Muhammad al-GHASALI, geb. 1050 in Tus (Ostiran), wurde
nach gründlicher Ausbildung Lehrer an der Nizamiyya-Universität in Bagdad,

wo er sich mit Philosophie und Religion befaßte; doch schon bald ging er nach Damaskus, um sich der Sufi-Mystik zuzuwenden. Nach längeren Wanderjahren kehrte er schließlich in seine Heimat zurück, wurde Lehrer an einem Sufi-Konvent und starb 1111. Er war ohne Zweifel einer der größten Sufi-Meister und Verkünder der islamischen Mystik. Sie fand in seinem Spätwerk *Das Elixier der Glückseligkeit* (mit den Teilen «Von der Selbsterkenntnis», «Vom Umgang mit den Menschen» und «Von der Liebe») ihren Niederschlag.

Husain al-HALLADSCH wurde im Südiran geboren, zog nach Bagdad und unternahm mehrere Pilgerfahrten und Reisen, die ihn bis nach Zentralasien und Indien führten. Er wurde 922 als Märtyrer der mystischen Liebe hingerichtet, vor allem weil er seine einigende Gotteserfahrung mit den Worten «Ich bin die absolute Wahrheit (Gott)» ausdrückte, was ihm als Ketzerei ausgelegt wurde. Von seinen Schriften seien das im Kerker entstandene *Kitab At-Tawa-Sin* und die Gedichte des *Diwan* genannt.

Abu'l Qasim al-JUNAID (769–867) führte in Bagdad zuerst ein bürgerliches Leben als Glaswarenhändler. Sein Bedürfnis, nach der mystischen Wahrheit zu suchen, wurde immer stärker; immer wieder versenkte er sich im Gebet und erlangte schließlich «das Kleinod der Gotteserkenntnis». Von Bekannten gedrängt, fing er an zu lehren und sammelte Schüler um sich. So wurde er zum Verkünder der Gottesliebe und Begründer der mystischen Schule Bagdads.

Hazrat INAYAT KHAN, geb. 1882 in Baroda (Indien), gest. 1927 in Delhi, war ein großer Sufi-Mystiker unserer Zeit. Er zeigte schon als Kind großes Interesse für die Religion, aber auch für die Musik. Auf einer Reise durch Nepal begegnete er einem geistlichen Lehrer, der ihm die Augen für die Zusammenhänge zwischen Mystik und Musik öffnete. Später traf er auf den Meister Abu Hashim Madani, durch dessen Unterweisung er selber zum erleuchteten Mystiker wurde. Er komponierte, schrieb Bücher, bereiste Europa und Amerika und ließ sich schließlich in Frankreich nieder. Er unterrichtete seine ständig wachsende Anhängerschaft, schuf die «Sufi-Bewegung» und gründete einen Sufi-Tempel. Seine mystischen Erkenntnisse fanden in der *Sufi-Botschaft* und in der Sammlung seiner *Aphorismen* ihren Niederschlag.

Abu LAITH-AS-SAMARKANDI, ein islamischer Theologe und Sufi-Mystiker aus dem 10. Jh. Seine in diesem Buch zitierte Schrift *Die Geheimnisse der Offenbarung* enthält mystische Wahrheit in Form eindringlicher, unmittelbar von Allah gesprochener beziehungsweise empfangener Worte.

Abdul LATIF, ein indischer Sufi-Mystiker aus dem unteren Industal, gest. 1752 in Bhit Shah, setzte seine meditative Liebesmystik in beeindruckende lyrische Dichtung um, wobei er Volkserzählungen und Heldensagen symbolisch umdeutete. Seine dichterischen Werke sind im *Risalo* zusammengefaßt.

MOHAMMED (oder: Muhammad), geb. um 570 in Mekka, gest. 632, «der Prophet Allahs», der Gesandte (*rasul*) Gottes, der Stifter des Islam. Er machte verschiedene mystische Gotteserfahrungen und empfing um 610 auf dem Berg Hira (nördl. von Mekka) die entscheidende Offenbarung. Da seine Verkündigung in Mekka kein Gehör fand, wanderte er mit seinen Getreuen nach Medina, von wo aus er als Organisator, Gesetzgeber und Politiker die Ausbreitung des Islam über die ganze arabische Welt (und später weit darüber hinaus) vorbereitete. Zum Teil noch in Mekka, zum Teil in Medina, erfolgte «durch die Vermittlung des Erzengels Gabriel» die Niederschrift der göttlichen Offenbarungen im *Koran* («Lesung»), der heiligen Schrift des Islam (bestehend aus 114 Kapiteln oder Suren); d. h. Mohammed diktierte seinen Mitarbeitern den Text.

QADI QADAN, ein indischer Sufi-Mystiker, der als angesehener Richter in Sehwan (Industal) lebte und wirkte. Er verfaßte religiöse Verse in Sindhi, die von seiner mystischen Inspiration zeugen. Er starb 1551.

Rabi'a al-**Adawiyya** lebte im 8. Jh. im Irak zunächst als Sklavin, wurde in der Folge von ihrem Meister freigelassen und widmete daraufhin ihr Leben ganz der Religion, bis sie 801 starb. Ihr Biograph → Attar beschreibt sie als «jene von Liebe und Sehnsucht Verbrannte, jene in Nähe und Glühen Bekannte, jene in Vereinigung Verschwundene».

Dschelaleddin RUMI, geb. 1207 in Balch (Afghanistan), ließ sich später in Rum (Anatolien; daher sein Name) nieder und starb 1273 in Konya. Er war einer der ganz großen Sufi-Mystiker und mystischen Dichter; seine Anhänger nannten ihn Maulana («unser Herr»). Er gründete den Orden der «tanzenden Derwische» und schuf ein gigantisches, von mystischer Sehnsucht, Liebe und Glut getragenes lyrisches Werk, das aus über 35 000 Versen (in persischer Sprache) besteht und sowohl in seiner Leidenschaftlichkeit und Begeisterung als auch in der Tiefe seiner Aussage unübertroffen ist. Genannt seien das mystische Lehrgedicht *Mathnawi*, das *Ruba'iyat* und die zehnbändige Gedichtsammlung des *Diwan*.

Personen- und Sachregister